Wissenschaftliche Beiträge
aus dem Tectum Verlag

Reihe Wirtschaftswissenschaften

Wissenschaftliche Beiträge
aus dem Tectum Verlag

Reihe: Wirtschaftswissenschaften
Band 82

Rainer Lippert

Mit Marx zur Marktwirtschaft?

Eine Neuerung der Marx'schen Arbeitswerttheorie

Tectum Verlag

Rainer Lippert
Mit Marx zur Marktwirtschaft? Eine Neuerung der Marx'schen Arbeitswerttheorie

Dritte, vollständig überarbeitete Auflage

Wissenschaftliche Beiträge aus dem Tectum Verlag,
Reihe: Wirtschaftswissenschaften; Bd. 82

ISBN: 978-3-8288-3917-5
ISSN: 1861-8073

Satz: Ulrich Borstelmann design & publishing
Printed in Germany

Besuchen Sie uns im Internet
www.tectum-verlag.de

Bibliografische Informationen der Deutschen Nationalbibliothek
Die Deutsche Nationalbibliothek verzeichnet diese Publikation in der Deutschen Nationalbibliografie; detaillierte bibliografische Angaben sind im Internet über http://dnb.ddb.de abrufbar.

Vorwort

Die in dem vorliegenden Buch beschriebene Arbeitswerttheorie basiert auf der üblicherweise mechanistisch interpretierten Marx'schen Arbeitswerttheorie, die den Wert als vergegenständlichte, gesellschaftlich nützliche Arbeit beschreibt. Doch geht sie über seine mechanistische Auffassung hinaus und fasst den Wertbegriff viel weiter. Ziel dieser Ausarbeitung ist, die Arbeitswerttheorie an die Erfordernisse der jetzigen Zeit anzupassen. Nach dieser neuen Sicht ist der Wert nicht in einer Ware enthalten, nicht darin „vergegenständlicht", wie Marx sagt, sondern sie beschreibt, dass nur die **Bezugspunkte** für die Wertbeziehungen in Produkte eingebracht werden. Der Wert selbst wird als **gesellschaftliches Verhältnis** gesehen, das zwischen Menschen herausgebildet wird. Nur wenn der Wert nicht als in Waren vergegenständlicht, sondern zwischen Menschen wirkend gesehen wird, kann dieser als wirkliches gesellschaftliches Verhältnis erfasst werden.

Der Begriff **„Ware"** stellt einen weiteren wichtigen Unterschied in der hier dargestellten Wertauffassung gegenüber der klassischen Arbeitswerttheorie dar. Nach der gängigen Interpretation der Arbeitswerttheorie ist eine Ware ein stoffliches Objekt, das gesellschaftlich nützliche Arbeit enthält und damit Wert beinhaltet. Der Wert soll mit der gesellschaftlich nützlichen Arbeit darin vergegenständlicht worden sein.

Nach der hier vorliegenden Arbeitswerttheorie wird auch der Begriff der Ware weiter gefasst. Zur eindeutigen Unterscheidung vom konventionellen Warenbegriff wird hier der Begriff **Wertobjekt** verwendet. Das wichtigste Merkmal eines Wertobjektes – im Unterschied zur Ware – ist, dass der Wert nicht als darin vergegenständlicht beschrieben wird. Vielmehr wird der Wert als **ökonomisches Wertattribut** aufgefasst, das den Wertobjekten über das menschliche Bewusstsein mit einem bestimmten Wertbetrag beigefügt wird. Durch die Darstellung des Wertes als Wertattribut mit einem Wertbetrag wird der „Wirkungsraum" des Wertes erweitert. Wert kann auf diese Art auch maschinell erstellten Produkten, bestimmten Naturgütern, die als solche keine menschliche Arbeit enthalten, und ebenso nicht-stofflichen Gütern, wie kulturellen Veranstaltungen, bestimmten Ideen usw., zugeordnet werden.

Dass die Werte den Wertobjekten über das Bewusstsein in Form von Wertattributen beigefügt werden, bedeutet keinesfalls, dass damit die Wertobjekte rein ideelle Merkmale erhalten würden. Wert muss als gesellschaftliches Verhältnis zwischen Menschen auch eine **nicht ideelle Äußerungsform** besitzen. Die Wertbeziehung wird nach der hier dargestellten Wertauffassung gesellschaftlich relevant geäußert, da zum Erwerb eines Wertobjektes ein **Wertäquivalent** abgegeben werden muss. Diesem Äquivalent wird in dem gesellschaftlichen Wertverhältnis, über das der Austausch Wertobjekt gegen Wertäquivalent erfolgt, ein ökonomisches Wertattribut mit gleichem Wertbetrag zugeordnet. Damit ordnen sowohl die Käufer- als auch die Verkäuferseite ihren ideellen Wertvorstellungen eine gemeinsame objektive Wertgröße zu, mit der sie ihre ideellen Wertvorstellungen auf die gesellschaftliche Ebene heben. Diese gemeinsame Größe ist der ökonomische Wert.

Das Ziel der vorliegenden Arbeit war ursprünglich, in der DDR den Gedanken an die Beachtung des Marktes zu etablieren. Es war nicht das Ziel, die Leistung von Marx zu negieren. Es ging um Verfeinerung und Aktualisierung. Diese Arbeit entstand im Zeitraum von 1981 bis 1988 in mehreren Etappen als Ergebnis der kritischen Auseinandersetzung mit der damals gegebenen sozialistischen Planwirtschaft.

Durch Auseinandersetzungen mit Spezialisten aus Einrichtungen wie dem Ministerium für Verkehrswesen der DDR und der Staatlichen Plankommission, mit Wirtschaftswissenschaftlern an der Humboldt-Universität Berlin, der Karl-Marx-Universität Leipzig, der Hochschule für Ökonomie Bruno Leuschner, der Akademie der Wissenschaften der DDR / Zentralinstitut für Wirtschaftswissenschaften und anderen präzisierte ich meine Gedanken stetig.

Eine Veröffentlichung gelang vor der Wende leider nicht, obwohl gegen Ende der DDR Unterstützung dafür angeboten wurde.

Seit 2012 habe ich den gesamten Inhalt überarbeitet.

Inhalt

Einleitung

Übliche Interpretation der Marx'schen Arbeitswerttheorie

Die Marx'sche Arbeitswerttheorie wird in den meisten Fällen in der folgenden Art interpretiert:

Der Mensch bearbeitet mit gesellschaftlich nützlicher Arbeit ein Naturgut oder bereits gestaltete Objekte und vergegenständlicht in den bearbeiteten Objekten seinen Anspruch auf Existenzmittel. Die bearbeiteten Objekte erhalten damit einen bestimmten Wert.

Die Grundgedanken dieser Werttheorie können folgendermaßen dargestellt werden:

Die Menschen gestalten durch ihr Handeln ihre eigenen gesellschaftlichen Verhältnisse. Grundlage dieser Verhältnisse ist die Arbeit.

Bis zu diesem Punkt kann der Arbeitswerttheorie nur zugestimmt werden.

Mit dem Arbeitsprozess greifen die Menschen aus dem sie umgebenden natürlichen Umfeld bestimmte Naturgüter heraus und wandeln diese mittels produktiver Arbeit in Werte (Bild 1 im Anhang: Die übliche Interpretation der Arbeitswerttheorie). Mit anderen Worten: Mit und durch die Vergegenständlichung der gesellschaftlich nützlichen Arbeit wird der Wert in Gegenstände hineingebracht. An dieser Stelle zeigt sich bereits eine Unzulänglichkeit der üblichen Interpretation der Marx'schen Arbeitswerttheorie: Unter anderem gilt sie bei dieser Voraussetzung nur für bearbeitete Gegenstände.

Die so mittels vergegenständlichender, gesellschaftlich nützlicher Arbeit gebildeten Werte können zur Befriedigung bestimmter Bedürfnisse gegen andere Werte getauscht werden. Tauschvorgänge dieser Art sind ökonomische Austauschprozesse.

Planwirtschaftliche Situation in der DDR

Mit einer solchen Sicht auf die Werte erscheint es logisch, dass die ökonomischen Prozesse in einer Gesellschaft durchgängig geplant werden können, denn die entstehenden Werte würden sich laut Marx 'scher Arbeitswerttheorie vorausbestimmen lassen.

Mittels zentraler Planwirtschaft sollten die Werte der Gesellschaft in den politisch gewünschten Proportionen geschaffen werden. Dazu passend sollte eine Geldmenge emittiert werden, die dem Umfang an Werten entsprochen hätte.

Auf gesamtgesellschaftlicher Ebene wurde von zentraler Stelle scheinbar errechnet, wie viele „Werte" von welcher Sorte, Qualität usw. unter den gegebenen Bedingungen der Arbeitskräfte-, Rohstoff- und Ausrüstungssituation erstellt werden konnten.

Diese errechneten Werte wiederum gingen ein in die Planvorgaben, die in den volkswirtschaftlich relevanten Bereichen von oben nach unten untersetzt wurden. Anhand dieser Planvorgaben erfolgte die Organisation der Produktion und die anschließende Verteilung in Verbindung mit der Abrechnung. Die Abrechnung der Planerfüllung wiederum war die Grundlage für die Geldemission, welche planmäßig entsprechend den produzierten Werten durchgeführt wurde. Der Austausch der geschaffenen Werte schien also auf eine solide, wissenschaftlich fundierte und mathematisch nachvollziehbare Art gesichert. Die Berechnung der Werte anhand des Aufwandes erschien als einzig mögliche Herangehensweise zur Wertbestimmung auf materialistischer Grundlage.

Doch von Beginn dieses Wirtschaftens an zeigten sich unzählige gravierende Versorgungsprobleme. Daher wurde nach den Ursachen geforscht. Sie wurden in Störversuchen und Boykottmaßnahmen „imperialistischer Mächte“ oder in der noch nicht optimalen Ausarbeitung eines Produktionskennziffernsystems usw. „gefunden“.

Trotz durchgeführter Gegenmaßnahmen konnte keine Verbesserung der Versorgungslage (in Bezug auf die Übereinstimmung zwischen Angebot und Nachfrage sowohl beim Einzelhandel als auch bei der Versorgung der Betriebe, Institutionen usw. mit Ausrüstungen, Rohstoffen, Hilfsmaterialien u. a.) erreicht werden.

Das Grundproblem der DDR-Volkswirtschaft wurde mit den oben genannten „Störfaktoren“ nicht erfasst. Die Kritik an wirtschaftlichen Missständen wurde nur auf Einzelerscheinungen bezogen und nicht mit Fragen nach der Sinnfälligkeit der Wirtschaftstheorie verknüpft.

Geht man weiter in der Fragestellung nach den Ursachen der Versorgungsprobleme, so gelangt man an einen Punkt, an dem zu klären gilt, ob die Grundlage dieses Planungssystems, die Marx‘sche Arbeitswerttheorie, die wirklichen Verhältnisse und Prozesse in der Volkswirtschaft hinreichend genau erfasst und widerspiegelt. Nach Auffassung des Autors tut sie das nicht.

Die Marx'sche Arbeitswerttheorie – zu abstrakt für die konkrete Wirtschaftssteuerung

Marx stand in seiner Zeit nicht vor der Aufgabe, mit der Arbeitswerttheorie ein Steuerungsmittel für die Wirtschaft eines Staates auszuarbeiten. Für ihn stand vielmehr das Problem im Fokus, die wesentlichen politökonomischen Erscheinungen der Gesellschaft zu erklären und so anschaulich wie möglich darzulegen.

Dazu konnte und musste er von vielen Einzelprozessen und -bedingungen abstrahieren. So gelang es ihm, eine Theorie zu schaffen, die die Mehrwert- und Profitbildung und vieles andere erklärt und die dabei sehr gut verständlich ist.

Was aber nicht möglich ist und von Marx ganz sicher auch nicht in dieser direkten Art vorgesehen war, ist die Nutzung dieser über starke Abstraktion gewonnenen grundlegenden Erkenntnisse seiner Werttheorie für die Steuerung konkreter wirtschaftlicher Prozesse.

Die Marx'sche Arbeitswerttheorie – Loslösung des Wertes vom Bewusstsein

Der Hauptgrund dafür, dass die typische Interpretation der Marx'schen Arbeitswerttheorie nicht zur Steuerung ökonomischer Prozesse genutzt werden kann, liegt in der Loslösung des Wertes als gesellschaftliches Verhältnis vom menschlichen Bewusstsein.

Damit wird die vom Wesen her dynamische und interaktive Existenzform des Wertes in eine statische und in sich selbst ruhende Größe verwandelt und diese als passives Residuum menschlicher Arbeit in Gegenstände hineingezwängt.

Marx war sich dieses Problems bewusst und sprach nicht von produktiver, sondern von gesellschaftlich nützlicher Arbeit als wertbildendem Faktor. Er sah die Konsumtion als Kriterium für die Nützlichkeit der geleisteten Arbeit an: „Andererseits ist das

Bedürfnis die ideelle Ursache und die Konsumtion das Kriterium für die Nützlichkeit der Produktion." [1]. Die Bedeutung des Bewusstseins erwähnte er aber nicht in diesem Zusammenhang. Das hätte in seiner Zeit möglicherweise ein Abgleiten in den Idealismus bedeutet.

Der Wert wird als eine vor allem aufwandsabhängige Größe betrachtet. Der gesellschaftliche Nutzen der in den Waren vergegenständlichten Arbeit erscheint als zweitrangiger Faktor.

Die mechanistische, einseitig aufwandslastige Arbeitswertauffassung muss ergänzt werden um den Faktor Nützlichkeit. In den folgenden Thesen wird dieser Schritt gegangen und der Arbeitswert kann damit als wirkliches gesellschaftliches Verhältnis beschrieben werden.

Thesen zur Arbeitswerttheorie[1]

1. Wert ist ein gesellschaftliches Verhältnis.
2. Wert existiert nur in Verbindung mit dem Bewusstsein.
3. Wert basiert auf Bedürfnissen der Tauschpartner nach bestimmten Objekten der Umwelt – den Wertobjekten.
4. Bei der Ausprägung insbesondere der ökonomisch relevanten Bedürfnisse im Bewusstsein wichten die Menschen notwendigerweise. Die Wichtung erfolgt aufgrund der begrenzten menschlichen Möglichkeiten im gesellschaftlichen und natürlichen Umfeld, durch begrenzte Ressourcen sowie durch die begrenzten Fähigkeiten und Fertigkeiten der Menschen selbst.
5. Wert ist ein gesellschaftlich determiniertes und individuell beeinflusstes Verhältnis zwischen Tauschpartnern. Er wird innerhalb eines Wertverhältnisses für den Tauschprozess gebildet. Das gesellschaftliche Verhältnis Wert basiert auf Bedürfnissen nach Gütern, die durch Tausch aus dem Eigentum des einen Tauschpartners in das Eigentum des anderen Tauschpartners überführt werden. Wert beruht auf der gegenseitigen Anerkennung der Äquivalenz der ökonomischen Wertattribute der Tauschobjekte.
6. Wertobjekte und Wertäquivalente (meistens Geld) erscheinen im Ereignisfeld einander immer gleich groß gegenübergestellt.
7. Mit der Entwicklung und Entfaltung von Arbeitsteilung, Kommunikation und Handel können in der Gesellschaft relativ stabile gewichtete Beziehungsstärken zu Wertobjekten als Durchschnittsgrößen herausgebildet werden. Diese wiederum führen zu relativ stabilen Wertverhältnissen zwischen den Tauschpartnern.
8. Der Marx'sche Wertbegriff beschreibt in etwa einen Spezialfall eines allgemeinen Arbeitswertbegriffes. Seine Ableitung entsprach dem fortgeschrittensten Erkenntnisstand des 19. Jahrhunderts, ist aber zur Steuerung von ökonomischen Prozessen und Verhältnissen nicht hinreichend realitätsabbildend.
9. Wertobjekte (nach der gängigen Wertauffassung „Werte") können durch menschliche und maschinelle Arbeit geschaffen werden, und zwar sowohl durch die sogenannte „produktive" als auch durch die sogenannte „nicht-produktive" Arbeit.
10. Unter bestimmten gesellschaftlichen und natürlichen Bedingungen werden auch nicht durch Menschen geschaffene Objekte in die ökonomischen Prozesse als Wertobjekte einbezogen. Das geschieht über das Bewusstsein und in Verbindung mit dem gesamten gesellschaftlichen Arbeits- und Austauschprozess.
11. Eine Wertbeziehung im ökonomischen Sinne basiert nicht direkt auf den gewichteten Bedürfnissen nach den Wertobjekten, sondern auf den gewichteten Bedürfnissen nach den umfassender zu sehenden Bedürfnisbefriedigungskomplexen.

---

1 Thesen zur Arbeitswerttheorie
Die hier dargestellten Thesen sind teilweise „übliche" Ansichten zur Arbeitswerttheorie („Wert ist ein gesellschaftliches Verhältnis"), zum großen Teil aber von mir aufgestellt. Diese sollen in dem vorliegenden Buch erläutert und begründet werden.

12. Der Markt ist nicht Realisierungspunkt von angebotenen Werten, sondern der eigentliche Ort der Wertbildung[2]. Das Was und das Wie aller Angebote auf dem Markt muss durch Menschen im jeweiligen gesellschaftlichen (und natürlichen) Kontext geplant werden. Der Markt denkt nicht und der Markt lenkt nicht.

2 Wertbildung
Im hier gemeinten Sinne ist die Wertbildung nicht identisch mit der Bildung der Grundlagen / Voraussetzungen, d. h. der Bezugspunkte des Wertes.

Zu These 1: Wert ist ein gesellschaftliches Verhältnis.

Es steht außer Frage, dass Wert ein gesellschaftliches Verhältnis ist. Friedrich Engels sagt: „Die Ökonomie handelt nicht von Dingen, sondern von Verhältnissen zwischen Personen und in letzter Instanz zwischen Klassen; diese Verhältnisse sind aber stets an Dinge gebunden und erscheinen als Dinge." [2]

Die folgenden zwei Aspekte sollen hervorgehoben werden:

1. Gesellschaftliche Verhältnisse entstehen mit den Beziehungen, die die Menschen untereinander eingehen.

Gesellschaftliche Verhältnisse sind an die Menschen gebunden. Gesellschaftliche Verhältnisse können entfremdet vom Menschen, also objektiv, erscheinen. Ihrem Wesen nach sind sie aber an das menschliche Bewusstsein gekoppelt – wie ein Haus an das Material, aus dem es besteht. Im Philosophischen Wörterbuch, Bd. 1, lesen wir: „Die gesellschaftlichen Verhältnisse können nicht von den praktisch handelnden Menschen getrennt werden. Indem die Menschen materielle Güter produzieren und sich auf allen Gebieten des Lebens zueinander verhalten, erzeugen sie auch ihre gesellschaftlichen Verhältnisse. Diese sind jedoch nicht passive Erzeugnisse der praktischen menschlichen Tätigkeit. Sie sind zugleich deren Produkt und Voraussetzung; die gesellschaftlichen Verhältnisse sind notwendige Formen, in denen sich die praktische menschliche Tätigkeit vollzieht, und sie bestimmen deren Richtung, Tempo und Charakter. Folglich sind alle Auffassungen, die den gesellschaftlichen Verhältnissen eine von den Menschen und der menschlichen Tätigkeit unabhängige Existenz zuschreiben, … von vornherein verfehlt." [3]

Wenn der Wert als ökonomische Kategorie ein gesellschaftliches Verhältnis darstellt, dann müssen notwendigerweise sämtliche Merkmale, die das Wesen eines gesellschaftlichen Verhältnisses ausmachen, auch auf den Wert zutreffen:

Wert ist ein Element der Gesamtheit der gesellschaftlichen Verhältnisse.

2. Die ökonomische Entwicklung ist Bestandteil der geschichtlichen Entwicklung der Menschheit.

Gesellschaftliche Verhältnisse existieren in vielen Einzelverhältnissen

Die ökonomischen Momente sind als Bestandteile der gesellschaftlichen Entwicklung auch Teil der geschichtlichen Entwicklung. Denn die Ökonomie ist nur der abstrakte Begriff für eine Vielzahl gesellschaftlicher und damit geschichtsbestimmender Bedingungen, Verhältnisse und Prozesse im wirtschaftlichen Bereich der Gesellschaft.

Zur geschichtlichen Entwicklung schreibt F. Engels weiter an J. Bloch:

„Zweitens aber macht sich die Geschichte so, dass das Endresultat stets aus den Konflikten vieler Einzelwillen hervorgeht, wovon jeder wieder durch eine Menge besonderer Lebensbedingungen zu dem gemacht wird, was er ist; es sind also unzählige einander durchkreuzende Kräfte, eine unendliche Gruppe von Kräfteparallelogrammen, daraus eine Resultante – das geschichtliche Ergebnis – hervorgeht, die selbst wieder als Produkt einer, als Ganzes, bewusstlos und willenlos wirkenden Macht angesehen werden kann. Denn was jeder einzelne will, wird von jedem anderen verhindert, und was herauskommt, ist etwas, das keiner gewollt hat. So verläuft die bisherige Geschichte nach Art eines Naturprozesses und ist auch wesentlich denselben Bewegungsgesetzen unterworfen. Aber daraus, dass die einzelnen Willen – von denen jeder das will, wozu ihn Körperkonstitution und äußere, in letzter Instanz ökonomische Umstände (entweder seine eigenen persönlichen oder allgemein-gesellschaftliche) treiben – nicht das erreichen, was sie wollen, sondern zu einem Gesamtdurchschnitt, einer gemeinsamen Resultante verschmelzen, daraus darf doch nicht geschlossen werden, dass sie = 0 zu setzen sind. Im Gegenteil, jeder trägt zur Resultante bei und ist insofern in ihr einbegriffen.“ [4]

Jeder trägt zur Resultante bei – dies gilt nach Engels für die geschichtlichen, d. h. für die gesellschaftlichen Prozesse. Denn Geschichte im hier gemeinten Sinne ist gesellschaftliche Geschichte, in der die Einzelbedingungen, -verhältnisse und -prozesse jeweils als durchschnittliche Größen – eben als Resultanten – wirksam werden. Konkret wirken aber nur die Einzelprozesse, -verhältnisse und -bedingungen. Diese erscheinen lediglich in der Gesamtheit als Durchschnitt, weil das Bewusstsein den Durchschnitt aus den Einzelteilen bildet.

Der Durchschnitt selbst wirkt nur in Ausnahmefällen direkt in der Realität, z. B. dann, wenn ein gesellschaftliches Verhältnis Wert etabliert wird, das nur mit sich selbst den Durchschnitt bildet. Das trifft u. a. auf die Wertbildung bei der Auktion von einmaligen Kunstwerken zu.

Gilt aber die oben getroffene Aussage, dass jeder zur Resultante beiträgt, für die gesellschaftlichen Verhältnisse, so gilt sie notwendigerweise ebenso für den Wert als ökonomische Kategorie. Denn der Wert ist ein gesellschaftliches Verhältnis, das zwischen Menschen wirkt. Damit sind Bewusstseinsprozesse am Wert beteiligt. Wert hat folglich ideelle Anteile.

Da der Wert zwischen(!) den Menschen wirkt, muss er auch einen Anteil besitzen, der über die ideellen Bereiche dieser Menschen hinausragt und als gesellschaftliches Element auf der gesellschaftlichen Ebene wirkt. Dieser Anteil des Wertes ist ein objektiver Anteil. Er wirkt zwar nicht unabhängig von den Bewusstseinsprozessen, aber außerhalb dieser, also objektiv.

Der durchschnittliche Wert wiederum kann somit nicht als solcher existieren, sondern er wird von den Menschen aus allen jeweils relevanten Einzelwertbeziehungen ermittelt.

Zu These 2: Wert existiert nur in Verbindung mit dem menschlichen Bewusstsein.

Die in dieser These formulierte Aussage ergibt sich zwangsläufig, wenn man den Wert als ein gesellschaftliches Verhältnis definiert.

Wert ist an das Bewusstsein geknüpft

Ein Wertbegriff, mit dem der Wert außerhalb und unabhängig vom Bewusstsein erklärt wird, ist letztendlich ein idealistischer Wertbegriff.

Mit einer solchen Auffassung könnte ein „Wert an sich" beschrieben werden. Ein vom Bewusstsein überhaupt und damit letztendlich vom Bewusstsein des Einzelnen unabhängiger Wert könnte und müsste auch unabhängig von den gesellschaftlichen Verhältnissen existieren. Er wäre damit unabhängig vom Menschen – der Mensch als Träger des Bewusstseins und der gesellschaftlichen Verhältnisse gesehen. Doch ein solcher Wertbegriff ist unvereinbar mit einer nicht-idealistischen Weltanschauung (Bild 2: Wert – ist dessen objektive Existenz möglich?; vgl. [3]).

Wert wirkt nur zwischen Menschen

Wert wirkt nur – und kann nur wirken – zwischen Menschen und nicht zwischen Menschen und Gegenständen, nicht nur zwischen Gegenständen oder gar nur in Gegenständen (Bild 2).

Wert und relative Nützlichkeit

Die Abhängigkeit des Wertes vom Bewusstsein tritt u. a. auch dadurch deutlich in Erscheinung, dass ein wesentliches Element des Wertes die relative Nützlichkeit des Wertobjektes (nach geltendem Arbeitswertverständnis die Nützlichkeit der Ware) ist. Karl Marx schreibt: „... Endlich kann kein Ding Wert sein, ohne Gebrauchsgegenstand zu sein. Ist es nutzlos, so ist auch die in ihm enthaltene Arbeit nutzlos, zählt nicht als Arbeit und bildet daher keinen Wert." [5]

Die relative Nützlichkeit des Wert- oder Tauschobjektes muss gesellschaftlich relevant wirken. Sie kann nicht durch individuelle Vorstellungen wie „besonders wertvoll" o. ä. zum Ausdruck gebracht werden. Gesellschaftlich relevant wird die relative Nützlichkeit beim Tausch durch Abgabe eines Äquivalents geäußert. Der Käufer gibt ein Wertäquivalent als Gegenleistung für den Erwerb der Ware ab.

Die Nützlichkeit des Wertobjektes ist relativ, weil eine absolute Nützlichkeit bei sehr vielen potenziellen Wertobjekten gegeben ist, von denen viele aber trotzdem nicht ökonomisch ausgetauscht werden. Beispielsweise wird bei vielen „Ladenhütern" eine absolute Nützlichkeit gegeben sein. So kann ein Radio Radiosender empfangen und über die Lautsprecher wiedergeben. Doch wenn das Radio nicht gekauft wird, weil es z. B. nur Lang- und Mittelwellensender empfängt, dann ist es zwar absolut nützlich, eben zum Empfang von Lang- und Mittelwellensendern. Aber wenn das niemand hören will oder im Ereignisfeld (der für die entsprechenden ökonomischen Prozesse relevanten Umgebung) solche Sender nicht mehr zu empfangen sind und deswegen kein Äquivalent zum Tausch bereitgestellt wird, dann ist solch ein Objekt, bezogen auf die für den Kauf relevanten Bedürfnisse, relativ nicht nützlich.

Definition und Begriffserklärung Wertobjekt

Als Wertobjekte werden in dieser Arbeit u. a. die Objekte bezeichnet, die herkömmlich als „Waren" beschrieben werden. Kennzeichen der Waren ist, dass sie vergegenständlichte, gesellschaftlich nützliche Arbeit enthalten und im ökonomischen Sinne ausgetauscht werden. Der Begriff „Wertobjekt" geht aber über den Umfang der Ware hinaus.

Wertobjekte sind die von Menschen oder / und Maschinen bearbeiteten Gegenstände sowie Aktivitäten, Ideen oder auch bestimmte von der Natur geschaffene Güter, die dem ökonomischen Austausch unterliegen. Dazu müssen die Wertobjekte hinreichend nützlich sein, aber nicht nur das.

Die Wertobjekte unterliegen dem ökonomischen Austausch, weil die Bedürfnisse nach diesen hinreichend stark für das Streben nach deren Aneignung sind. Doch hinreichend starke Bedürfnisse zur Aneignung sind nicht das einzige weitere Kriterium für Wertobjekte. Wertobjekte sind im Ereignisfeld im geringeren Maße vorhanden als die darauf gerichteten Bedürfnisse.

Die Ursache der Verknappung bei bearbeiteten Gegenständen liegt vor allem darin begründet, dass für die Bereitstellung dieser Objekte, Ideen und Aktivitäten bezahlte Arbeit aufgewendet werden muss. Bezahlte Arbeitsplätze sind nicht frei verfügbar, erst Recht nicht die damit erzielten Arbeitsergebnisse.

Eine weitere Ursache der Verknappung ist bei bestimmten Naturgütern die gegenüber den Bedürfnissen eingeschränkte Möglichkeit zu ihrer Gewinnung. Dazu zählen auch eingeschränkte Möglichkeiten, diese Naturgüter zu erreichen, insbesondere aufgrund von Eigentumsrechten an Grund und Boden.

In solchen Fällen können diese Objekte, Ideen, Aktivitäten und bestimmte Naturgüter nur angeeignet werden, indem Gegenleistungen dafür erbracht werden.

Die Notwendigkeit, Gegenleistungen zu erbringen, basiert auf dem Eigentum an Wertobjekten, Grund und Boden, Produktionsmitteln usw. Ohne Eigentum (oder Pacht) wäre es nicht notwendig, Gegenleistungen für irgendetwas zu erbringen. Ausnahmen wären in einem solchen Fall Situationen, in denen Gegenstände etc. unerlaubt physisch entwendet würden. Doch solche Ausnahmen haben enge Grenzen…

Der ökonomische Austausch hat sich als günstige Variante der Verteilung knapper Ressourcen durchgesetzt. Er beinhaltet, dass die Tauschpartner auf hinreichende Wertäquivalenz der zu tauschenden Wertobjekte (Waren) achten müssen.

An der Bereitstellung der Wertobjekte waren Arbeitskräfte beteiligt. Grundlage für die Äquivalenzfindung der auszutauschenden Wertobjekte sind die von diesen Arbeitskräften durch den Verkauf ihrer Arbeitskraft erworbenen Anrechte auf Wertäquivalenz für den Einsatz ihrer Arbeitskraft. Diese Anrechte auf Wertäquivalenz sind Anrechte auf Wertobjekte, d. h. auf dem ökonomischen Austausch unterliegende Objekte, Aktivitäten und Ideen. Diese Anrechte auf Wertobjekte entsprechen wiederum gesellschaftlich anerkannten Anrechten auf Anteile an allen dem Austausch unterliegenden Objekten, Aktivitäten und Ideen. Die Anrechte auf die dem ökonomischen Austausch unterliegenden Objekte, Aktivitäten und Ideen werden vom Grundsatz her abgeleitet aus den Werten der Arbeitskräfte. Es kommen aber weitere gesellschaftliche Kriterien hinzu, wie z. B. das Eigentum an Boden, in der Vergangenheit verkaufte Arbeitskraft (Rente) oder Machtverhältnisse. Ebenso können von der Gesellschaft nicht akzeptierte Verhaltensweisen das Anrecht auf ökonomisch zu Verteilendes mitbestimmen.

Die Werte von Wertobjekten sind vom Grundsatz her vor allem relevant für den ökonomischen Austausch. Sekundäre Bezüge wie z. B. Abschreibungen und Steuern werden davon abgeleitet. Richtlinien für die Wertgrößen der Wertobjekte beim Verkauf sind die Arbeitsaufwendungen, d. h. die Werte der Arbeitskräfte, die an der Bereitstellung der Wertobjekte beteiligt waren, sind oder sein werden – je nach Situation bei den Wertobjekten – plus die erwarteten Mehrwerte.

Wertobjekte sind dadurch gekennzeichnet, dass für deren Bezug jeweils eine Gegenleistung als Äquivalent abgegeben werden muss. Die Äquivalente können Stellvertreter-Wertobjekte, d. h. Geld, andere Objekte, direkte Arbeitsleistungen, andere Aktivitäten oder Ideen sein. Mit der Abgabe von Äquivalenten anerkennen die Käufer die Nützlichkeit der angestrebten Wertobjekte im ökonomischen Sinne.

Wert gibt es nur in der Einheit von Wertobjekt und Wertäquivalent. Einen Wert in einem für sich stehenden Objekt kann es nicht geben. Die Nützlichkeit der Wertobjekte muss auf der gesellschaftlichen Ebene anerkannt werden. Das entspricht der Einheit von Wert und Wertäquivalent. Daraus folgt, dass die auszutauschenden Wertobjekte und Stellvertreter-Wertobjekte (Geld) so lange nur potenzielle Wertobjekte bzw. Stellvertreter-Wertobjekte sind, wie die Tauschpartner aus ihnen noch keine Einheit in einem gesellschaftlichen Verhältnis Wert gebildet haben.

Wert ist keine Singularität. Ein Wertobjekt kann nur zusammen mit einem anderen Wertobjekt (oder dessen Stellvertreter) als solches existieren. Marx hat das erkannt: „Demgemäß beschreibt Marx die Wertgegenständlichkeit der Waren als „phantasmagorische Form“ (Das Kapital, MEW 23,86) oder bloß „gespenstige Gegenständlichkeit“ (a.a.O., S. 52). Das erwähnte Verhältnis ist das Verhältnis einer Ware zu einer anderen Ware, mit der sie ausgetauscht wird, bzw. allgemein gesprochen das Verhältnis einer Ware zu einer bestimmten Menge Geld, gegen das sie getauscht wird. Der Wert wird erst im Austausch der Waren konstituiert.“ [6] und „Ein Arbeitsprodukt, für sich isoliert betrachtet, ist also nicht Wert, so wenig wie es Ware ist. Es wird nur Wert, in seiner Einheit mit andrem Arbeitsprodukt, oder in dem Verhältniß, worin die verschiedenen Arbeitsprodukte, als Krystalle derselben Einheit, der menschlichen Arbeit, einander gleichgesetzt sind.“ [7]. Ohne diesen Gegenpart würde die notwendige Anerkennung der (relativen) Nützlichkeit auf gesellschaftlicher Ebene fehlen. Außerdem spricht der Grundgedanke, dass ein Wertverhältnis ein gesellschaftliches Verhältnis ist, dagegen. Ein gesellschaftliches Verhältnis kann keine Solo-Darbietung sein.

Auch wenn der Wert als zumindest basierend auf einem bestimmten Bedürfnis gesehen wird, würde erklärbar sein, dass der Wert als ökonomische Größe einen Gegenpart braucht. Denn ein einseitiges Bedürfnis, ohne Erwiderung, wäre nicht quantifizierbar auf der gesellschaftlichen Ebene. Es könnte jede beliebige Größe annehmen. Damit könnte es nicht sinnvoll in ökonomische Prozesse einbezogen werden. Vor allem wäre ein einseitiges Bedürfnis nicht mit einem Tausch verbunden. Doch der Tausch ist grundlegend für ein gesellschaftliches Wertverhältnis.

Wertobjekte in den verschiedenen Formen

Ein stoffliches Wertobjekt könnte ein typisches Endverbraucherprodukt wie eine Espressomaschine sein. Eine Aktivität als Wertobjekt könnte eine Theateraufführung sein. Beispiele für Wertobjekte in Gestalt von Ideen wären Bücher oder ein Patent. Bei Kunstwerken wären die Ideen zusätzlich verbunden mit besonderen Fertigkeiten der Künstler. Beispiele für Naturprodukte als Wertobjekte sind Gold, Erdöl und seltene Erden.

Arbeit steckt in allen Wertobjekten. Ob die Arbeit von Menschen, Maschinen oder der Natur eingebracht wird, ist nicht relevant für den Fakt, ob diese Wertobjekte dem ökonomischen Austausch unterliegen oder nicht. Die Art der Arbeit und die relative Nützlichkeit sowie die Art und Qualität der Arbeitsergebnisse sind relevant für die zu erwartende Gegenleistung. Die Arbeitsaufwendungen an Energie (in verschiedenen Formen) und Zeit für Mensch und Maschine liefern nur Richtwerte für die Bewertung der Ergebnisse. Die Aufwendungen zur Bereitstellung (einschließlich Herstellung) von Wertobjekten werden bei deren Bewertung in die Betrachtungen mit einbezogen. Doch entscheidend für den Wert ist die Art und Qualität des Ergebnisses. Dabei spielt es keine Rolle, ob es sich um stoffliche Wertobjekte, um Aktivitäten wie Konzerte oder um Ideen wie Patente handelt.

Bei Naturprodukten sind weitere Kriterien zur Wertermittlung als nur die Aufwendungen der Natur zur Bereitstellung wichtig (Die Aufwendungen finden ihre Entsprechungen in etwa in der Seltenheit dieser Naturprodukte, aber eben nur „in etwa".). Zu den weiteren Kriterien zählen Erreichbarkeit, Gewinnungsmöglichkeiten, Reinheit, Gefahren im Umgang mit ihnen u. a.

Noch einmal relative Nützlichkeit

Die relative Nützlichkeit wird nur(!) dadurch geäußert, dass für den Erwerb des entsprechenden Wertobjektes ein Wertäquivalent abgegeben wird. Damit wird der Bedarf im ökonomischen Sinne gesellschaftlich relevant zum Ausdruck gebracht. In einigen Fällen reicht die Bereitstellung[3] eines Äquivalents. Mit der Übergabe eines Wertäquivalents bei Entgegennahme des gewünschten Wertobjektes wird der ökonomische Austausch auf der gesellschaftlichen Ebene realisiert. Damit wird das gesellschaftliche Verhältnis Wert aus den ideellen Bewusstseinsinhalten der Tauschpartner auf die gesellschaftliche Ebene überführt und zum Abschluss gebracht. Das Wertäquivalent ist im Allgemeinen ein Zahlungsmittel in Form von Geld.

Durch nichts anderes als durch die Abgabe eines Wertäquivalents wird der Bedarf im ökonomischen Sinne geäußert und nur mit der Abgabe eines Wertäquivalents als Gegenleistung erfolgt die Anerkennung der relativen Nützlichkeit des Zielobjektes im ökonomischen Sinn.

3 Bereitstellung eines Äquivalents – im Unterschied zur Abgabe eines solchen
Das ist mehr ein rechtliches Problem. Wenn mit einer verbindlichen Zusage ein Äquivalent bereitgestellt wird, aber noch kein Tausch erfolgt, dann könnten durchaus Storno-Gebühren anfallen, falls der potenzielle Käufer sich später anders entscheiden sollte. Damit wäre zumindest ein Teil des Erwartungswertes der Gegenleistung, den der Verkäufer mit dem Verkauf anstrebt, für ihn realisiert. Im Umfang der Storno-Gebühren hätte er eine gesellschaftlich relevante Anerkennung eines Teils des Wertes seines Wertobjektes, sogar ohne dieses abzugeben. Der potenzielle Käufer anerkennt damit die Reservierung des Wertobjektes nur für ihn als „relativ nützlich".

Ideell kann die Nützlichkeit diverser Objekte mit anerkennenden Worten o. ä. zum Ausdruck gebracht werden. Für den ökonomischen Bereich der Gesellschaft sind solche Ausdrucksformen aber nicht unmittelbar relevant.

Wert und Bewusstsein

Der für das gesellschaftliche Verhältnis Wert notwendige Bedarf wiederum kann nur(!) über das Bewusstsein herausgebildet und zur Wirkung gebracht werden. Denn weder der menschliche Körper – ohne die Nutzung des Bewusstseins – noch irgendwelche Gegenstände können Bedarf im ökonomischen Sinne äußern.

Somit ist der Wert nicht allein abhängig von den objektiven Existenzformen der Bezugsobjekte, Bezugsaktivitäten oder Bezugsideen des Wertes (Wertobjekte in Form von Objekten, Aktivitäten und Ideen), wenn diese auch, ohne Frage, wesentliche Einflussgrößen im Prozess der Wertdetermination darstellen. Der Wert ist ebenfalls wesentlich abhängig vom Bewusstsein. Das kann bei einem gesellschaftlichen Verhältnis gar nicht anders sein. Ein gesellschaftliches Verhältnis ohne wesentlichen Einfluss des Bewusstseins, das auch als Grundlage der menschlichen Gesellschaft fungiert – das wäre ein sehr schleierhaftes gesellschaftliches Verhältnis.

Bleibt dem Bewusstsein die Nützlichkeit eines Wertobjektes verborgen oder wird diese aus anderen Gründen nicht akzeptiert, dann wird kein Wertverhältnis bezüglich des betreffenden potenziellen Wertobjektes zustande kommen – das (€) Wertobjekt „hätte keinen Wert" im ökonomischen Sinne.

Umgekehrt kann das Bewusstsein auch eine hinreichende Nützlichkeit erkennen, obwohl diese nicht wirklich gegeben ist, z. B. durch intensive Werbung verursacht. Wenn aufgrund dieser falschen Erkenntnis Geld für den Eintausch des Produkts bereitgestellt wird, erfolgt damit die Anerkennung der Nützlichkeit dieses Produkts im ökonomischen Sinne. Der Austausch Wertobjekt gegen Geld kann daraufhin erfolgen.

Doch ohne das Bewusstsein wird kein gesellschaftliches Verhältnis Wert aufgebaut werden können, da weder Objekte noch Prozesse ohne Bewusstsein eine Nützlichkeit von Wertobjekten erkennen und Zahlungsmittel als Wertäquivalente für deren Erwerb dafür abgeben können. Der russische Wirtschaftswissenschaftler L. A. Mikeschina schreibt: „Mittlerweile hat sich die Auffassung mehr oder weniger durchgesetzt, dass die Wertbeziehung eine Einheit von Subjektivem und Objektivem ist; doch die Abgrenzung beider Momente erfolgt in der Regel ganz formal: Dem Subjekt wird die Wertung zugeordnet und dem Objekt der Wert. Offenbar muss diese Auffassung weiter präzisiert werden, denn jene Scheidelinie verläuft nicht zwischen dem Subjekt und dem Objekt der Wertbeziehung, sondern geht durch beide hindurch. … Wir können daher nicht dem kategorischen Urteil zustimmen, der Wert sei objektiv, die Wertung dagegen immer subjektiv." [8]

Ausnahmen gibt es scheinbar vor allem in der Finanzwelt. Damit sind Softwareprogramme gemeint, die für spezielle Käufe und Verkäufe zuständig sind und dafür selbständig agieren: „Im sogenannten Hochfrequenz-Handel HFT kaufen oder verkaufen Computerprogramme auf Grundlage komplizierter mathematischer Algorithmen innerhalb einer Sekunde Tausende Male Wertpapiere." [9]; und „In Deutschland erledigen automatisierte Handelssysteme bereits rund die Hälfte aller Aktiengeschäfte, in Tokio rund drei Viertel aller Aufträge." [10]

Doch auch in solchen Fällen gehen die ursprüngliche Initiierung, die Hauptsteuerung und ebenso deren die Nutzung nicht von den Maschinen aus. Diese Prozesse erfassen lediglich bestimmte Kriterien für den Ankauf oder Verkauf schneller und mit weniger Fehlern behaftet als die Menschen. Noch geben Menschen solche Kriterien vor. Es sind Hilfsprozesse und keine eigenverantwortlich handelnden Vorgänge. Dass Objekte und Prozesse ohne Bewusstsein weder direktes noch indirektes Eigentum an Geld und anderen Objekten noch Stellvertreterrollen als solche Eigentümer haben können, kommt hinzu.

Wert und Eigentum

Wert ist an Eigentum geknüpft und Eigentum wiederum an das menschliche Bewusstsein. Als stoffliches Objekt existiert Eigentum unabhängig vom Menschen. Bei Aktivitäten wie künstlerischen Aufführungen existiert das Eigentum in Verbindung mit den Menschen. Bei Ideen usw. ist jedoch wenigstens ein Bewusstsein der „Aufbewahrungsort" des Eigentums. Aber als Eigentum existieren Wertobjekte immer nur in Verbindung mit dem Bewusstsein, denn Eigentum ist eine gesellschaftsbasierte Größe. Das Eigentum wird als solches durch die Gesellschaft geschützt und nicht durch die Natur. Für die Welt außerhalb der Gesellschaft, und damit für die Welt außerhalb von menschlichem Bewusstsein, gibt es kein Eigentum.

Eigentum und Wert gehören zusammen, denn ohne Eigentum würde der Wert als gesellschaftliches Verhältnis keinen Sinn ergeben.

Auch aus den letzten Gedankengängen folgt, dass ein Wertverhältnis als solches nicht außerhalb und unabhängig vom Bewusstsein existieren kann (vgl. [1], [5]). Eine „Wertvariante", bei welcher der Wert zwar abhängig vom Bewusstsein wäre, aber trotzdem außerhalb des Bewusstseins existieren würde, dürfte ein unmögliches Konstrukt sein.

Ein solches Gebilde könnte man sich in der Art vorstellen, dass das Bewusstsein einen Wert in ein Objekt wie ein E-Bike hineindenkt, ihn darin vergegenständlicht sieht. Doch ein solches wertvolles E-Bike wird kein gesellschaftliches Verhältnis aufbauen können, weder eines mit noch eines ohne Wert. Der Wert in solch einem Objekt wäre folglich nur ein von einem Bewusstsein gedachter virtueller Wert – ohne jegliche gesellschaftliche Relevanz. Außerdem könnte auf diesem Wege nicht erklärt werden, warum solch ein Fahrrad einmal für € 2500 und ein anderes Mal nur für € 2100 verkauft werden kann. Hier wäre zwar der Einwand denkbar, dass damit der Tauschwert, aber nicht der Wert zum Ausdruck gebracht würde. Doch was wäre Wert ohne gesellschaftliche Relevanz, ohne dass dieser gesellschaftlich anerkannt würde durch Abgabe einer entsprechenden Gegenleistung? Was soll ein Wert ohne Gegenstück? Er würde letztendlich für sich allein existieren, als ein „Wert an sich", aber nicht als gesellschaftliches Verhältnis. Solch ein ideeller Wert wäre nicht Gegenstand der Arbeitswerttheorie.

Oder ein anderer Gedankengang: Das E-Bike würde 10 Jahre lang im Geschäft ausgestellt werden, an ihm würde inhaltlich nichts verändert werden (Reifen und Akku könnten vom Preis abgezogen werden). Doch es würde immer mehr Wert aus dem Rad entschwinden – ganz ohne stoffliche Änderung. Auch aus diesem Grund erscheint es sehr unwahrscheinlich, dass der Wert in diesem Gegenstand vergegenständlicht sein sollte. Obwohl das Rad stofflich praktisch nicht altert, altert es doch im gesellschaftlichen Kontext, da bessere Produkte, die mehr können, inzwischen auf den Markt kommen. Damit werden die Bedürfnisse nach dem alten Rad von den Zahlen und den Bedürfnissen her sinken und damit dessen Wert, denn es könnte nicht mehr zum alten Preis verkauft werden.

Dies geschieht infolge dessen, dass der Wert im Bewusstsein aufgebaut und auf das Bike bezogen, d. h. mit diesem verknüpft wird.

Das Bewusstsein ist der Träger der Werte. Die Objekte, auf welche die Werte bezogen werden, sind die Bezugspunkte derselben. Diese Bezugspunkte sind keine „Werte" im eigentlichen ökonomischen Sinne.

Um als Bezugspunkte von gesellschaftlichen Wertverhältnissen fungieren zu können, müssen diese Objekte bestimmten Bedingungen genügen (vgl. These 3).

Wichtige Merkmale des Wertes

Das Wesen des Wertes wird deutlich, wenn der Wert

1. als im menschlichen Bewusstsein herausgebildet

und

2. als gesellschaftliches Verhältnis zwischen Menschen gesehen wird.

Wertverhältnisse wirken konkret zwischen Tauschpartnern. Sie werden von den Tauschpartnern innerhalb dieser Wertverhältnisse auf bestimmte Objekte, Aktivitäten oder Ideen bezogen – eben auf die Wertobjekte, welche im Rahmen der Wertverhältnisse ausgetauscht werden sollen. Durch diese (zunächst potenziellen) Wertobjekte werden Wertverhältnisse überhaupt erst herausgebildet und determiniert. In diese Wertbildungsprozesse werden aber auch viele andere Faktoren einbezogen, die z. T. nicht direkt an die aktuell relevanten Wertobjekte gekoppelt sind, z. B. andere Wertobjekte, notwendige Umfeldbedingungen für die aktuell zu tauschenden Objekte, Traditionen und Emotionen. Weiterhin zählen dazu wichtig erscheinende und notwendige Elemente im Umfeld der aktuell gehandelten Wertobjekte. So sind z. B. für Navigationsgeräte GPS-Satelliten-Sender notwendige Voraussetzungen. Zu solchen Elementen aus dem Umfeld gehören aber auch religiöse Anschauungen, politische und traditionsbedingte Sperren (Diskotheken in Saudi-Arabien) für bestimmte Wertobjekte usw.

Im Rahmen der Wertverhältnisse wirken folglich zusätzlich zu den Wertobjekten weitere, außerhalb des Bewusstseins existierende Objekte und andere, sowohl gesellschaftlich als auch natürlich geprägte Einflussgrößen auf den ökonomischen Austausch und somit auf den Wert selbst ein.

Das Wesen des Wertes

Die oben genannten Merkmale führen zum Wesen des Wertes – als quantitativ fassbare Widerspiegelung der gesellschaftlichen Beziehung zwischen den Tauschpartnern beim ökonomischen Austausch von Wertobjekten. Hervorgerufen wird die gesellschaftliche Beziehung zwischen den Tauschpartnern durch deren Bedürfnisse nach Gütern im Eigentum bzw. in der Verfügungsgewalt des Tauschpartners.

Zu These 3: Wert basiert auf Bedürfnissen der Tauschpartner nach bestimmten Objekten der Umwelt – den Wertobjekten.

Wie bereits dargelegt, existieren die Werte als gesellschaftliche Verhältnisse nicht außerhalb vom menschlichen Bewusstsein. Die Werte werden aber durch bestimmte Objekte, die außerhalb des Bewusstseins existieren, herausgebildet und determiniert. Auf solche Objekte wiederum bezieht menschliches Bewusstsein die Werte. Als Wertobjekte bilden sie die Bezugspunkte der Werte und damit auch die Bezugspunkte der Wertbeziehungen zwischen den Tauschpartnern in den Wertverhältnissen. Die Werte wiederum werden über Bewusstseinsprozesse den Wertobjekten als Wertattribute beigefügt.

Nach herkömmlicher Interpretation der Arbeitswerttheorie werden Werte in den Waren vergegenständlicht. Doch solche Vergegenständlichungs-Prozesse würden die Werte aus ihren gesellschaftlichen Verhältnissen herauslösen und in Gegenstände übertragen. Damit verlören die Werte ihre Eigenschaften als gesellschaftliche Verhältnisse, die zwischen Menschen wirken.

Elemente und Eigenschaften des Wertes

Um sowohl der Kategorie „gesellschaftliches Verhältnis“ (einem Verhältnis, das zwischen Menschen wirkt) als auch der Beziehungsfunktion zwischen dem Bewusstsein und den Wertobjekten gerecht werden zu können, muss der Wert bestimmten Anforderungen genügen:

- Der Wert muss als gesellschaftliches Verhältnis zwischen den jeweiligen Tauschpartnern wirken.
- Die Existenz des Wertes in Art und Form muss aus dem gesellschaftlichen Kontext heraus erklärbar sein.
- Der Wert muss die Relevanz für die ökonomischen Prozesse besitzen.
- Die Existenz des Wertes muss letztendlich aus dem Arbeitsprozess heraus erklärbar sein. Die Kopplung an den Arbeitsprozess kann dabei indirekt wirken, insbesondere bei Naturgütern.

- Der Wert muss vom Grundsatz her auf den gesellschaftlich anerkannten Ansprüchen auf Existenzmittel[4] der an der Bereitstellung von Wertobjekten Beteiligten[5] basieren, d. h. auf den Werten der Arbeitskräfte.
- Der Wert kann auf weiteren, ebenfalls gesellschaftlich begründeten Ansprüchen basieren. Dazu zählen Eigentums- und Pachtrechte an Grund und Boden sowie an Naturschätzen.
- Wert im ökonomischen Sinne kann nur in Verbindung mit dem Eigentum an Wertobjekten herausgebildet werden. Ab einer bestimmten Stufe der Entwicklung kann diese Aussage auf Eigentum an Stellvertreter-Wertobjekten – Geld und Ähnlichem – bezogen werden.
- In die Wertsumme von durch Arbeit erstellte und dann bereitgestellte Wertobjekte müssen die Werte aller Arbeitskräfte eingehen, die daran Anteil haben. Hinzu kommen die Werte der Produktionsmittel (Rohstoffe, Zuliefererzeugnisse, Werkzeuge und Maschinen, Kosten für Kommunikationsprovider usw., die letztendlich wieder Werte von Arbeitskräften und Rohstoffeigentümern widerspiegeln, welche vorgelagert an der betrachteten Wertobjektbereitstellung Anteil haben). Schließlich muss ein Mehrwert einfließen. Der Mehrwert sollte der Weiterentwicklung des Unternehmens dienen, der weiteren Qualifizierung aller an der Wertobjektebereitstellung Beteiligten, der Festigung und dem Ausbau der Teams und der Extra-Belohnung von Beteiligten. Der Anspruch auf Mehrwert wird anteilig für alle (ökonomisch relativ autark agierenden) Abschnitte der Produktbereitstellung in die Berechnung der erwarteten Werte der Produkte einfließen müssen[6] – für Forschung und Entwicklung, Fertigung, Marketing, Logistik, Vertrieb und in bestimmtem Umfang für Service-Leistungen. Dass mit dem Mehrwert auch beachtlicher Missbrauch betrieben werden kann, dürfte außer Frage stehen.
- Der Wert selbst kann nicht rein objektiv, d. h. nicht völlig unabhängig vom Bewusstsein existieren.
- Objektiv existieren die Wertobjekte, auf die das gesellschaftliche Verhältnis bezogen wird. Bei Ideen u. Ä. trifft das zumindest auf einen der Tauschpartner zu.

---

4 Existenzmittel
Bei Marx erwerben die Arbeitskräfte durch den Verkauf ihrer Arbeitskraft ein Anrecht auf Gegenleistung, d.h. ein Anrecht auf Waren, die als Existenzmittel bezeichnet werden. Die Existenzmittel sollen den Arbeitskräften ermöglichen, ihre Arbeitskraft zu erhalten, zu verewigen und auszubauen. In dem hier vorliegenden Buch wird der Begriff Existenzmittel angewendet auf Wertobjekte. Wertobjekte können bearbeitete Objekte, Aktivitäten, Ideen usw. sein, die dem ökonomischen Austausch unterliegen.

5 ... der an der Bereitstellung von Wertobjekten Beteiligten ...
Hierin sind die unmittelbaren Produzenten eingeschlossen, aber auch diejenigen, die außerdem Anteil daran haben, dass ein Käufer ein Wertobjekt erwerben kann: Buchhalter, Firmensprecher, Logistiker, Wartungspersonal, Spezialisten für Werbung und Vertrieb, Rechtsanwälte, Security, Gebäudemanagement, Reinigungskräfte, Zulieferer u. v. a.

6 Mehrwert
Meistens wird vom Mehrwert nur im Zusammenhang mit der Herstellung von Produkten in einem Unternehmen gesprochen. Das ist ein wichtiger gesellschaftlicher Bereich, in dem Mehrwert generiert wird. Doch die Notwendigkeit, zumindest die Sinnfälligkeit der Generierung von Mehrwert gilt auch für andere gesellschaftliche Bereiche, sie könnte z. B. auch für eine Opernaufführung gelten. Die dafür notwendigen Bereitstellungsbereiche unterscheiden sich nur teilweise von denen, die bei der Produktion von stofflichen Produkten notwendig sind.

- Die Ausgangspunkte des Wertes müssen, auch bei seinem Wesen als gesellschaftliche Größe, im objektiven Umfeld der Tauschpartner eines Wertverhältnisses liegen, zumindest im Umfeld eines der Tauschpartner.
- Die Ausgangspunkte des Wertes müssen im Bewusstsein der Tauschpartner in bestimmter Art widergespiegelt werden, damit aus diesen Widerspiegelungen ein gesellschaftliches Verhältnis entsteht.
- Der Wert muss eine Kopplung der Wertobjekte an das Bewusstsein bewirken.
- Die Kopplung der Wertobjekte an das Bewusstsein muss auf den Eigenschaften der Wertobjekte und auf den Widerspiegelungen der diesen Wertobjekten beigefügten Wertattribute basieren.
- Die im Bewusstsein herausgebildeten Wertattribute widerspiegeln die mit den Wertobjekten verknüpften, vom Wesen her gesellschaftlich anerkannten, Ansprüche auf Existenzmittel.
- Die Werte bzw. Wertbeträge von Wertobjekten können sich nicht in den Wertobjekten selbst befinden, als „vergegenständlichte, gesellschaftlich nützliche Arbeit", als „gesellschaftlicher Wertgehalt" oder ähnliches. Die Wertbeträge werden nur(!) über das Bewusstsein in der Gestalt gesellschaftlicher Wertattribute mit den Wertobjekten verknüpft.
- Die gesellschaftlichen, genauer die ökonomischen Wertattribute der Wertobjekte existieren nur auf der gesellschaftlichen Ebene. Damit sind sie nur im gesellschaftlichen Kontext erfassbar. Aus diesem Grund können sie nur mit den Wertobjekten verknüpft, aber nicht in diese eingebaut sein.
- Die mit den (zunächst potenziellen) Wertobjekten verknüpften Wertattribute sind von dynamischer Natur und werden mit dem Tauschvorgang im Rahmen des Wertverhältnisses zwischen den Tauschpartnern präzisiert, d. h. weder deren Größe noch ob es sie überhaupt geben wird, steht vor dem ökonomischen Austausch fest.
- Solch eine Präzisierung kann auf der Käuferseite, auf der Verkäuferseite oder – im Dialog – auf beiden Seiten eines Wertverhältnisses erfolgen. Sollte der Tauschvorgang nicht zum Abschluss gebracht werden, würde die Präzisierung lauten: „Das mit dem betrachteten potenziellen Wertobjekt XYZ verknüpfte Wertattribut wird nicht anerkannt" oder „Dieses potenzielle Wertobjekt erscheint nicht als so nützlich, dass ich dafür Geld ausgeben würde."
- Der Wert ist zusammengesetzt aus einem ideellen und einem objektiven Anteil. Der ideelle Anteil ergibt sich daraus, dass er als gesellschaftliche Größe nur im Bewusstsein existiert. Von dem ideellen Anteil „beherbergt" jeder Tauschpartner einen Teil des Wertes.
- Aus dieser Dualität ergibt sich ein Teil des objektiven Bestandteils des Wertes: Für jeden Tauschpartner existiert der andere Tauschpartner mit seinen Wertvorstellungen objektiv. Folglich existiert auch dessen Wertanteil objektiv. Für Dritte wiederum haben die nach außen auf der gesellschaftlichen Ebene wirkenden Resultate der Bewusstseinsprozesse beider Tauschpartner eine objektive Existenz und damit ebenso der Wert als gesellschaftliches Verhältnis zwischen den Tauschpartnern. Die Bewusstseinsprozesse beider Tauschpartnerseiten müssen dabei allerdings auch nach außen wirken, um auf der gesellschaftlichen Ebene als Wertverhältnis spürbar und wirksam zu werden. Die ideellen Wertanteile der Tauschpartner werden aber

erst dann nach außen wirksam, wenn sie die individuellen „Einzelexistenzen" verlassen haben und zusammen wirken. Zusammen wirken können diese ideellen Anteile nur, wenn sie objektiv geäußert werden. Das geschieht beim Tausch im Wertverhältnis.

- Der andere Teil des objektiven Bestandteils des Wertes wird dadurch herausgebildet,
  - dass der Wert objektiv, d. h. außerhalb des Bewusstseins, geäußert werden muss, um auf der gesellschaftlichen Ebene wirken zu können. Die Äußerung muss dazu führen, dass der Wert mit weiteren objektiven Komponenten (Verträgen, Preisangaben u. a.) verbunden werden kann – sonst wäre seine objektive Äußerung nicht unbedingt sinnvoll.
  - dass der Wert nur im gesellschaftlichen Kontext wirken kann – auf der Basis der außerhalb des Bewusstseins gegebenen Wertobjekte und eingebunden in eben diesen gesellschaftlichen Kontext.
  - dass der Wert im gesellschaftlichen Kontext etwas bewirkt, was im nichtgesellschaftlichen Umfeld nicht anzutreffen ist – den Tausch von Eigentum gegen Eigentum.
  - dass der Wert durch das gesellschaftliche Umfeld gesichert und als gesellschaftliche Größe wirksam gemacht wird. Das sind Vorgänge, die ebenfalls nur im gesellschaftlichen Kontext ermöglicht werden.
  - dass beide Seiten („Teilnehmer") im Wertverhältnis sich notwendig auf die gesellschaftlich relevante Werthöhe für das betreffende Wertobjekt einigen müssen – einseitig oder im Dialog. Diese Werthöhe besteht ebenfalls objektiv aus Sicht jedes der beiden Tauschpartner und ebenso aus der Sicht Dritter. Letztere Aussage kann u. a. mit der ebenfalls objektiv abzuführenden Mehrwertsteuer belegt werden.
- Der Wert beinhaltet und benötigt eine nicht-ideelle Äußerungsform, damit er auf der gesellschaftlichen Ebene wirken kann.
- Der Wert muss die gesellschaftliche Beziehung der Tauschpartner zueinander in Bezug auf die auszutauschenden Wertobjekte widerspiegeln. Die Widerspiegelung der Beziehungen der Tauschpartner zueinander ist insbesondere unter den folgenden Gesichtspunkten zu sehen:
  1) die Wichtigkeit der mit dem Kauf zu erreichenden Ziele, d. h. der Ziele, welche die Aneignungsprozesse stimulieren, und
  2) die gesellschaftlich relevanten Aufwendungen, die notwendig sind, um die Wertobjekte (Tauschobjekte) bereitzustellen. Zu diesen Aufwendungen zählen hauptsächlich die Werte der Arbeitskräfte. Das betrifft die Arbeitskräfte, die direkt an der Bereitstellung der Wertobjekte Anteil haben, und ebenso diejenigen, die indirekt, über die Zulieferung von Rohstoff- und Zuliefererzeugnissen beteiligt sind. Dabei werden weitere gesellschaftlich begründete Ansprüche auf Existenzmittel als die Werte von Arbeitskräften bei der Wertbildung geltend gemacht. Das sind insbesondere Eigentumsrechte an Grund und Boden sowie an Naturschätzen. Außerdem wirken individuelle Einflüsse auf den aktuellen Tauschvorgang.

Anm.: Bei Naturgütern, die als solche in die ökonomischen Austauschprozesse einbezogen werden, beziehen sich die Aufwendungen nicht auf ihre Erstellung, denn erstellt werden Naturgüter durch die Natur und die Natur erhebt keinen Anspruch auf Gegenleistung, jedenfalls nicht im ökonomischen Sinne. Die erwartete Gegenleistung für die Abgabe von Naturgütern wiederum wird nicht nur bezogen auf die Kosten für deren Gewinnung (später dazu mehr).

- Die Wertbeziehungen müssen, über alle Wertbeziehungen gesehen, im Durchschnitt eine Stimulierungswirkung auf die ökonomischen Prozesse ausüben. Einzelne Wertbeziehungen können destruktiv wirken – Fehlgriffe bei Kauf, Fehlentscheidungen bei großen Planungen usw.
- Für die Herausbildung des Wertes muss eine Triebkraft existieren. Eine sehr wichtige Triebkraft ist die Ressourcenschonung, die sowohl bei der Verrichtung von Arbeitsleistung als auch bei der Nutzung von Ressourcen im Rahmen des Agierens mit Wertobjekten wirksam wird. Aufgrund dieser Triebkraft haben die Menschen den Wert herausgebildet – etwa in der Art: „Hierfür habe ich sehr lange hart gearbeitet. Wenn Du das haben willst, muss Du mir etwas anderes dafür geben."
- Die Existenzform des Wertes muss vereinbar sein mit der biologischen Natur des Menschen und vor allem mit dem Wesen des Menschen als „Ensemble der gesellschaftlichen Verhältnisse". Marx / Engels: „Aber das menschliche Wesen ist kein dem einzelnen Individuum inwohnendes Abstraktum. In seiner Wirklichkeit ist es das Ensemble der gesellschaftlichen Verhältnisse." [11]

Die gesellschaftlich relevante Beziehung Wert und ökonomisch relevante Bedürfnisse

- All den oben genannten Forderungen wird eine bestimmte gesellschaftlich relevante Beziehung der Tauschpartner zueinander gerecht – das gesellschaftliche Verhältnis Wert.
- Diese Beziehung geht aus den ökonomisch relevanten Bedürfnissen der Tauschpartner nach den jeweils einzutauschenden Wertobjekten hervor (Bild 3.1).
- Diese Beziehung der Tauschpartner zueinander basiert auf objektiven Gegebenheiten, und zwar auf den Wertobjekten mit ihren spezifischen Eigenschaften.
- Die spezifischen Eigenschaften sind die gesellschaftlichen Bezugspunkte des Wertes, die „ökonomisch relevanten Attribute", die hier als Wertattribute bezeichnet werden. Die Wertattribute werden den Austausch- bzw. Wertobjekten durch das menschliche Bewusstsein zugeordnet.
  Die Bezugspunkte sind auf der Verkäuferseite die Werte der Arbeitskräfte plus die erwarteten Mehrwerte.
  Die Bezugspunkte auf der Käuferseite sind die erarbeiteten Anrechte auf Wertobjekte, üblicherweise in Form von Geld.
- Die ökonomischen Wertattribute werden von den Tauschpartnern auf genau die spezifischen Eigenschaften der Wertobjekte bezogen, welche für den ökonomischen Austausch relevant sind, und mit diesen verknüpft.
- Diese spezifischen Eigenschaften sind Ergebnisse menschlicher oder maschineller Arbeitsleistung oder aber Resultate des Einwirkens der Natur in Verbindung mit der Verfügungsgewalt der Tauschpartner über bestimmte Naturprodukte.

- In ökonomischen Wertverhältnissen verknüpft das Bewusstsein die spezifischen, wertrelevanten Eigenschaften der von der Verkäuferseite angebotenen Wertobjekte mit den dazu notwendig herausgebildeten Wertattributen. Die Wertattribute bilden die Menschen durch gesellschaftliche Einflüsse im Bewusstsein heraus. Diese Wertattribute der Wertobjekte sind die „Befestigungspunkte" von Ansprüchen auf Gegenleistung in bestimmter Höhe.
- Die spezifischen Eigenschaften der üblicherweise von der Käuferseite als Gegenleistung angebotenen Stellvertreter-Wertobjekte wie Geld werden, äquivalent zu den Wertobjekten mit ihren Wertattributen auf der Verkäuferseite, auch über das Bewusstsein mit Wertattributen verknüpft und sind demzufolge individuell beeinflusst.
  Die Verknüpfungen auf der Käuferseite, die Anrechte auf Wertobjekte, sind ebenfalls durch das Umfeld bedingt.
- Sowohl die Verkäuferseite als auch die Käuferseite verknüpft über Bewusstseinsprozesse beide Seiten, d. h. die Wertobjekte und ebenso die Gegenleistungen für diese Wertobjekte, mit Wertattributen. Diese „Doppelverknüpfung" liegt darin begründet, dass es bei einem ökonomischen Tausch um einen wertäquivalenten Tausch geht. Um die Wertgleichheit von Wertobjekten und Gegenleistungen zu ermitteln, muss die Käuferseite die Wertattribute der Wertobjekte und die Verkäuferseite die Wertattribute der Gegenleistung in das gesellschaftliche Verhältnis aufnehmen und mit den eigenen Vorstellungen vergleichen. Ein wichtiges Ziel eines Wertverhältnisses ist die Angleichung dieser Vorstellungen.
- Die ökonomischen Wertattribute entsprechen Anrechten bzw. Ansprüchen auf Existenzmittel bzw. Wertobjekte.
  Anrechte und Ansprüche sind Begriffe aus der „üblichen Situation" beim Kaufen: Wertobjekt gegen Geld. Wenn Wertobjekt gegen Wertobjekt getauscht wird, dann werden Ansprüche anderen Ansprüchen gegenübergestellt.
  Wird Geld gegen Geld getauscht (z. B. in einer Wechselstube), dann werden Anrechte gegen Anrechte getauscht.
- Das Schema „Wertobjekt auf der Verkäuferseite und Stellvertreter-Wertobjekt auf der Käuferseite" widerspiegelt nur die übliche Situation in Wertverhältnissen.

Wert und Triebkraft

- Damit ökonomische Anrechte und Ansprüche auf gesellschaftlicher Ebene realisiert werden können, muss eine Triebkraft für die Realisierung wirken.
- Im Bewusstsein eines Käufers wird als solche Triebkraft ein Bedürfnis oder – genauer formuliert – eine Beziehungsstärke zu dem entsprechenden Wertobjekt hin aufgebaut.
- Im Bewusstsein eines Verkäufers wird äquivalent eine solche Beziehungsstärke zu der angebotenen Gegenleistung hin aufgebaut.
  Die Gegenleistung wird meistens in Form eines Stellvertreter-Wertobjekts, wie z. B. Geld, angeboten, kann aber ohne Frage auch ein „richtiges" Wertobjekt sein.
- Dieses Bedürfnis nach oder die Beziehungsstärke zu dem gewünschten Wertobjekt muss auf der Käuferseite so stark wirken, dass diese bereit ist, für das mit dem Wertobjekt verknüpfte ökonomische Wertattribut eine gesellschaftlich anerkannte Ge-

genleistung abzugeben. Unter Umständen gelingt es ihr, die Werthöhe des Wertattributes herunterzuhandeln.

- Auf der Verkäuferseite muss die Beziehungsstärke zum Wertattribut der angebotenen Gegenleistung der Käuferseite so stark herausgebildet werden, dass sie bereit ist, das gewünschte Wertobjekt dafür abzugeben. In den meisten Fällen wirkt die Beziehungsstärke zur Gegenleistung nicht-individuell (z. B. bei Verkäufern, die im Auftrag einer Verkaufseinrichtung, einer Handelskette etc. arbeiten).
- Die ökonomischen Wertattribute werden beim Aufbau des Wertverhältnisses über die Bewusstseinsprozesse von Käufer und Verkäufer mit dem Wertobjekt und mit der Gegenleistung verknüpft.
- „Verknüpft" impliziert, dass diese Ansprüche auf Gegenleistung, d. h. die gesellschaftlichen Elemente der Wertobjekte, nicht in diesen enthalten, also nicht darin vergegenständlicht sind.
- Die Beziehungsstärken der Käufer- und der Verkäuferseite drängen auf Aneignung. Folglich drängen beide zusammen auf Austausch.
- Dieser Austausch setzt voraus, dass die auszutauschenden Wertobjekte oder deren Stellvertreter mit einer Verknappung verbunden sind – sie sind nicht frei verfügbar. Relevant für die Verknappung sind das gesamte gesellschaftliche und das natürliche Umfeld: Wenn die Bäcker genug Brot für alle Interessenten im Ereignisfeld backen, dann kann dieser Fakt nur gegeben sein, weil bezahlte Arbeitskräfte eingesetzt werden. Die Personen, die ihre Arbeitskraft verkaufen, haben ein Anrecht auf eine Gegenleistung. Damit kann dieses Brot, das in gleichen oder sogar größeren Mengen gebacken wird, als darauf gerichtete Bedürfnisse gegeben sind, nicht frei verfügbar sein. Dazu kommen die notwendigen Zutaten zum Backen des Brotes, Hilfsmittel wie Reinigungsinstrumente, Stromnutzung usw. Alle diese Einflussgrößen, die notwendig zum Tausch führen, widerspiegeln ebenfalls Anrechte auf Gegenleistungen, die auf dem Verkauf von Arbeitskraft basieren. Deswegen unterliegt das Brot, das eigentlich in ausreichendem Umfang vorhanden wäre, ebenso dem ökonomischen Austausch. Seine Verknappung würde somit verdeckt und indirekt erscheinen.
- Nur in Verbindung mit der Verknappung von Arbeitskräften und Ressourcen kann die Triebkraftfunktion des Wertes wirken und nur so kann sie sinnvoll gesehen werden. Die Triebkraftfunktion des Wertes hat zum Ziel, Arbeitskräfte und Ressourcen zu schonen.
- Der Wert ist das Ergebnis des Wirkens bestimmter Beziehungsstärken beider Partner, die sie auf die jeweils interessierenden Wertobjekte bzw. deren Stellvertreter ausrichten. Im Ergebnis des Wirkens dieser Beziehungsstärken anerkennen die Tauschpartner gegenseitig und gesellschaftlich relevant die Ansprüche (Verkäuferseite) und die Anrechte (Käuferseite) auf Wertobjekte. Dieses Ergebnis folgt aus dem Drängen beider Tauschpartner nach den Wertobjekten bzw. den Gegenleistungen.
- Wenn beide Tauschpartner hinreichend stark auf die im aufzubauenden Wertverhältnis gegenübergestellten Produkte drängen, dann münden ihre Bestrebungen in einem Wert und in den ökonomischen Tausch.

  Anm.: Die Wertbildungsprozesse im hier gemeinten Sinne sind nicht die Prozesse, mit denen die Bezugspunkte der Wertbeziehungen (Herstellung von Produkten o. ä.) geschaffen werden. Vielmehr sind hier die im Bewusstsein ablaufenden Prozesse gemeint, mit denen Wertverhältnisse zwischen den Menschen aufgebaut, wirksam gemacht und wieder abgebaut werden.

Wert – Anerkennung und Nivellierung von Anrecht und Anspruch auf Käufer- und Verkäuferseite

- Die von beiden Tauschpartnern im gegenseitigen Einvernehmen mit dem Tausch realisierte Anerkennung des Anspruchs auf Existenzmittel beim Verkäufer und des Anrechts auf Wertobjekte beim Käufer werden über das Wertverhältnis auf die gleiche Höhe gebracht.
- Das entspricht der Angleichung der Beziehungsstärken jedes der beiden Tauschpartner zum Wertobjekt (bzw. zum Stellvertreter) im Eigentum oder in der Verfügungsgewalt des jeweiligen Gegenübers.
- Kennzeichen für die gleiche Höhe ist, dass nach dem Tausch keine weiteren Ansprüche gegenüber dem Tauschpartner verbleiben.
- Die aus dem Wertverhältnis resultierende Größe der gegenseitigen Anerkennung von Anspruch und Anrecht ist die ökonomische Größe, die als Wert bezeichnet wird.
- Der Wert ist folglich die Größe an Äquivalenz zu Wertobjekten, zu der jeder der beiden Tauschpartner ein Wertobjekt aus dem Eigentum des Tauschpartners übernommen und zu der ebenfalls jeder der beiden Tauschpartner ein Wertobjekt aus seinem Eigentum dem Tauschpartner dafür übergeben hat.
  Statt eines Wertobjektes kann auf jeder der Partnerseiten ebenso ein Stellvertreter-Wertobjekt in Empfang genommen und folglich auch abgegeben worden sein (z. B. beim Geldwechsel).
  Bei dem Eigentum kann es sich um direktes oder indirektes Eigentum (z. B. bei einem Verkäufer in einem Warenhaus) handeln.
- Die Wertobjekt-Anrechte (Käuferseite) entsprechen im Großen und Ganzen den Löhnen, welche den Arbeitenden als Gegenleistung für den Verkauf ihrer Arbeitskraft gezahlt wurden.
  Im Allgemeinen widerspiegelt ein „Stellvertreter-Wertobjekt" – Geld – diese mit dem Verkauf der Arbeitskraft erworbenen Anrechte. Zu den Werten der Arbeitskräfte können aber weitere Gründe für Anrechte auf Wertobjekte hinzukommen, z. B. politisch begründete Macht- und Einflussfaktoren wie Vergünstigungen, Eigentum an Boden und an Naturschätzen oder auch kriminelle Handlungen.
- Auf der Käuferseite ist üblicherweise dieses Anrecht auf Wertobjekte vor dem Kauf eines Wertobjektes bereits gegeben: Eine Person verkauft ihre Arbeitskraft und erwirbt damit ein Anrecht auf Gegenleistung. Was der Käufer der Arbeitskraft mit den Arbeitsergebnissen der bezahlten Arbeitskraft macht, ist vom Ergebnis her nicht streng gekoppelt an den Fakt, dass er die Arbeitskraft erst einmal bezahlen muss, wenn sie die gewünschte Leistung erbracht hat. Deswegen wird für die Käuferseite hier der Begriff „Anrecht" verwendet.
- Existenzmittel-Ansprüche (Verkäuferseite) basieren ebenfalls auf den Werten der Arbeitskräfte. Hier sind es die Arbeitskräfte, die an der Bereitstellung der Wertobjekte mitgewirkt haben, mitwirken oder mitwirken werden. Auf der Verkäufersei-

te kommen der Mehrwert und ebenfalls politisch begründete Macht- und Einflussfaktoren hinzu. Hier sind es insbesondere das Eigentum an wichtigen Naturstoffen, an Baugrund usw. Nach erfolgreichem Verkauf wird der Verkäufer sicherlich auch Käufer werden, ein Käufer ganz anderer Wertobjekte. Durch seine Verkaufserfolge hat er sich Anrechte auf Wertäquivalente, d.h. auf Existenzmittel, erworben, in etwa so, wie das zuvor die Arbeitskräfte durch den Verkauf ihrer Arbeitskraft taten.

- Auf der Verkäuferseite wird immer ein Anspruch auf Gegenleistung gestellt. Ob dieser Anspruch erfüllt werden kann, ist mit dem Angebot des Wertobjektes zum Verkauf nicht sicher. Selbst wenn es verkauft werden kann, geschieht das in vielen Fällen erst nach Verhandlungen – zu einem anderen Wert als dem, der ursprünglich von der Verkäuferseite für dieses Wertobjekt vorgesehen war – deswegen wird für diese Seite „Anspruch“ formuliert.
  Anm.: Die Verhandlungen werden in unseren Breiten üblicherweise nicht mit den Endverbrauchern beim Einzelhandel geführt. Dazu gibt es hier zu viele Kaufvorgänge.

Ergänzung: Ganz sicher gibt es Wertbeziehungen, bei denen diese Gegenüberstellung von Anrecht und Anspruch nicht so eindeutig gegeben ist. Darauf soll hier nicht weiter eingegangen werden. Es ist nur eine Frage, wie der Sachverhalt formuliert und anschaulich dargestellt wird – ohne abweichende inhaltliche Bedeutung.

Ökonomische Wertattribute werden mit den Wertobjekten verknüpft

Die ökonomischen Wertattribute stehen für Anrechte bzw. Ansprüche auf Existenzmittel oder, anders formuliert, auf Wertobjekte. Die Wertattribute können als bildliche Darstellung der in Bewusstseinsprozessen ideell erfolgenden Verknüpfungen von Ansprüchen und Anrechten auf Wertobjekte gesehen werden. „Verknüpft“ impliziert, dass diese Ansprüche, die gesellschaftlichen „Bestandteile“ der Wertobjekte, nicht in diesen enthalten sind (Bild 3.2). Sie können nur mit diesen verbunden werden. Verbinden lassen sich Ansprüche und Anrechte nicht physisch mit den Wertobjekten. Ansprüche und Anrechte können nur über Bewusstseinsprozesse mit Wertobjekten verbunden werden (im konventionellen Sinne: mit Waren). Dies geschieht allerdings nicht auf rein ideeller Basis. Diese Vorgänge werden durch objektive Gegebenheiten hervorgerufen.

Primär wird ein Tauschpartner das Bedürfnis nach dem Nützlichen am Wertobjekt seines Partners haben. Doch diese Nützlichkeit kann er erst erhalten, wenn er eine äquivalente Gegenleistung dafür abliefert.

Wertattribute und menschliche sowie maschinelle Arbeitsleistungen

Die ökonomischen Wertattribute werden auf genau die spezifischen Eigenschaften der Wertobjekte, welche für den ökonomischen Austausch relevant sind, bezogen und damit verknüpft. Diese spezifischen Eigenschaften erscheinen hauptsächlich als Ergebnisse menschlicher und / oder maschineller Arbeitsleistungen. Der Anteil der Natur an Wertobjekten ist aber auf jeden Fall sehr hoch.

Wertattribute und Resultate von natürlichen Prozessen

Doch diese spezifischen Eigenschaften können völlig äquivalent ganz konkret sichtbare Ergebnisse von Abläufen in der Natur sein: Wenn im gegebenen Ereignisfeld Naturressourcen mit ihren für die Menschen relevanten Eigenschaften im geringeren Umfang auftreten als die darauf gerichteten Bedürfnisse, dann können solche Naturressourcen dem ökonomischen Austausch unterworfen werden. Das ist z. B. in vielen Fällen bei Obst, bei Erdöl, Edelmetallen, Eisen und seltenen Erden der Fall. Sicherlich können Naturressourcen als solche nur in die ökonomischen Prozesse einbezogen werden, wenn sie nicht frei verfügbar und außerdem in der Art handhabbar sind, dass sie Eigentums- oder Pachtrechten unterworfen werden können. Dass Naturressourcen unter solchen Bedingungen ausgetauscht werden, ist wichtig für die optimale Entwicklung der Gesellschaft. Das gesellschaftliche Verhältnis Wert hat in diesem Zusammenhang eine stimulierende Funktion. Indem in die Verteilungsprozesse die Arbeitsleistungen der Tauschpartner einbezogen werden, wird durch diese Art der Verteilung der Güter in der Gesamtheit mehr Gerechtigkeit erreicht als durch andere Arten. Weiterhin wird bei der Nutzung von knappen Naturressourcen ihrer Vergeudung entgegengewirkt. Als Folge wird somit unnötigem Mangel bei dringendem Bedarf gegengesteuert. Dass bei der Nutzung von Naturressourcen zusätzlich Gewinnungsaufwand anfällt, der ebenfalls in die ökonomischen Wertbeziehungen eingebracht werden muss, steht außer Frage.

Wertattribute – auch für die Verteilung relevant

Wertattribute, Existenzmittelansprüche und -anrechte

Die Wertbeziehungen zwischen Tauschpartnern werden bezogen auf die Wertattribute von Wertobjekten und Wertäquivalenten und damit auf die Verknüpfungen von Existenzmittelansprüchen bzw. -anrechten mit den ökonomisch wirksamen Eigenschaften der auszutauschenden Wertobjekte.

Quelle der Eigenschaften – als solche unwichtig

Ob die spezifischen Eigenschaften der Wertobjekte, die zum ökonomischen(!) Austausch führen, von Menschen in die Wertobjekte eingebracht wurden, von Maschinen oder durch die Natur, ist beim Generieren und Verarbeiten der entsprechenden Widerspiegelungen im Bewusstsein nicht wichtig. Die Bedürfnisse, die nach Aneignung von Wertobjekten streben, werden im Normalfall nicht nach solchen Kriterien ausgerichtet. Für den potenziellen Käufer wichtig sind die Forderungen nach der Gegenleistung, egal, womit die begründet wird.

Wichtig sind Nützlichkeitsversprechen und keine freie Verfügbarkeit

Wichtig dagegen sind hinreichend stark wirkende Nützlichkeitsversprechen, die diese Objekte selbst und eventuell weitere Quellen ausstrahlen. Wenn die Nützlichkeitsversprechen damit verbunden wirken, dass diese (potenziellen) Wertobjekte nicht frei verfügbar sind, werden die Interessenten bereit sein, Gegenleistungen zum Tausch anzubieten.

Gegenleistung für vergegenständlichte Arbeiten – nicht notwendig

Die Gegenleistungen können für vergegenständlichte Arbeiten, müssen aber nicht dafür erbracht werden, erst recht nicht ausschließlich.

Tauschvorgänge werden präpariert

Indem die Nützlichkeit von (zu diesem Zeitpunkt noch potenziellen) Wertobjekten in Verbindung mit den geforderten Gegenleistungen bewusst verarbeitet wird, werden die im Aufbau befindlichen Wertverhältnisse auf diesem Wege bereits für konkrete Tauschvorgänge präpariert.

Einschätzung der Arbeitsergebnisse – Verarbeitung der Nützlichkeit

Was dabei in den Bewusstseinsprozessen verarbeitet wird, sind nicht direkt die verursachenden Aktivitäten für die besonderen Eigenschaften, die diese Objekte usw. zu Wertobjekten machen, insbesondere nicht, wieviel an Arbeit in solchen Objekten vergegenständlicht wurde. Entscheidend sind die Einschätzungen der gesellschaftlichen Bedeutung der besonderen Arbeitsergebnisse oder der Ergebnisse anderer Prozesse (z. B. wirkender Naturkräfte) bezüglich ihrer besonderen Nützlichkeit. „Gesellschaftliche Bedeutung“ wird hier verwendet im Sinne von „Bedeutung für den ökonomischen Tausch“.

Nützlichkeit und Gegenleistung

Diese Nützlichkeit wird abgewogen gegen die geforderte Gegenleistung. Aus der Forderung nach Gegenleistung ermittelt die Käuferseite den Aufwand, der von ihr erwartet wird. Der Umfang des dahinter versteckten Anteils vergegenständlichter Arbeit dürfte ihr mehr oder minder egal sein.

Wichtig dagegen wird die Summe der Arbeitsleistungen aller an der Bereitstellung der Wertobjekte Beteiligten erscheinen, weil alle Beteiligten Ansprüche auf Gegenleistungen erheben.

Käuferseite sieht den Preis, nicht den Wertattribut-Inhalt

Was die Käuferseite am Wertattribut jedes Wertobjektes erkennen kann, ist die Summe aller Ansprüche der Verkäuferseite. Diese basiert auf den Werten aller beteiligten Arbeitskräfte und damit auch auf Erfahrungen, auf Traditionen, aber ebenso auf erkämpften Tarifverträgen, auf Markennamen, den Verkaufserfolgen der letzten Monate, dem Mehrwertanspruch usw. Alle Bestandteile der Wertattribute sieht der potenzielle Käufer konzentriert im Preis.

Ansprüche des Verkäufers mit Nutzen vergleichen

Bezogen auf das potenzielle Wertobjekt wird der potenzielle Käufer den zu erwartenden Nutzen in Beziehung setzen zur vom Verkäufer geforderten Gegenleistung. Dieses Konglomerat wird er wiederum mit dem Aufwand in Beziehung setzen, den er zu leisten hätte, wenn er das Wertobjekt erstehen würde. In etlichen Fällen wird er überlegen, ob er die geforderte Gegenleistung einfach akzeptieren sollte oder ob er versuchen sollte zu verhandeln.

Die Aufwendungen, um das Wertobjekt bereitzustellen (einschließlich herzustellen), und der erwartete Mehrwert gehen in die Wertgröße des Wertattributes ein. Doch beide bestimmen nicht allein den resultierenden gesellschaftlich relevanten Wert, der in einem Wertverhältnis herausgearbeitet wird.

Rückwirkung von Käufer- auf Verkäuferseite

Für eine funktionierende Wirtschaft müssen ganz sicher im Durchschnitt stets die Aufwendungen zur Bereitstellung von Wertobjekten in den Wertverhältnissen akzeptiert werden, die üblichen Mehrwerte ebenfalls. Doch um diese Durchschnittswerte herum schwanken in den einzelnen Wertbeziehungen die resultierenden Wertgrößen. Hierbei sind diese Durchschnittswerte nicht feststehend. Praktisch wird mit jedem einzelnen Kauf der Durchschnittswert verändert, es sei denn, der Kauf würde genau zum Durchschnittswert erfolgen. Außerdem können mit der Zeit die Ansprüche der Anbieterseite in immer geringerem Maße anerkannt werden, insbesondere wenn die Unternehmen nicht optimal an veränderte Situationen angepasst werden. Auch das würde eine Änderung der Durchschnittsgröße bedeuten. Andererseits können die Wertgrößen für die durchschnittlichen Aufwendungen auch angehoben werden. Daraus wiederum folgt, dass die Wertgrößen nicht nur aufwandsbezogen, sondern auch verteilungsbestimmt sind. Anders formuliert: Die gesellschaftlich wirksamen Wertgrößen werden nicht nur von der Bereitstellungs-, sondern ebenfalls von der Verteilungsseite beeinflusst. Die Verteilungsseite wirkt zurück auf die Wertgröße der Aufwendungen der Anbieterseite und damit auf deren Existenzmittelumfang und den zu erwartenden Mehrwert: Gelingt es dem Käufer, die Ansprüche des Verkäufers zu senken, wird damit „automatisch" der Wert des betroffenen Wertobjektes gemindert – unabhängig von den bereits bezahlten Arbeitsleistungen. Die Verkäuferseite kann in solchen Fällen ihre Ansprüche auf Existenzmittel plus den erwarteten Mehrwert nicht im gewünschten Maße aufrechterhalten. Das gilt für die gerade verkauften Wertobjekte. Welche Maßnahmen daraus abgeleitet werden, hängt aber von vielen Faktoren ab.

Zusammenfassend kann gesagt werden, dass für den Erwerb von Wertobjekten die zu erbringenden Gegenleistungen und damit die akzeptierten Wertattribute ausschlaggebend sind. Die akzeptierten Wertattribute basieren auf den Ansprüchen der Anbieterseite auf Existenzmittel plus einen erwarteten Mehrwert. Doch es wirken weitere Größen auf die akzeptierten Wertattribute ein und diese können zurückwirken auf die realisierbaren Ansprüche der Anbieter der Wertobjekte.

Wesensmerkmale der Wertobjekte

Die Wertbeziehungen der Tauschpartner zueinander, d. h. das gesellschaftliche Verhältnis Wert zwischen ihnen, beruht auf zwei Wesensmerkmale der Wertobjekte, welche bereits von Karl Marx herausgearbeitet wurden: Die Wertobjekte sind

1. Objekte mit Gebrauchswert und
2. Objekte mit einem Tauschwert, d. h. die Menschen „befestigen" an diesen Objekten „ökonomisch relevante Wertattribute".

Marx formuliert zwar nicht, dass der Tauschwert auf einem ökonomisch relevanten Attribut beruht, das mit der Ware verknüpft wird, aber

Erstens: Tauschwert bedeutet, dass etwas derart Besonderes mit der Ware verbunden oder in der Ware enthalten ist, dass der Käufer bereit ist, ein ökonomisch relevantes Äquivalent dafür abzugeben.

Zweitens: Das Besondere kann nicht in der Art fest in der Ware eingebaut sein, dass es zwingend zu einem Austausch führt. Nach Marx kommt es zu einem Austausch nur mit gesellschaftlich nützlicher Arbeit. Doch ob Arbeit nützlich ist oder nicht, darüber entscheidet der Verkauf bzw. Nicht-Verkauf. Nach der Produktion z. B. eines stofflichen Wertobjektes, herkömmlich als Ware bezeichnet, steht noch nicht fest, ob sich dafür ein Käufer finden wird. Somit kann diese ökonomisch relevante Besonderheit nicht eingebaut, sondern nur mit der Ware verknüpft sein – oder eben nicht. Infolgedessen kann die Nützlichkeit der dafür aufgewandten Arbeit nicht eingebaut sein. Die Entscheidung über Nützlichkeit / Nutzlosigkeit der zur Erstellung des Wertobjektes/ Objektes aufgewandten Arbeit wird erst auf dem Markt gefällt. Mit anderen Worten: In einigen Fällen wird das Nützliche mit dem Wertobjekt verknüpft, in anderen Fällen nicht. Im Unterschied dazu sind aber die Bezugsgrößen dieser ökonomisch relevanten Besonderheit in der überwiegenden Zahl der Waren vergegenständlicht. In einigen Fällen, z. B. bei „Heiligen Reliquien" praktisch aller Religionen, werden sogar die Bezugspunkte der Werte mit nahezu absoluter Sicherheit den dazugehörigen Objekten nur über Bewusstseinsprozesse zugeordnet, d. h. sogar die Bezugspunkte der Wertbeziehungen sind in solchen Fällen von virtueller Art. Hier bewirken wohl die Bedürfnisse nach Geld und nach Bedeutung die „Schöpfung" der für den Tausch relevanten Eigenschaften.

Ökonomisches Wertattribut, Beziehungsstärke zum Wertobjekt, Einflussfaktoren

Das ökonomische Wertattribut eines Wertobjektes wird üblicherweise mit diesem zunächst über Bewusstseinsprozesse auf der Anbieterseite verknüpft. Im Wertobjekt sind lediglich die Bezugspunkte für ein Wertattribut enthalten. Anschließend wird das Wertattribut für potenzielle Tauschpartner sichtbar gemacht – über die Preisangabe.

Wertverhältnisse, Wertattribute und deren Verknüpfungen

Ebenso wie die Verkäuferseite ein Wertattribut mit ihrem Wertobjekt verknüpft, so verknüpft äquivalent dazu die Käuferseite ein Wertattribut mit der von ihr angebotenen Gegenleistung.

In den meisten Fällen, d. h. wenn Geld als Gegenleistung genutzt wird, gibt der Herausgeber des Geldes eine Zusage zur Wertäquivalenz des Geldes. Diese Zusage wird somit von einer dritten Seite ebenfalls als Wertattribut mit eben diesem Geld verwoben und die meisten Menschen akzeptieren im Normalfall diese Zusage.

Weiterhin verknüpft jede der beiden Seiten mit dem Wertobjekt (bzw. dessen Stellvertreter) im Eigentum des Gegenübers ebenfalls ein Wertattribut. Beide Tauschpartner eines Wertverhältnisses müssen in ihr Bedürfnis, oder besser in die Beziehungsstärke zum Wertobjekt des Gegenübers, das damit verbundene Wertattribut einbeziehen.

Im Fall des Tausches werden das Wertattribut, das jeder Tauschpartner mit dem eigenen Wertobjekt verknüpft, und das Wertattribut, das jeder Tauschpartner mit dem Wertobjekt oder dessen Stellvertreter im Eigentum des Gegenübers verbindet, auf die gleiche Wertgröße gebracht. Nur unter diesen Bedingungen kann ein ökonomischer Tausch erfolgen.

Beziehungsstärke zum Wertobjekt – Einflussfaktoren

Beim (zunächst potenziellen) Käufer fließen in die Beziehungsstärke zum gewünschten Wertobjekt – und damit in die Bewertung und Akzeptanz des zugehörigen Wertattributs – viele Faktoren ein. Zu solchen Einflussfaktoren gehören

- die Einschätzung der Nützlichkeit des Wertobjektes in Bezug auf die vorgesehene oder individuell gewählte Zielfunktion (Einschätzung, ob das Ziel vollständig oder nur annähernd erreicht wird, Handhabbarkeit usw.)
- die vermutete Qualität des Wertobjektes
- der geschätzte notwendige Arbeitsaufwand zum Bezug des Wertobjektes im Verhältnis zum Wert der eigenen Arbeitskraft
- die zu erwartende Lebensdauer des Wertobjektes im Vergleich zur vorgesehenen Nutzungszeit und zu Vergleichsprodukten
- andere auf dem Markt befindliche Produkte, die Einfluss auf die Kaufentscheidung ausüben
- Erfahrungen, kulturelle und religiöse Einflüsse
- Werbung, Einflüsse von Aussagen anderer Personen

u. v. a. m.
In die Beziehungsstärke des Verkäufers zum angebotenen Äquivalent des Käufers, meist Geld, wird das ökonomische Wertattribut, das dem Geld zugeordnet wird, einbezogen. Das Wertattribut, das dem Geld zugeordnet ist, wird nach der Geldsumme, der Währung und der wahrscheinlichen Sicherheit, die mit dem Äquivalenzversprechen des Herausgebers des Geldes verbunden ist, eingeschätzt.

„Hängen" am Eigentum ist wichtig

Wie bereits beschrieben, werden beide, d. h. die Käufer- und die Verkäuferseite, auch das Wertattribut, das sie ihrem eigenen Wertobjekt bzw. dessen Stellvertreter zuordnen, in die Wichtung der Beziehungsstärken zum gewünschten Ziel einbeziehen. Der Verkäufer muss notwendig an seinen eigenen Wertobjekten „hängen", damit er überhaupt in die Lage versetzt wird, für seine Wertobjekte Gegenleistungen zu verlangen. Beim Käufer sieht das ähnlich aus. Er muss an seinen Wertäquivalenten „hängen", damit er bei für ihn wichtigen Wertobjekten Äquivalente zur Verfügung hat.

Gesellschaftlicher Gehalt oder ökonomisches Wertattribut eines Wertobjektes

Ab und zu taucht der Begriff „gesellschaftlicher Gehalt" in dieser Publikation auf. Das ist eine Reminiszenz an die „vergegenständlichte, gesellschaftlich nützliche Arbeit" der konventionell verstandenen Arbeitswerttheorie nach Marx.

Wertattribute, „gesellschaftlicher Gehalt" und Ähnliches – nicht-vergegenständlicht

Allerdings würde auch ein im ökonomischen Sinne „gesellschaftlicher Gehalt" von Wertobjekten nur mit ihnen über Bewusstseinsprozesse verknüpft und nicht darin eingebaut werden. Genauso wäre es mit der „vergegenständlichten, gesellschaftlich nützlichen Arbeit in Waren". Diese kann nur über Bewusstseinsprozesse mit den Waren verknüpft sein. Die „gesellschaftlich nützliche Arbeit" ist nicht „die Arbeit an sich". Die Ergebnisse der Arbeit können selbstverständlich in Waren vergegenständlicht sein. Es geht hier nur um die Nützlichkeit dieser Arbeit im ökonomischen Sinne. Denn Nützlichkeit im ökonomischen Sinne kann nicht vergegenständlicht werden; sie ist von Bewusstseinsprozessen abhängig, die von den (potenziellen) Tauschpartnern auf die Wertobjekte bezogen werden, um die Entscheidung „Tausch oder Nicht-Tausch" zu treffen.

In den Wertobjekten bzw. in den Waren selbst können lediglich Bezugspunkte dafür enthalten sein, eine mögliche Nützlichkeit im ökonomischen Sinne zu erkennen. Aus diesem Grund ist es besser, von ökonomischen Wertattributen zu sprechen. Wertattribute widerspiegeln die Ansprüche der Verkäuferseite auf Gegenleistung und werden bezogen auf die Inhalte der zunächst potenziellen Wertobjekte. In äquivalenter Art werden Anrechte der Käuferseite mit deren Wertäquivalenten verknüpft. Die Verknüpfungen von Wertattributen mit Wertobjekten / Wertäquivalenten geschehen nicht physisch, sondern erfolgen nur in Bewusstseinsprozessen. Es sind ideelle Verknüpfungen mit objektiven (oder, in sehr wenigen Fällen, eingebildeten) bedeutsamen Gegebenheiten.

Wertobjekte, objektive Grundlagen, Widerspiegelungen, Wertverhältnisse

Das, was an Wertobjekte angeheftet wird, sind gesellschaftliche Größen, die außerhalb des Bewusstseins ihre Voraussetzungen und Grundlagen haben. Die Grundlagen der Wertattribute sind bearbeitete Objekte, menschliche[7] und maschinelle Aktivitäten[8], bestimmte Ideen, Eigentum an bestimmten Naturressourcen usw. Bewusstseinsprozesse widerspiegeln diese wertbildenden Gegebenheiten. In einigen Fällen werden durch diese Widerspiegelungen Wertverhältnisse initiiert. Nur in den Fällen, in denen Bewusstseinsprozesse zu Wertverhältnissen führen und dadurch die ideellen Vorstellungen nach außen wirken müssen, werden die entsprechenden Widerspiegelungen der wertbildenden Gegebenheiten auf der gesellschaftlichen Ebene wirksam gemacht. Nur mit den Wertverhältnissen werden die ideellen Wertvorstellungen in objektive Größen transformiert, die außerhalb der Bewusstseinsprozesse wirken. Das gesellschaftliche Verhältnis Wert wird damit aber nicht in Gegenstände oder Ähnliches übertragen. Als gesellschaftliche Größe bleibt der Wert an Bewusstseinsprozesse gekoppelt. In einem Wertverhältnis wirken diese Bewusstseinsprozesse aber nicht mehr individuell, sondern im Verbund dieses Wertverhältnisses zwischen den Tauschpartnern. Die gemeinsame Basis ist die von beiden Partnern erkannte (wirkliche oder vorgegaukelte) objektive Realität auf der gesellschaftlichen Ebene. Üblicherweise müssen beide Partner ihre individuellen Vorstellungen einander anpassen, um zum ökonomischen Tausch der Wertobjekte zu gelangen. Dabei ändern sie nicht die objektive Realität der Wertobjekte, sondern nur deren jeweilige Interpretation. Als Resultat gleichen sie ihre Beziehungsstärken zu Wertobjekt und Gegenleistung einander an.

Wertverhältnis, Ausweitung individueller Wertvorstellungen auf den Partner

Das eben Beschriebene noch einmal mit anderen Worten: In einem Wertverhältnis wird die individuelle Wertvorstellung ausgeweitet auf den Tauschpartner. Damit wird der individuelle Wirkungsbereich der Wertvorstellung verlassen und über die gesellschaftliche Ebene in die Bewusstseinsprozesse des Tauschpartners eingebracht, wie wiederum dessen individuelle Wertvorstellungen auf den erstgenannten Tauschpartner zurück-

7 Menschliche Aktivitäten
Hierzu zählen Arbeitsprozesse, kulturelle Aktivitäten, Wissenschaft und Forschung, Technologieentwicklung u. a.

8 Maschinelle Aktivitäten
Hierzu zählen Rechenleistungen, Montage- und Bearbeitungsprozesse, Transportvorgänge, Überwachungsprozesse, sogar Spiele und Wettkämpfe usw.

wirken. Diese Rückwirkungen erfolgen notwendigerweise ebenfalls über die gesellschaftliche Ebene. Mit diesen Ausweitungen der individuellen Wertvorstellungen geht im Normalfall einher, dass sie nicht unverändert von der Partnerseite übernommen werden. Die individuellen Wertvorstellungen werden über die gesellschaftliche Ebene einander angeglichen.

Wert, gesellschaftliche Einflüsse, Widerspiegelung in Bewusstseinsprozessen
Wenn die Tauschpartner ihre individuellen Wertvorstellungen einander angleichen, wirken unzählige gesellschaftliche Einflüsse, die nicht alle von den Tauschpartnern auch nur annähernd bewusst erfasst werden können. Die gesellschaftlichen Einflüsse werden nur auszugsweise wirklich bewusst und individuell verarbeitet. Die Ergebnisse dieser Verarbeitung sind insbesondere die Einschätzungen, ob die Preise und die dafür angebotenen Gegenleistungen gerechtfertigt sind. Solche Vergleiche werden fast immer mit (potenziellen) Wertobjekten geführt, die gleichen, ähnlichen oder sogar völlig anderen Zielen dienen. Die Wertgrößen werden in den Bewusstseinsprozessen beider Tauschpartner als Wertattribute von Wertobjekten und Gegenleistungen widergespiegelt.

Wertattribute, Doppelcharakter, ideell und objektiv
Aus dem bisher Beschriebenen geht hervor, dass Wertattribute einen Doppelcharakter besitzen: Sie werden ideell widergespiegelt in den Bewusstseinsprozessen der Tauschpartner und auf der gesellschaftlichen Ebene als gesellschaftliche Größen zwischen den Tauschpartnern objektiv manifestiert. Nur dadurch, dass die Tauschpartner die Wertattribute von Wertobjekt und Gegenleistung nach außen wirken lassen, können Wertobjekte und Gegenleistung ökonomisch ausgetauscht werden.

Wertattribute, objektive Manifestation
Die objektive Manifestation der Wertattribute ist nicht identisch mit den objektiven Voraussetzungen einer Wertbeziehung. Diese Voraussetzungen für Wertbeziehungen sind bei bearbeiteten Gegenständen die Ergebnisse menschlicher und maschineller Arbeiten, bei Naturgütern die speziellen Eigenschaften dieser Naturgüter, die zum ökonomischen Austausch führen, bei Patenten die dahinter stehenden Ideen und bei Konzerten sicherlich menschliche Aktivitäten, die auf der gesellschaftlichen Ebene ausgeführt werden. Doch all diese Voraussetzungen führen nicht zwangsweise zum Austausch.

Die im Bewusstsein herausgebildeten Wertattribute werden auf andere Weise objektiv manifestiert. Die sicherlich wichtigste Manifestation der Wertattribute ist der Tausch der Wertobjekte auf ökonomischer Basis. Der Tausch wird objektiv und für Dritte sichtbar auf der gesellschaftlichen Ebene durchgeführt. Im Rahmen eines Wertverhältnisses werden weitere Elemente der Wertattribute objektiv geäußert. Das sind insbesondere der veranschlagte und der ausgehandelte Preis. Dieser ausgehandelte Preis entspricht auf der Verkäuferseite der gesellschaftlich relevanten Anerkennung des Anspruchs auf Wertobjekte als Gegenleistung für die Abgabe des Wertobjektes. Auf der Käuferseite entspricht der ausgehandelte Preis dem Anrecht auf Wertobjekte in gleichem Preisumfang. Dieses Anrecht gilt als gesellschaftlich anerkanntes Äquivalent, das vom Käufer als Gegenleistung für den Erwerb des Wertobjektes abgegeben werden muss.

Käuferseite, Eigentümer von Geld oder Wertobjekt als Wertäquivalent

Die Trennung von Käufer- und Verkäuferseite beschreibt nur die übliche Situation in Wertverhältnissen: Die Verkäuferseite veräußert ihr Wertobjekt gegen Geld der Käuferseite.

Bei der Abgabe von „richtigen" Wertobjekten als Gegenleistung würden auf beiden Seiten Ansprüche auf Gegenleistung als Wertattribute mit den Wertobjekten verknüpft werden. Beide Seiten könnten nicht wirklich unterschieden werden bezüglich Käufer- und Verkäuferseite.

In einem solchen Wertverhältnis gibt es Unterschiede zu einem Wertverhältnis, in dem Wertobjekt gegen Geld getauscht wird:

1. In einem Wertverhältnis, in dem Wertobjekt gegen Wertobjekt getauscht wird, stehen sich Verkäufer und Verkäufer gegenüber. Üblicherweise reklamiert eine Verkäuferseite einen Anspruch auf Existenzmittel, während die Käuferseite bereits ein Anrecht auf Existenzmittel erworben hat. In einem Wertverhältnis, in dem Wertobjekt gegen Wertobjekt getauscht wird, wird ein Anspruch auf Wertobjekte einem ebensolchen Anspruch gegenübergestellt. Damit überwiegt in einem solchen Wertverhältnis die Verkäuferseite, da zwar auf beiden Seiten auch gekauft wird, aber kein Anrecht auf Wertobjekte gegeben ist.
2. In einem Wertverhältnis, in dem Wertobjekt gegen Wertobjekt getauscht wird, sind auf beiden Seiten die Wertattribute mit den auszutauschenden Wertobjekten direkt verbunden.

Beim Geld dagegen wirkt die Verbindung von Wertattribut und Geld nur indirekt, da der Bezugspunkt des Wertattributes kein „Inhalt im Geld" ist, sondern nur ein Versprechen des Herausgebers des Geldes – ein Versprechen auf Wertobjekt-Äquivalenz.

Diese unterschiedlichen Beschreibungen widerspiegeln aber keine grundlegenden Unterschiede zwischen solch einem und einem „üblichen" Wertverhältnis.

Wertattribute – Bestandteile jeweils in beiden Partnern – nur die Einheit ist wirksam

In einem Wertverhältnis wirkt während der Realisierungsphase im Bewusstsein jedes Tauschpartners jeweils die Hälfte von allen Wertattributen. „Alle Wertattribute" sind

1. Die Wertattribute vom Wertobjekt

Die Verkäuferseite verbindet mit ihrem Wertobjekt ein Wertattribut, ebenso verbindet die Käuferseite mit diesem Wertobjekt ein Wertattribut.

2. Die Wertattribute vom Wertäquivalent

Die Käuferseite verbindet mit ihrem Wertäquivalent ein Wertattribut und ebenso verbindet die Verkäuferseite mit dem Wertäquivalent ein Wertattribut.

Im Rahmen des Wertverhältnisses werden diese vier Wertattribute der Käufer- und der Verkäuferseite zusammengeführt.

Beim Aufbau des Wertverhältnisses können diese Wertattribute unterschiedlich sein. Im sich entwickelnden Wertverhältnis gleichen Käufer- und Verkäuferseite diese Wertattribute einander an. Kommt es zur Übereinstimmung, kann der Austausch vollzogen werden. Sonst wird das Wertverhältnis ohne Austausch beendet werden.

Im Wertverhältnis erscheint für jeden der Tauschpartner der andere Teil objektiv, da er nicht im eigenen Bewusstsein platziert und trotzdem wirksam ist.

Dritten Personen gegenüber erscheint das Wertverhältnis zwischen den Tauschpartnern ebenfalls objektiv, da es auf der gesellschaftlichen Ebene wirksam ist. Das wird verdeutlicht durch Mehrwertsteuer, Kaufverträge, Versicherungen etc.

Wertattribute – vier Merkmale

Die vier wichtigsten Merkmale jedes Wertattributs sind

1. die ideelle Basis in den Bewusstseinsprozessen der Anbieterseite, hervorgerufen und bestimmt durch die objektiven Gegebenheiten und in Verbindung mit dem Angebot des Wertobjektes. Dabei werden erfasst: die Kosten der beteiligten Arbeitskräfte, die direkt an der Bereitstellung des Wertobjektes beteiligt waren, die Werte der Arbeitskräfte, die Zulieferprodukte etc. lieferten, die Werte von bestimmten Naturstoffen und der erwartete Mehrwert. Dieser Teil des Wertattributes entspricht einer „Ideellen Basis", weil die Zusammenstellung der Kosten und die Veranschlagung des erwarteten Mehrwerts nicht außerhalb des Bewusstseins erfolgen können. Diese Grundlage wirkt zunächst nur als Wunschvorstellung auf einer Seite eines (potenziellen) Wertverhältnisses. Ob die andere Seite diese Vorstellungen von Anspruchsverknüpfungen an das (zunächst potenzielle) Wertobjekt akzeptiert, ist offen.
2. deren objektive Manifestation auf der gesellschaftlichen Ebene – das Wertobjekt bekommt einen Preis zugeordnet. Damit wird die objektiv basierte, aber trotzdem zunächst ideelle Vorstellung aus dem ideellen Bereich auf die gesellschaftliche Ebene gebracht und dort sichtbar gemacht. Von der Existenz her wird das Wertattribut damit zu einer objektiven Größe, aber ökonomisch wirksam ist es weiterhin noch nicht als eine solche.
3. die Widerspiegelung der objektiven Manifestation des Wertattributs in den Bewusstseinsprozessen des anderen Tauschpartners – das Wertobjekt und sein Preis werden erfasst und verarbeitet. Damit wirkt das Wertattribut auf der gesellschaftlichen Ebene. In dieser Phase wird entschieden, ob das Wertattribut von beiden Seiten des Wertverhältnisses akzeptiert und genutzt wird. In solch einem Fall würde das Wertattribut des Wertobjektes (und damit „automatisch" das des Wertäquivalents) zu einer objektiven Größe gewandelt werden. Möglich ist aber auch, dass nur ein Teil des Wunsches, d.h. des Anspruchs auf Gegenleistung, akzeptiert wird. In diesem Fall würde die objektiv wirksame Wertgröße eine geringere Werthöhe bekommen. Ebenso kann das Wertattribut eine rein ideelle Vorstellung der Anbieterseite bleiben.
4. das Wirken auf der gesellschaftlichen Ebene, wenn die Tauschpartner sich auf die Werthöhe der Wertattribute von Wertobjekt und Wertäquivalent geeinigt haben und Wertobjekt gegen Wertäquivalent tauschen. Zu diesem Zeitpunkt hat jedes Wertattribut die gleiche Werthöhe. Diese Werthöhe ist auch eine objektive, denn sie existiert auch außerhalb der Bewusstseinsprozesse eines jeden Tauschpartners und ist darüber hinaus für Dritte fassbar. Damit ist zu diesem Zeitpunkt jedes Wertattribut in dem Wertverhältnis ein auch objektiv wirkendes.

Bevor Menschen ein Wertverhältnis aufbauen, wird zunächst nur das eben als Erstes genannte Merkmal „ins Leben gerufen". Das geschieht bei Planung und Produktion eines potenziellen Wertobjektes. Mit dem Angebot auf dem Markt muss der Anspruch auf Gegenleistung in Form des Preises sichtbar gemacht werden. Somit würden zu diesem Zeitpunkt zwei Merkmale der Wertattribute wirken. Sobald die zunächst potenziellen Tauschpartner ihr Wertverhältnis aufbauen, wird auch das dritte Merkmal wirksam werden. Die Wertattribute wirken dann bereits auf der gesellschaftlichen Ebene, sind aber zunächst noch ideelle Wertgrößen, deren objektiver Anteil „noch in Bearbeitung" ist. Ab diesem Zeitpunkt bilden die drei Bestandteile eine Einheit, man kann sagen eine „Bearbeitungseinheit", die zum Austausch führen soll. Damit der Austausch zustande kommen kann, müssen die Wertattribute im Rahmen der Einheit noch einander angeglichen werden. Das vierte Merkmal belegt, dass die ideellen Vorstellungen der Tauschpartner auf der gesellschaftlichen Ebene zu einer gemeinsamen objektiven Größe geformt wurden. Die Wertattribute können ab diesem Zeitpunkt auf der gesellschaftlichen Ebene für den Tausch wirksam werden.

Noch einmal zur Angleichung der Wertattribute

Die Bezugspunkte der Wertattribute, z. B. in bestimmter Form vergegenständlichte Arbeiten, werden in den Bewusstseinsprozessen der Tauschpartner widergespiegelt und verarbeitet. Voraussetzung dafür sind die objektiv existierenden (zunächst potenziellen) Wertobjekte. Beide Tauschpartner erfassen die (potenziellen) Wertobjekte, damit werden in den Bewusstseinsprozessen beider diese objektiven Gegebenheiten ideell abgebildet. Diese Widerspiegelungen der objektiven Realität werden verarbeitet in Verbindung mit den Erwartungen des Tauschpartners (Preis), mit eigenen Erwartungen, Erfahrungen, Einflüssen aus dem familiären Umfeld, Einflüssen aus anderen Umfeldern, Traditionen usw. Über diese Verarbeitungsprozesse versuchen die Tauschpartner, die zunächst erfassten Wertattribute der potenziell auszutauschenden Wertobjekte an die eigenen Vorstellungen anzupassen.

Je nach Situation bringen die (zunächst potenziellen) Tauschpartner im Dialog die für den Tausch wichtigen Wertattribute auf die gleiche Größe, oder ein Tauschpartner passt sich an, die Wertattribute waren von vornherein gleich groß - oder es wird gar kein Wertverhältnis aufgebaut.

Objektive und ideelle Bestandteile der Wertattribute

Für die Wertverhältnisse sind sowohl die objektiven als auch die ideellen Bestandteile der Wertattribute notwendige Voraussetzungen. Die objektiven Anteile können nicht ohne Widerspiegelungen in Bewusstseinsprozessen gesellschaftlich wirksam werden. Die ideellen Anteile wiederum wären ohne die objektiven reine Traumvorstellungen. Mit ihnen könnten Menschen auf der gesellschaftlichen Ebene praktisch nichts bewirken. Die Preise wären reine Wunschvorstellungen.

Die wesentlichen Aufgaben des Wertes

Aus all dem bisher Dargelegten ergeben sich für den Wert fünf wesentliche Aufgaben:

1) Kopplungsfunktion
   Sie koppelt das Bezugsobjekt, das Wertobjekt, welches außerhalb des Bewusstseins existiert, an das Bewusstsein.
2) Äußerungsfunktion
   Diese äußert die zwischen den Tauschpartnern wirksame Wertbeziehung auf der gesellschaftlichen Ebene für jeden der Tauschpartner und für Dritte in objektiver Art.
3) Angleichungsfunktion
   Die Käuferseite kann die Forderungen der Verkäuferseite als völlig gerechtfertigt akzeptieren, die eigenen Vorstellungen an die der Verkäuferseite anpassen (im Kaufhaus) oder versuchen, die Ansprüche der Verkäuferseite an die eigenen Vorstellungen anzupassen (im Basar).
4) Übertragungs- bzw. Tauschfunktion
   Sie führt dazu, dass die Tauschpartner Wertobjekte und / oder deren Stellvertreter gegeneinander tauschen.
5) Stimulierungsfunktion
   Dass zum Erwerb eines Wertobjektes eine Gegenleistung aufgebracht werden muss, stimuliert die schonende Verwendung aller bewusst einbezogenen Ressourcen. Damit steuert der Wert der Ressourcenverschwendung entgegen. Das betrifft die Seite der Herstellung / Bereitstellung und die Käuferseite.

zu 1) Kopplungsfunktion des Wertes

Grundlegend für die Kopplungen von Wertobjekten und Wertobjektäquivalenten an das Bewusstsein sind immer die Bedürfnisse der Menschen.

In einer Wertbeziehung sind vier Arten von Kopplungen gegeben:

1. Die Kopplung jedes Tauschpartners an das (direkt oder indirekt) eigene Wertobjekt bzw. an einen Stellvertreter (z. B. Geld).
2. Die Kopplung jedes Tauschpartners an das Wertobjekt bzw. an einen Stellvertreter auf der jeweils gegenüberstehenden Seite.
3. Die Kopplung beider Tauschpartner an das gesellschaftliche Umfeld.
4. Die Kopplung beider Tauschpartner an das natürliche Umfeld.

Die Kopplung zwischen dem Bewusstsein und dem betreffenden Tausch- bzw. Wertobjekt muss bestimmten Bedingungen genügen, um als gesellschaftlich relevante Größe überhaupt wirken zu können. Hier folgen einige dieser Bedingungen:

1. Die Kopplung mit dem Wertobjekt als Eigentum ist ideeller Art, da das Bewusstsein mit Eigentum auf keine andere Art verbunden sein kann. Das betrifft die direkte Beziehung zwischen dem Eigentümer und dem Eigentum.
2. Die Kopplung wird durch die gesellschaftlichen und die natürlichen Verhältnisse geprägt und bestimmt.

3. Die Kopplung muss aus dem gesellschaftlichen Kontext heraus erklärbar sein, denn sonst wäre der Wert kein gesellschaftliches Verhältnis. Da die menschliche Gesellschaft in den natürlichen Kontext eingebettet ist, muss auch der natürliche Kontext neben dem gesellschaftlichen wirken.
4. Die Kopplung muss eine gesellschaftliche Relevanz besitzen.
5. Da Eigentum in Wertbeziehungen nur auf der gesellschaftlichen Ebene objektiv wirksam werden kann, müssen die objektiv gegebenen Wertobjekte den Tauschpartnern so zugeordnet werden, dass diese Zuordnungen als Eigentum der Tauschpartner von der Gesellschaft als objektiv gesehen werden, trotz der ideellen Bindung. Denn nur gesellschaftlich wirksame Zuordnungen können zu gesellschaftlich relevanten Tauschvorgängen führen (Ideell könnten sich die Tauschpartner beliebig viel oder wenig zuordnen – für die Gesellschaft wäre das nicht wichtig). Demzufolge muss die ideelle Kopplung der Wertobjekte an die Bewusstseinsprozesse auf der gesellschaftlichen Ebene durch gesellschaftliche Regeln, die verbindliche Zuordnungen ermöglichen, unterstützt und abgesichert werden.
6. Die Kopplung des Wertobjektes muss letztendlich aus dem Arbeitsprozess als gesellschaftlichem Prozess ableitbar sein. Denn nur in Verbindung mit der Arbeit ist das gesellschaftliche Verhältnis Wert in der Gesamtheit erklärbar. Und nur das gesellschaftliche Verhältnis Wert macht es notwendig, Wertobjekte im Sinne von Tauschobjekten (nicht von Objekten und nicht von „Werten“ als solche) an das Bewusstsein zu koppeln.
7. Die spezielle Art der Kopplung von Wert(!)-Objekten an das Bewusstsein ist untrennbar damit verbunden, dass ein Wertobjekt / Stellvertreter-Wertobjekt nur im Tausch gegen ein anderes Wertobjekt / Stellvertreter-Wertobjekt erlangt werden kann.
8. Wert als gesellschaftliches Verhältnis kann nur in Verbindung mit Eigentum oder anderen Formen der Verfügungsgewalt (Pacht etc.) herausgebildet werden. Das Eigentum an Wertobjekten / Stellvertreter-Wertobjekten funktioniert nur im Zusammenhang mit einer Bindungsenergie zwischen Bewusstsein und Wertobjekt- / Stellvertreter-Wertobjekt. Diese Bindungsenergie muss permanent aufrechterhalten werden, d.h. der Eigentümer muss permanent sein Interesse an seinem Eigentum aufrechterhalten. Sobald dieses Interesse erlischt, und das ohne Interesse an einem Verkauf, würde der Verlust solchen Eigentums den Eigentümer nicht stören.
9. Um ein Wertobjekt von einem Anbieter zu erwerben, muss dessen Kopplung an das Wertobjekt (Bindungsenergie) überwunden werden. Die Bindungsenergie wird über den Preis zum Ausdruck gebracht.
10. Die Bindungsenergie der Anbieterseite zu ihrem eigenen Wertobjekt wird überwunden, indem ein Wertäquivalent als Ausgleich übereignet wird.
    Dem Wertäquivalent wird zwar von beiden Tauschpartnern die gleiche ökonomische Wertgröße wie dem Wertobjekt selbst zugeordnet. Aber ein ökonomischer Tausch wird von beiden Tauschpartnern schließlich realisiert, weil sich jeder von dem Zielwertobjekt einen größeren Vorteil verspricht als von dem im Eigentum befindlichen – bei ökonomischer Wertgleichheit.
11. Für den ökonomischen Tausch muss folglich zusätzlich zur Widerspiegelung des Wertattributes noch eine weitere ideelle Widerspiegelung eines objektiv gegebenen

Fakts oder zumindest eine Vermutung über einen solchen wirken. Diese zusätzlich wirkende Größe dürfte die Einschätzung der Nützlichkeit des Wertobjektes / des Stellvertreter-Wertobjektes für den Eigenbedarf sein.

12. Für die Stabilität der Gesellschaft ist es wichtig, dass bestimmte Objekte getauscht und nicht einfach abgegeben werden. Das betrifft Objekte aus dem Eigentum, die hauptsächlich erarbeitet wurden bzw. werden oder die selten sind, wie bestimmte Naturprodukte.
13. Ohne gesellschaftlich geschütztes Eigentum wiederum wäre keine stabile Grundlage für den Tausch gegeben.[9] Eigentum wiederum ist nicht ohne eine Kopplung der Eigentums-Güter an den Eigentümer vorstellbar.
14. Die Existenzform der Kopplung von Wertobjekten an das Bewusstsein muss vereinbar sein mit der biologischen Natur des Menschen.
15. Es muss eine Triebkraft für die Herausbildung und Entfaltung dieser Kopplung existieren, insbesondere eine Triebkraft zur Herausbildung einer Beziehung bestimmter Stärke zum jeweiligen Bezugsobjekt / Wertobjekt. Ziel dieser Beziehungsstärke ist die Aneignung des Wertobjekts. Nach der Aneignung kann von einer Bindungsenergie gesprochen werden, mit der das Bewusstsein dafür sorgt, dass der Eigentümer (im eigenen Interesse oder im Interesse einer Institution) dieses dann ehemalige Wertobjekt festhält.
16. Die Kopplung muss im Durchschnitt eine Stimulationswirkung für die ökonomischen Prozesse hervorrufen, besitzen oder verstärken.

Beziehungsstärke

Allen diesen Anforderungen an die Kopplung von Wertobjekt und menschlichem Bewusstsein wird eine bestimmte Beziehungsstärke gerecht, welche einer Präzisierung und Verstärkung eines Bedürfnisses nach dem entsprechenden Wertobjekt entspricht.

Das Bewusstsein baut nur unter bestimmten Bedingungen eine Beziehungsstärke zu dem Objekt, dem Wertobjekt, in der Art auf, dass daraus ein gesellschaftliches Wertverhältnis entstehen kann. Solch eine Beziehungsstärke basiert auf einem gesellschaftlich und einem natürlich geprägten Bedürfnis. Darüber drängt das Bewusstsein auf Aneignung des Wertobjektes.[10]

Nur das menschliche Bedürfnis als spezielle Ausprägungsform des Bewusstseins kann die Wertobjektkopplung an einen Menschen, und damit auch an die gesellschaftli-

9 Eigentum und Tausch – wichtig für die Stabilität der Gesellschaft (12. und 13.)
Die Aussage, dass für die Stabilität der Gesellschaft Wertobjekte getauscht werden müssen und dass diese Tauschvorgänge nur in Verbindung mit Eigentum funktionieren können, gilt für alle Gesellschaften, in denen das Angebot an Wertobjekten nicht so umfassend ist, dass sich die Menschen ohne spürbare Einschränkungen so viel zuordnen können, wie sie zum und im Leben bewältigen können und dabei zusätzlich keinen Drang zur Aneignung weiterer Wertobjekte verspüren. In der jetzigen Zeit ist eine Gesellschaft, in der Wertobjekte nicht getauscht werden müssen, nicht vorstellbar.

10 Das gesellschaftlich und natürlich geprägte Bedürfnis drängt auf Aneignung.
In einigen Fällen wird der natürliche Anteil am Bedürfnis nicht gesehen werden. Doch er ist trotzdem vorhanden, z. B. beim Kauf eines Kopfhörers: Ohne die Besonderheiten des menschlichen Gehörs, das Frequenzen in einem bestimmten Bereich aufnehmen kann, ist der Kauf eines elektro-akustischen Gerätes mit genau darauf abgestimmten technischen Daten nicht erklärbar. Möglicherweise gibt es gesellschaftlich geprägte Bedürfnisse ohne natürlichen Anteil. Darüber soll hier nicht spekuliert werden, da es in diesem Zusammenhang nicht wichtig ist.

chen Verhältnisse und Prozesse, bewerkstelligen (Bild 3.1). Eine Beziehungsstärke wird hier als besonders stark ausgeprägtes Bedürfnis gesehen, als ein Bedürfnis, das bereits auf die Aneignung des vorausgewählten Wertobjektes gerichtet ist oder Eigentum festhält.

Beziehungsstärken – als Vektoren dargestellt

Die Beziehungsstärken der Tauschpartner zu Wertobjekt und Wertäquivalent können als Vektoren dargestellt werden. Die Kräfte dieser Beziehungsstärken lassen die Tauschpartner diametral gegeneinander wirken. Der Stärke-Betrag entspricht dabei der Wertgröße, die auf der jeweiligen Stufe der Herausbildung des Wertes von den Tauschpartnern gesehen wird. Beim Tausch wird die resultierende Betragsgröße gesellschaftlich relevant zum Ausdruck gebracht.

Wert ist bidirektional

Aus den vorangestellten Zeilen folgt, dass das gesellschaftliche Verhältnis Wert kein einzelnes Faktum und keine einseitige Beziehung sein kann. Wert als gesellschaftliches Verhältnis hat immer zwei Wirkungsrichtungen – analog einem Magnet in der klassischen Physik. (Dass beide Seiten sich gegenseitig anziehen, ist beim Wertverhältnis ebenso gegeben.) Ein „unipolarer Wert", ausgehend von einer Person und endend bei ebendieser oder ausgehend von einem „Partner", dessen gewünschte Wertbeziehung nicht erwidert wird, oder ein „Wert an sich", existierend in einem Produkt – all diese Konstrukte sind prinzipiell nicht als Wert existenzfähig, wenn Wert wirklich als gesellschaftliches Verhältnis aufgefasst wird. Auch aus diesem Grund kann Wert nicht vergegenständlicht werden.

Die bidirektionale Eigenschaft des Wertes wiederum kann nur mit starken Kopplungen (Bedürfnissen, Beziehungsstärken) zum angestrebten Wertobjekt und zum Wertäquivalent der jeweiligen Gegenseite und zusätzlich zum jeweils eigenen Wertobjekt / Wertäquivalent erklärt werden.

Herausbildung der Kopplung

Wie kommt es überhaupt zur Herausbildung einer Kopplung zwischen dem Bewusstsein und dem jeweiligen Wertobjekt?

Die Wurzeln dieser Erscheinung reichen ganz sicher weit in die vormenschlichen Entwicklungsetappen der Natur zurück.

Bei einem klugen Autor fand ich das folgende Statement: „Die Bewegung, die Motivation und das beendende Verhalten bilden Basiselemente der Evolution."[11]

Bedürfnisse dienen dem Lebenserhalt, der Verbesserung der Lebenssituation und der Fortpflanzung. Bewegung und die Verarbeitung des Umfeldes generieren Bedürfnisse, insbesondere in Verbindung mit den Sinnesorganen. Die Bedürfnisse motivieren vor allem zu Veränderungen. Veränderungen im Umfeld motivieren wiederum zu weiteren Bewegungen. Im absoluten Stillstand kann kaum Motivation generiert werden.

11 Basiselemente der Evolution
Leider ist der Name des Autors dieser Aussage für den Verfasser des vorliegenden Buches nicht mehr auffindbar. Die Aussage passt aber sehr gut zur Anschauung, die der Verfasser vertritt. Deswegen wird sie hier verwendet.

Ohne Motivation wiederum würde die Bewegung erschlaffen, verschwinden und in der Folge würden auch die Bedürfnisse verschwinden.

Zunächst die natürlichen, später die menschlichen / gesellschaftlichen Bedürfnisse haben Motivationen ausgeprägt, die zur Nutzung und später auch zur Aneignung von Objekten führten. Zuerst der Instinkt, später das Bewusstsein haben die entsprechenden Aktivitäten selektiert, d. h. gewichtet, mit dem Ziel einer höheren Gesamteffektivität aller Bewegungsabläufe und einer optimalen Ressourcenverteilung zur Maximierung der Überlebenschance. (Anm.: Das Wichten ist Thema der folgenden These.)

Das beendende Verhalten wird durch den herbeigeführten Bedürfnisbefriedigungsprozess verwirklicht. Damit verbunden ist vor allem die Bewertung der Resultate dieses Prozesses. Einen besonderen Stellenwert hat bei dieser Bewertung, wie die wirklich erzielten Erfolge bei gegebenem Aufwand eingeschätzt werden.

Über die natürliche Auslese und über das Lernverhalten werden im Laufe der Zeit die Bedürfnisse weiter selektiert und die Selektionsprozesse dabei verfeinert.

Mit dem Aufkommen des Bewusstseins bei den Menschen werden die bereits existierenden natürlichen Bedürfnisse mit gesellschaftlichen Faktoren überlagert. Im Laufe der weiteren Entwicklung wird dieser Überlagerungsprozess immer stärker ausgeweitet.

Ab einer bestimmten Stufe der Entwicklung kann von

a) überwiegend natürlich,
b) etwa gleichermaßen gesellschaftlich und natürlich und
c) überwiegend gesellschaftlich geprägten Bedürfnissen

gesprochen werden.

Diese These basiert vor allem auf Logik.

Die drei Bedürfnisarten sind objektiv determiniert, wobei die gesellschaftlich (mit) geprägten Bedürfnisse vermittelt über das Bewusstsein hervorgebracht und gesteuert werden.

Bedürfnis als Triebkraft

Hinreichend starke Bedürfnisse wirken als Triebkräfte für die Erfüllung von Wünschen. In sehr vielen Fällen sehen sich die Menschen nur in Verbindung mit der Nutzung zusätzlicher Ressourcen in der Lage, sich wichtige Wünsche zu erfüllen. Damit werden die Wünsche zu Motoren für Aktivitäten, mit denen sie solche Ressourcen nutzbar machen können.

In den gegenwärtigen Gesellschaften können die Menschen sehr viele Ressourcen[12] nur erlangen, indem sie andere Ressourcen dafür abgeben. Somit wirken die Bedürfnisse als wichtige Triebkräfte zur Entfaltung von Aktivitäten, um den eigenen Möglichkeiten entsprechende Äquivalente bereitzustellen, die das Ziel haben, gewünschte nützliche Objekte, Aktivitäten usw. einzutauschen.

Die Bedürfnisse nach den angestrebten Objekten, Aktivitäten usw. reichen aber nicht dafür aus, dass die Menschen Wertverhältnisse miteinander eingehen. Diese Be-

12 … sehr viele Ressourcen …
Luft dürfte wohl die am meisten genutzte Ressource sein. Doch die ist in der jetzigen Zeit zu bekommen, auch ohne dafür direkt ein Äquivalent bereitzustellen. Ganz kostenfrei ist sie aber in einigen Ländern schon nicht mehr. Da die Preise der damit produzierten Wertobjekte auch die Abgaben (Zertifikate) für die Luftverbesserung enthalten, dürften mittlerweile bereits alle Menschen direkt oder indirekt für die Nutzung von Luft bezahlen.

dürfnisse müssen ergänzt werden durch das Bedürfnis, die eigenen Tauschäquivalente festzuhalten, bis sich Gelegenheiten bieten, um begehrte Güter einzutauschen, die nicht durch eigene Aktivitäten etc. erstellt, gefunden usw. werden können.

Somit sind für Wertverhältnisse bei jedem Tauschpartner zwei Bedürfnisse wichtig: Die einen zielen auf die gewünschten Güter und die anderen auf die dafür abzugebenden Äquivalente.

Das menschliche Bedürfnis hat sich in der Evolution der Gesellschaft als sehr günstige Triebkraft der Entwicklung herausgebildet und durchgesetzt. Es kann als eine Art aktivierter instabiler Bewusstseinszustand des Menschen aufgefasst werden, der darauf drängt, den Bewusstseinszustand eben dieses Menschen über einen Bedürfnisbefriedigungsprozess in einen stabilen Zustand zu überführen.

Durch Erfolge wird Wohlbefinden hervorgerufen und so werden die Bewusstseinsinhalte gefestigt und erweitert, neue Bedürfnisse entstehen und die Entwicklung wird forciert. Durch Misserfolge wird Unwohlsein und Ablehnung des beschrittenen Weges hervorgerufen. Doch sogar über Misserfolge kann die Entwicklung in bestimmtem Maße gefördert werden.

Wird vom Bewusstsein ein existierendes Objekt, eine bestimmte Aktivität oder eine Idee als nützlich und erstrebenswert erkannt, dann kann über ein darauf gerichtetes Bedürfnis deren Aneignung stimuliert werden.

Zur Aneignung von Objekten können verschiedene Wege führen: Das gewünschte Objekt wird einfach genommen (das Fallobst vom Feld), es wird selbst erstellt (das Regal für den Keller) oder, als Wertobjekt, eingetauscht. Es gibt weitere Möglichkeiten, wie solche Objekte von Interessenten angeeignet werden können (insbesondere durch kriminelle Machenschaften).

zu 2) Äußerungsfunktion des Wertes

Ein reines Bedürfnis als solches hat keine unmittelbaren Auswirkungen auf die ökonomischen Prozesse. Schätzt ein (potenzieller) Tauschpartner seine Arbeitsprodukte als „besonders wertvoll" oder „diese Produkte haben einen Wert von € 100.000" ein, so bleiben dies rein individuelle Einschätzungen, wenn keine gesellschaftlich relevanten Äußerungen in Form von entsprechenden Gegenleistungen damit verbunden werden.

Eine Wertbeziehung wird aus Bedürfnissen gebildet. Diese Bedürfnisse müssen in Form der Wertbeziehung auf der gesellschaftlichen Ebene geäußert werden, damit „Wert entstehen kann".

Diese Äußerungsform einer Wertbeziehung muss bestimmten Bedingungen genügen. Sie muss:

1. physisch vorgenommen werden in Bezug auf das Wertobjekt. Das Wertobjekt kann ein Objekt, ein Vorgang oder eine Idee, so z. B. ein technisches Gerät, ein Konzert oder ein Buch sein.
   Eine rein ideelle Äußerung würde nichts in Sachen Austausch zwischen Tauschpartnern bewirken. Sie wäre für die Gesellschaft ökonomisch nicht relevant. Höchstens als ideelle Anerkennung einer Leistung könnte sie fungieren. Außerdem wäre sie nicht im notwendigen Maße quantifizierbar. Es gäbe dafür keine einheitliche Bewertungsmöglichkeit. Für Prozesse auf der gesellschaftlichen Ebene, die mit Leistungen und Gegenleistungen verbunden sein sollen, ist wenigstens eine rudi-

mentäre Bewertungsmöglichkeit notwendig, die mit einer gesellschaftlich spürbaren Anerkennung verbunden ist.
2. die Beziehung der Tauschpartner zueinander in stofflicher Form adäquat widerspiegeln. Diese Beziehung selbst ist nicht-stofflicher Natur und folglich nicht direkt sichtbar. Aber die Äußerung dieser Beziehung muss über das Ideelle im Bewusstsein beider Tauschpartner hinausgehen und auf der gesellschaftlichen Ebene zwischen den Tauschpartnern wirken. Damit können auch andere Menschen diese Wertbeziehung als zweiseitige Beziehung erfassen und verarbeiten.
3. letztendlich aus den durch die Gesellschaft bestimmten Anrechten ihrer Mitglieder auf Wertobjekte in bestimmtem Umfang heraus erklärbar und ableitbar sein. Die wichtigste Größe hierbei ist der Wert der Arbeitskraft. Doch es gibt weitere Bestimmungsgrößen für die Anrechte auf Wertobjekte.
4. das über den individuellen Rahmen hinausgehende gesellschaftlich wirksame Moment des gesellschaftlichen Verhältnisses Wert äußern.
5. das Streben nach Aneignung der Tauschobjekte (der Wertobjekte bzw. ihrer Stellvertreter) zum Ausdruck bringen.
6. durch die gesellschaftlichen Verhältnisse determiniert sein.
7. eine durch die Gesellschaft anerkannte und hinreichend gesicherte Größe sein.
8. als Bestandteil des gesellschaftlichen Verhältnisses Wert vereinbar sein mit dessen Existenzform.

Die Äußerungsform des Wertes ist der ökonomische Austausch. Alle die eben genannten Forderungen werden durch einen Tausch abgedeckt, bei dem die Tauschpartner ein Wertobjekt gegen ein Äquivalent tauschen. Diesem Äquivalent, wie auch dem Wertobjekt, wird von beiden Tauschpartnern eine gleich hohe, gesellschaftlich anerkannte ökonomische Wertgröße zugeordnet. Mit dieser Einheit von Erwerb eines Wertobjektes und Abgabe eines Äquivalents wird die gesellschaftliche Wertbeziehung zwischen den Tauschpartnern gestaltet (Bild 3.2). Zum eigentlichen Tausch gehören weitere objektive gesellschaftliche Aktivitäten und Ausdrucksformen. So machen z. B. Vertrag, Rechnung und Kassenzettel den Tausch für die Tauschpartner und für Dritte nachvollziehbar. Damit können u. a. Steuern berechnet und gesellschaftliche Instanzen wie Polizei und Rechtsanwälte bei Rechtsstreitigkeiten gerufen werden.

Das ökonomische Wertattribut eines Wertobjektes

Die Anbieterseite eines Wertobjektes verbindet mit dem Wertobjekt einen Erwartungswert auf Gegenleistung. Dieser Erwartungswert wird über das Bewusstsein mit dem Wertobjekt als ökonomisches Wertattribut verknüpft, soll vom Käufer akzeptiert und mit einer äquivalenten Gegenleistung abgegolten werden (Bild 3.2).

Die Wertattribute äußern die mit den Wertobjekten bzw. deren Stellvertretern verknüpften gesellschaftlichen Ansprüche und Anrechte in quantifizierbarer Form.

Der Käufer erkennt den Erwartungswert der Anbieterseite am Preis des Wertobjektes.

Auf der Anbieterseite gehen in diesen Erwartungswert u. a. ein:

- Der Existenzmittelumfang, der den Bereitstellern des Wertobjektes gesellschaftlich begründet und individuell beeinflusst als Gegenleistung für deren Aktivitäten zur Bereitstellung des Wertobjekts aus deren Sicht zugestanden werden soll.
- Die Werte der Produktionsmittel (die letztendlich wieder Existenzmittelumfänge von Arbeitskräften sind, die (indirekt) an der Bereitstellung des Wertobjektes beteiligt waren).
- Der Mehrwert, der über die Existenzmittelansprüche der Entwickler, Produzenten, Logistiker, Marketing-Strategen, Manager usw. hinausgeht und vor allem dem Ausbau der Produktion sowie der Weiterentwicklung der Arbeitskräfte dienen sollte.

In diesen angestrebten Mehrwert würden außerdem Ansprüche aufgrund besonderer Originalität des Wertobjektes, aufgrund des Markennamens, aufgrund einer besonderen gesellschaftlichen Situation usw. einfließen.

Die Käuferseite kann das auf der Anbieterseite „gefüllte" ökonomische Wertattribut akzeptieren oder auch nicht. Damit die Käuferseite das Wertattribut akzeptieren kann, muss das Wertobjekt bestimmten Bedingungen genügen:

- Es muss nützlich sein bezogen auf das angestrebte Nutzungsziel. Das betrifft Funktionalität, Zuverlässigkeit, Qualität, Service, politische und juristische Einflussfaktoren u. v. a. m., und das auch gegenüber anderen relevanten gleich- oder andersartigen Produkten.
- Die Käuferseite muss das mit dem Wertobjekt verknüpfte Wertattribut als gerechtfertigt ansehen. Das Wertobjekt muss folglich so auf die Käuferseite wirken, dass sie die zu erbringende Gegenleistung, welche über den Preis quantifizierbar wird, akzeptiert. Damit akzeptiert die Käuferseite die Ansprüche der Verkäuferseite auf Existenzmittel und Mehrwert. Hierunter fallen der Markenname, die Originalität, die besondere gesellschaftliche und natürliche Situation zur Zeit des Angebots usw.
- In einigen Fällen wird der Arbeitsaufwand zur Herstellung des Wertobjektes abgeschätzt – indem dessen Preis verglichen wird mit Preisen anderer Wertobjekte, deren Werthöhe man akzeptiert, oder indem direkt die notwendige Arbeit zur Erstellung des Wertobjektes abgeschätzt wird.
- Das Wertobjekt muss aus der Masse potenzieller Wertobjekte für gleiche und oft sogar für andere Ziele herausragen.

  Die Verkäuferseite wiederum sieht auf der Käuferseite die Gegenleistung, die diese normalerweise in Form eines gesellschaftlich anerkannten Anrechts auf Wertobjekte oder aber direkt als anderes Wertobjekt als Äquivalent anbietet.

Wie eine „Wunsch-Wertgröße" festgelegt wird – nicht allein lokal und aktuell erklärbar

All das, was an Ansprüchen und Anrechten auf der Käufer- und auf der Verkäuferseite geäußert wird, kann nicht aus der individuellen Wertbeziehung und auch nicht allein aus der aktuellen wirtschaftlichen Situation in einem Land erklärt werden. Denn in die Werte der Arbeitskräfte gehen Größen ein, die aus dem gesamten gesellschaftlichen Kontext und darüber hinaus aus der gesamten, mit den länderbezogenen Wirtschaften total verflochtenen Weltwirtschaft heraus auf jede Wertbeziehung einwirken. Wohl am deutlichsten kommt das bei Nahrungsmitteln und Rohstoffen zum Vorschein – z. B. bei

Getreide, Milch, bei seltenen Erden, Edelmetallen usw. Für all diese Dinge können die Preise nicht aus der Wirtschaft eines Landes oder gar eines einzelnen Unternehmens abgeleitet werden. Dazu kommt, dass die Werte der Arbeitskräfte eine Geschichte haben, d. h. nicht allein die Gegenwart bestimmt die Werte der Arbeitskräfte. Zwar werden diese Werte permanent angepasst an die aktuellen Verhältnisse. Aber diese Anpassungen benötigen Zeit. Die Zeiträume sind sehr unterschiedlich bei den verschiedenen Berufsgruppen und in den verschiedenen Ländern.

All diese Einflüsse verdeutlichen auf wunderbare Weise die gesamtgesellschaftliche und die weltwirtschaftliche Durchdringung jedes Wertattributes und damit jedes Wertverhältnisses – es kann in der Ökonomie einer jeden mit der Weltwirtschaft interagierenden Gemeinschaft keine völlig abgegrenzten Bereiche geben, die nur auf die zwei Tauschpartner bezogen sind.

Aufgaben der ökonomischen Wertattribute von Wertobjekten

Die ökonomischen Wertattribute von Wertobjekten haben die Aufgabe, die geforderten Gegenleistungen für Wertobjekte auf der gesellschaftlichen Ebene zu äußern und quantifizierbar zu machen. Die Ansprüche auf Gegenleistungen werden, wie eben ausgeführt, nicht nur durch die Werte der Arbeitskräfte, den Wert der Produktionsmittel und den angepeilten Mehrwert bestimmt, sondern auch durch Faktoren, die von den konkreten Formen der Arbeitsleistungen zur Erstellung der Wertobjekte abhängen. Dazu zählen insbesondere originelle Ideen sowie das Umfeld mit den Machtpositionen von Verkäufer und Käufer, die politische Situation im Umfeld, besondere Situationen des natürlichen Umfeldes der Tauschpartner, der Neuigkeitswert des Produktes, der Markenname des Produktes, die Namen der Künstler etc., aktuelle technologische Entwicklungen u. a. All diese Faktoren fließen ein in die Gestaltung der Wertattribute und bestimmen damit auch, in welcher Höhe die (zunächst angepeilten) Werte geäußert werden. Die (zunächst potenziellen) Käufer werden über diese Wertattribute ihre Beziehungsstärken zu den Wertobjekten hin ausbilden. In den Wertattributen werden all die oben genannten Einflussfaktoren konzentriert sichtbar gemacht. Das geschieht bei angebotenen Wertobjekten, also vor dem Verkauf, als angestrebte Ansprüche auf Existenzmittel plus die erwarteten Mehrwerte. Mit dem Verkauf der Wertobjekte widerspiegeln deren Wertattribute die realisierten Ansprüche auf Existenzmittel plus die realisierten Mehrwerte. Die angestrebten Ansprüche und die realisierten Anspruche können übereinstimmen, sie werden aber in vielen Fällen voneinander abweichen.

zu 3) Angleichungsfunktion des Wertes

Die Käuferseite kann die Forderungen der Verkäuferseite als völlig gerechtfertigt akzeptieren, die eigenen Vorstellungen an die der Verkäuferseite anpassen (Kaufhaus) oder versuchen, die Ansprüche der Verkäuferseite an die eigenen Vorstellungen anzupassen (Basar).

Für den Tausch müssen die Wertgrößen von Wertobjekt und Gegenleistung in Übereinstimmung gebracht werden. Gleiche Wertgrößen der Wertobjekte (bzw. ihrer Stellvertreter) auf beiden Seiten eines Wertverhältnisses bedeuten, dass mit diesen gleich große Wertattribute verknüpft werden. Damit werden gleich große Beziehungsstärken zu den Wertobjekten bzw. deren Stellvertretern aufgebaut.

Sollte beim Aufbau eines Wertverhältnisses eine Angleichung der Wertgrößen erfolgen, z. B. durch Verhandlungen, dann würden damit die dazugehörigen Beziehungsstärken zu den Wertobjekten verändert werden. Würde z. B. ein Anbieter ein Smartphone für € 200 verkaufen wollen und dem Käufer gelänge es, den Anbieter zu einer Preissenkung auf € 160 zu veranlassen, dann würde der Betrag des Wertattributs des Wertobjektes Smartphone von € 200 auf € 160 vermindert werden. Damit würde auch die Beziehungsstärke des Verkäufers zum Smartphone von der Größe € 200 auf € 160 gesenkt werden. Egal wie Käufer und Verkäufer vor der Einigung zu dem Smartphone standen, ihre für den Tausch relevanten Beziehungsstärken liegen nun bei € 160. Demzufolge wird der Verkäufer nach seiner Sinneswandlung zum angebotenen Äquivalent nur eine Beziehungsstärke in Höhe von € 160 aufbauen können – das Wertattribut des Wertäquivalents würde nicht mehr hergeben.

Die Tauschpartner ordnen die Wertattribute den Wertobjekten im Rahmen der Widerspiegelungsprozesse eben dieser Wertobjekte in den Bewusstseinsprozessen zu. Ebenso werden die Wertbeträge der Wertattribute über Bewusstseinsprozesse festgelegt, wobei diese Bewusstseinsvorgänge vor allem vom gesellschaftlichen Umfeld bestimmt werden. Damit diese Festlegungen gesellschaftlich akzeptiert werden, sollten sie (und müssen sie im Durchschnitt) auf den objektiven Gegebenheiten basieren. Trotzdem können sie individuell von den objektiven Gegebenheiten im Detail abweichen – Bewusstseinsprozesse werden in absehbaren Zeiträumen nicht umfassend mathematisch exakt beschrieben werden können.

Beziehungsstärken angeglichen – damit werden auch die Vektoren gleich groß

Wenn die Tauschpartner des im Aufbau befindlichen Wertverhältnisses zu dem Wertobjekt bzw. dessen Stellvertreter gleich große Beziehungsstärken haben oder diese einseitig oder im Dialog einander angleichen, dann haben auch die Wertbeträge der Beziehungsstärkevektoren die gleiche Größe bzw. die Tauschpartner bringen sie auf die gleiche Größe. Doch nur der Beziehungsstärke-Betrag zum Zeitpunkt des Tausches wird gesellschaftlich relevant zum Ausdruck gebracht. Jeder Tauschpartner akzeptiert damit das gesellschaftlich relevante Wertattribut des gegenüber befindlichen Tausch- bzw. Wertobjekts in genau dieser Höhe. Kommt es zum Tausch, müssen folglich die wirkenden Beziehungsstärken, eine vom Käufer zu dem gewünschten Wertobjekt bzw. zu dessen Stellvertreter und die andere vom Verkäufer zum Wertäquivalent, deren Wertattribute in genau dieser Höhe erfassen und akzeptieren. Die Beziehungsstärken der Tauschpartner zu Wertobjekt und Gegenleistung können als Beziehungsstärkevektoren abgebildet werden. Der Wertbetrag jedes dieser Vektoren entspricht der Höhe des Wertbetrages des jeweiligen gesellschaftlichen Wertverhältnisses. Im Allgemeinen wird dieser Wertbetrag als Wertsumme eines Geldbetrags angegeben.

zu 4) Übertragungs- bzw. Tauschfunktion

Nachdem die Wertattribute von Wertobjekt und Wertäquivalent auf gleiche Wertbetragshöhe gebracht wurden oder diese bereits zu Beginn des Aufbaus des Wertverhältnisses gegeben war, können die Beziehungsstärke zu dem Wertobjekt und die zu dessen Wertäquivalent den Austausch einleiten.

Da nach einem ökonomischen Tausch von keiner Seite eine Forderung offen bleibt, kann postuliert werden, dass ein ökonomischer Tausch ein wertäquivalenter Tausch ist (Bild 3.3).

Wertobjekt auf Verkäuferseite – Bindungskraft und Beziehungsstärke

Auf der Verkäuferseite besteht eine Bindungskraft zum Wertobjekt im Eigentum. Dieses Wertobjekt wird von der Käuferseite begehrt und in der Folge bildet die Käuferseite eine Beziehungsstärke zu diesem Wertobjekt aus, mit der sie zur Aneignung des Wertobjektes strebt. Diese Beziehungsstärke muss die Bindungskraft der Verkäuferseite zum Wertobjekt überwinden.

Die Bindungskraft der Verkäuferseite wirkt aber nicht in Richtung der praktischen Nützlichkeit des Wertobjektes, die wiederum für die Käuferseite sehr wichtig erscheint. Die Bindung wirkt auf der gesellschaftlichen Ebene und hält das Wertobjekt in der Form von Eigentum fest. Eigentum ist eine gesellschaftliche Größe, die nur auf der gesellschaftlichen Ebene wirksam sein und somit nur dort erfasst werden kann. Die konkrete Nützlichkeit eines Wertobjektes ist im Eigentum nur in abstrakter Form enthalten, nämlich als Nützlichkeit ohne konkrete, dafür aber in abstrakter Form als Anspruch auf Gegenleistung in bestimmter Werthöhe. Diese abstrakte Form der Nützlichkeit ist nur auf der gesellschaftlichen Ebene wirksam und fassbar.

Wirkungskräfte und Wirkungsvektoren

Um die auf beiden Seiten eines Wertverhältnisses gegebene Bindung an das Eigentum als gesellschaftliche, konkreter als ökonomische Kategorie, zu überwinden und den Tausch zu bewirken, nutzen die Tauschpartner Kräfte, die hier als Wirkungskräfte bezeichnet und mit Wirkungsvektoren dargestellt werden.

Der Wirkungsvektor - von der Käuferseite ausgehend

Der Wirkungsvektor der Käuferseite wird von dieser aus der Beziehungsstärke zum angestrebten Wertobjekt abgeleitet und auf das gleiche Wertobjekt, aber in seiner Eigenschaft als Eigentum der Verkäuferseite, gerichtet. Ziel ist, dieses Eigentum der Verkäuferseite in das eigene zu überführen.

Da die Käuferseite diese Wirkungskraft aus der Beziehungsstärke zum Wertobjekt ableitet, hat sie den gleichen Wert- bzw. Skalarbetrag wie die Beziehungsstärke. Nur der Angriffspunkt ist ein anderer: Der Wirkungsvektor ist nicht auf die konkrete Nützlichkeit des Wertobjektes gerichtet, sondern auf das Wertobjekt in seiner Gestalt als Eigentum. Die Nützlichkeit des Wertobjektes ist auch für den Wirkungsvektor grundlegend und wird von diesem umfasst, allerdings eben in der abstrakten Form einer bestimmten Wertgröße.

Die konkrete Nützlichkeit eines Wertobjektes ist wichtig, wenn das entsprechende Objekt (die Aktivität oder die Idee) betrachtet wird. Eine Zuordnung als Eigentum spielt dabei allerdings keine Rolle. Auf der gesellschaftlichen Ebene wiederum ist die Zuordnung als Eigentum relevant. Dafür wird dort von der konkreten Nützlichkeit abstrahiert und diese nur mit einer bestimmten Wertgröße beschrieben, die nicht allein aus eben dieser Nützlichkeit abgeleitet werden kann.

Mit anderen Worten: Sowohl die Beziehungsstärke als auch der diese widerspiegelnde Wirkungsvektor sind auf dieselbe Nützlichkeit des Wertobjekts gerichtet. Nur ist einmal der Angriffspunkt die konkrete Ausführungsform der Nützlichkeit und das andere Mal ist es deren abstrakte Form als Eigentum, für das eine Gegenleistung bei Erwerb beansprucht werden kann. Da es sich um die gleiche Nützlichkeit handelt, sind auch die Skalarbeträge der jeweils wirkenden Kraft gleichgroß. Dabei wird die Nützlichkeit in beiden Fällen nicht in der absoluten Form für sich gesehen, sondern eingebettet in das gesellschaftliche Umfeld, womit u.a. die Verfügarbeit erfasst wird, aber auch, wieviel Aufwand getrieben werden muss, um das Wertobjekt ins Eigentum zu überführen.

Wertäquivalent auf Käuferseite – Bindungskraft und Beziehungsstärke

Auf der Käuferseite besteht eine Bindungskraft zum Wertäquivalent, das sich im Eigentum der Käuferseite befindet.

Die Verkäuferseite hat eine Beziehungsstärke zu dem Wertäquivalent entwickelt, welche auf die Aneignung des Wertäquivalents gerichtet ist. Mit Hilfe der Beziehungsstärke der Verkäuferseite zum Wertäquivalent muss die Bindungskraft der Käuferseite an das Wertäquivalent überwunden werden.

Der Wirkungsvektor - von der Verkäuferseite ausgehend

Die Beziehungsstärke zum Wertäquivalent wird ebenso auf der Verkäuferseite als Wirkungskraft auf die gesellschaftliche Ebene gehoben, um das Wertäquivalent aus dem Eigentum der Käuferseite zu lösen. Auch diese Wirkungskraft kann als Wirkungsvektor dargestellt werden, dessen Angriffspunkt das Wertäquivalent in Gestalt des entsprechenden Eigentums der Käuferseite ist. Der Wirkungsvektor der Verkäuferseite repräsentiert die zweite für den Tausch notwendige Kraft. Auch die Verkäuferseite leitet diese Wirkungskraft aus der Beziehungsstärke ab, welche sie zur Gegenleistung aufgebaut hat.

Die Besonderheit beim Geld dürfte sein, dass die konkrete Nützlichkeit identisch ist mit deren abstrakter Form, da das Geld selbst bereits nur ein Verweis auf konkrete Nützlichkeit darstellt, ohne selbst direkt nützlich zu sein (Ausnahmen bestätigen die Regel). Wichtig ist, dass auch beim Geld der Wirkungsvektor auf der gesellschaftlichen Ebene wirken muss, eben auf das Eigentum gerichtet. Auf der ideellen Ebene, dort, wo die Beziehungsstärke der Verkäuferseite wirkt, erscheint das Geld in Form bloßer Objekte mit aufgedruckten Zahlenwerten, die einen bestimmten Umfang an Wertobjekten repräsentieren – ohne konkrete Zuordnung, aber mit der Nützlichkeit, im Preisrahmen, Beliebiges zuzuordnen (äquivalent zum Wertobjekt als Gut mit konkreter Nützlichkeit auf der Verkäuferseite).

Bindungskräfte und Beziehungsstärken – gleiche ökonomische Wertgrößen

Die Bindungskräfte jeder Seite eines Wertverhältnisses an ihr jeweiliges Eigentum basieren zwar auf gleichen Wertbeträgen wie die Beziehungsstärken zu den Zielobjekten im Eigentum des jeweiligen Partners. Das Wertobjekt bzw. das Wertäquivalent im Eigentum erscheint den Eigentümern aber mit geringerer immanenter Nützlichkeit als das Zielobjekt. Das ist vergleichbar mit einer Situation, in der ein Betrachter in einem Kaufhaus eine Jacke für € 600, ein Smartphone für € 600 und ein TV-Gerät für € 600 sieht. Alle Preise werden von ihm als gerechtfertigt akzeptiert. Trotzdem wird ihm vielleicht nur ein Angebot so sehr gefallen, dass er dieses Wertobjekt erwirbt. Die anderen erscheinen zwar gleichwertig im ökonomischen, aber nicht im praktischen Sinne.

Mit dem Tausch wechselt die Käuferseite das Wertobjekt aus dem Eigentum mit dem Wertobjekt aus dem Eigentum der Verkäuferseite – und umgekehrt. Der Tausch macht objektiv sichtbar, dass die Wertgleichheit der Tauschobjekte von beiden Seiten des Wertverhältnisses anerkannt wird. Der Tausch wird auf der gesellschaftlichen Ebene vorgenommen, wahrgenommen, genutzt und verankert. Verdeutlicht wird das u. a. damit, dass Umsatzsteuern eingefordert werden, die neue Eigentumszuordnung rechtlich geschützt wird, Versicherungen bezüglich der erworbenen Gegenstände abgeschlossen werden können usw.

Der Wert wird gebildet und wirksam beim ökonomischen Austausch

Der Tausch bildet den Abschluss des Wertbildungsprozesses. Begonnen wurde dieser Prozess von der Käuferseite mit der Ausrichtung von Bedürfnissen auf potenzielle Wertobjekte. Aus dieser Bedürfnisansammlung wird eines der potenziellen Wertobjekte herausgefiltert, und das zu diesem bereits bestehende allgemeine oder schon speziellere Bedürfnis wird zu einer Beziehungsstärke gesteigert. Einer Verkäuferseite gegenüber wird der Wunsch nach Aneignung eines solchen potenziellen Wertobjektes geäußert. Die Verkäuferseite bildet nun ebenfalls eine Beziehungsstärke aus, und zwar zu dem für das potenzielle Wertobjekt angebotenen Wertäquivalent.

Weitergeführt wird der Wertbildungsprozess mit der Angleichung der Beziehungsstärken zu den ausgewählten Wertobjekten. Gebildet und gesellschaftlich wirksam kann der auf diese Art vorbereitete Wert aber erst mit dem und durch den Tausch werden. Vor dem Tausch verharrt er noch im subjektiven und individuellen Stadium. Ein gesellschaftliches Verhältnis aber muss über individuelle Vorstellungen hinaus wirksam sein.

Das betrifft den Wert als gesellschaftliches Verhältnis, aber nicht die Bezugspunkte des Wertes. Die Bezugspunkte für den Wert werden überwiegend vor der Bildung eines gesellschaftlichen Wertverhältnisses geschaffen. Das ist typisch für Waren bzw. Wertobjekte wie z. B. Nahrungsmittel oder Elektronikartikel. Die Bezugspunkte können aber ebenso erst nach der Etablierung des gesellschaftlichen Verhältnisses Wert geschaffen werden, z. B. bei einem Konzert. Sie werden sogar in einigen Fällen während des Wirksamwerdens des Wertverhältnisses geschaffen werden, z. B. bei Schaustellern, wenn diese während der Darbietung Geld einsammeln.

Wertäquivalenz macht nur im gesellschaftlichen Bereich Sinn und folglich wirkt diese nur zwischen den Tauschpartnern und nicht zwischen Tauschpartner und Wertobjekt, nicht zwischen Tauschpartner und Wertäquivalent und ebenfalls nicht zwischen Wertobjekt und Wertäquivalent.

Die beiden Wirkungsvektoren, welche aus den Beziehungsstärken der Tauschpartner zu Wertobjekt und Wertäquivalent abgeleitet wurden, werden mit dem Tausch gegenseitig aufgehoben. Nach dem Tausch ist der Wertbildungsprozess abgeschlossen und nicht mehr existent: Das gesellschaftliche Verhältnis Wert ist beendet.

Mit dem Ende des Wertverhältnisses ist gleichzeitig der Wert verschwunden. Die getauschten Wertobjekte (bzw. deren Stellvertreter) sind nun maximal erneut potenzielle Wertobjekte. Das „Verschwinden des Wertes" geschieht „automatisch", da die Beziehungsstärken und Wirkungsvektoren zu Wertobjekt und Wertäquivalent, und damit deren Wertbeträge, zum Tauschzeitpunkt jeweils gleich, aber die Richtungen entgegengesetzt sind. Die Resultante hat nach dem Tausch den Wert „0". Damit ist das Wertverhältnis aufgehoben. Für ein Fortbestehen wäre keine Triebkraft gegeben.

Ob ein Tauschpartner nach dem Tausch denkt, dass er übervorteilt wurde, oder ob er denkt, er hätte den anderen ausgetrickst, ist nicht relevant für die ökonomischen Austauschprozesse der Gesellschaft, da diese Vorstellungen nicht direkt in den ökonomischen Bereich hineinwirken. Sie gehen nicht ein in die ökonomischen Austauschvorgänge auf der gesellschaftlichen Ebene. Solche Gedanken werden nicht ökonomisch relevant zum Ausdruck gebracht, selbst wenn sie sprachlich geäußert würden. So bleiben sie auf die individuelle Vorstellungsebene begrenzt.

zu 5) Stimulierungsfunktion

Mit der Stimulierungsfunktion wird der Ressourcenvergeudung entgegengewirkt, wenn

1. (potenzielle) Wertobjekte erstellt/bereitgestellt oder (potenzielle) Wertobjekt(-Leistungen) erbracht werden,
2. wenn Wertobjekte getauscht,
   und
3. (ehemalige) Wertobjekte genutzt werden.

Mit dem Anwachsen von Produktion und Arbeitsteilung wurde der ökonomische Austausch als effektivste Form der Verteilung von begrenzt verfügbaren Gütern wie erarbeiteten Produkten, bestimmten Naturgütern, bestimmten Aktivitäten und Ideen durchgesetzt.

Nach Gunnar Heinson und Otto Steiger geschah die Verteilung zunächst nicht über den Markt, sondern mittels feudaler Verteilungsformen: „Dieses Buch nun will eine Theorie der Wirtschaft formulieren, die sich demselben Vollständigkeitsanspruch stellt wie die Allgemeine Gleichgewichtstherorie. Es will aber - anders als diese Lehre – eine Theorie der Wirtschaft vorlegen, die dem Fehlen des Tausches auch in den vorökonomischen Gesellschaften Rechnung trägt. Die dafür einschlägigen Befunde sind von der ethnologischen (Stammesgesellschaft) und historischen (Feudalgesellschaft) Forschung ermittelt worden. Sie besagen im Kern, dass ein vorteilssuchender Tausch nicht existiert, er also keine universale Eigenschaft der menschlichen Gattung darstellt." [12] Das sieht der Autor dieser Diskussionsschrift zwar anders, aber selbst bei der angesprochenen feudalen Verteilung wird auf ökonomische Äquivalenz zwischen den Waren geachtet, insbesondere bei der Abgabe von Produkten z. B. an den Landesherrn oder an ein Kloster. Verschiedene Erzeuger hatten in etwa wertäquivalente Produkte abzugeben, z. B. Getreide, Metalle, Fische, Haushaltswaren usw. Das alles wurde auf ökonomischer Basis miteinander verglichen.

Für einen ökonomischen Austausch ist es notwendig, dass ein Interessent an einem bestimmten Wertobjekt (dieses muss nicht stofflicher Natur sein) für dessen Aneignung eine Gegenleistung abzugeben hat. Der Zwang zur Gegenleistung ist die wichtigste Animation zur Ressourcenschonung.

Um als Tauschobjekt fungieren zu können, muss eine solche Gegenleistung bestimmten Bedingungen genügen:

- Sie muss für den Tauschpartner nützlich sein.
- Sie muss für den Tauschpartner nur auf dem Tauschwege effektiv beziehbar sein.
- Die Nützlichkeit dieser Gegenleistung muss dermaßen stark wirken, dass der Tauschpartner nicht eine andere Gegenleistung anstelle der betreffenden erlangen möchte. Dieser Fakt wird zwar wesentlich gerade durch die Art und Weise der Gegenleistung selbst bestimmt, ist aber in letzter Instanz auch vom Bewusstsein des Tauschpartners abhängig.

Das Bidirektionale im Wert – wesentliches Element seiner stimulierenden Wirkung

Knappe Güter sollen nicht einfach durch Nehmen angeeignet werden können. Für solche Güter sollten Gegenleistungen erbracht werden müssen. Durch dieses Merkmal von Wertobjekten in Wertverhältnissen wird übermäßiger Verschwendung von knappen Gütern entgegengewirkt. So wird verhindert, dass beliebig viel konsumiert wird und damit Ressourcen verschleudert werden. Denn die Möglichkeiten, Gegenleistungen zu erbringen, sind auf vielfältige Art begrenzt.

Da Menschen ihre Bedürfnisse auf verschiedene Wertobjekte richten müssen (damit sie sich vielseitig entwickeln können), müssen auch die Ressourcen zum Aufbringen von Gegenleistungen geschont werden. So wird durch Wertverhältnisse verhindert, dass unnötig viele Ressourcen fürs Wohlfühlen „verbraten" werden: Tauschbares, d. h. Knappes anzueignen, ist mit Aufwand verbunden, fast immer muss dafür Arbeit verrichtet werden. Ein Käufer wird durch den Tauschzwang dazu angehalten, gut aufzupassen und gut auszuwählen. Durch die Bindung eines potenziellen Käufers an sein Eigentum (Geld) wird „automatisch" verhindert, dass er zu leichtfertig Produkte bezieht – er könnte das Geld schließlich für wichtigere Dinge benötigen.

Damit sollten die fünf wichtigsten Funktionen des Wertes hinreichend genau dargelegt sein und wir können uns wieder den Bedürfnissen zuwenden.

Verfügbarkeit von Objekten und Beziehungsstärken sind relevant für den Wert

Aus dem bisher Gesagten geht hervor, dass allein Bedürfnisse nach Tauschobjekten oder die Anhäufung von menschlicher Arbeit in diesen Tauschobjekten keine ausreichenden Grundlagen für ökonomische Austauschvorgänge darstellen.

Von ausschlaggebender Bedeutung für ökonomische Austauschvorgänge sind die weiter oben bereits genannten Faktoren, die hier noch einmal in etwas abgewandelter Form dargestellt werden:

1. Die Güter, nicht nur stoffliche Objekte, mit denen die Menschen sich Wünsche erfüllen wollen, müssen im gegebenen Ereignisfeld in geringerem Umfang verfügbar sein als die darauf gerichteten Bedürfnisse (Dieser Vergleich muss umfassend gesehen werden – siehe obiger Vergleich mit dem Brot). Das gesellschaftliche Verhältnis Wert wird nur aufgebaut, wenn das Ziel nicht einfacher ohne die Abgabe eines Äquivalents erreicht werden kann.
   Bei Wertobjekten, die mittels menschlicher Arbeit erstellt oder veredelt werden, dürfte das praktisch immer der Fall sein.

2. Die Bedürfnisse nach solchen Objekten müssen größere Kräfte zur Aneignung ausprägen als andere Bedürfnisse, die praktisch bei allen Menschen ebenfalls wirken. Jeder Mensch, der sich z. B. ein TV-Gerät kauft, würde sich gern weitere Sachen kaufen, doch das TV-Gerät wirkt auf ihn zum aktuellen Zeitpunkt am stärksten. Ebenso müssen durch Trägheit generierte Gegenkräfte schwächer wirken: „Eigentlich habe ich keine Lust dazu, mich mit den Informationen zu den verschiedenen TV-Geräten zu befassen – ich lasse das bleiben und nutze das alte Gerät weiter."

Nur wenn diese Faktoren wirken, fungieren die Bedürfnisse als Ausgangspunkte für die auf dieser Basis zu formenden Wertbeziehungen zwischen den Tauschpartnern.

Basar und Kaufhaus

Auf dem Basar ist der Prozess der Herausbildung des Wertes am deutlichsten zu spüren. In einem Kaufhaus wird dagegen im Allgemeinen gar nicht gehandelt. Dort werden die Vorstellungen der Verkaufsseite über das ökonomische Wertattribut eines Wertobjektes entweder vom (zunächst potenziellen) Käufer akzeptiert oder nicht akzeptiert. Akzeptieren wird der Käufer die Ansprüche, wenn seine Beziehungsstärke zum Wertobjekt die gleiche oder eine höhere Wertgröße besitzt. Akzeptieren wird der Käufer oft auch in solchen Fällen, in denen seine Beziehungsstärke zu dem Wertobjekt dermaßen stark wirkt, dass er den Tausch sogar vollzieht, wenn er zunächst nur ein Wertäquivalent deutlich geringerer Wertgröße „geopfert" hätte. Damit würde er seine Beziehungsstärke nach oben angleichen. Oder das potenzielle Wertobjekt verbleibt im Kaufhaus. Ob es danach irgendwann in eine Wertbeziehung aufgenommen wird, entscheiden spätere Beziehungsstärken und u. U. die Verkäuferseite durch Preisnachlässe. Letzteres könnte als „indirektes Aushandeln" bezeichnet werden, da Preisnachlässe ganz sicher nicht nur von der Verkäuferseite verursacht werden.

Bindung bzw. Beziehungsstärke zum Eigentum

Neben den Beziehungsstärken zu den Wertobjekten des Gegenübers müssen aber zusätzlich Bindungen an die Wertobjekte bzw. deren Stellvertreter im Eigentum bestehen. Diese Bindungen sind ebenfalls Beziehungsstärken. Bei gleichen Wertgrößen wie denen der Beziehungsstärken zu den Wertobjekten des Gegenübers ist die Art der Beziehungsstärken zu den eigenen Wertobjekten eine andere. Sie basiert gar nicht oder weniger auf dem Bedürfnis der direkten eigenen Nutzung im Sinne von „unmittelbar gebrauchen". Damit können die Bindungen an die eigenen Wertobjekte durch die Beziehungsstärken zu den Zielwertobjekten hinreichend leicht überwunden werden – und das bei gleicher ökonomischer Wertgröße.

Mögliche Darstellungsformen der Beziehungsstärke zum Eigentum

Wie die Darstellung der verschiedenen Beziehungsstärken zu den Zielobjekten und zu den Objekten im Eigentum erfolgen kann, soll hier nicht geklärt werden. Denkbar wäre die Kombination der Beziehungsstärkevektoren mit einem zusätzlichen „innewohnenden Nützlichkeitsfaktor". Im vorliegenden Buch würden solche Darstellungen die Abbildungen bezüglich der hier verfolgten Ziele unnötig verkomplizieren.

Abschreibung

Wird das erstandene Wertobjekt in einem Unternehmen genutzt, wird nach dem Kauf neben der Bindung an das Objekt eine Abschreibung wirksam. Die Abschreibung entspricht einem Prozess in einem weiteren Wertverhältnis, nämlich in einem zwischen dem Unternehmen und dem Staat. Basis ist der Wertbetrag aus dem vorangegangenen Wertverhältnis, über das das Wertobjekt gekauft wurde.

Dieses sekundäre Wertverhältnis ist zwar mehr politisch begründet, hat aber ebenso eine Stimulierungsfunktion wie das primäre Wertverhältnis.

Wertobjekt – nicht unbedingt Resultat vergegenständlichter Arbeit

Nach der gängigen Wertauffassung wird eine Ware zur Ware durch die darin vergegenständlichte, gesellschaftlich nützliche Arbeit. Das, was angeblich mit dieser Arbeit darin vergegenständlicht wird, sind die Werte der Arbeitskräfte (plus Mehrwert). Die Werte der Arbeitskräfte basieren auf den Existenzmitteln, auf welche die Arbeitskräfte durch den Verkauf ihrer Arbeitskraft Anrechte erwerben. Doch diese Anrechte auf Existenzmittel werden nicht nur auf Waren, die vergegenständlichte, gesellschaftlich nützliche Arbeit enthalten, bezogen. Dazu kommen ebenso Aktivitäten wie die Nutzung von öffentlichen Verkehrsmitteln, Konzerten oder Ideen (Bücher) usw. Es handelt sich bei den Anrechten auf Existenzmittel folglich vielmehr um Anrechte auf Objekte, Aktivitäten, Ideen usw., die – aus welchen Gründen auch immer – dem ökonomischen Austausch unterworfen sind.

Da solche nicht-stofflichen Waren, die zur Abgrenzung vom allgemein verwendeten Begriff „Waren“ hier als „Wertobjekte“ bezeichnet werden, in die Existenzmittel eingehen, unterliegen sie, genau wie die Waren, ebenfalls dem ökonomischen Austausch und sind demzufolge ebenfalls Wertobjekte. Diejenigen, die sie bereitstellen (Unternehmen, Musiker, Schriftsteller usw.), erwerben sich, indem sie diese bereitstellen (entwickeln, erarbeiten, vertreiben usw.) ebenfalls Anrechte auf Existenzmittel, genauso wie Produktionsarbeiter, die Arbeit vergegenständlichen. (Dabei wird die Anbieterseite immer versuchen, einen Mehrwert hinzuzufügen. So wird z.B. der Schriftsteller möglichst nicht nur die Kosten für Wohnraum, Speise und Trank, Strom und Wasser, Transporte, Kommunikation usw. ersetzt bekommen wollen, sondern gern etwas mehr einnehmen mit dem Verkauf seiner Werke.)

Daraus folgend kann formuliert werden, dass die Ansprüche auf ein Wertäquivalent beim Verkauf jeder Ware oder eines jeden Wertobjektes nicht nur auf den Ergebnissen vergegenständlichter nützlicher Arbeit basieren. Es sind praktisch immer Anrechte auf nicht-stoffliche Wertobjekte oder Wertanteile enthalten. In vielen Fällen überwiegen die nicht-stofflichen Anteile deutlich. Wertverhältnisse und damit der Wert können folglich nicht nur auf Vergegenständlichtes beschränkt bleiben. Darin eingeschlossen sind auch stoffliche Objekte, bei denen die Stofflichkeit nur „notwendiges Konstrukt“ ist, während der eigentliche Inhalt von einer Idee (besser: mehreren Ideen) bestimmt wird, was u. a. bei Büchern der Fall ist.

Was ist wichtig für die Anrechte auf Wertobjekte? Mit der gesellschaftlichen Beziehung Wert übergibt die Käuferseite ein Wertäquivalent aus ihrem Eigentum an die Verkäuferseite. Das geschieht als Ausgleich für die Übernahme des gewünschten Wertobjektes in ihr Eigentum Damit wird der Anspruch der Verkäuferseite auf andere Objekte / Vorgänge usw. in bestimmter Werthöhe akzeptiert und ausgeglichen. Der Ausgleich kann für stoffliche und nicht-stoffliche, menschliche Arbeit enthaltende und nicht menschliche Arbeit enthaltende Wertobjekte erfolgen. Die Gegenleistung, die der Käufer für das Wertobjekt erbringen muss, kann unterschiedlich gestaltet sein: a) als Anrechtsumfang auf Wertobjekte in gleicher Werthöhe, wenn die Gegenleistung in Form von Geld erbracht wird, oder b) als Anspruchsumfang, wenn die Gegenleistung in Form eines anderen Wertobjektes abgegeben wird.

Dass der Wert nicht nur auf vergegenständlichte Arbeit bezogen wird, ist eine wichtige Aussage, um u. a. die Triebkraftfunktion des Wertes umfassend zu erklären. Denn zur Aufführung von Konzerten und Theaterstücken, zur Erarbeitung von Patenten und Publikationen usw. werden genauso wie bei stofflichen Wertobjekten Ressourcen wie Bildung, Ausbildung, Training, Marketing u. a. benötigt, um diese bereitzustellen. Folglich müssen solche Leistungen ebenfalls als Wertobjekte in die ökonomischen Austauschprozesse einbezogen werden. Das ist wichtig, damit die Triebkraftfunktion des Wertes ebenso auf Gebieten wirken kann, in denen keine stofflichen Wertobjekte erstellt, sondern nicht-stoffliche dargeboten, erdacht, erbracht usw. werden. Eine Gesellschaft, die zu wenig oder zu viel an Ressourcen bereitstellt, die herkömmlich in Verbindung mit der Arbeitswerttheorie als nicht wertbildend bezeichnet werden, z. B. Mittel für die Kunst, wird in der Entwicklung benachteiligt werden. Menschen brauchen Kunst, können aber nicht von der Kunst allein leben.

Wo liegt der Nutzen eines Wertverhältnisses?

Der Nutzen einer Wertbeziehung liegt offensichtlich nicht im ökonomischen Teil des Austausches selbst. Er wird für beide Seiten darin liegen, dass die Wertobjekte neu zugeordnet werden. Jedes neu zugeordnete Wertobjekt (oder dessen Stellvertreter) sollte für jeden der Tauschpartner mehr Vor- als Nachteile gegenüber dem Zustand vor dem Tausch aufweisen. Diese Vorteile sind nicht auf der ökonomischen Ebene des jeweiligen Wertverhältnisses zu suchen, weshalb sie nicht im Preis widergespiegelt werden.

Die Bedeutung der Ökonomie dabei ist, dass die beim Tausch erfolgende wertgleiche Abgabe und Entgegennahme von Wertobjekten bzw. deren Stellvertretern zum einen den Aufwand zur Bereitstellung (die deren Herstellung umfassen soll) und zum anderen weitere im Zusammenhang mit dem Tausch relevante gesellschaftlich begründete Ansprüche und Anrechte erfasst. Zu den zuletzt genannten Faktoren gehören Qualität, besonderes Design, besondere Originalität, außerdem das Eigentum an Bodenschätzen und andere Einflussgrößen. In Verbindung mit dem wertäquivalenten Austausch wirken diese Faktoren auf Ressourcenschonung hin.

Zusammenfassung

Die Herausbildung und Existenz des Wertes war, ist und bleibt für vorstellbare Zeiträume eine notwendige Triebkraft für die Stabilität und Entwicklung der Gesellschaft. Das gilt insbesondere für die möglichst gerechte Verteilung von Gütern unterschiedlicher Substanzen, die im Ereignisfeld im umfassenden Sinn in geringerem Umfang vorhanden sind als die darauf gerichteten Bedürfnisse. Für die Verteilung solcher Güter ist der Wert ein durch nichts anderes zu ersetzendes Element der Regulierung des ökonomischen Stoffwechselprozesses. Mit Hilfe des Wertes können die zu verteilenden Güter nach den Werten der Arbeitskräfte sowie nach weiteren, ebenfalls gesellschaftlich begründeten Kriterien verteilt werden. Die Verteilung erfolgt auf diese Art gerechter, als das bei anderen Verteilungsformen der Fall wäre.

Die ökonomisch zu verteilenden Güter können mittels menschlicher oder maschineller Arbeit erstellte und bearbeitete Objekte, menschliche oder maschinelle Aktivitäten, Ideen und bestimmte Naturprodukte sein. Die Güter, welche die Menschen nach ökonomischen Regeln austauschen, werden hier als **Wertobjekte** bezeichnet.

Die **Triebkraftfunktion** des Wertes ist vor allem darin zu sehen, dass zum Erwerb eines der ökonomischen Verteilung unterliegenden Gutes oder Wertobjektes eine Gegenleistung erbracht werden muss. Damit sind solche Wertobjekte nur über einen Austausch beziehbar. Gegenüber anderen Verteilungsmethoden wird somit mehr Gerechtigkeit bewirkt und außerdem der Vergeudung entgegengewirkt.

Leistung und Gegenleistung basieren beim ökonomischen Austausch darauf, dass den auszutauschenden Wertobjekten bzw. deren Stellvertretern über das Bewusstsein jeweils ein gesellschaftliches Element, das **ökonomische Wertattribut** zugeordnet wird. Das ökonomische Wertattribut widerspiegelt auf der Käuferseite Anrechte auf Wertobjekte in bestimmter Höhe. Die Höhe dieser Anrechte wird wesentlich durch die Arbeitskräfte selbst bestimmt, die zum Erwerb der Anrechte ihre Arbeitskraft in bestimmter Werthöhe verkaufen. Auf der Verkäuferseite widerspiegelt das Wertattribut Ansprüche auf Existenzmittel, d. h. ebenfalls auf Wertobjekte. Die Höhen der Ansprüche basieren auf den Werten aller Arbeitskräfte, die an der Bereitstellung der Wertobjekte beteiligt waren, sind oder sein werden. Die Werte der Arbeitskräfte gehen anteilig in die Wertgrößen der Ansprüche ein, welche als „Gesamtansprüche" mit den angebotenen Wertobjekten verknüpft werden. Dazu kommen die Ansprüche auf Mehrwerte der beteiligten Bereitstellungsbereiche, welche der Weiterentwicklung des Unternehmens, der Weiterbildung der Arbeitskräfte sowie der Verbesserung der Arbeits- und Lebenssituation der Arbeitskräfte, den Gewinnausschüttungen und Dividenden dienen sollten. Die Einzel-Mehrwerte erscheinen beim Verkauf als eine Mehrwertsumme.

Über den Wert gehen die Menschen als Tauschpartner ein gesellschaftliches **Wertverhältnis** ein. Über dieses gesellschaftliche Verhältnis Wert werden Bedürfnisse nach bestimmten Wertobjekten von der individuellen auf die **gesellschaftliche Ebene** gehoben und dort gesellschaftlich relevant zum Ausdruck gebracht.

In einem gesellschaftlichen Verhältnis Wert wird einem Wertobjekt auf der einen Seite ein Wertobjekt auf der anderen Seite gegenübergestellt. An Stelle der Wertobjekte können völlig gleichwertig Stellvertreter-Wertobjekte in die Wertverhältnisse einbezogen werden. Das Ziel der Gegenüberstellung ist in jedem Fall der Austausch dieser Objekte, Aktivitäten, Ideen oder der Stellvertreter-Wertobjekte. Für die ökonomischen Prozesse sind dabei die mit den Wertobjekten (oder deren Stellvertretern) verknüpften ökonomischen Wertattribute relevant. Die Wertattribute repräsentieren die ökonomisch relevanten Wertgrößen der auszutauschenden Wertobjekte. Beim Tausch haben diese **Wertgrößen gleich große Beträge**. Die Wertgrößen können bereits deutlich vor dem ökonomischen Tausch die gleiche Größe haben oder sie werden im Rahmen des Aufbaus des gesellschaftlichen Wertverhältnisses einander angeglichen.

Die Kräfte, die in einem Wertverhältnis von den Tauschpartnern selbst untereinander auf den Austausch gerichtet werden, lassen sich als Kräftevektoren mit Betrag und Richtung darstellen. Zum ökonomischen Austausch kommt es, wenn die gewichteten Beziehungsstärken beider Tauschpartner zum Wertobjekt bzw. zur Gegenleistung hin gleich groß sind. Zusätzlich müssen aber diese Kräftevektoren zu dem jeweils gewünschten Wertobjekt bzw. dessen Stellvertreter größer sein als die Kräftevektoren der Bindungsenergien zu den gleichen, aber im jeweiligen eigenen Eigentum von Verkäufer und Käufer befindlichen Wertobjekten. Mit anderen Worten: Wenn der Käufer ein Paar Schuhe kaufen will, befinden sich diese im Eigentum der Verkäuferseite. Die Verkäuferseite hat eine Bindungsenergie zu diesen Schuhen, d. h. sie wird die Schuhe nicht einfach an einen Interessenten ohne Gegenleistung abgeben. Die Beziehungsstärke der Käuferseite zu den Schuhen muss die Bindungsenergie der Verkäuferseite an das Paar Schuhe überwinden. Der Begriff „Kräftevektor" ist bisher nicht verwendet worden. Mit diesem Begriff soll zum Ausdruck gebracht werden, dass es neben der ökonomisch wirksamen gewichteten Beziehungsstärke eine weitere Kraft gibt, welche auf die direkt gesehene Nützlichkeit von Wertobjekt bzw. Wertäquivalent gerichtet ist. Diese zusätzliche Kraft kann ebenfalls als Vektor dargestellt werden und überlagert bei Käufer und Verkäufer die gewichtete Beziehungsstärke zu Wertobjekt bzw. Wertäquivalent. Nur so kann die „Win-Win"-Situation beim ökonomischen Tausch erklärt werden.

Umgekehrt muss die Verkäuferseite die Bindungsenergie der Käuferseite an das Wertäquivalent für die Schuhe – das Wertäquivalent ist praktisch immer ein bestimmter Geldbetrag – überwinden, um die Käuferseite zur Abgabe des Wertäquivalents gegen das Paar Schuhe zu animieren. Dieses Ziel kann erreicht werden, wenn die Käuferseite hinreichend stark an einem Paar Schuhe interessiert gemacht wird. „Hinreichend stark interessiert" bedeutet, dass die Verkäuferseite das Paar Schuhe in einer Ausführung anbietet, welche die Käuferseite so stark zum Kauf animiert, dass diese bereit ist, ihr Wertäquivalent dafür abzugeben, d. h. die Verkäuferseite muss die Bindungsenergie der Käuferseite an ihr Geld überwinden. Eine Bedingung dafür ist, dass das Wertattribut des Schuhpaars für die Käuferseite akzeptabel ist.

Kräftevektoren widerspiegeln in einem Wertverhältnis die **Beziehungsstärken** der Tauschpartner zum Wertobjekt des Gegenübers, aber auch die zu dem eigenen. Mit den gesellschaftlich relevant geäußerten Werthöhen dieser Beziehungsstärken werden diese aus der ideellen Vorstellungswelt auf die gesellschaftliche Ebene gebracht. Die Kräftevektoren der Beziehungsstärken entsprechen vom Betrag her zum Zeitpunkt der Übertragung der individuellen Wertvorstellungen aus der individuellen auf die gesellschaftliche Ebene den Wertbeträgen der ökonomischen Wertattribute der Wertobjekte. Dieser Zeitpunkt ist der Zeitpunkt des Tausches.

Die **Kräftevektoren** der Tauschpartner werden über das Wertverhältnis zu einer **Einheit** zusammengeführt und zwischen den Tauschpartnern zur Wirkung gebracht. Da die Beträge der Wert- oder Beziehungsstärkevektoren einander gleich sind, aber ihre Richtungen genau entgegengesetzt wirken, wird nach dem Tausch auf keiner der beiden Seiten etwas ökonomisch Relevantes zurückbleiben. Was der eine Tauschpartner in Eigentum verwandeln will, muss der andere aus seinem Eigentum abgeben und umgekehrt – ein Wertverhältnis ist eine **Einheit von Leistung und Gegenleistung**. Mathematisch formuliert wird ein solcher Ablauf die Endsumme Null ergeben. Dass die Beziehungsstärkevektoren mit dem Tausch gegenseitig aufgehoben werden, ist die ökonomische Entsprechung dafür. Das gesellschaftliche Verhältnis Wert wird damit beendet. Es bleibt kein ökonomisch relevanter Anteil zurück, d. h. kein Anspruch auf Leistung oder Gegenleistung.

Diese Gleichheit der Wertbeträge in einem gesellschaftlichen Verhältnis Wert basiert dabei **nicht nur** auf **mathematisch exakt** berechenbaren Elementen und Vorgängen, da **Bewusstseinsprozesse** an der Ermittlung der Gleichheit beteiligt sind.

Beide Tauschpartner werden im Normalfall weiterhin einen Wert mit ihrem eingetauschten Objekt verbunden sehen. Jedoch ist das letztendlich eine individuelle Einstellung und kein Wert mehr im ökonomischen Sinne. Zu Wertobjekten im ökonomischen Sinne könnten diese eingetauschten Objekte erst wieder werden, wenn ein weiteres gesellschaftliches Verhältnis Wert zu diesen hin aufgebaut würde.

Jedes potenzielle Wertobjekt und jedes potenzielle Wertäquivalent hat sicherlich einen ideellen und potenziellen ökonomischen Wert. Beide werden von ihren Eigentümern über Beziehungsstärken festgehalten. Bei ihnen kann der ökonomische Wert wirksam werden, aber er muss es nicht.

Beim Wertäquivalent gilt zusätzlich, dass Geld in der heutigen Zeit im Normalfall nicht mit einem deutlichen Wertverlust innerhalb kurzer Zeit behaftet ist, wie das z. B. zur Zeit der großen Inflation der Fall war. Somit „verliert“ das Wertäquivalent während der Abwesenheit vom Markt kaum „an Wert“. Ein ehemaliges Wertobjekt wird aber von den Menschen im Allgemeinen mit einer raschen ideellen Alterung verbunden (Auto, TV-Gerät usw.).

Der **Nutzen einer Wertbeziehung** liegt darin, dass durch den Tausch der Wertobjekte bzw. Stellvertreter-Wertobjekte diese dem jeweiligen Tauschpartner Vorteile gegenüber der Situation vor dem Tausch bringen.

Diese Vorteile sind nicht im ökonomischen Bereich des jeweiligen Wertverhältnisses zu finden, denn der Tausch erfolgt wertäquivalent.

Zu These 4: Bei der Ausprägung insbesondere der ökonomisch relevanten Bedürfnisse im Bewusstsein wichten die Menschen notwendigerweise. Die Wichtung erfolgt aufgrund von Begrenzungen der menschlichen Möglichkeiten im gesellschaftlichen und natürlichen Umfeld, durch begrenzte Ressourcen sowie durch die begrenzten Fähigkeiten und Fertigkeiten der Menschen selbst.

Die Möglichkeiten der Bedürfnisbefriedigung sind gegenüber den Bedürfnissen sowohl qualitativ als auch quantitativ begrenzt.

Diese Situation ergibt sich gesetzmäßig mit der Herausbildung der Bedürfnisse, welche sich in der Art vollzieht, dass die Bedürfnisse eine Triebkraftfunktion für die Entwicklung besitzen. Andere Verhaltensweisen – z. B. die Askese – führen, global betrachtet und zumindest auf absehbare Zeit, zur Ineffizienz der gesellschaftlichen Prozesse und können im Großen und Ganzen nicht durchgesetzt werden.

Begrenzungen für die Bedürfnisbefriedigung

Die Arten der Begrenzungen lassen sich in drei Gruppen einteilen (mit einigen Beispielen):

1. Vorrangig gesellschaftlich bedingte Begrenzungen
1.1 Begrenzungen durch Machtverhältnisse
1.2 Begrenzungen durch das entwicklungsgeschichtlich bedingte Niveau der Wirtschaft
1.3 Begrenzungen durch konkrete gesellschaftliche Verhältnisse (z. B. wenn bestimmte gesellschaftliche Anschauungen oder Einrichtungen nicht zeitgemäß sind bzw. nicht zeitgemäß arbeiten)
1.4 Begrenzungen durch den Einfluss anderer Wirtschaftssysteme bzw. durch andere Staaten
1.5 Begrenzungen durch Ideologien

2. Vorrangig durch die Natur bedingte Begrenzungen
2.1 Endlichkeit des natürlichen Umfeldes
2.2 Begrenzungen von Dauer und Stärke der Energieumwandlungsprozesse für Bewegungen, Beschleunigungen und für den Erhalt von „statischen Zuständen“

2.3 Begrenzungen des Aufnahme- und Verarbeitungsvermögens des menschlichen Gehirns
2.4 Begrenzte Lebenszeit des Menschen

3. Begrenzungen, bei denen sowohl das gesellschaftliche als auch das natürliche Moment von wesentlicher Bedeutung sind
3.1 Begrenzter Umfang der nutzbaren und genutzten Naturressourcen
3.2 Begrenztheit der Energieumwandlungsprozesse
3.3 Notwendigkeit von Einschränkungen / Änderungen der menschlichen Aktivitäten durch bereits auftretende oder zu befürchtende Umweltschäden usw.

Das Wichten ist notwendig

Die Menschen müssen nicht nur mit den eben genannten Begrenzungen klarkommen. Für sie ist es auch notwendig, mit mehreren verschiedenartigen Bedürfnissen relativ gleichzeitig klarzukommen. Folglich werden die Menschen weder Verhaltensweisen durchsetzen können, die auf eine vollständige Befriedigung aller Bedürfnisse zielen, noch Verhaltensweisen, welche auf die Befriedigung nur eines Bedürfnisses gerichtet sind. Vielmehr müssen sie Mechanismen herausbilden und entfalten, mit denen sie möglichst optimal viele Wünsche, einige davon zeitgleich, erfüllen können.

Das Ziel, sich möglichst verschiedene Wünsche optimal zu erfüllen, erreichen sie, indem sie ihre Bedürfnisse wichten.

Dass die Menschen ihre Bedürfnisse wichten, ist Bestandteil der Entwicklung der menschlichen Bedürfnisse / Bedürfnisstrukturen. Nur indem sie ihre Bedürfnisse wichten, gestalten die Menschen ihre Gesellschaft in entwicklungsfähiger Art.

Das entspricht auch den Gedanken der Grenznutzentheorie, insbesondere formuliert in den Gossenschen Gesetzen. Im zweiten Gossenschen Gesetz wird die Verteilung des Einkommens auf eine Vielzahl von Bedürfnissen betont, um insgesamt einen Höchstnutzen zu erzielen: „Der Mensch, dem die Wahl zwischen mehren [sic!] Genüssen frei steht, dessen Zeit aber nicht ausreicht, alle vollaus sich zu bereiten, muß, wie verschieden auch die absolute Größe der einzelnen Genüsse sein mag, um die Summe seines Genusses zum Größten zu bringen, bevor er auch nur den größten sich vollaus bereitet, sie alle teilweise bereiten, und zwar in einem solchen Verhältnis, daß die Größe eines jeden Genusses in dem Augenblick, in welchem seine Bereitung abgebrochen wird, bei allen noch die gleiche bleibt." [13].

Gesellschaftlich relevante Äußerung von Wichtungen

Was bedeutet die Einbeziehung von Wichtungen in jene Bewusstseinsprozesse, die für den ökonomischen Austausch relevant sind?

Sie bedeutet, dass gedanklich bestimmt wird, welche Anteile vom eigenen, gesellschaftlich anerkannten Anrecht auf dem ökonomischen Austausch unterliegende Wertobjekte für welche Wertobjekte in fremdem Eigentum zwecks Eintausch bereitgestellt und abgegeben werden.

So wird zum Erwerb eines wichtig erscheinenden Wertobjektes ein Äquivalent in einer bestimmten Werthöhe abgegeben. In den meisten Fällen ist das eine bestimmte Geldmenge. Die Höhe der Geldsumme entspricht einem gesellschaftlich anerkannten

Anrecht auf Wertobjekte in bestimmtem Umfang. Die Festlegung des Geldbetrags, der „geopfert" wird, ist das Ergebnis einer Wichtung. Die Abgabe des Geldbetrags in bestimmter Höhe oder die Abgabe eines anderen, wertgleichen Wertäquivalents, um das gewünschte Wertobjekt zu erhalten, ist die gesellschaftlich relevante Äußerungsform der Wichtung.

Faktoren, die in Wichtungen einfließen

Wenn im Rahmen eines ökonomischen Austauschprozesses Bedürfnisse gewichtet werden, dann werden diese Wichtungen von sehr vielen Faktoren beeinflusst:

- von der vom Verkäufer reklamierten Gegenleistung
- von der eigenen, gesellschaftlich anerkannten Leistungsfähigkeit, d. h. vom Wert der Arbeitskraft
- vom Entwicklungsstand der Wirtschaft und der Technologien
- von den konkreten gesellschaftlichen und natürlichen Umfeldbedingungen
- von Vergleichsobjekten für gleiche oder andere Zwecke
- von der Abschätzung vergangener und zukünftiger Ereignisse, die für die Entscheidungsfindung relevant sein könnten
- von den Einflüssen anderer Personen aus dem unmittelbaren Umfeld
- von Erfahrungen, Gefühlen, Traditionen, Werbung

u. v. a. m.

Gesellschaftlich relevante Äußerung des gewichteten Bedürfnisses

All diese Faktoren fließen ein in die Bedürfnisse nach den bzw. in die Beziehungsstärken zu den gewünschten Wertobjekten. Der Aufbau von Beziehungsstärken zu gewünschten Wertobjekten ist das Ergebnis von Wichtungen der verschiedenen Bedürfnisse. Nicht alle Bedürfnisse kommen zum Tragen, da nicht alle als gleichwertig oder als erreichbar erscheinen und das erst recht nicht zu einem gegebenen Zeitpunkt.

Damit gesellschaftliche Wertverhältnisse aufgrund besonderer Beziehungsstärken zu bestimmten Wertobjekten hin aufgebaut werden können, müssen Menschen ihre verschiedenen Bedürfnisse zu diesen wichten. Die über den Wichtungsprozess bevorzugten (zunächst weiterhin potenziellen) Wertobjekte werden aber vorerst nur ideell gegenüber den anderen potenziellen Wertobjekten hervorgehoben. Wenn jedoch die Tauschpartner ihr Wertverhältnis bis zum Abschluss führen und damit Wertobjekt gegen Wertäquivalent tauschen, transferieren sie ihre individuellen Wichtungen auf die gesellschaftliche Ebene und bringen sie dort wirksam zum Ausdruck. Das geschieht, indem der Käufer ein Äquivalent für dieses Wertobjekt bereitstellt, um es in sein Eigentum zu überführen. Seine gewichtete Beziehungsstärke bekommt folglich mit dem Wertverhältnis gesellschaftliche Relevanz.

Wertverhältnis, gewichtete Beziehungsstärke, gleiche Wertgröße

In einem Wertverhältnis werden die gewichteten Beziehungsstärken zu den angestrebten Wertobjekten und zu den eigenen Tauschobjekten von beiden Seiten des Wertverhältnisses einander angeglichen:

- gewichtete Beziehungsstärke der Käuferseite zum angestrebten Wertobjekt im Eigentum der Verkäuferseite

- gewichtete Beziehungsstärke der Verkäuferseite zum angebotenen Wertäquivalent der Käuferseite
- gewichtete Beziehungsstärke der Käuferseite zum eigenen Wertäquivalent, das für das angestrebte Wertobjekt abgegeben wird
- gewichtete Beziehungsstärke der Verkäuferseite zu dem im Eigentum befindlichen und von der Käuferseite begehrten Wertobjekt.

In Kurzform: Die Wertbeträge der gewichteten Beziehungsstärken zu den gewünschten Wertobjekten und zu den mit diesen verknüpften Wertattributen sowie die gewichteten Beziehungsstärken zu den jeweils im Eigentum befindlichen Wertobjekten und zu deren Wertattribute werden auf gleiche Wertgrößen gebracht. Folglich wird ein einziger resultierender Skalarbetrag herausgebildet. Mit anderen Worten: Die gewichteten Beziehungsstärken und die Wertattribute werden mit diesem Prozess über die Bewusstseinsvorgänge von Käufer und Verkäufer auf die gleiche Wertgröße gebracht.

Die gefühlte Wertgröße des dem eigenen Wertobjekt zugeordneten Wertattributs kann dabei von der gefühlten Wertgröße, die dem angestrebten Wertobjekt zugeordnet wird, abweichen. Ökonomisch relevant ist sie aber nicht, da auf der gesellschaftlichen Ebene nur die resultierende Wertgröße, die für beide Objekte gleich groß und gesellschaftlich allgemein anerkannt ist, wirkt.

Einflussfaktoren auf die Wertgröße

Den wichtigsten Einfluss auf die resultierende Wertgröße im Wertbildungsprozess haben im Großen und Ganzen die Werte der Arbeitskräfte, die an der Bereitstellung der betreffenden Wertobjekte beteiligt waren und sind (die Produktion ist eingeschlossen). Das sind die Arbeitskräfte, die direkt an der Bereitstellung der Wertobjekte Anteil haben, wie auch diejenigen, welche die Produktionsmittel, vorgefertigten Komponenten, Strom, Wasser, Verbrauchsmaterialien usw. zulieferten bzw. zuliefern. Weitere ebenfalls gesellschaftlich bedingte Einflüsse kommen hinzu. Besondere Bedeutung haben dabei das Eigentum an Grund und Boden sowie die Pacht, mit deren Hilfe ebenfalls Ansprüche auf Gegenleistungen, in diesem Fall für Naturgüter, abgeleitet werden können. Solche Gegenleistungen würden zu den ohne Frage anfallenden Bereitstellungskosten beim Kauf der Naturgüter zusätzlich anfallen.

Die gesellschaftlich relevante resultierende Wertgröße

Die resultierende und letztendlich ökonomisch wirksame Wertgröße gestalten die Tauschpartner im Rahmen des Wertbildungsprozesses. Auf diesen Prozess wirken sogar die Nicht-Tauschpartner ein: Beispielsweise wird der Verkäufer von Teppichen auf einem Basar und sogar der in einem Warenhaus mit dem Preis für seine Artikel heruntergehen, wenn über einen hinreichend langen Zeitraum kein potenzieller Kaufpartner die geltend gemachten Ansprüche auf Gegenleistung in der geforderten Höhe als akzeptabel empfindet.

Die gesellschaftlich wirksame Wertgröße resultiert aus der Wirkung der gewichteten Beziehungsstärken der Tauschpartner zu den angestrebten Wertobjekten bzw. Wertäquivalenten. Auf Grundlage dieser zunächst vorläufigen gewichteten Beziehungsstärken werden die am Ende gesellschaftlich wirksamen Wertgrößen auf einem Basar durch Käufer und Verkäufer von vornherein akzeptiert oder ausgehandelt oder nicht akzeptiert. In einem Warenhaus werden die geforderten Gegenleistungen für Wertobjekte durch die Käufer akzeptiert bzw. nicht akzeptiert.

Auf der Verkäuferseite werden die Werte der Arbeitskräfte mit ihren prozentualen Arbeitsanteilen an den verschiedenen Abschnitten der Wertobjektbereitstellung zeit- und wertgrößenmäßig in die Bestimmung der Werthöhe der mit dem Wertobjekten verknüpften Wertattribute einbezogen. Diese Wertattribute reflektieren die Ansprüche auf Existenzmittel plus Mehrwerte der Verkäuferseite. Die Käuferseite kann diese Ansprüche von vornherein akzeptieren oder die eigenen Vorstellungen an die geforderte Gegenleistung anpassen (typisch für Supermarkt und Warenhaus) und demzufolge das gewünschte Äquivalent zum Erwerb des betreffenden Wertobjektes abgeben. In solch einem Fall würden sowohl die Käufer- als auch die Verkäuferseite die Wertgleichheit von Wertobjekten und Äquivalenten anerkennen. Damit wären auf beiden Seiten des Wertverhältnisses, auf der Käufer- und auf der Verkäuferseite, die gewichteten Beziehungsstärken zu den auszutauschenden Wertobjekten von vornherein übereinstimmend gewesen oder einander angeglichen worden – und das auch im Supermarkt oder im Warenhaus. Typisch für die Angleichungsprozesse von gewichteten Beziehungsstärken in Supermärkten und Kaufhäusern ist, dass sie einseitig erfolgen.

Der überwiegende Teil der Produkte in einem Warenhaus, in einem Supermarkt oder auf dem Basar wird für potenzielle Käufer völlig uninteressant sein, so dass die Bedürfnisse und erst recht die gewichteten Bedürfnisse nur auf eine kleine Auswahl bezogen werden. Diese Einengung der Auswahl kann man als Grobselektion bezeichnen.

Bestandteile des Anspruchs auf Wertobjekte auf der Verkäuferseite

Typische Abschnitte der Wertobjektbereitstellung sind Forschung und Entwicklung, Bereitstellung und Aufarbeitung der Roh- und Ausgangsstoffe, Bereitstellung von Maschinen und Robotern, Bereitstellung vorgefertigter Komponenten, Erstellung der zunächst potenziellen Wertobjekte, Vermarktung, Versand, Verkauf, weitere Support-Leistungen wie Gebäudemanagement, rechtliche Absicherung der Bereitstellung und teilweise der Service – soweit dieser beim Kauf mitbezahlt wird. Dazu kommen die angepeilten Mehrwerte für die einzelnen Abschnitte der Wertobjektbereitstellung. Die Verkäuferseite muss die Werte der Arbeitskräfte und die erwarteten Mehrwerte als Anspruch auf Gegenleistung reklamieren. Die potenziellen Käufer können diese Ansprüche akzeptieren oder versuchen, die Verkäuferseite dazu zu bewegen, die Ansprüche herunterzuschrauben.

Egal, ob der Käufer den Anspruch akzeptiert oder herunterhandelt – sollte es zum Austausch kommen, wird mit dem Tausch der Käufer sein gewichtetes Bedürfnis dadurch gesellschaftlich relevant äußern, dass er ein Wertäquivalent aus seinem Eigentum als Gegenleistung für den Erwerb des gewünschten Wertobjektes abgibt.

Bei dem Wertobjekt kann es sich z. B. um eine Waschmaschine handeln. Der Käufer muss in seine gewichtete Beziehungsstärke zu dieser Waschmaschine die Ansprüche der Verkäuferseite auf Gegenleistung einbeziehen, wenn er die Maschine erwerben möchte. Damit würde der Käufer die reklamierten Werte der Arbeitskräfte und die reklamierten Mehrwerte der verschiedenen Abschnitte des Gesamtprozesses „Bereitstellung der Waschmaschine" akzeptieren und diese in seine auf das Wertobjekt Waschmaschine gerichtete gewichtete Beziehungsstärke einfließen lassen. Im Warenhaus hat er im Allgemeinen keine andere Möglichkeit, an die Waschmaschine zu gelangen, als die Ansprüche der Verkäuferseite zu akzeptieren. Bei einigen Handelsketten und auf dem Basar kann er versuchen zu verhandeln.

Sollte es dem potenziellen Käufer gelingen, den Verkäufer dazu zu bewegen, die Äquivalenzforderung zu mindern, würde er damit seine aktuelle Wichtung im Vergleich zu anderen Wichtungen senken, so dass er mehr oder gleich viel, aber dafür mit höheren Wertgrößen verbundene Beziehungsstärken zu anderen Wertobjekten aufbauen könnte. Sollte es dagegen der Verkäuferseite gelingen, die Äquivalenzforderung zu erhöhen, dann blieben der Käuferseite weniger Ressourcen für andere Käufe.

Betrachten wir noch einmal die Variante, dass die Käuferseite die Verkäuferseite dazu bewegen würde, ihre Äquivalenzforderung zu senken. Damit würde der Wert des Wertattributes des von der Käuferseite gewünschten Wertobjektes gesenkt werden. Als Resultat würde im Normalfall auf der Verkäuferseite der Mehrwert verringert werden, da die Bezahlung der Arbeitskräfte nicht direkt an den Verkauf jedes einzelnen Wertobjektes gekoppelt ist. Die Folgen eines heruntergehandelten Wertverhältnisses wären auf der gesellschaftlichen Ebene spürbar und würden nicht nur als individuelle Vorstellungen in den Köpfen von Käufer- und Verkäuferseite verbleiben.

Die gewichteten Bedürfnisse der Käufer- und Verkäuferseite sind ebenfalls relevant für den Wert

Das im gesellschaftlichen Verhältnis Wert als Wertgröße erzielte Ergebnis wird nicht vollständig durch die notwendigen Aufwendungen und weiteren Ansprüche auf der Verkäuferseite bestimmt. Im oben stehenden Abschnitt wird das beschrieben. Auf der Verkäuferseite wird „nur“ ein Richtwert als Anspruch gebildet und „veröffentlicht“. Die Käuferseite hat mit ihrem gewichteten Bedürfnis ebenfalls einen großen Einfluss auf die Wertbildung. Im Durchschnitt müssen die Aufwendungen auf der Verkäuferseite einbezogen werden in den Wertbildungsprozess, einschließlich der erwarteten Mehrwerte. Doch das muss nicht in jedem Einzelfall geschehen. Man kann wahrscheinlich sogar postulieren, dass in jedem Einzelfall einer Wertbildung mehr oder weniger stark vom Erwartungswert der Verkäuferseite abgewichen wird. Beim Handel auf dem Basar hat sogar der Endverbraucher direkten Einfluss auf die gesellschaftlich relevante Wertgröße, denn er kann den Preis mit aushandeln. Damit würde er auf die Ansprüche der Verkäuferseite einwirken und damit auch auf deren gewichtete Beziehungsstärke zu dem für das Wertobjekt geforderten Wertäquivalent. Die gewichtete Beziehungsstärke zum Wertäquivalent widerspiegelt ebenfalls den Wertbetrag des jeweiligen Wertverhältnisses. Im Warenhaus hat der Käufer meistens nur indirekt Einfluss auf den Wert, indem er ein Erzeugnis kauft oder nicht kauft. Hinreichend viele Käufer oder Nicht-Käufer lassen die Auswirkungen auf der Herstellerseite spürbar werden.

Relativierung von Arbeitsaufwendungen und Arbeitsergebnissen

Sowohl die Arbeitsaufwendungen als auch die Arbeitsergebnisse werden bei der Herausbildung eines Wertverhältnisses nicht als absolute Größen betrachtet. Es erfolgt stets eine Relativierung dieser Größen im gesellschaftlichen Kontext unter Einbeziehung weiterer Einflussgrößen. Zu diesen zählen Einflüsse von der Käuferseite her u. a.

So könnten Beziehungsstärken zu einer Lampe, einem Speichermedium oder einem Lautsprecher-Set aufgebaut werden. Diese Beziehungsstärken würden gewichtet, u. a. durch Vergleiche mit anderen Objekten, die gleichen oder anderen Zielen dienen. In Bezug auf die eben genannten Objekte könnte der potenzielle Käufer folgende Überlegungen zu den potenziellen Wertobjekten anstellen und diese in den Aufbau von Beziehungsstärken einbringen: 2 Stunden hart gearbeitet, um eine schicke Lampe zu erwerben, oder 2 Stunden hart gearbeitet für ein Speichermedium oder 2 Stunden hart gearbeitet für ein Lautsprecher-Set – alle diese Wertobjekte sollen den gleichen Preis von € 100 haben. Ein Objekt würde durch den Kauf zum realen Wertobjekt gewandelt. Die potenziellen Wertobjekte, für die kein Äquivalent bereitgestellt wird, würden damit – zumindest vorerst – als „wertlos" beim potenziellen Verkäufer verbleiben. Die Entscheidungsfindung für das eine Wertobjekt würde der Käufer nicht nur basierend auf dem Arbeitsaufwand und ebenso wenig nur basierend auf dem Arbeitsergebnis herbeiführen. Neben der Kopplung von beiden können weitere Faktoren eine Rolle spielen, wie z.B. die aktuelle Laune des Käufers.

Nicht alle prinzipiell gewünschten Objekte werden als gleichwertig gesehen. Jedes einzelne Bedürfnis wird im Zusammenhang mit anderen Bedürfnissen validiert. So würde z. B. außerökonomisch entschieden, welcher Kauf am sinnvollsten wäre, selbst wenn die gewichteten Beziehungsstärken zu Lampe, Speichermedium und Lautsprecher-Set jeweils die gleiche Größe hätten. Zusätzlich zur gewichteten Beziehungsstärke zum Wertobjekt wirkt folglich so etwas wie ein Nutzungsbedürfnis, das aber nicht ökonomisch quantifiziert werden kann. Doch sogar ein solches ökonomisch nicht quantifizierbares „Nutzungsbedürfnis" wirkt auf der gesellschaftlichen Ebene im ökonomischen Bereich. Bei einer Entscheidung für das Lautsprecher-Set würde eben dieses Wertobjekt als relativ nützlich anerkannt und damit ebenso die Aktivitäten aller, die an der Bereitstellung dieses Sets beteiligt waren. Die anderen beiden, wertgleichen, potenziellen Wertobjekte würden als „relativ nicht nützlich" eingestuft werden. Damit würden die Aufwendungen für deren Bereitstellung als „nicht nützlich" abqualifiziert werden, jedenfalls für das betrachtete Wertverhältnis. Doch auf diesem Wege würde das Nutzungsbedürfnis, das neben der gewichteten Beziehungsstärke wirkt, für den ökonomischen Bereich der Gesellschaft spürbar werden, eben in dem Kaufvertrag zum Lautsprecher-Set.

Wenn der Kauf angegangen wird, könnte der Käufer ein ähnliches Lautsprecher-Set sehen wie das, das zur Entscheidung führte. Das neu entdeckte gefällt ihm besser, ist aber teurer. Dann könnte der eigene Arbeitsaufwand relativiert und die Entscheidung gefällt werden, das Lautsprecher-Set zu kaufen, für das dann vielleicht 8 Stunden gearbeitet werden müsste.

Auf einem Basar stellt sich solch eine Situation noch komplexer dar, weil dort noch mehr Parameter offen sind. So wäre es denkbar, dass der Käufer erst nach mehrmaligen Verhandlungen die „wahren Werte" einer Reihe von Wertobjekten mit festlegen würde, und wahrscheinlich würde er recht häufig nach anderen Wertobjekten, auch bei anderen Händlern, Ausschau halten. Z. B. könnte der Käufer das von einem Verkäufer für ein Wertobjekt erwartete Wertäquivalent von € 20 auf € 16 herunterhandeln. Das, was der Verkäufer hinter dem „erwarteten Mehr" von € 4 ursprünglich gewünscht hat, würde vom Tauschpartner als nicht gerechtfertigt im ökonomischen Sinne gesehen werden.

Wie im Anschluss an den Tausch auf der Verkäuferseite dieser nicht nützliche Part der geleisteten Arbeit auf all die Teilbereiche der Wertobjektbereitstellung umgelagert werden sollte, kann nicht aus dem Wertverhältnis abgeleitet werden. Auch kann der Markt solche Festlegungen nicht treffen. Welche Anteile an einem Wertobjekt in solch einem Fall als „nicht nützlich" gewertet werden, wird nicht direkt durch das Wertverhältnis bestimmt.

Was die Entscheider auf der Verkäuferseite anschließend aus den Fakten, wie welche Produkte verkauft wurden, ableiten, wird durch den Austausch nicht festgelegt. Auch der Markt selbst wird eine Entscheidung dazu nicht festlegen können. Ebenso kann der Markt nicht festlegen, welche Produkte in welchem Umfang verkauft werden. Solche Verkaufs- und Kaufvorgänge können folglich nicht als marktgesteuert bezeichnet werden, sie sind marktbasiert. Gesteuert wird durch die Menschen. Ein sehr wichtiges Hilfsmittel dabei sind die Wichtungen.

Waren und vergegenständlichte, gesellschaftlich nützliche Arbeit

Bei der nach der herkömmlichen Arbeitswertauffassung in den Waren „vergegenständlichten, gesellschaftlich nützlichen Arbeit" kann es nicht anders aussehen. Zu Waren hin müssen ebenso Beziehungsstärken wirken, denn auch Waren sind nicht durch Stangen, Seile o. ä. mit dem Käufer oder Verkäufer verbunden. Der potenzielle Käufer hält z. B. zwei unterschiedliche Smartphones in den Händen. Eines davon kauft er. Das andere enthält damit für ihn keine „gesellschaftlich nützliche Arbeit". Wenn es später von niemand anderem gekauft wird, dann wäre darin auch für niemand anderen „gesellschaftlich nützliche Arbeit" enthalten.

Zu dem Smartphone, das der Käufer gegen ein Äquivalent in sein Eigentum überführt, musste er zuvor eine Beziehungsstärke aufbauen. Diese äußert der Käufer gesellschaftlich relevant nur(!) durch die Abgabe eines Äquivalents – typischerweise Geld. Ohne eine Beziehungsstärke zu dem Smartphone hätte er es nicht gekauft. Diese Beziehungsstärke muss gewichtet gewesen sein. Denn es gibt für den potenziellen Käufer unzählige andere Waren, die er gern hätte, die er aber nicht kauft. Er war u. a. aufgrund der begrenzten Äquivalenzmenge, die ihm zur Verfügung steht, gezwungen, das für ihn Optimale auszuwählen, d. h. er musste wichten.

Käufer müssen ihre gewichteten Beziehungsstärken zu Waren gesellschaftlich relevant äußern, um die in den Waren „vergegenständlichten Arbeiten" als gesellschaftlich nützliche Arbeiten – und damit als wertbildende Arbeiten – anzuerkennen. Die Käufer können die Waren nur in ihr Eigentum überführen, wenn sie Wertäquivalente dafür abgeben. Und nur indem sie Wertäquivalente abgeben, lassen sie ihre gewichteten Beziehungsstärken gesellschaftlich wirksam werden. Die Eigenschaft, ob Waren verkauft werden oder nicht, kann folglich nicht als solche in Waren eingebaut worden sein. Somit kann die „gesellschaftlich nützliche Arbeit" nicht in Waren eingebaut bzw. vergegenständlicht sein. Über die Nützlichkeit von Waren wird auf dem Markt entschieden. Folglich dürfte auch für Waren gelten, dass Werte nur als Wertattribute mit ihnen verknüpft werden. Nur indem die Käufer diese Wertattribute akzeptieren und Wertäquivalente dafür bereitstellen, können sie die Waren in ihr Eigentum überführen. Nur so wird die Nützlichkeit der Waren und damit die der dafür aufgewandten Arbeiten anerkannt. Nur so erfolgt die Wertbildung. Ohne gesellschaftlich relevante Anerkennung der Arbeiten würden diese nicht als nützlich und somit nicht als wertbildend anerkannt. Damit wären die entsprechenden Waren wertlos – egal, wie viel Arbeit in ihnen steckt. All diese Arbeiten wären für die Gesellschaft nutzlos.

Folglich werden Wertattribute und gewichtete Beziehungsstärken im Zusammenhang mit Waren ebenfalls die entscheidenden Größen für die Werte sein.

Waren und vergegenständlichte, gesellschaftlich nützliche Arbeit und Wertattribute

Mit der klassischen Interpretation der Arbeitswerttheorie werden bei Waren die vergegenständlichten, gesellschaftlich nützlichen Arbeiten eigentlich wie Wertattribute gehandhabt. Die „vergegenständlichten, gesellschaftlich nützlichen Arbeiten" sind bei den Waren, wie die Wertattribute bei den Wertobjekten in der vorliegenden Arbeit, die entscheidenden Bestimmungsgrößen für den ökonomischen Austausch. Das wird zwar nicht in dieser Weise in der klassischen Interpretation der Arbeitswerttheorie formuliert. Aber anders dürften sich zunächst das Streben nach den Waren und dann der Aufbau von Wertbeziehungen nicht erklären lassen. Die „gesellschaftlich nützliche Arbeit" soll schließlich das Entscheidende für den Wert sein. In einigen Fällen werden Wertbeziehungen zu den Waren aufgebaut und in anderen Fällen nicht, obwohl die gleichen vergegenständlichten Arbeiten zur Herstellung dieser Waren ausgeführt wurden. D. h. der Theorie nach wäre die Nützlichkeit einmal „eingebaut" und ein anderes Mal nicht. Ein solcher „Umbau" von Waren im Nachhinein dürfte praktisch nicht erklärbar sein.

Wenn aber die Nützlichkeit als an die Waren angeheftetes Wertattribut interpretiert würde, dann könnten die unterschiedlich ausfallenden Entscheidungen „hat Wert" bzw. „hat keinen Wert" ohne Probleme erklärt werden. In einem Fall würde das von der Verkäuferseite an die Ware angeheftete Wertattribut seitens der Käuferseite akzeptiert werden. Damit würde die zur Herstellung der Ware aufgewandte und in der Ware vergegenständlichte Arbeit als relativ nützlich, und somit als wertbildend, gewertet. In solch einem Fall hat die Ware „Wert". In einem anderen Fall würde das Wertattribut von der Käuferseite nicht akzeptiert werden. Also würde die zur Herstellung der Ware aufgewandte Arbeit als relativ nicht nützlich – und folglich als nicht wertbildend – betrachtet. In solchen Fällen hat die Ware „keinen Wert".

Waren und vergegenständlichte, gesellschaftlich nützliche Arbeit und Wertbildung

Ein weiterer wichtiger Punkt bei den Waren ist der Bezug auf die stofflich sichtbare „vergegenständlichte gesellschaftlich nützliche Arbeit". Nach der gängigen Interpretation der Arbeitswerttheorie ist nur die vergegenständlichende Arbeit wertbildend. In der Praxis werden aber praktisch immer die nicht-vergegenständlichenden Arbeiten zur Warenproduktion in die Wertverhältnisse einbezogen. Das kann man sich in der Weise verdeutlichen, dass aus den Verkaufserlösen der Waren die Arbeitskräfte, die nicht-vergegenständlichende Arbeiten für die Bereitstellung der Waren erledigt haben, anteilig mitbezahlt werden. Diese Arbeitskräfte könnten nicht bezahlt werden, wenn deren Werte nicht anteilig im Preis der Waren enthalten wären. Das Argument, dass die Arbeitskräfte, welche die „nicht-vergegenständlichenden Arbeiten" ausführen, von den anderen Arbeitskräften mitbezahlt würden, kann so nicht stimmen. Schon die Äquivalenz zwischen verschiedenen solcher Arbeiten zu erklären, wäre auf diesem Wege nicht wirklich machbar. Wenn für eine Sekretärin, die angeblich nichts Produktives tut, die Gehaltsfestlegung verglichen wird z.B. mit der für einen Marketing-Manager, der ebenfalls nichts Produktives leisten soll, dann wäre das schon ein Paradoxon. Denn in beiden Fällen würden unterschiedliche „nicht-produktive Arbeiten" mit unterschiedlichen ökonomischen Anrechten in Beziehung gesetzt. Das könnte zu der sinnlosen Frage führen, ob der Marketing Direktor mehr „nicht-wertbildende Arbeit" erledigt als die Sekretärin, seine Arbeitskraft damit ebenso wertlos oder sogar wertloser wäre wie bzw. als die ihre, er aber als Wertäquivalent für seine Arbeitskraft mehr Einkommen beziehen soll.

Auf jeden Fall erwerben diese angeblich keine produktive Arbeit Leistenden mit ihrem Gehalt für den Verkauf ihrer Arbeitskraft Anrechte auf Existenzmittel. Die Existenzmittel wären in der klassischen Formulierung der Arbeitswerttheorie ebenfalls Waren. In diesen stecken, nach den vorangestellten Überlegungen, auch die Werte von Arbeitskräften, die angeblich keine produktiven Arbeiten ausführen. Das wiederum widerspricht dem Wertbildungsprozess bei Waren, bei dem angeblich nur die vergegenständlichende – und dazu noch nützliche – Arbeit wertbildend sein soll. Vor allem gehen aber die Werte der Arbeitskräfte, die angeblich keine produktive Arbeit leisten, in die Werte der Waren ein. Folglich sind diese Arbeiten ebenfalls wertbildend. Im Unterschied zur Situation bei den Wertobjekten würden allerdings die Werte während des Produktionsprozesses eingebracht werden. Das gilt zumindest für die übliche Formulierung in der Arbeitswerttheorie. Realistisch ist ein solches Einbringen von Werten allerdings bei Waren nicht, denn die geleistete Arbeit muss auch bei den Waren gesellschaftlich nützlich sein. Das Kriterium dafür, was gesellschaftlich nützliche Arbeit ist, kann aber auch bei Waren nur sein, ob Interessenten Wertäquivalente für deren Erwerb abgeben. Auf jeden Fall werden bei den Wichtungen, die auf Wertobjekte, aber auch auf Waren ausgerichtet werden, nicht nur vergegenständlichende Arbeiten einbezogen, sondern immer auch alle anderen notwendigen und bezahlten Aktivitäten.

Zu These 5: Wert ist ein gesellschaftlich determiniertes und individuell beeinflusstes Verhältnis zwischen Tauschpartnern. Er wird innerhalb eines Wertverhältnisses für den Tauschprozess gebildet. Das gesellschaftliche Verhältnis Wert basiert auf Bedürfnissen nach Gütern, die durch Tausch aus dem Eigentum des einen Tauschpartners in das Eigentum des anderen Tauschpartners überführt werden. Wert beruht auf der gegenseitigen Anerkennung der Äquivalenz der ökonomischen Wertattribute der Tauschobjekte.

Die meisten Gedanken zu dieser These sind bereits an verschiedenen Stellen in den vorangegangenen Abschnitten beschrieben worden. Hier soll noch einmal ein zusammenfassender Überblick vor allem über die Äquivalenz der ökonomischen Wertattribute gegeben werden.

Wert ist gesellschaftlich determiniert und individuell beeinflusst
In Bezug auf technische Güter ist dieses Statement sicherlich nicht schwierig zu erklären. Für Wertobjekte in Form technischer Güter benötigen die Menschen fast immer ein gesellschaftliches Umfeld. Beispielsweise Waschmaschinen, Smartphones usw. sind ohne Technologien zu ihrer Herstellung nicht denkbar und ohne notwendige Einrichtungen im Umfeld nicht nutzbar. Solche Technologien können durch nur einen einzelnen Menschen weder entwickelt noch genutzt werden. Das funktioniert nur in einem gesellschaftlichen / technischen Umfeld: Strom, Waschmittel bzw. Telefonmasten, Rechenzentren usw. sind Voraussetzungen für die Herstellung und Nutzung solcher Artikel. U. a. aus diesem Grunde sind die auf solche Wertobjekte gerichteten gewichteten Bedürfnisse nur in einem gesellschaftlichen Kontext fassbar und können nicht allein durch die sich in einem Wertverhältnis gegenüberstehenden Partner erklärt werden.

Anrechte und Ansprüche auf Wertobjekte sind nicht ideell begründet
Ein typisches Wertverhältnis wird bezogen auf Anrechte und Ansprüche auf Wertobjekte – beim Käufer bzw. beim Verkäufer. Hierbei geht es nicht um subjektive Vorstellungen. Die Anrechte der Käuferseite auf Anteile an allen in der Gesellschaft dem öko-

nomischen Austausch unterliegenden Wertobjekten können nicht aus den Wünschen einzelner Personen abgeleitet werden. Diese Anteile sind gesellschaftlich bestimmt und fußen vom Wesen her auf den Werten der Arbeitskräfte. Dazu kommen politisch begründete Anrechte, z. B. aufgrund von Eigentum an Grund und Boden. Bei den Ansprüchen auf der Verkäuferseite sieht es äquivalent aus. Diese beruhen ebenfalls auf den Werten der Arbeitskräfte plus dem Mehrwert. Letzterer soll dazu beitragen, die Anbieterseite zu festigen und auszubauen sowie die Mitwirkenden in Form von Prämien und Dividenden für die weitere erfolgreiche Arbeit zu motivieren.

Die gewichteten Beziehungsstärken zu Wertobjekten – vor allem objektiv begründet

Die im ökonomischen Sinn gewichteten Bedürfnisse – besser: Beziehungsstärken –, die von den Einzelnen (oder von Institutionen) auf Wertobjekte gerichtet werden, sind grundsätzlich von deren Anrechten auf Anteile an allen ökonomisch zu verteilenden Wertobjekten abhängig. Im Durchschnitt und über hinreichend lange Zeiträume können die Wertgrößen der gewichteten Beziehungsstärken nicht den Wertumfang der Anrechte auf Wertobjekte überschreiten. Diese Überlegung macht deutlich, dass der Prozess, der die gewichteten Beziehungsstärken der Partner formt, an den gesellschaftlichen Kontext gebunden und kein rein ideeller Vorgang ist.

Die Nutzung der Anrechte auf Wertobjekte ist objektiv begründet und ideell geprägt

Doch wie die Einzelnen ihre Bedürfnisse durch Nutzung ihrer Anrechte auf Wertobjekte umsetzen, indem sie Wertobjekte kaufen, z. B. ein Smartphone zu € 800 und ein TV-Gerät zu € 400 oder ein Smartphone zu € 400 und ein TV-Gerät zu € 800, das ist vom Individuum abhängig. Mit anderen Worten: Zu welcher Kombination von Wertobjekten in einem Warenkorb die gewichteten Bedürfnisse der Individuen führen, ist keine Frage der Wertäquivalenz. Die Wertäquivalenz kann für verschiedene Kombinationen gleich oder zumindest relativ gleich sein. Das Ziel des Austausches ist nicht die Wertäquivalenz. Sie wird zwar durch die Tauschpartner in einem Wertverhältnis herbeigeführt, aber das Ziel des Wertverhältnisses ist die Befriedigung von bestimmten Bedürfnissen.

Ideellen und damit individuellen Charakter haben nicht nur die Bedürfniskombinationen bei den Individuen. Individuellen Charakter bekommen ebenso Teile der von den Arbeitskräften oder Eigentümern / Pächtern realisierten Anrechte auf Existenzmittel bzw. Wertobjekte. So gibt es zwar Tarifverträge und Ähnliches sowie durchschnittliche Preise für Rohstoffe, Agrarprodukte usw. Doch die den einzelnen Arbeitskräften real zukommenden Anrechte auf Wertobjekte und die von den Eigentümern / Pächtern für ihr Eigentum / ihre Pacht realisierbaren Ansprüche auf Wertäquivalente weichen praktisch immer vom Durchschnitt ab, wenn auch nicht immer deutlich. Der Durchschnitt existiert nicht als solcher und ist nur eine mathematisch begründete Hilfsgröße. Er wird gebildet aus vielen individuellen Situationen. Dabei wirken auf die Werte der Arbeitskräfte neben dem Lohn / Gehalt unter anderem Prämien für hervorragende Arbeitsleistungen, Sonderverträge, die Historie (Erbschaft, Art der Vorsorge...), Vetternwirtschaft usw. ein.

Ähnlich können die individuell realisierten Ansprüche von Eigentümern an Grund und Boden auf Gegenleistung für die Abgabe von Gütern aus ihrem Eigentum gesehen werden, z. B. aufgrund besonders reiner Naturstoffe, politischer Einflussnahmen, Beziehungen, aktueller Umfeldbedingungen usw.

Somit sind auch die gewichteten Bedürfnisse und Beziehungsstärken, die bezüglich entsprechender Naturgüter aufgebaut werden, durch das gesamte gesellschaftliche Umfeld und durch die Natur determiniert, aber trotzdem individuell beeinflusst durch konkrete Situationen im engeren Umfeld, durch individuelle Erfahrungen, Ansichten usw. Bei der Ausprägung der gewichteten Bedürfnisse und Beziehungsstärken werden sowohl das engere Umfeld als auch die jeweilige individuelle Situation der Tauschpartner einbezogen.

Kurz: Die Wertgrößen von Wertobjekten werden über die Herausbildung der Äquivalenzen in den Wertverhältnissen gesellschaftlich determiniert. Die gesellschaftlich bestimmten Wertgrößen werden individuell überlagert.

Gesellschaftliche und natürliche Bedürfnisse

Der Fakt, dass Brot gekauft wird, scheint von einem natürlichen Bedürfnis auszugehen. Aber nicht überall ist es üblich, Brot zu essen. Selbst dort, wo Brot gegessen wird, erfolgt seine Zubereitung oft deutlich unterschiedlich. Ursache dafür sind verschiedene Getreidesorten, Traditionen, Geschmacksrichtungen der Konsumenten usw. Das heißt, auch bei Nahrungsmitteln kommen gesellschaftlich bedingte Bedürfnisse zum Tragen. Gesellschaftlich bedingte Einflüsse überlagern die natürlichen Ursachen von Bedürfnissen, z. B. die nach Nahrung. Sogar das Wasser trinken die Menschen nur selten aus einer Quelle. In den meisten Fällen trinken sie das, was von den Wasserversorgern oder von Mineralwasserherstellern angeboten wird. Oder das Wasser wird überhaupt nicht pur getrunken... Praktisch immer prägen gesellschaftliche Elemente den Wasserkonsum.

Natürliche Ursachen für Bedürfnisse wirken bei Lebensmitteln zwar besonders stark und müssen gerade bei diesen aus überlebensnotwendigen Gründen stark wirken, doch was gegessen und getrunken wird, ist immer überlagert von gesellschaftlichen Einflüssen. Das, was gehandelt wird an Nahrungsmitteln, ist nicht pure Natur. Der natürliche Anteil am Verzehr kann vereinfacht als bei allen Menschen gleich gegeben angesehen werden. Für die Ökonomie ist deswegen der gesellschaftliche Anteil von Bedeutung – Herstellungsverfahren, Reinheit, Geschmack, Zutaten, Markennamen, Transportwege usw. Im Weiteren sollen die natürlichen Bedürfnisse nach Wertobjekten nicht gesondert hervorgehoben werden, da es bezüglich der entsprechenden Wertobjekte, was den ökonomischen Austausch betrifft, keine Unterschiede zu anderen Wertobjekten gibt. Der ethische Aspekt der Nahrungsmittel wird hier nicht einbezogen.

Ökonomische Wertattribute und gesellschaftlich nützliche Arbeit

Die ökonomischen Wertattribute widerspiegeln, wie weiter oben bereits erläutert, die gesellschaftlich begründeten Anrechte bzw. Ansprüche auf Wertobjekte, die über das Bewusstsein mit auszutauschenden (potenziellen) Wertobjekten verknüpft werden. Aufgrund der sehr engen Verknüpfungen dieser Wertattribute mit den Wertobjekten auf Verkäufer- und Käuferseite erscheinen sie wie Bestandteile der Wertobjekte. Verknüpfungen dieser Art können nicht aufgehoben werden, ohne dass die betreffenden (potenziellen) Wertobjekte ihren Charakter als solche verlieren würden. Daher müssen die Tauschpartner diese Wertattribute in die gewichteten Beziehungsstärken, die sie zu den Wertobjekten aufbauen, einbeziehen. Genau betrachtet bilden die Wertattribute die eigentliche ökonomische Basis des wertäquivalenten Austauschs. Denn die Wertattribute sind die eigentlichen gesellschaftlichen Elemente, um die es beim ökonomischen Tausch geht. Wenn man diesem Gedankengang zustimmt, dann kann man sicherlich auch die Vorstellung akzeptieren, dass die Ausbildung der gewichteten Beziehungsstärken zu Wertobjekten keine rein ideellen Vorstellungen eines Tauschpartners sind, sondern dass sie gesellschaftlich basiert und notwendig herausgebildet werden. Ohne die Einbeziehung der gewichteten Beziehungsstärken - und damit auch ohne Einbeziehung der Wertattribute in die Wertverhältnisse - würden potenzielle Tauschpartner kein Wertverhältnis aufbauen können. Mit der Einbeziehung der gewichteten Beziehungsstärken müssen diese auf der gesellschaftlichen Ebene anerkannt und wirksam gemacht werden, um ein Wertverhältnis zu gestalten.

Die Wertattribute werden den Wertobjekten mittels Bewusstsein beigefügt

Die Wertattribute sind keine physikalischen Bestandteile der Wertobjekte, wie das bei der sogenannten „vergegenständlichten, gesellschaftlich nützlichen Arbeit" bei Waren gesehen wurde. Es sind „nur" Attribute. Das wird u. a. daran erkennbar, dass sie als „nicht gegeben" erscheinen, wenn das potenzielle Wertobjekt keinen Käufer findet. Oder diese Attribute werden „gesehen", aber nicht ökonomisch relevant anerkannt durch Abgabe einer wertäquivalenten Gegenleistung. In einer anderen Situation, auf dem Basar, wird der „ökonomische Gehalt" des Wertattributes über Verhandlungen verändert. Eine Veränderung wäre bei einem fest integrierten Wertbestandteil, z. B. in Form vergegenständlichter, gesellschaftlich nützlicher Arbeit, nicht möglich. Denn auch ein vergegenständlichter Wert müsste auf der gesellschaftlichen Ebene anerkannt werden, und zwar in der „eingebauten Höhe". Alle Arbeitsergebnisse von Arbeiten, die als „nicht nützlich" gesehen werden, wären keine Wertbestandteile. Was nützlich und was nicht nützlich ist, wird erst auf dem Markt entschieden und dann bei sehr vielen Produkten zu unterschiedlichen Zeiten recht unterschiedlich. Solche Entscheidungen werden nicht durch Nicken oder durch Worte wie „Das ist 400 Euro wert!" gefällt, sondern durch Abgabe von Äquivalenten. Ein festeingebauter „vergegenständlichter Wert" könnte aber nicht in Folge unterschiedlicher Äquivalentbereitstellungen umgebaut werden. Einen Tauschwert, der vom „wahren Wert" abweicht, kann es nicht geben, wenn man den Wert als gesellschaftliches Verhältnis auffasst und nicht als individuelle Wertvorstellung. Einen Wert „an sich", ohne Gegenpart, gibt es nach Marx nicht [6].

Da diese Aussage auf beide Seiten eines Wertverhältnisses zutrifft, wird auch hierüber verdeutlicht, dass der Wert auf Wertäquivalenz beider auszutauschenden Wertobjekte basiert. Denn letztendlich darf und kann es auf keiner der beiden Seiten einen Wertüberhang geben.

Vergegenständlichte, gesellschaftlich nützliche Arbeit und Wertattribute

Ein ökonomisches Wertattribut ist das, was bei Marx als vergegenständlichte, gesellschaftlich nützliche Arbeit bezeichnet wird. Ökonomische Wertattribute gehen aber über den Kontext der vergegenständlichten, gesellschaftlich nützlichen Arbeit hinaus. Die ökonomischen Wertattribute werden in der gleichen Art nicht-gegenständlichen Wertobjekten, wie Kultur-Veranstaltungen oder Ideen (z. B. Patenten) beigefügt. Sie können ebenso Naturressourcen zugeordnet werden, in denen gar keine menschliche Arbeit enthalten ist.

Würde man im gedanklichen Gebiet der vergegenständlichten, gesellschaftlich nützlichen Arbeit verbleiben, dann wäre der Begriff „gesellschaftlicher Inhalt" passend. Der „gesellschaftliche Inhalt" wäre dem Wertobjekt aber genauso beigefügt wie bei Marx der Ware die vergegenständlichte, gesellschaftlich nützliche Arbeit beigefügt sein muss, auch wenn Marx das nicht dergestalt formuliert hat. Denn was „nützliche Arbeit" ist, wird ebenso bei Marx erst auf dem Markt durch die Abgabe eines ökonomischen Äquivalents bei der Annahme dieser „nützlichen Arbeit" entschieden. Wird die Ware nicht verkauft, ist bei Marx die darin „vergegenständlichte" Arbeit nicht nützlich und damit nicht wertbildend. Folglich kann bei Marx der Wert in Waren nicht eingebaut, sondern muss diesen als „Beifügung" zugeordnet sein.

Wertattribut – ideell geprägt und objektiv geäußert

Somit ist auch bei Marx nicht nur die Art und Weise entscheidend, wie mit der Arbeit etwas vergegenständlicht wird, sondern auch, wie potenzielle Käufer die Ergebnisse solcher Arbeiten sehen. Der Einfluss der Käuferseiten auf die Werte kann nur mit einem gesellschaftlichen Element erklärt werden, das den jeweiligen Waren zugeordnet, nicht zugeordnet oder über Verhandlungen in abgewandelter Werthöhe zugeordnet wird. Das widerspiegelt bei Marx und anderen Ökonomen der Begriff „nützlich": „Andererseits ist das Bedürfnis die ideelle Ursache und die Konsumtion das Kriterium für die Nützlichkeit der Produktion." [1]; „... Endlich kann kein Ding Wert sein, ohne Gebrauchsgegenstand zu sein. Ist es nutzlos, so ist auch die in ihm enthaltene Arbeit nutzlos, zählt nicht als Arbeit und bildet daher keinen Wert." [5]; „Doch die Bewertung des endgültigen Resultats unserer Bemühungen und die gesellschaftliche Anerkennung (oder Nichtanerkennung) der Arbeit geschehen objektiv auf dem Markt. ... Wenn diese Anerkennung nicht erfolgt und die Ware nicht verkauft wird, dann wird die Arbeit nicht zu gesellschaftlicher Arbeit. Real zeigt sich also der gesellschaftliche Charakter der Arbeit erst nach der Vermittlung ihres Produkts über den Wechsel der Wertform auf dem Markt." [14]; „... Die ökonomische Wirksamkeit von Gebrauchswertparametern beim Anwender habe im Rahmen des Preis-Leistungsverhältnisses unter Beweis gestellt, dass der Gebrauchswert als Gebrauchswert vom Gebrauchswert auf gesellschaftlicher Potenz Bedarf (im ökonomischen Sinne, der durch Abgabe eines Äquivalents geäußert wird – der Autor) nicht abgekoppelt werden kann." [15].

Ein „eingebauter Wert" würde sich später in keinem Fall durch Nicht-Kauf aus der Ware herausnehmen oder durch Verhandlungen ändern lassen. Die Aussage, dass der „eingebaute Wert" nur nicht vollständig erkannt werden würde oder ähnlich, kann ebenso nicht stimmen. Denn wodurch würde sonst die für den Wert notwendige Nützlichkeit der geleisteten Arbeit zum Ausdruck gebracht werden, wenn nicht durch Abgabe eines Wertäquivalents? Ein „Wert" ohne Gegenstück wäre ein rein ideeller Wert und hätte nichts mit einem Wert im ökonomischen Sinne gemein.

Diese Beifügungen, die gesellschaftlichen Wertattribute der Waren – besser: der Wertobjekte, sind nichts rein Ideelles. Die Käufer der Waren / der Wertobjekte müssen diese Beifügungen auf der ökonomischen Ebene für die Gesellschaft sichtbar und spürbar anerkennen. Ökonomisch relevant anerkannt werden die Wertattribute ausschließlich durch die Abgabe von Wertäquivalenten. Diese Wertäquivalente müssen die Käufer als Gegenleistung dafür abgeben, dass sie die gewünschten Wertobjekte erhalten können. Die Wertäquivalente wiederum müssen wenigstens aus Verkäufersicht die gleichen Werthöhen repräsentieren wie die Wertobjekte, die sie den Käufern übergeben. Dazu müssen die Wertobjekte und die Wertäquivalente mit Wertattributen gleicher Werthöhen verknüpft sein.

In der überwiegenden Zahl der Fälle werden die Wertattribute der Wertäquivalente (Geld) nicht nur für die Käufer und Verkäufer entsprechende Wertbeträge repräsentieren, sondern diese Wertbeträge werden von der gesamten Gesellschaft anerkannt.

Doch egal, ob die von Käufern gebotenen Wertäquivalente nur für die Verkäufer oder für die Mehrheit der Menschen in der Gesellschaft jeweils die Werthöhen repräsentieren: In beiden Fällen geschieht die Anerkennung der Wertattribute der Wertäquivalente auf der gesellschaftlichen Ebene.

Zurück zu Marx: Nur durch die Abgabe von Äquivalenten und durch die damit ausgelösten Tauschvorgänge werden bei Marx die Arbeiten, die in den Waren stecken, als nützlich anerkannt. Doch ob diese Tauschvorgänge zustande kommen oder nicht, wird nicht durch die Waren allein bestimmt. Die Vorstellungen der (potenziellen) Käufer spielen ebenfalls eine große Rolle. Eingebaute und als solche gesellschaftlich anerkannte Nützlichkeiten kann es nicht geben.

Ökonomische Wertattribute und Widerspiegelung

Die ökonomischen Wertattribute von Wertobjekten sind Ergebnisse von Widerspiegelungen der Tauschobjekte als Wertobjekte in Bewusstseinsprozessen der Tauschpartner. Widergespiegelt werden die durch menschliche oder maschinelle Arbeit oder die durch die Natur in die potenziellen Wertobjekte hineingebrachten Qualitäten von nützlich erscheinenden Eigenschaften. Mit diesen nützlich erscheinenden Eigenschaften werden Anrechte der Arbeitskräfte, die an der Bereitstellung der Wertobjekte Anteil haben (ebenso Anrechte von Eigentümern / Pächtern eingebrachter nicht frei verfügbarer Naturgüter), auf bestimmte Anteile an allen dem ökonomischen Austausch unterworfenen Wertobjekten verknüpft.

Auf dem Markt können diese Anrechte aber nur als Ansprüche geltend gemacht werden. Die Ansprüche werden von der Verkäuferseite als Wertattribute mit den Wertobjekten verknüpft.

Auf der Käuferseite wirken Anrechte, wenn Wertobjekte beim Kauf bezahlt werden. Diese Anrechte sind durch den Verkauf der Arbeitskraft erworben worden. Die Käuferseite übergibt der Verkäuferseite beim Kauf von Wertobjekten Zahlungsmittel, welche wiederum Anrechte auf Wertobjekte in einem bestimmten Wertumfang repräsentieren. Der Umfang dieser Anrechte auf Wertobjekte entspricht den ausgehandelten Werten in den Wertverhältnissen. Die Anrechte auf Wertobjekte sind als Wertattribute mit den Wertäquivalenten der Käufer verknüpft. Diese Verknüpfung ist nicht physisch gegeben, sondern wird auf der gesellschaftlichen Ebene verwirklicht: Die Herausgeber der Zahlungsmittel gewährleisten eine bestimmte Wertäquivalenz bezogen auf z. B. die aufgedruckten Wertangaben beim Papiergeld. Das Bewusstsein der Menschen muss diese Verknüpfung nachvollziehen, damit solche Zahlungsmittel in Wertverhältnissen akzeptiert werden.

Die Wertgrößen der Wertattribute der Wertobjekte auf Verkäufer- und die Wertgrößen der Wertattribute der Wertäquivalente auf der Käuferseite (hier in Form der Summe der Zahlenwerte aller in das Wertverhältnis einbezogenen Zahlungsmittel) werden in den Wertverhältnissen als ideelle Widerspiegelungen objektiver Gegebenheiten einander auf gleiche Wertgrößen angeglichen.

Wertverhältnisse – individuell und nicht-individuell

Ein Individuum als typischer Käufer von Wertobjekten hat als Gegenleistung für den Verkauf seiner Arbeitskraft Lohn erhalten. Dieser Lohn wird praktisch immer in Form von Geld bezahlt. Eine Firma verkauft ihre Produkte und generiert damit Umsatz plus Gewinn. Sowohl die Löhne der Individuen als auch die darüber hinausgehenden Gewinne der Firmen verkörpern Anrechte auf Wertobjekte.

Demzufolge erwirtschaften Individuen und Unternehmen Anrechte auf Wertobjekte. In Wertverhältnissen können und müssen folglich sowohl Individuen als auch Firmen als Tauschpartner auftreten. Das gilt jeweils für beide Seiten von Wertverhältnissen. Wenn eine Firma auf einer der beiden Seiten agiert, dann wird sie durch Individuen vertreten, die im Namen der Firmen agieren. Handelt ein Käufer oder Verkäufer im Auftrag einer Institution[13], so ist die ökonomische Situation im Wertverhältnis fast dieselbe wie bei einem individuellen Käufer bzw. Verkäufer. Verschieden ist, dass das Geld oder die Produkte, die er zur Verfügung hat, nicht zu seinem Eigentum gehören und er dieses Geld bzw. diese Produkte im Auftrag der Institution verwaltet. Die rechtliche Situation ist in beiden Situationen ebenfalls unterschiedlich (Bild 4).

Die gewichteten Beziehungsstärken zu den Wertobjekten, welche die Käufer im Auftrag von Institutionen erwerben möchten, werden im Normalfall anders ausgerichtet sein, als wenn die gleichen Personen sich privat etwas kaufen würden. Das betrifft die angepeilten Produktgruppen und die Umfänge der Kaufaktionen. Dazu gehört auch, dass die Akzeptanz der Wertattribute, die mit den Wertobjekten über Bewusstseinsprozesse verknüpft werden, den Käufern entfremdet wirken muss.

Die Käufer müssten, wenn sie „entfremdet" handeln, versuchen, sich so gut wie möglich in die Interessenlagen ihrer jeweiligen Institutionen zu versetzen.

Die Prinzipien beim Aufbau, Wirksamwerden und Abbau von Wertverhältnissen sind aber für die Käufer- und für die Verkäuferseite in beiden Fällen gleich, d. h. die Prinzipien beim individuellen Agieren sowie beim Agieren im Interesse von Institutionen sind die gleichen.

13 Institution
Der Begriff wird hier weit gefasst, um größere Umschreibungen zu vermeiden, und schließt Konzerne, Gesellschaften usw. ein, die finanziell selbständig handeln können.

Gewichtete Bedürfnisse und Wertattribute

Die Tauschobjekte werden von den Tauschpartnern über die gewichteten Bedürfnisse nach den auszutauschenden Wertobjekten fixiert. Die aus den gewichteten Bedürfnissen der Käuferseite als Präzisierung hervorgehenden gewichteten Beziehungsstärken sollten letztendlich[14] die von der Verkäuferseite geforderten Ansprüche akzeptieren – so wünscht es sich die Verkäuferseite. Mit den gewichteten Beziehungsstärken zu den Wertobjekten sollten also die ökonomischen Wertattribute, die mit den Wertobjekten über den Preis sichtbar verknüpft sind, von der Käuferseite anerkannt werden.

Geld

Ob – und wenn ja, in welcher Höhe – die Käuferseite die Vorstellungen der Verkäuferseite akzeptiert, wird mit der Abgabe eines Wertäquivalents in der ausgehandelten Werthöhe deutlich gemacht. Mit der Gegenleistung der Käuferseite ist ebenfalls ein Wertattribut verknüpft. In den meisten Fällen bieten die Käufer Geld. Die mit den Geldmitteln verknüpften Wertattribute[15] werden von den Menschen auf die Wertangaben der Geldmittel, ausgedrückt in Währungseinheiten, bezogen.

Die Wertattribute sind bei Geldmitteln aber nicht so fest an diese gekoppelt, wie es den Anschein hat. Je nach Art des Geldes (Münzgeld und Papiergeld oder Kreditgeld) wird das Wertversprechen für das Wertattribut des Geldes von Staaten oder von Banken wie der EZB (im Euro-Raum) gesichert. In den meisten Ländern werden die Wertattribute der verschiedenen Geldformen von den Bürgern als Anrechte auf Wertobjekte über längere Zeiträume mit gleichbleibendem Wertumfang anerkannt. Damit kann das Geld sehr gut als allgemeines Äquivalent für Wertobjekte genutzt werden. In Krisensituationen können aber die Herausgeber der Geldmittel ihre Zusicherung stark variieren.

Der Verkäufer muss in seiner gewichteten Beziehungsstärke zu dem Wertäquivalent (das der Käufer als Äquivalent für das gewünschte Wertobjekt anbietet) auch das Wertattribut akzeptieren, das mit dem Wertäquivalent, d. h. mit dem Geld, verknüpft ist. Verknüpft wird das Wertattribut des Geldes mit dem Geld durch den Käufer, den Verkäufer und – fast immer – durch die gesamte Gesellschaft. Der Umfang an Anrechten auf Wertobjekte, der dem Wertattribut des Geldes entspricht, wird von jedem Käufer mit festgelegt (auf dem Basar) oder akzeptiert bzw. nicht akzeptiert (im Warenhaus), wenn auch der Einfluss jedes Einzelnen auf den gesellschaftlichen Durchschnitt der Wertgrößen der verschiedenen Wertobjekte und vor allem auf deren Umfang normalerweise verschwindend gering sein wird. Der Umfang an Anrechten auf Wertobjekte, für den eine bestimmte Menge des Geldes steht, wird im Allgemeinen in der Gesellschaft in einem längeren Prozess herausgebildet. Das entsprechende Geld muss dabei von der

---

14 Letztendlich
Hiermit soll zum Ausdruck gebracht werden, dass Käufer und Verkäufer sich durchaus auf ein von den ersten Vorstellungen abweichendes Wertattribut einigen können.

15 Wertattribut beim Geld
Dass nur ein Wertattribut mit dem Geld verknüpft ist, wird dadurch deutlich, dass das Geld selbst nur sehr wenig „Wert hat". Es ist eine Zusicherung durch die gesellschaftliche Einrichtung EZB oder andere Banken, dass das Geld als Wertäquivalent für Wertobjekte genutzt werden kann. In Krisenzeiten wird oft deutlich, dass der „Wert des Geldes" nur eine Zusicherung, aber nichts „Eingebautes" ist. Ausnahmen gibt es bei Geldarten, die aufgrund ihrer Bestandteile selbst direkt Wertobjekte darstellen, insbesondere Goldmünzen.

Gesellschaft, zumindest aber von der Verkaufsseite, als Zahlungsmittel akzeptiert werden. Im Normalfall wird der Verkäufer nur den für die ausgehandelte Werthöhe gebotenen Geldbetrag als Ziel seines gewichteten Bedürfnisses festlegen. In Krisenzeiten wird er aber zusätzlich prüfen, ob das von der EZB bzw. von den Banken gegebene Wertversprechen, das wiederum mit dem Wertattribut der Geldeinheit verknüpft sein sollte, wirklich hinreichend gesichert erscheint. Anders formuliert: Die Wertattribute von normalem Münzgeld, von Papier- und Kreditgeld können relativ locker mit diesen Geldmitteln verbunden sein. Die Geld-Herausgeber (EZB bzw. andere Banken) versprechen den Geldempfängern, dass sie die Verbindung zwischen dem Wertattribut und dem Geld in der gewohnten Höhe sichern würden. Dabei gestatten sie sich schon im „Normalfall" eine permanente Absenkung der Zusagen-Höhe. In Krisensituationen kann die Vertrauenswürdigkeit solcher Zusagen extrem stark abgesenkt werden.

Geld und Wertattribute

Geld als Stellvertreter-Wertobjekt wird von „richtigen" Wertobjekten unterschieden: Bei den eigentlichen Wertobjekten werden im Allgemeinen die Ansprüche auf Gegenleistung als mit den Wertobjekten direkt verbunden gesehen, weil z. B. Arbeit zu deren Herstellung aufgewandt wurde – Arbeit, die nach Gegenleistung ruft. Damit haben die Eigentümer solcher Wertobjekte selbst die Verfügungsgewalt über den Umfang der entsprechenden Ansprüche. Mit den Stellvertreter-Wertobjekten werden aber über Wertattribute Anrechte auf Wertobjekte verknüpft, deren Bezugspunkte nicht im Geld selbst zu finden ist. In der IT-Technik würde man sagen, die Wertattribute beim Geld sind Links auf die eigentlichen Wertattribute. Diese Links können von den Herausgebern des Geldes im Krisenfall auf weniger Zielobjekte als üblich gerichtet werden. Ebenso können die Herausgeber diese Links fast komplett verschwinden lassen.

Die Verfügungsgewalt über die Nutzung der zugehörigen Wertattribute scheint bei den Eigentümern[16] der Geldmittel zu liegen. In der Realität liegt aber diese Verfügungsgewalt zu einem bedeutenden Teil bei den Herausgebern der Geldmittel. In „ruhigen Zeiten" ist das praktisch nicht zu spüren.

Der ökonomische Austausch – Wirkungszeitpunkt des Wertes

Wirksam wird das gesellschaftliche Verhältnis Wert beim ökonomischen Austausch der gewünschten Wertobjekte (bzw. der Stellvertreter). Die Eigentümer tauschen dabei ihre Wertobjekte bzw. deren Stellvertreter. Damit werden die gewichteten Beziehungsstärken zu den im Wertverhältnis gegenübergestellten Wertobjekten durch die Neuzuordnung eben dieser bei Käufer und Verkäufer (Neuzuordnung im Sinne von Tausch der Eigentümer) aufgehoben. Dies geschieht, da beide Seiten im gesellschaftlichen Verhältnis mit der und durch die Neuzuordnung von Wertobjekt und Wertäquivalent die Ziele, die mit den gewichteten Beziehungsstärken verfolgt wurden, als erfüllt ansehen (sonst wäre der Tausch nicht erfolgt). Es verbleibt auf keiner der beiden Seiten eine „Restbeziehungsstärke", da beide Beziehungsstärken zum Tauschzeitpunkt die gleiche ökono-

16 Eigentümer der Geldmittel
Das sind in der Bundesrepublik diejenigen, die das Geld rechtmäßig „in der Hand halten", es z. B. an einem Automaten in Empfang genommen haben. Herausgeber von Papier- und Münzgeld ist die EZB.

misch relevante Wertgröße haben, aber entgegengesetzt wirken – eine von der Käufer- zur Verkäuferseite, die andere entgegengesetzt. Ebenso werden die Ansprüche und Anrechte auf Existenzmittel gegenseitig aufgehoben, da auch sie zum Tauschzeitpunkt die gleiche Größe haben.

Das gesellschaftliche Verhältnis Wert wird für den Tausch der Wertobjekte aufgebaut und nach dem Tausch beendet. Es ist ein auf der gesellschaftlichen Ebene relevantes ökonomisches Ereignis, da Käufer und Verkäufer Teile ihres Eigentums wechseln. Dieses Ereignis ist auf der gesellschaftlichen Ebene durch verschiedene Belege sichtbar. Sowohl der Zustand vor dem Tausch als auch der Tausch selbst sowie der Status danach werden von der Gesellschaft geschützt. Damit wird gezeigt, dass der ökonomische Tausch nicht nur auf der gesellschaftlichen Ebene sichtbar und spürbar, sondern wirklich wichtig ist für die Gesellschaft.

Ökonomischer Austausch – immer Wertgröße gegen gleiche Wertgröße

Das Ziel des Tausches aus Käufersicht ist es, die Wertobjekte mit dem durch Vergleiche ermittelten optimalen Nutzen ins Eigentum (direkt oder indirekt) zu bekommen. Inbegriffen sind hierbei Vergleichsoperationen mit den im Eigentum befindlichen Wertobjekten bzw. deren Stellvertretern.

Das Ziel des Tausches aus Verkäufersicht ist es ebenfalls, die Wertobjekte im Eigentum gegen ökonomisch gleichwertige Wertobjekte, die durchaus höherwertiger erscheinen können, oder deren Stellvertreter, die mehr Nutzen bringen, zu tauschen.

Zum Tauschzeitpunkt sind die mit den gegenübergestellten und auszutauschenden Wertobjekten (oder mit deren Stellvertretern) verknüpften Wertattribute vom Wertbetrag her bei beiden gleich groß. Alle Abweichungen von dem Prinzip der gleichen Wertgröße der Wertattribute der Wertobjekte würden wenigstens anteilmäßig nichtökonomische Übergabe- bzw. Übernahmemomente („Geschenk-Abgabe" bzw. „Geschenk-Annahme" oder auch Betrug) beinhalten, da für die ohne Gegenleistung übergebenen bzw. übernommenen Anteile keine relative Nützlichkeit im ökonomischen Sinne vorliegen würde. Eine relative Nützlichkeit, die von beiden Seiten gesehen, aber nicht ökonomisch abgegolten würde, wäre ein Geschenk. Eine „Nützlichkeit", die nur von einer Seite definiert würde, könnte ein Betrug sein (z. B. Schutzgelderpressung).

Übergabe- bzw. Übernahme-Anteile ohne ökonomisch relevantes Äquivalent können nicht in einem ökonomischen Wertverhältnis untergebracht werden, da sie nichts mit einem ökonomischen Austausch zu tun haben.

Bedingungen für den Austausch

Der ökonomische Austausch wird verwirklicht, wenn

1. auf beiden Seiten das Interesse am Austausch hinreichend stark gegeben ist, d. h. die gewichteten Beziehungsstärken zu den auszutauschenden Wertobjekten eine hinreichende Stärke haben.
2. die gesellschaftlich relevante Äußerung der Anerkennung der ökonomischen Wertattribute der einzutauschenden Wertobjekte bei beiden Tauschpartnern gleich groß ist.

   Beispielsweise akzeptiert jeder Tauschpartner einen Wertumfang von € 200 als ökonomisches Wertattribut des einzutauschenden Wertobjekts (oder eines äquivalenten Stellvertreters). Damit akzeptiert der Käufer den entsprechenden Anspruch auf Existenzmittel plus Mehrwertanspruch beim Verkäufer. Der Verkäufer wiederum anerkennt den Wertbetrag des Wertattributs, das mit dem Wertäquivalent verknüpft ist, welches ihm als Gegenleistung angeboten wird. Dieses Wertattribut entspricht seinem Anspruch auf Gegenleistung.

3. das gewünschte Wertobjekt nicht günstiger oder gar ohne Abgabe eines Äquivalents übernommen werden kann.
4. keine von außen wirkenden Restriktionen den Austausch verhindern.

Möglicherweise gibt es weitere Bedingungen.

Kein Tausch basiert auf durchgängig exakten Berechnungen

In fast allen Teilprozessen der Prozessabläufe, die zum Verkauf von Wertobjekten an die Endverbraucher führen, wird gehandelt. Das könnte in Sachen Gemüse das Handeln des Einzelhändlers mit dem Großhändler sein, sein Handeln bei der Leasingfirma bezüglich des Lieferwagens, sein Handeln mit dem Vermieter über die Miethöhe der Verkaufsräume usw. All die ausgehandelten Preise wird der Gemüsehändler bei der Festlegung der Endverbraucherpreise für seine Produkte in die Berechnungen einbeziehen müssen. In vielen Fällen wird der letzte Abschnitt in der Handelskette ohne Aushandeln vollzogen, insbesondere wenn das Gemüse in einem hiesigen Geschäft verkauft wird. Letztendlich ist erkennbar, dass die Preise der einzelnen Gemüse- und Obstsorten usw. nicht durchgängig exakt berechnet werden, da praktisch alle Teilschritte, die zum Verkauf notwendig sind, nicht exakt berechnet werden können.

Mit anderen Worten: Praktisch kein Tausch und damit keine Wertäquivalenz basiert auf durchgängig exakten Berechnungen.

Zur gesamtgesellschaftlichen Determination des Wertes

Der Wert als gesellschaftliches Verhältnis wird gesamtgesellschaftlich determiniert durch die Art und Weise, wie er herausgebildet, realisiert und wieder abgebaut wird.

Eine Erklärung / Ermittlung des Wertes und seiner Grundlagen aus nur einem begrenzten gesellschaftlichen und natürlichen Umfeld heraus würde den Wert seines gesellschaftlichen Charakters berauben. „Gesellschaftliches Verhältnis" impliziert den Einfluss aller gesellschaftlich wirksamen Momente. Sogar eine „Gesellschaft in der Gesellschaft" (z. B. die sogenannten „Autonomen") ist nicht annähernd autark, da sie genauso auf das gesellschaftliche Umfeld angewiesen ist (Bezug von Strom, Lebensmitteln, oft Sozialunterstützung u. a.) wie die anderen Bürger.

Schon die Werte der Arbeitskräfte können nur in der Verbindung von den Arbeitskräften mit dem gesellschaftlichen Umfeld erklärt werden und nicht nur aus den Fähigkeiten der Arbeitskräfte.

Ein gesellschaftliches Verhältnis z. B. allein aus einem Industriebetrieb, einem Industriezweig, einem Dienstleistungsbereich o. ä. heraus erklären oder in der Größe bestimmen zu wollen, wäre von vornherein aussichtslos. Es wäre der Versuch, die komplexen, einander durchdringenden gesellschaftlichen Prozesse, Bedingungen usw. durch einfache, getrennt ablaufende Prozesse bzw. getrennt existierende Bedingungen zu ersetzen.

Zum Beispiel kann der Goldpreis nicht allein durch die Goldgewinnung der entsprechenden Unternehmen erklärt werden. Gerade dieser Preis kann noch nicht einmal aus den Bedingungen der Goldgewinnung in den verschiedenen Ländern erklärt werden. Genau betrachtet muss das bei allen Preisen so sein, da kein Wirtschaftsbereich für sich allein in einem Land agiert und letztendlich alle ökonomischen Bereiche der Gesellschaft einander durchdringen. Dazu kommen die Beziehungen von und nach außen, d. h. von und zu anderen Gesellschaften. Auch die Auswirkungen solcher ökonomischen Beziehungen können nicht nur auf bestimmte Bereiche der Gesellschaft beschränkt betrachtet werden.

Mit anderen Worten: Auf jeden Teilbereich der Gesellschaft wirken sämtliche anderen Teilbereiche ein, wie auch jeder dieser Teilbereiche zurückwirkt auf sämtliche anderen. Das gilt insbesondere für die ökonomisch relevanten Teilbereiche. Dabei wirken starke Einflüsse aus anderen Ländern, so dass es als gegeben gesehen werden kann, dass alle Wertgrößen praktisch durch alle miteinander verbundenen Wirtschaftsgebiete mitgeprägt werden.

Die Einflussstärken der Teilbereiche der Gesellschaft sind selbstredend zum Teil stark unterschiedlich. Einige Einflüsse und deren Stärken können auch nicht rein ökonomisch erklärt werden, sondern werden durch Diktate aufgrund von Marktstärke, durch Traditionen, Gewohnheiten, durch die Unmöglichkeit, alle prinzipiell möglichen Vergleiche anzustellen, oder auch von Betrügereien überlagert.

Aussagen zum Wert – Zusammenfassung, unterteilt nach wesentlichen Merkmalen

Wert ist ein gesellschaftliches Verhältnis

- Wert im ökonomischen Sinne wirkt nur zwischen Menschen, konkret zwischen Tauschpartnern.
- Wert wirkt nicht zwischen Menschen auf der einen und Gegenständen auf der anderen Seite. Wert wirkt erst recht nicht nur zwischen Gegenständen (Bild 2).
- Wert ist eine Beziehung zwischen zwei Tauschpartnern auf gesellschaftlicher Ebene.
- Eine Wertbeziehung zwischen Tauschpartnern kann nur über die gesellschaftliche Ebene wirksam gemacht werden.
- Eine Wertbeziehung wird auf einen Austausch von Wertobjekten bzw. deren Stellvertretern bezogen.
- Ein solcher Austausch ist gesellschaftlich geprägt und wird auf der gesellschaftlichen Ebene ausgeführt.
- Eine Wertbeziehung zwischen Tauschpartnern wird als gesellschaftliches Verhältnis, als Wertverhältnis, bezeichnet.

Wert – ideelle Anteile und objektiver Anteil

- Wert, als gesellschaftliches Verhältnis gesehen, hat ideelle Anteile, da er von Menschen ausgeht und Bewusstseinsprozesse am Wert beteiligt sind.
- Doch Wert hat auch einen grundlegenden Anteil, der über die ideellen Anteile hinausgeht und zwischen Menschen – konkret: zwischen den Tauschpartnern – wirkt.

Dies ist der objektive Anteil des Wertes, auf den sich beide Partner geeinigt haben. Dieser Anteil geht aus den ideellen Anteilen der Tauschpartner hervor und wirkt außerhalb der Bewusstseinsprozesse der Tauschpartner auf der gesellschaftlichen Ebene. Repräsentiert wird der objektive Part eines Wertverhältnisses durch den ausgehandelten Preis für Wertobjekt und Wertäquivalent.

Wert und Wertobjekte

- Ein Wertverhältnis wird von den Tauschpartnern bezogen auf auszutauschende Gegenstände (traditionell in der Arbeitswerttheorie als Waren bezeichnet) sowie auf Aktivitäten und Ideen. Der Sammelbegriff für alles, was Tauschpartner in Wertverhältnissen austauschen, wird hier als Wertobjekt deklariert.
- Die Wertobjekte, d. h. auszutauschende Objekte, Prozesse und Ideen, werden im Bewusstsein jedes potenziellen Tauschpartners als Tausch- und Wertobjekte mit Gebrauchswert und Wert widergespiegelt.

Wertobjekte und Gegenleistungen

- Wertobjekte sind nicht frei verfügbar. Sie unterliegen der Verknappung und werden deswegen nicht einfach abgegeben oder können nicht einfach genommen werden, sondern sie werden ausgetauscht.
  Die Verknappung basiert in den meisten Fällen darauf, dass menschliche Arbeit zur Bereitstellung der Wertobjekte aufgewendet wird. Es gibt weitere Gründe der Verknappung.
  Die Verknappung in Verbindung mit menschlicher Arbeit basiert vor allem auf der begrenzten Leistungsfähigkeit der Individuen und der begrenzten Anzahl der bezahlten Arbeitskräfte. Hinzu kommen die begrenzten Ressourcen, die benötigt werden, um Wertobjekte bereitzustellen (Stahl, Kunststoffe, Bodenschätze usw.). Weiterhin wirken die begrenzten Ressourcen des Umfeldes (zu bezahlender Wohnraum, notwendige Transportwege usw.).
- Um Wertobjekte zu erwerben, müssen Gegenleistungen im Tausch abgegeben werden.
- Wertverhältnisse werden von den und zwischen den (zunächst potenziellen) Tauschpartnern aufgebaut, um Wertobjekte von Interesse oder deren Stellvertreter im Rahmen von Leistung und Gegenleistung wertäquivalent auszutauschen.
- Dass wertäquivalent getauscht wird, wirkt der Ressourcenverschwendung bei der Herstellung von Wertobjekten sowie der unsinnigen Aneignung von Wertobjekten entgegen.
- Zudem wird durch den wertäquivalenten Tausch im Allgemeinen mehr Gerechtigkeit bewirkt als bei einer Verteilung.

Ziel des ökonomischen Tauschs

- Ziel der Tauschvorgänge ist es, dass jeder Tauschpartner nach dem Tausch von dem eingetauschten Wertobjekt mehr Vorteile hat als von seinem dafür abgegebenen ökonomisch wertgleichen Eigentum.
- Die Vorteile des ökonomischen Tauschs liegen nicht im ökonomischen Bereich des gesellschaftlichen Verhältnisses.

Warum wird mittels gesellschaftlicher Wertverhältnisse getauscht?

- Das, was das Spezifische der Wertobjekte ausmacht, sind gesellschaftliche Elemente, die von den Menschen mit den Wertobjekten verknüpft werden. Diese gesellschaftlichen Elemente sind die Wertattribute. Sie existieren und wirken nur auf der gesellschaftlichen Ebene.
- Wertattribute werden mit dem Eigentum verknüpft. Eigentum ist ebenfalls eine gesellschaftliche Kategorie und als solche existiert es nur auf der gesellschaftlichen Ebene.
- Ein Tausch, der auf der Grundlage dieser spezifischen gesellschaftlichen Elemente vorgenommen wird, kann folglich nur auf der gesellschaftlichen Ebene ausgeführt werden. Dort wirkt er als ökonomischer Tausch.
  Doch nicht jeder Tausch auf der gesellschaftlichen Ebene muss ein ökonomischer Tausch sein.
- Der gesamte Vorgang, von der Vorbereitung bis zum Abschluss und auch danach, soll mit einer spürbaren Sicherheit abgewickelt werden. Auch deswegen wird der Tausch auf der gesellschaftlichen Ebene vorgenommen – die Gesellschaft schützt den Status u. a. des Eigentums vor, beim und nach dem Tausch.

Wert und gewichtete Beziehungsstärken

- Gesellschaftliche Wertverhältnisse werden initiiert durch Bedürfnisse nach (zunächst potenziellen) Wertobjekten.
- Von den an bestimmten Wertobjekten Interessierten werden, über das Bewusstsein, zu diesen Wertobjekten im Eigentum potenzieller Tauschpartner zunächst Bedürfnisse aufgebaut.
- Diese Bedürfnisse werden über Vergleiche gewichtet, so dass zu den potenziellen Wertobjekten im Anschluss die Bedürfnisse jeweils gewichtet wirken. Wenn die angestrebten potenziellen Wertobjekte den potenziellen Tauschpartnern hinreichend wichtig erscheinen, können von ihnen die gewichteten Bedürfnisse zu gewichteten Beziehungsstärken angehoben werden. Eine Beziehungsstärke soll hier als besonders stark wirkendes Bedürfnis verstanden werden, ein Bedürfnis, das nicht nur wirkliches Interesse bedeutet, sondern deutlich auf Erfüllung gerichtet ist. Die gewichteten Beziehungsstärken können auf der gesellschaftlichen Ebene geäußert und, bei erfolgreichen Verhandlungen, ökonomisch relevant von den Tauschpartnern im Tauschvorgang wirksam gemacht werden (Bild 3.2 und Bild 3.3).
- Die Beziehungsstärken zu Wertobjekten und deren Wichtungen werden durch natürliche und gesellschaftlich bedingte Einflüsse in Verbindung mit Bewusstseinsprozessen hervorgerufen und als gewichtete Beziehungsstärken bewusst gemacht. Die Bewusstseinsprozesse bewirken hierbei sehr starke individuelle Ausprägungen dieser Beziehungsstärken.
- Das gesellschaftliche Verhältnis Wert beinhaltet die gewichteten Beziehungsstärken beider Tauschpartner zu den jeweils gegenübergestellten Wertobjekten als Einheit. Diese Beziehungsstärken drängen auf Aneignung.
- Zu den im jeweiligen Eigentum befindlichen Wertobjekten wirken ebenfalls gewichtete Beziehungsstärken. Diese haben den gleichen Wertbetrag wie die Bezie-

hungsstärken zu den angestrebten Wertobjekten – im Bild 3.2 mit dunkelblauen Verbindungselementen gezeigt.

- Die gewichteten Beziehungsstärken der Tauschpartner in einem Wertverhältnis können als Vektoren dargestellt werden. Die Beziehungsstärkevektoren beider Tauschpartner haben zum Tauschzeitpunkt den gleichen Betrag. Die Wirkungsrichtungen der Vektoren sind genau entgegengesetzt.
- Der Betrag einer gewichteten Beziehungsstärke zu einem Wertobjekt entspricht zum Zeitpunkt des Tausches der Wertgröße des ökonomischen Wertattributs, das dem jeweils mit dieser Beziehungsstärke angestrebten (oder festgehaltenen) Wertobjekt zugeordnet wird. Der Betrag einer gewichteten Beziehungsstärke wird durch den Betrag des daraus gewonnenen Beziehungsstärkevektors abgebildet.
  Die für den Tausch notwendigen Kräfte, d. h. die gewichteten Beziehungsstärken, werden von den Tauschpartnern auf die (relativen) Nützlichkeiten der Tauschobjekte in Verbindung mit den vermuteten Aufwendungen für diese bezogen. Der Tausch muss auf der gesellschaftlichen Ebene vollzogen werden als Tausch Eigentum gegen Eigentum (Bild 3.3). Auf der gesellschaftlichen Ebene sind die konkreten Nützlichkeiten der Tauschobjekte jedoch nicht wichtig. Es geht dort nur um den Tausch Eigentum in Höhe der ausgehandelten Wertgröße auf der Verkäuferseite gegen Eigentum in Höhe der ausgehandelten Wertgröße auf der Käuferseite. Folglich wird von den konkreten Nützlichkeiten der Tauschobjekte abstrahiert. Doch es wird nicht so abstrahiert, dass die Nützlichkeiten verlorengehen, sondern nur deren konkreten Formen. Die Nützlichkeit bleibt in abstrakter Form in dem ausgehandelten Wert erhalten, nämlich in Form einer Wichtigkeit, die in dem Zahlenwert der ausgehandelten Werthöhe widergespiegelt wird. Die Wirkungsvektoren, die zum Tausch führen, müssen demzufolge die gleichen Stärken wie die gewichteten Beziehungsstärken haben, werden aber nicht auf die konkreten Nützlichkeiten von Wertobjekt und Wertäquivalent bezogen, sondern auf deren Eigenschaften als Eigentum mit bestimmter Wertgröße. Die Wirkungsvektoren bewirken den Tausch Eigentum gegen Eigentum auf der gesellschaftlichen Ebene.
- Durch die gleichen Betragsgrößen der Vektoren in Verbindung mit den genau entgegengesetzten Wirkungsrichtungen werden beide Vektoren mit dem Tausch gegeneinander aufgehoben.

Wert und Wertattribut

- Das ökonomische Wertattribut eines Wertobjektes wird über das Bewusstsein mit dem Wertobjekt verknüpft, aber nicht in dieses eingebracht.
- Die ökonomischen Wertattribute, die den beiden im Rahmen des gesellschaftlichen Wertverhältnisses gegenübergestellten und dann auszutauschenden Wertobjekten (oder deren Stellvertretern) zugeordnet werden, sind zum Tauschzeitpunkt von gleicher Wertgröße.
- Die gleiche Wertgröße wird u. a. dadurch geäußert, dass nach dem ökonomischen Tausch kein weiterer gesellschaftlich relevanter Anspruch auf Gegenleistung in Bezug auf die ausgetauschten Wertobjekte verbleibt.

- Auf der Verkäuferseite widerspiegelt das ökonomische Wertattribut eines Wertobjektes den Existenzmittelumfang der an der Bereitstellung des Wertobjekts direkt und indirekt Beteiligten plus den erwarteten Mehrwert.
  Von der Verkäuferseite wird das Wertattribut mit dem angebotenen Wertobjekt als Anspruch verknüpft.
- Auf der Käuferseite widerspiegelt das Wertattribut die Geldmenge, die in einem Wertverhältnis als Äquivalent für ein Wertobjekt fungiert. Diese Geldmenge wiederum entspricht einem Anrecht auf Wertobjekte. Dieses Anrecht wurde üblicherweise durch den Verkauf der Arbeitskraft erworben.
  Sollte das Wertäquivalent ebenfalls ein Wertobjekt sein, dann würde auch auf der Käuferseite ein Anspruch auf Wertobjekte wirken. Damit würde es in vielen Fällen keine richtige Unterscheidung mehr zwischen Käufer- und Verkäuferseite geben. In solch einem Fall wäre auf beiden Seiten des Wertverhältnisses der wirkliche Umfang der „Werte der Arbeitskräfte" von jedem einzelnen Tausch abhängig – von „so gut wie nichts wert" bis „extrem teuer losgeworden".
  Im Unterschied dazu ist beim empfangenen Geld das „Anrecht auf Wertobjekte" auf der gesellschaftlichen Ebene klar: Die Arbeitskraft erhält Lohn in bestimmter Höhe und sie muss nicht im Nachhinein den „Wert des Geldes" aushandeln.
  Bei „Wertobjekt gegen Wertobjekt" wird üblicherweise von beiden Seiten gehandelt – äquivalent zur Situation „Ansprüche auf beiden Seiten".
- Die gesellschaftlich relevanten Wertbeträge der Verknüpfungen von Wertattribut mit Wertobjekt und Wertattribut mit Wertäquivalent sind dabei diejenigen, die beim Tausch wirksam werden. Vor dem Tausch kann ein Eigentümer des Wertobjektes einen anderen Anspruch mit seinem Wertobjekt verknüpft haben.
- Grundlegend für den Anspruch auf Existenzmittel, der mit einem Wertattribut ausgedrückt wird, sind die Werte der Arbeitskräfte, die an der Bereitstellung des Wertobjektes auf dem Markt ökonomisch relevanten Anteil haben. Deren jeweilige Ansprüche stehen in Verbindung mit dem für die Bereitstellung des Wertobjekts geleisteten Arbeitsumfang. Mit dem Arbeitsumfang ist hier gemeint, wie lange all die involvierten Arbeitskräfte in ihren Arbeitsgebieten durchschnittlich an der Bereitstellung des Wertobjektes beteiligt waren. Bereitstellung ist hier im umfassenden Sinne zu sehen: Zulieferer (für vorgefertigte Komponenten, Rohstoffe und Ausgangsmaterialien sowie Hilfsstoffe), Management, Marktforschung, Forschung / Entwicklung und Überführung in die Produktion, Produktionsbetreuung, Logistik, Verkauf, Rechtswesen, Telefon- und Internetdienst, Gebäudemanagement, Raumreinigung u. a.
  Zusätzlich wirkt der Anspruch auf Mehrwert. Der Mehrwert wird oder sollte für die Weiterbildung der Arbeitskräfte, den Ausbau des Unternehmens, die Verbesserung der Arbeitsbedingungen und für Gewinnausschüttungen an die Unternehmensbeteiligten genutzt werden. Der Mehrwert wurde von Marx vor allem als Basis für die kapitalistische Ausbeutung herausgearbeitet: „Zunächst ist das treibende Motiv und der bestimmende Zweck des kapitalistischen Produktionsprozesses möglichst große Selbstverwertung des Kapitals, d. h. möglichst große Produktion von Mehrwert, also möglichst große Ausbeutung der Arbeitskraft durch den Kapitalisten." [16]

- Wertobjekte werden im menschlichen Bewusstsein als „Werte" widergespiegelt. Diese „Werte" entsprechen umgangssprachlich Wertobjekten, die mit den dazugehörigen Wertattributen jeweils eine Einheit bilden.
- Die Ansprüche auf Existenzmittel und Mehrwert, die von der Anbieterseite mit den Wertobjekten verknüpft werden, können beim Auf- und Ausbau der gesellschaftlichen Wertverhältnisse im Dialog verändert und damit an die Vorstellungen der Tauschpartnerseite angepasst werden. Durch Dialog hervorgerufene Änderungen an den Ansprüchen werden durch Änderungen der Werthöhen der Wertattribute quantifiziert. Solche Änderungen werden über den Markt realisiert. Dort wirken nicht nur technische Faktoren und Eigentumssituationen, sondern auch Machteinflüsse, Emotionen, Erfahrungen usw.
- Der auf der Käuferseite mit Geld verbundene Umfang an Anrechten auf Existenzmittel, der als Wertäquivalent für ein gewünschtes Wertobjekt dient, kann ebenfalls in Wertverhältnissen geändert werden. Das geschieht durch Änderung der Geldbeträge, die als Äquivalente für die Wertobjekte bereitgestellt werden. Die Wertbetragshöhe der Wertattribute, die einer bestimmten Geldmenge zugeordnet wird, bleibt dabei üblicherweise (in Nicht-Krisenzeiten) relativ konstant.

Wert berechnen

- Der Wert kann nicht von vornherein genau berechnet werden.
- Relativ genau berechnen kann man nur die zu erwartenden(!) Wertgrößen der Wertobjekte. Die Anteile der Werte aller Arbeitskräfte gehen in die Berechnung ein sowie die erwarteten Mehrwerte (die Mehrwerte aller Bereiche, die selbständig ihre zu erwartenden Mehrwerte berechnen, münden in den marktrelevanten „Gesamtmehrwert"). Zugelieferte Komponenten und Ausgangsstoffe, für das Gemeinwohl abzuführende Steuern, zugekaufte Leistungen, z. B. für Forschung und Entwicklung, sowie laufende Kosten wie z. B. Strom-, Internet- und Telefonkosten gehen als fixe Größen ein, da sie über den Markt später nicht mehr direkt verändert werden können. Dazu kommt ein zu erwartender Aufschlag für gegebene oder vermutete Alleinstellungsmerkmale wie Marktneuheit oder besondere Eigenschaften.
- Das Ergebnis der Berechnungen ist ein Erwartungswert. Er wird mit dem Wertobjekt vor dem Verkauf als Wertattribut verknüpft. Über den Handel auf dem Markt (Großhandel, Einzelhandel) wird dieser Wert meistens modifiziert, zumindest beim Einzelhandel.

Gesellschaftlich nützliche Arbeit

- Die geleistete Arbeit, mit der Wertobjekte erstellt werden, wird mit dem Tausch relativiert. Anspruchsrelevant akzeptiert wird die gesellschaftlich nützliche Arbeit als Teilmenge der insgesamt geleisteten Arbeit. Nur die gesellschaftlich nützliche Arbeit kann als Bezugspunkt des gesellschaftlichen „Wertgehalts" der Wertobjekte – besser: als Bezugspunkt für die ökonomischen Wertattribute der Wertobjekte – dienen.

  Diese Aussage gilt für den arbeitsbasierten Anteil am Wertattribut.

- Für Ansprüche auf Wertobjekte gibt es, neben der gesellschaftlich nützlichen Arbeit, weitere Bezugspunkte als Grundlagen: politisch begründete Ansprüche wie Eigentum an Grund und Boden, in der Vergangenheit geleistete gesellschaftlich nützliche Arbeit (Betriebsrente), freiwillige Zuordnungen (Sponsoring, Spenden etc.) u. a.
- Was als gesellschaftlich nützlich, und damit berechtigt für Gegenleistungen, vom Gesamtprozess der Bereitstellung der Wertobjekte anerkannt wird, bestimmt die mit dem Tausch realisierte Gegenleistung.
- Die Anrechte der Arbeitskräfte auf Wertobjekte in Verbindung mit den weiteren eben genannten Einflussfaktoren bestimmen nicht allein die Werte der Wertobjekte und folglich auch nicht, was als nützlich anerkannt wird und was nicht.
- Bei Marktneuheit, bei einer sehr originellen Idee, bei einem „starken" Markennamen o. ä. kann die als nützlich anerkannte gesellschaftliche Arbeit vom Wertbetrag her deutlich über der Wertgröße liegen, die üblicherweise bei gleichem Aufwand in Forschung und Entwicklung, in der Produktion usw., d. h. mit gleichen Arbeitskräfteressourcen erzielt wird. Bezogen auf die Triebkraftfunktion des Wertes ist das, zumindest vom Grundsatz her, ein sinnvoller Effekt.

Durchschnittliche Wertgröße

- Aus all den Wertgrößen, die in allen einzelnen Tauschaktionen für die gleichen Wertobjekte realisiert werden, kann die durchschnittliche Wertgröße für dieses Wertobjekt errechnet werden. Die durchschnittliche Wertgröße existiert als mathematisches Konstrukt nur über die Einzelgrößen.

Gegenübergestellte Wertgrößen im Wertverhältnis sind immer gleich groß

- In einem Wertverhältnis wird der Tausch der Wertobjekte unter der Bedingung gleicher Wertgrößen der auszutauschenden Wertobjekte vorgenommen.
- Erkennbar ist dies an dem Fakt, dass nach dem Tausch auf keiner Seite ein „Restanspruch" verbleibt.

  Der Sachverhalt der gleichen Wertgrößen wird aber auch dadurch geäußert, dass ein Wert nicht für sich stehen kann, sondern nur im Verhältnis mit einem Gegenüber [6], [7]. Daraus folgt sozusagen „automatisch", dass die Wertbeträge der im Wertverhältnis gegenübergestellten Wertobjekte gleich groß sein müssen. Alles, was auf einer Seite darüber „hinausragen" würde, hätte keinen Gegenpart und wäre demzufolge im ökonomischen Sinne wertlos.
- Der Erwerb eines Wertobjektes durch einen Käufer bedingt die Abgabe eines Wertäquivalents an den Veräußerer des Wertobjektes. Wertäquivalent bedeutet, dass mit dieser Gegenleistung ein gleich großes Anrecht (beim Geld) bzw. ein gleich großer gesellschaftlich anerkannter Anspruch auf Wertobjekte (bei einem Wertobjekt) verknüpft sein muss, wie es bzw. er mit dem gewünschten Wertobjekt beansprucht wird.

Wertobjekte und Eigentum

- Dass Wertobjekte getauscht werden müssen, ist untrennbar mit dem Eigentum an Wertobjekten verbunden. Ohne Eigentum wäre keine Tauschnotwendigkeit gegeben.
- Wertobjekte werden üblicherweise indirekt erarbeitet[17].
- Die zunächst potenziellen Käufer bauen ihr Wertverhältnis bezugnehmend auf Objekte, Prozesse, Ideen, kurz: bezugnehmend auf Wertobjekte sowie bezugnehmend auf Stellvertreter für Wertobjekte (Geld) auf. Die angestrebten Wertobjekte oder deren Stellvertreter befinden sich dabei im direkten oder indirekten Eigentum einer potenziellen Tauschpartner-Seite. Auch die Wertäquivalente, welche gegen die gewünschten Wertobjekte im Tausch abgegeben werden sollen, befinden sich im direkten oder indirekten Eigentum[18], jedoch auf der anderen Seite.
- Arbeitskräfte empfangen üblicherweise Lohn in Form von Geld für den Verkauf ihrer Arbeitskraft. Damit werden sie normalerweise andere Wertobjekte als diejenigen, an deren Produktion sie beteiligt waren, wertäquivalent eintauschen.
- Wert ist gebunden an erarbeitetes, erworbenes, geerbtes Eigentum oder an stärker politisch basierter als an arbeitsbasierter Zuordnung (Umverteilung von Gütern durch Diktatoren oder in Kriegen) oder an Verfügungsvorteile (Pilzverkäufer am Straßenrand) o. ä.
- Mit dem Tausch wechseln die Tauschpartner ihre Güter – der eine erhält das gewünschte Wertobjekt und der andere dafür die wertäquivalente Gegenleistung.

Wert ist nicht dem reinen Ideellen verhaftet, aber auch nicht rein objektiv

- Für den Tausch wird das gesellschaftliche Verhältnis Wert zwischen den Tauschpartnern etabliert und auf die auszutauschenden Wertobjekte gerichtet. Damit wird der Wert aus dem ideellen Bereich auf die gesellschaftliche Ebene überführt. Die Ausgangspunkte für den Wert in den Tauschpartnern, d. h. die von beiden ausgehandelte gleichgroße Wertgröße, bleiben aber in ideeller Form in den Tauschpartnern bestehen, damit die objektive Wertgröße wirken kann – ein „rein objektiver Wert" könnte nicht allein bestehen. Der objektive Anteil des Wertes besteht nur, weil er in beiden Tauschpartnern wirkt und weil er zusätzlich von beiden auf der gesellschaftlichen Ebene wirksam gemacht wird.

Wert und Triebkraftfunktion

- Der Wert hat, gerade wenn er, wie in diesem Buch beschrieben, als wirkliches gesellschaftliches Verhältnis gesehen wird, eine Triebkraftfunktion für die gesellschaftliche Entwicklung. Der Wert wirkt der Ressourcenvergeudung bei der Ent-

---

17 indirekt erarbeitet
Über das mit dem Verkauf der Arbeitskraft erworbene Geld werden andere Güter erworben als die direkt im bezahlten Arbeitsprozess erarbeiteten.

18 im direkten oder indirekten Eigentum des Tauschpartners
Als direktes Eigentum wird hier das Eigentum des Tauschpartners bezeichnet, über das er volle Verfügungsgewalt besitzt. Indirektes Eigentum ist Eigentum, das der Tauschpartner nicht direkt besitzt, das er aber im Auftrag des eigentlichen Besitzers handhabt, z. B. die Waren in einem Warenhaus, die vom Verkäufer verkauft werden sollen. Das indirekte Eigentum kann sicherlich als eine Art Verfügungsgewalt über Wertobjekte bezeichnet werden.

wicklung, Herstellung und Darbietung von Wertobjekten entgegen. Ebenso wirkt er gegen eine unnötige Aneignung knapper Ressourcen.

- Nur auf die im Wertverhältnis beim Tausch realisierte Wertgröße kann die Triebkraftfunktion des Wertes bezogen werden. Die Triebkraftfunktion des Wertes auf ideelle Wertgrößen wie vergegenständlichte Werte zu beziehen, wäre überhaupt nicht sinnvoll. Es könnte damit keine allgemein gültige Ressourceneinsparung belegt werden. Ein anderer realistischer nützlicher Effekt für die Einzelnen oder für die Gesellschaft könnte davon ebenso nicht abgeleitet werden.

Soweit die kurze Zusammenfassung des bisher Beschriebenen zum gesellschaftlichen Verhältnis Wert.

Was sollte in einer Begriffserklärung zum Wert enthalten sein?

Wertverhältnis – wozu gibt es das?

- Wert ist ein Verhältnis zwischen zwei Tauschpartnern, das aufgebaut wird, um knappe Güter auf der Basis von Leistung und Gegenleistung auszutauschen.
- Die beiden Tauschpartner werden üblicherweise als Käufer und Verkäufer dargestellt.
- Das Ziel dieses Austausches ist es, dass beide Tauschpartner nach dem Tausch von den erworbenen Gütern durch die Neuzuordnung mehr Nutzen haben als vor dem Tausch.

Eigentum und Verknappung – Grundvoraussetzungen für Wertverhältnisse

- Der Austausch von Gütern im ökonomischen Sinne ist untrennbar mit Eigentum oder Pacht verbunden. Ohne Eigentum bzw. Pacht würden die Notwendigkeit und auch die Möglichkeit des Austausches fehlen.
- Güter in diesem Sinne können Gegenstände, Aktivitäten und Ideen sein, die als nützlich angesehen werden. Knapp in diesem Sinne bedeutet, dass diese Güter nicht frei verfügbar sind.
- Der Hauptgrund der Verknappung ist, dass menschliche Arbeit zur Bereitstellung der Güter (hier wird auch die Herstellung eingeschlossen), Darbietung von Konzerten etc. oder Ideenentwicklung, wie z. B. von Patenten, aufgewandt wurde, wird oder aufgewendet werden wird. Die Verknappung in diesem Sinne sollte umfassend gesehen werden: Würden bestimmte Güter in der Art produziert werden, dass alle darauf gerichteten Bedürfnisse gestillt würden, dann könnten diese Güter trotzdem nicht frei verfügbar gemacht werden, weil es sie nur gibt, weil Menschen zu deren Herstellung ihre Arbeitskraft verkauft haben. Dafür können diese Arbeitskräfte Gegenleistungen erwarten. Somit wären die von ihnen bereitgestellten Güter auch unter der Bedingung fehlender direkter Verknappung im praktischen Sinne nicht frei verfügbar. Exakt betrachtet würden diese Güter der Verknappung unterliegen, da knappe menschliche (bezahlte) und natürliche Ressourcen zu deren Bereitstellung verwendet werden müssen.

Wertobjekte

- Die Güter, die in Wertverhältnissen getauscht werden, werden hier als Wertobjekte bezeichnet.
- Die für den Erwerb eines Wertobjektes abgegebene Gegenleistung entspricht dem Wert des Wertobjektes.
- Die Wertgrößen von Wertobjekt und Gegenleistung werden als Wert bezeichnet.
- Die Werte von Wertobjekt und Gegenleistung sind gleich groß.
- Der Wert existiert dabei nicht als vergegenständlichte Größe im Wertobjekt und ebenso nicht in der Gegenleistung.

Wertattribut

- Die Wertattribute widerspiegeln die Wertgrößen, die über das menschliche Bewusstsein sowohl mit dem Wertobjekt als auch mit der Gegenleistung jeweils über ein solches verknüpft werden.
- Das Wertattribut würde in der klassischen Interpretation der Arbeitswerttheorie in etwa der „vergegenständlichten, gesellschaftlich nützlichen Arbeit" entsprechen. Es ist der zahlenmäßig fassbare Bezugspunkt für die Wertgröße.
  Dies gilt nur „in etwa", weil insbesondere die Wertattribute als nicht eingebaut, d. h. als nicht vergegenständlicht gesehen werden. Ein weiterer wesentlicher Unterschied besteht darin, dass Wertattribute auch mit nicht-gegenständlichen Waren verbunden werden können, die hier, genau wie die gegenständlichen Waren, Wertobjekte sein können.
- In einer Ware, welche die „vergegenständlichte, gesellschaftlich nützliche Arbeit" enthalten soll, kann die „gesellschaftlich nützliche Arbeit" zwar auch nicht eingebaut sein – das Wort „nützlich" verweist dabei auf die notwendige Anerkennung der Nützlichkeit im ökonomischen Sinn durch Abgabe eines Äquivalents – aber bei der Interpretation der „gesellschaftlich nützlichen Arbeit" wird diese üblicherweise „dynamisch" gesehen: Mal „baut sie Wert ein", ein anderes Mal nicht – und das sogar, wenn sie in gleicher Art ausgeführt wird.

Wert – ideelle Bestandteile und objektiver Bestandteil

- Wert als gesellschaftliches Verhältnis kann keine rein objektive Existenzform besitzen.
- Die ideellen Bestandteile eines Wertverhältnisses sind die gewichteten Beziehungsstärken der Tauschpartner zu den Tauschobjekten. Damit hat der Wert je eine ideelle Basis in der Käufer- und in der Verkäuferseite.
- Der objektive Bestandteil eines Wertverhältnisses ist die ausgehandelte Wertgröße, die zwischen den Tauschpartnern wirkt und die für die Gesellschaft fassbar ist. Die ausgehandelte Wertgröße basiert zwar auf den Bewusstseinsprozessen der Käufer- und der Verkäuferseite, geht aber über diese hinaus: Eine ideelle Größe könnte sich jeder der Tauschpartner individuell „zurechtbiegen". Das kann beim objektiven Anteil eines Wertverhältnisses nicht mehr gelingen.

Verkäuferseite – Anspruch auf Wertobjekte

- Das Wertattribut, verknüpft mit dem Wertobjekt der Verkäuferseite, widerspiegelt die Höhe des Anspruchs auf Gegenleistung, welche die Verkäuferseite bei der Abgabe eben dieses Wertobjektes erwartet.
- Verknüpft wird das Wertattribut mit dem Wertobjekt zunächst über Bewusstseinsprozesse vom Verkäufer. Wenn ein potenzieller Käufer Interesse an diesem Wertobjekt hat, wird auch er ein Wertattribut mit diesem gewünschten Wertobjekt verbinden. Die Wertgrößen beider mit dem Wertobjekt verknüpften Wertattribute können vor dem Tausch unterschiedlich sein.
- Die beanspruchte Gegenleistung wird im Allgemeinen in Form eines Stellvertreter-Wertobjektes – Geld – erwartet. In bestimmten Fällen werden aber auch reale Wertobjekte akzeptiert.
- Der Anspruch der Verkäuferseite basiert auf den Werten der Arbeitskräfte, welche an der Bereitstellung des Wertobjektes beteiligt waren, sind oder sein werden – je nach Art des Wertobjektes. Darin eingeschlossen sind die indirekt an der Bereitstellung Beteiligten: Stromproduzenten, die Arbeitskräfte der Kommunikationsprovider, die Zulieferer, die Arbeitskräfte der Reinigungsfirmen usw.

  Bezüglich der eingesetzten Rohstoffe wirken Ansprüche aufgrund von Eigentum oder Pacht von Grund und Boden. Solche Ansprüche sind vor allem politisch begründet und weniger durch die Werte der Arbeitskräfte.

  Auch wirkt ein politisch und sozial begründeter Anspruch durch den Staat selbst. Dieser Anteil wird über Steuern entrichtet.

  Hinzu kommt ein Anspruch auf Mehrwert.

Käuferseite – Anrecht auf Wertobjekte

- Das mit der Gegenleistung verknüpfte Wertattribut auf der Käuferseite widerspiegelt in den meisten Fällen ein Anrecht auf den Erwerb von Wertobjekten in bestimmtem Umfang. Das gilt für den Fall, dass die Gegenleistung in Geldform geboten wird. Bei einem realen Wertobjekt als Gegenleistung würde es sich beim Wertattribut auf der Käuferseite ebenfalls um einen Anspruch handeln.
- Die Wertattribute werden vom zunächst potenziellen Käufer und dem zunächst potenziellen Verkäufer auf eine äquivalente Geldmenge bezogen, ausgedrückt in Währungseinheiten, z. B. € 100. Der (potenzielle) Käufer wird dem (potenziellen) Verkäufer verdeutlichen, dass er das (zunächst ebenfalls nur potenzielle) Wertobjekt erwerben möchte. Mit der dafür angebotenen Geldmenge signalisiert er, in welchem Umfang er die Ansprüche der Verkäuferseite akzeptiert. Jedenfalls wird das auf dem Basar so sein. Im Warenhaus ist der Käufer eher passiv. Die erhobenen Ansprüche der Verkäuferseite erkennt er dort auch an dem Wertattribut, das die Verkäuferseite dem Wertobjekt recht fest zuordnet.
- Dem Verkäufer kann die Gegenleistung des Käufers zu niedrig, angemessen oder höher als erwartet erscheinen. Erscheint ihm die Gegenleistung zu niedrig, wird er versuchen zu verhandeln, jedenfalls auf dem Basar. Im Warenhaus würde er dem Kunden gegenüber äußern: „Das Geld reicht noch nicht."

- Dieses Äquivalent zum Wertobjekt, das beim Geld ein Anrecht auf Wertobjekte widerspiegelt und das die Käuferseite ihr Eigen nennt, wird üblicherweise durch den Verkauf von Arbeitskraft erworben.
- Sollte der potenzielle Käufer die Gegenleistung als reales Wertobjekt anbieten, dann kann in dem betreffenden Wertverhältnis nicht mehr zwischen Käufer und Verkäufer unterschieden werden. Es stünden sich dann zwei Verkäufer gegenüber.
  Ökonomisch betrachtet wäre das fast die gleiche Situation wie bei einem Tausch von Wertobjekt gegen Geld. Nur wäre dann im Normalfall auf beiden Seiten das Wertattribut des Wertobjektes nicht durch die Gesellschaft in der Breite akzeptiert wie beim Geld. So würden die Wertgrößen der Wertattribute auf beiden Seiten des Wertverhältnisses ausgehandelt. Beim Geld ist im Normalfall die Werthöhe durch den Aufdruck der nominellen Wertgröße bereits festgelegt.
  Weiterhin kann man Unterschiede in den hier verwendeten Formulierungen finden. Das betrifft die Ausdrücke „Anspruch“ und „Anrecht“. Beim Tausch Wertobjekt gegen Wertobjekt wird auf beiden Seiten ein Anspruch wirksam. Wird Geld als Gegenleistung geboten, erscheint dies im Normalfall als Anrecht.

Geld

- Das Anrecht der Käuferseite auf Wertobjekte in bestimmtem Umfang wird üblicherweise in Form einer als Äquivalent angesehenen Geldmenge gesehen. Es wird als Wertattribut mit einer entsprechenden Geldmenge als Wertgröße verbunden. Da das Geld selbst praktisch keinen Wert hat, kann es als „Stellvertreter-Wertobjekt“ gesehen werden. Der Herausgeber des Geldes sichert für eine bestimmte Geldmenge die Umtauschmöglichkeit gegen reale Wertobjekte zu. Diese Zusicherung ist nicht eingebaut im Geld, sondern wird, als Bestandteil des Wertattributs, mit dem Geld verknüpft. Ganz deutlich zeigte sich das, als 1971 die Goldbindung des Dollars aufgehoben wurde.
- Das gesellschaftlich allgemein anerkannte Wertattribut, das mit einer bestimmten Geldmenge verbunden wird, ist nicht direkt mit einem „Wertobjekt“ verknüpft, da Geld im Normalfall kein Wertobjekt darstellt. Vielmehr stellt das Wertattribut des Geldes einen Link zu Wertobjekten dar. Dass dieser Link „Wertattribut zu Wertobjekt“ funktioniert, wird von dem Herausgeber des Geldes gesichert. Dieser Link ist nicht fest in das Geld integriert. In Krisenzeiten oder bei schleichender Geldentwertung kann das schmerzhaft deutlich werden.

Tausch von Wertobjekt und Wertäquivalent

- Nur der ökonomisch relevante Wert in einem Wertverhältnis wird auf der gesellschaftlichen Ebene als Wert anerkannt. Das geschieht durch Abgabe einer Gegenleistung oder, anders formuliert, durch Abgabe eines Wertäquivalents zum Erwerb des Wertobjektes.
- Daraus folgt, dass Wert und Wertäquivalent gleich groß sein müssen. Bei Ungleichheit würde
  a) entweder ein „Wert an sich" existieren ohne Anerkennung auf der gesellschaftlichen Ebene

  oder

  b) es würde eine „wertäquivalente Anerkennung" für einen nicht real existierenden Wert geben.

  In beiden Fällen wäre der Wert ein ideeller Wert, da er keine Entsprechung auf der anderen Seite der gesellschaftlichen Ebene hätte. Solch ein Wert wäre kein gesellschaftliches Verhältnis, da er mangels Anerkennung nur einseitig existieren würde.

Wert – objektiv basiert und individuell beeinflusst

- Da ein potenzieller Käufer sich zum Kauf entschließen kann oder dazu, ein bestimmtes Wertobjekt nicht zu kaufen, kann formuliert werden, dass der Wert auf objektiven Fakten basiert, aber zusätzlich individuell beeinflusst ist.
- Es wirken Bewusstseinsprozesse bei der Wertbildung mit – für ein gesellschaftliches Verhältnis dürften diese sowohl notwendig und unvermeidbar als auch Voraussetzung sein.

Wert kann nicht exakt errechnet werden – Wert wird ausgehandelt

- Wertgrößen von Wertobjekten und Gegenleistungen können aufgrund der unzähligen Einflussparameter und vor allem dadurch, dass Bewusstseinsprozesse an der Wertbildung beteiligt sind, nicht exakt berechnet werden.
- Was sehr genau berechnet werden kann, sind die Erwartungswerte und die erwarteten Mehrwerte für produzierte Güter: Die Werte der Arbeitskräfte, die an der Bereitstellung (einschließlich Erstellung) solcher Güter Anteil haben, sowie deren Zeitanteile an der Bereitstellung sind recht genau bekannt.
- Bei Naturgütern, die aufgrund von Eigentumsverhältnissen dem Austausch unterliegen, werden sicherlich in vielen Fällen „historisch herausgebildete" Wertgrößen als Basiswerte benutzt, die dann aber „individuell angepasst" werden. Die Gewinnungskosten müssen ohnehin immer aktuell in die Wertgrößen solcher Naturgüter einfließen.
- Genauer lassen sich die Steuern berechnen, die als politisch und sozial begründeter Anspruch des Staates in die Wertberechnung einbezogen werden müssen.
- Bevor die Tauschpartner Wertobjekt und Wertäquivalent tauschen, werden sie versuchen, den Anspruch bzw. das Anrecht der Gegenseite an die eigenen Vorstellungen anzupassen.
- Der Wert wird in vielen Fällen ausgehandelt. Beim Verhandeln werden die potenziellen Wertgrößen der Wertattribute von Wertobjekt und Wertäquivalent einander angeglichen.

- Zum Zeitpunkt des Tausches wurden bereits die Wertattribute von Wertobjekt und Wertäquivalent durch die Tauschpartner auf die gleiche Wertgröße gebracht.
- Wertgrößen sind Elemente von Wertverhältnissen und damit dynamisch. Bei Elementen von gesellschaftlichen Verhältnissen kann das gar nicht anders sein, denn gesellschaftliche Verhältnisse sind an Bewusstseinsprozesse gebunden und die sind nun mal dynamisch.
  Bei langfristigen, gut durchdachten Wertbeziehungen wird der dynamische Anteil gewollt durch statische Vorgaben in den Hintergrund gedrängt. Das ist typisch für langfristige Verträge.
  Bei kurzfristigen Kaufaktionen haben üblicherweise die dynamischen Elemente größere Anteile an den Wertbeziehungen.

Wert – Vorschlag einer Kurzform der Definition

Wert ist ein gesellschaftliches Verhältnis zwischen Tauschpartnern, das mit dem Ziel aufgebaut wird, nicht frei verfügbare Objekte, Aktivitäten und Ideen als Wertobjekte quantifizierbar auf Äquivalenzbasis zu tauschen. Ziel des Tauschens ist größtmöglicher Nutzen für beide Tauschpartner durch die eingetauschten Wertobjekte.

Die Wertverhältnisse wurden im Rahmen der Entwicklung der menschlichen Gesellschaft notwendig herausgebildet, um Verteilungsgerechtigkeit zu bewirken und Ressourcenvergeudung entgegenzuwirken.

Die Wertgröße eines Wertobjektes bestimmt den Umfang der für den Tausch notwendigen Gegenleistung. Eine solche Wertgröße basiert im Wesentlichen auf den Werten der Arbeitskräfte, die an der Bereitstellung des Wertobjektes Anteil haben und umfasst ebenfalls den Mehrwert, der aus dem Verkaufserlös gewonnen und nicht für die Bezahlung der Arbeitskräfte benötigt wird. Wertgrößen von Wertobjekten können auch politisch begründet sein, insbesondere wenn sie auf Eigentum an Naturgütern basieren.

Existenzmittelumfang – detailliertere Betrachtung

Ein Beispiel: Ein selbständiger Handwerker stellt ein Holzschränkchen in 8 Stunden her. Er veranschlagt dafür einen Stundenlohn von € 50, um Gesamteinnahmen von € 400 an einem Tag zu erzielen. Doch diese Einnahmen wird er nur haben, wenn er sein Schränkchen für den erwarteten Wert von € 400 verkaufen kann.

Wie kommt der Wert zustande? Der Handwerker wird den Wert seiner Arbeitskraft, den er für realistisch für den Verkaufserfolg einschätzt, als Grundlage nehmen.

Doch an der Herstellung des Schränkchens wirken mehr Menschen mit als nur er selbst: Er hat Arbeitsräume gemietet, er nutzt elektrischen Strom für die Beleuchtung, für Maschinen, die Telefonanlage, seinen Computer, er benötigt Verbrauchsstoffe, Werkzeuge, Software, Aus- und Weiterbildung usw. Dafür muss er Äquivalente abgeben. Des Weiteren muss er Steuern zahlen für die Sicherheit, die ihm Polizei usw. in gewissem Maße gewährleisten, für den Brandschutz, den die Feuerwehr bietet, für die Ausbildung seiner und anderer Kinder usw.

Der Existenzmittelumfang ist demnach recht umfassend zu sehen. Es fließen sehr viele Größen in den Existenzmittelumfang ein und damit in die Preisberechnung des Produkts. All diese Elemente gehen damit ebenfalls ein in die Kostenrechnung für das kleine Schränkchen, d. h. in den gesamten Existenzmittelumfang, den der Produzent und Verkäufer des Schränkchens vom Käufer ersetzt bekommen möchte.

Doch er will sicherlich mit dem Verkauf des Schränkchens nicht nur ersetzt bekommen, was er für diesen Zeitraum anteilig ausgegeben hat. Er möchte auch Gewinn[19] machen. Um mit den € 400 Gewinn zu machen, muss er so gut arbeiten, dass er alle notwendigen Ausgaben in 5 Stunden erarbeitet hat. Dann kann er in den verbleibenden 3 Stunden für den Gewinn arbeiten.

Alternativ könnte er versuchen, sein Schränkchen so originell zu gestalten, dass die Arbeitszeit von 5 Stunden reicht, das Schränkchen so zu verkaufen, als hätte er 8 Stunden daran gearbeitet.

Um seine Selbständigkeit zu erhalten, muss er ersetzt bekommen, was er ausgegeben hat. Wenn er sich und seiner Familie ein gutes Leben und eine Zukunft bieten will, braucht er den Gewinn. Viel Toleranz beim Aushandeln des Preises seiner Wertobjekte hat er nicht. Toleranz gibt es praktisch nur in dem Bereich, in dem der Handwerker von sehr gut bis gerade noch akzeptabel als Selbständiger leben kann.

Vergegenständlichung und Verknüpfung

Nach Marx werden diese Ansprüche auf Existenzmittel durch gesellschaftlich nützliche Arbeit in Waren vergegenständlicht.

Nach der hier dargelegten Auffassung können diese Ansprüche nicht mittels Vergegenständlichung in Waren hineingebracht werden. Vielmehr werden diese Ansprüche mittels Bewusstsein an die Wertobjekte geknüpft.

Auch wenn über das Bewusstsein individuelle Einflussgrößen auf die Bestimmung der Wertgröße einwirken, so wird diese doch hauptsächlich von objektiven Gegebenheiten bedingt. Die individuellen Widerspiegelungen sind sekundär und setzen die objektiv existierenden Objekte, Prozesse, Ideen usw. voraus: Ein Motorrad, das nur virtuell im Gehirn eines Tauschpartners gestaltet wird, kann üblicherweise nicht in einem gesellschaftlich wirksamen Wertverhältnis gegen ein Wertäquivalent getauscht werden.

Ausgetauscht werden nur die außerhalb des Bewusstseins (wenigstens außerhalb des Bewusstseins eines Tauschpartners) existierenden Objekte, Vorgänge (Konzertaufführungen usw.) und Ideen (Bücher usw.). Diese Objekte, Vorgänge und Ideen müssen im Normalfall real existieren, sodass realistische Ansprüche auf Gegenleistungen damit verknüpft werden können. Auf Stofflichkeit, d. h. auf Vergegenständlichung kommt es dabei nicht an. Das Bewusstsein kann Ansprüche auf Gegenleistungen ebenso mit Vorgängen und Ideen verknüpfen. Wichtig ist, dass diese nicht anders als durch Tausch angeeignet werden können, und dazu gehören Nützlichkeit und die Kopplung an Verknappung und Eigentum.

19 Gewinn
Würde der Handwerker in einem Unternehmen angestellt sein, dann würde er nach der Erarbeitung seiner Existenzmittel einen Mehrwert für das Unternehmen erarbeiten. Bei einem Selbständigen entspricht diese Mehrarbeit einem Gewinn.

Mehrwert und Ausbeutung des Menschen durch den Menschen

Der Begriff „Mehrwert“ wurde schon mehrfach in dieser Arbeit genutzt. Er ist von zentraler Bedeutung im Werk von Marx. Deswegen soll an dieser Stelle etwas ausführlicher auf den Mehrwert eingegangen werden.

Dass Marx das Prinzip der kapitalistischen Ausbeutung aufdeckte, ist sicherlich eine seiner bedeutendsten Leistungen: Der Kapitalist (hier soll es beim Begriff aus dem Kapital bleiben) kauft die Arbeitskraft, die mit einer bestimmten Arbeitszeit das an Werten hervorbringt, wofür der Kapitalist sie bezahlt. Doch die Arbeitskraft kann damit ihre Arbeit nicht als abgeschlossen ansehen. Sie muss länger arbeiten und mit dieser zusätzlichen Arbeitszeit einen Mehrwert schaffen, den sich der Kapitalist aneignet [16]. Davon muss der Kapitalist weitere Investitionen tätigen und davon wird er auch sich selbst, d. h. seine eigene Arbeitskraft, bezahlen.

In der heutigen Zeit sollte die Nutzung der Ergebnisse der Mehrarbeit differenzierter gesehen werden als zu Marx‘ Zeit. Nach den Ausführungen in diesem Buch verrichtet auch der Kapitalist / Unternehmer wertbildende Arbeit, und das oft in großem Maße. Damit steht ihm von dem, was das gesamte Unternehmen an „Werten“ verkaufen kann, ein bestimmter Anteil zu. Um diesen Anteil muss die Wertgröße des Unternehmensgewinns verringert werden, um zu dem real erzielten Gewinn zu gelangen.

Ein riesiges Problem ist es allerdings, diesen Anteil gerecht zu beziffern. Der Kapitalist kümmert sich um die Stabilität und den Ausbau des Unternehmens, um die Rechtssicherheit, die Standorte und ihre Gefährdungen, die Abwendung feindlicher Übernahmen usw. Der Wert dieser Arbeiten kann nicht aus Tabellen o. ä. entnommen werden. Es gibt keine Vorlagen, in denen festgehalten ist, welche Anrechte auf Existenzmittel er damit erarbeitet. In vielen Fällen muss der Unternehmer sogar besonders pfiffig sein, um mit seinem Unternehmen auf dem Markt bestehen zu können. Das sieht bei einem Elektriker, der einen Sicherungskasten mit 20 Sicherungen anzuschließen hat, anders aus.

Die Anrechte auf Existenzmittel beim Kapitalisten können nicht auf einfache Art festgelegt oder errechnet werden.

Eine Möglichkeit, das zu bewerkstelligen, wäre, die gesellschaftliche Akzeptanz von Großeinkommen als Bezugspunkt zu wählen. Alles, was über den gesellschaftlich akzeptierten Umfang hinausgeht, könnte als Ausbeutung angesehen werden.

Doch wie soll eine gesellschaftliche Akzeptanz von Großeinkommen ermittelt werden? Wirken bei einer auf solche Art ermittelten Wertgröße Faktoren wie Neid? Oder gibt es bessere Wege zu erkennen, ab welchen Geldsummen – prozentual auf den Unternehmensumsatz und -gewinn gesehen – von Ausbeutung gesprochen werden kann? Können die „Unternehmer der Welt“ selber solche Größen, bezogen auf Verantwortungsbereiche, festlegen, die von der Mehrheit der Bevölkerung akzeptiert werden?

Wahrscheinlich kann das Auseinanderdriften der Einkommen von Unternehmern und von den Beschäftigten dieser Unternehmen einen Anhaltspunkt für eine gerechtere Einschätzung von Ausbeutung liefern.

Selbst wenn allgemein anerkannte Auffassungen zur Akzeptanz großer Einkommen und zur Definition von Ausbeutung erarbeitet werden könnten, wäre noch lange nicht gesagt, wie die Menschen damit umgehen würden. Insbesondere der Umgang mit Ungerechtigkeiten, die sie in solchen postulierten Festlegungen erkennen könnten, oder die Maßnahmen, die getroffen werden sollten, wenn einige Unternehmer sich nicht an solche Regeln halten würden, blieben völlig offene Problemfelder.

Dazu sind sicherlich viele Überlegungen und Auseinandersetzungen notwendig, die den Rahmen dieser Arbeit sprengen würden.

Lebenszyklus des Wertes als gesellschaftliches Verhältnis – ein möglicher Ablauf

Zurück zum gesellschaftlichen Verhältnis Wert. An dieser Stelle soll ein Blick auf den Lebenszyklus eines gesellschaftlichen Verhältnisses Wert geworfen werden – vom Aufbau bis zum Abbau (Bild 5.1 bis 5.6).

1 Die Ausgangssituation vor dem Aufbau eines gesellschaftlichen Wertverhältnisses
- Betrachtet werden die sich gegenüberstehenden potenziellen Käufer und Verkäufer.
- Ein potenzieller Käufer empfing Lohn als Entgelt für den Verkauf seiner Arbeitskraft.
- Ein potenzieller Verkäufer hat die Verfügungsgewalt über potenzielle Wertobjekte, die er sich in Form seines direkten oder indirekten Eigentums angeeignet oder zugeordnet hat oder die ihm zugeordnet wurden. Diese potenziellen Wertobjekte hat sich der Verkäufer nicht für den eigenen Bedarf, sondern nur deswegen angeeignet, sich zugeordnet oder Ähnliches, weil er sie gegen für ihn Wichtigeres tauschen möchte.

2 Bedürfnisse vor dem Aufbau des gesellschaftlichen Verhältnisses Wert (Bild 5.1)
Diverse Bedürfnisse nach Entspannung, Abenteuer, Reisen, Genussmitteln, Musik usw. drängen auf Erfüllung. Diese Situation kann als Dauerzustand bei den meisten Menschen gesehen werden. Die möglichen Arten, diesen Wünschen nachzukommen, verbindet das menschliche Bewusstsein fast immer mit konkreten Objekten, Abläufen und Ideen. Das Bewusstsein animiert damit zur Suche nach Möglichkeiten, diesen Wünschen nachzukommen, indem es seine Träger dazu verleitet, nach passenden Objekten, Abläufen und Ideen zu suchen. In vielen Fällen werden die Möglichkeiten zur Erfüllung der Bedürfnisse im Ereignisfeld nicht frei verfügbar sein. In solchen Fällen handelt es sich bei diesen Objekten, Abläufen und Ideen um Wertobjekte. An diese gelangen die Interessenten nur, indem sie dafür Wertäquivalente im Tausch abgeben.

3 Wichten der Bedürfnisse (Bild 5.2)
Die Bedürfnisse sind bei den Menschen normalerweise größer und umfangreicher als die Ressourcen, diesen nachzukommen. Folglich können die Menschen sich nicht alle Wünsche erfüllen und sie müssen demnach ihre Bedürfnisse wichten.

4 Herbeiführen von Entscheidungen
Die gewichteten Bedürfnisse drängen auf Aneignung der auserkorenen Wertobjekte.
- Die Wichtungen ermöglichen es einem (zunächst potenziellen) Käufer, die erfassten Wertobjekte aufzulisten nach der Bedeutung für die gesetzten Ziele, nach der ökonomisch begründeten Möglichkeit, diese zu erwerben (Preise), nach der Wahrscheinlichkeit, wie die Nutzungsversprechen der Anbieter mit der Realität übereinstimmen usw.

- Es folgt ein gedankliches Durchspielen der jeweiligen Situation nach Erhalt der Wertobjekte. Diese unterschiedlichen Erwartungssituationen werden miteinander verglichen.
- Ziel all der Vergleichsoperationen ist, den optimalen Weg auszuloten, um den instabilen Zustand „Bedürfnis nicht erfüllt" in den stabilen Zustand „Bedürfnis erfüllt" zu überführen.
- Nach den verschiedenen Vergleichsoperationen, die mit den potenziellen Wertobjekten durchgeführt wurden, werden von den potenziellen Wertobjekten einige besonders interessante hervorgehoben. Statt von gewichteten Bedürfnissen kann in diesen Fällen von gewichteten Beziehungsstärken zu den selektierten Wertobjekten gesprochen werden (Bild 5.3).

5 Favorisieren eines potenziellen Wertobjekts (Bild 5.4)
Eine dieser gewichteten Beziehungsstärken wird herauskristallisiert, weil das Bewusstsein sich davon eine optimale Zufriedenstellung verspricht. In dem Beispiel ist das der Komplett-PC. Der (potenzielle) Käufer äußert seinen Wunsch gegenüber dem Anbieter. Der Anbieter des gewünschten Wertobjektes wird das dafür angebotene Wertäquivalent prüfen. Er wird eine gewichtete Beziehungsstärke zu dem angebotenen Wertäquivalent herausbilden.

6 Aushandeln des Wertes (Bild 5.4)

- Die gewichteten Beziehungsstärken zu Wertobjekt und Wertäquivalent können als Vektoren dargestellt werden. Die Beträge der Vektoren sind zum einen der Wertbetrag des mit dem Wertobjekt und zum anderen der Wertbetrag des mit der Gegenleistung verknüpften Wertattributes.
- Vor dem Tausch sind diese Wertbeträge „vorläufige" Wertbeträge. Sie korrespondieren mit den gewichteten Beziehungsstärken, welche die Käufer zu den möglichen Zielobjekten hin erst einmal entwickeln. In den Fällen, in denen die Verkäufer bereits in die Tauschvorbereitung einbezogen werden (Vorabsprache), können die Wertbeträge der gewichteten Beziehungsstärken der Käufer zu den gewünschten Wertobjekten durchaus mit den gewichteten Beziehungsstärken der Verkäufer zu den dafür gebotenen Wertäquivalenten korrespondieren, werden aber noch nicht mit ihnen übereinstimmen.
- Der (potenzielle) Käufer verknüpft den „Ausgangsanspruch" des Verkäufers mit dessen Wertobjekt. In der Praxis erfasst er den Preis des Wertobjektes und prüft, ob dieser für ihn akzeptabel ist, ob er eventuell verhandeln könnte und sollte oder ob der Preis so hoch liegt, dass von vornherein klar ist, dass er dieses potenzielle Wertobjekt auf keinen Fall kaufen würde.
- Der (potenzielle) Verkäufer erfasst die vom (potenziellen) Käufer angebotene Gegenleistung. Fast immer bietet der Käufer Geld. Dieses angebotene Geld wird der Verkäufer als zu übernehmendes „Ausgangsanrecht" des Käufers auf Wertobjekte sehen (erstes Angebot einer Gegenleistung des Käufers in Form eines Geldbetrags in bestimmter Höhe). Die gebotene Gegenleistung wird er einschätzen auf „zu niedrig, aber verhandelbar" oder „akzeptabel". Ebenso könnte der Verkäufer die Gegenleistung als „extrem zu niedrig" einschätzen, so dass ein Aushandeln der Wertgröße der Gegenleistung nicht sinnvoll erscheinen würde und das potenzielle Wertobjekt in seinem Eigentum verbleiben sollte.

- Ist die gewichtete Beziehungsstärke der potenziellen Käuferseite zum Wertobjekt hin kleiner als die Beziehungsstärke der potenziellen Verkäuferseite zu diesem, bedeutet das, dass der mit dem Wertobjekt verknüpfte Anspruch auf Existenzmittel als zu umfangreich für einen Tausch angesehen wird. Damit wirkt der Drang, das betreffende Wertobjekt einzutauschen, auf der potenziellen Käuferseite möglicherweise nicht stark genug für die Realisierung. Je nach Situation wird der potenzielle Käufer versuchen, den Erwartungswert der Verkäuferseite herunterzuhandeln.
- In einem Warenhaus wird sehr einseitig „ausgehandelt“: Der potenzielle Käufer sieht den Preis und entscheidet für sich: „Kaufen oder Nicht-Kaufen“. Es gibt zwar Ausnahmen, bei denen gehandelt wird; Käufer und Verkäufer wirken in solch einer Umgebung im Normalfall aber eher passiv in Bezug auf „Aushandeln“.
- Sowohl im Warenhaus als auch auf dem Basar wird die noch nicht endgültig festgelegte Beziehungsstärke zum Wertobjekt gewertet als gerechtfertigt und für einen Tausch akzeptiert oder als gerechtfertigt, aber nicht für den Tausch akzeptiert oder als nicht gerechtfertigt, aber für den Tausch, der unbedingt notwendig erscheint, als „notwendiges Übel“ akzeptiert oder als weder gerechtfertigt noch als für den Tausch akzeptiert.
- Auf dem Basar wird der Käufer versuchen, das Angebot des Verkäufers in seinem Sinne zu verbessern, indem er mit diesem verhandelt. Irgendwann wird der Verkäufer aber einen „endgültigen“ Wertbetrag mit seinem Wertobjekt verknüpfen. Der (immer noch potenzielle) Käufer kann diesen akzeptieren oder der Tausch wird nicht zustande kommen.
- Im Warenhaus muss der potenzielle Käufer die Entscheidung fällen, ob er das mit dem Wertobjekt verknüpfte Wertattribut, den Anspruch der Verkäuferseite auf Existenzmittel plus Mehrwert, akzeptiert oder nicht.
- Wenn im Warenhaus der Käufer mit „ich akzeptiere“ entscheidet oder im Falle des Basars Käufer und Verkäufer eine Übereinstimmung finden, dann wird das gesellschaftliche Verhältnis Wert von der Möglichkeitsform in die Realität umgesetzt.
- Mit der Einigung auf die gemeinsame Wertgröße passen beide Tauschpartner ihre jeweilige ideelle Wertvorstellung einander an.
- Käufer und Verkäufer haben sich auf eine Wertgröße geeinigt.
- Damit akzeptieren Käufer und Verkäufer die Wertattribute von Wertobjekt und Wertäquivalent als gleichwertig.
- Die Wertbeträge der Beziehungsstärken wurden von Käufer und Verkäufer einander angeglichen auf die Wertgröße des „öffentlichen Wertes“. Mit diesem wirksamen Wert verlassen beide die ideellen Bereiche ihrer Bewusstseinsprozesse. Dieser Wert wird für die Gesellschaft objektiv präsentiert.
- In einigen Fällen wird der Verkäufer noch prüfen, ob das Wertattribut, das vom Käufer zugesagt wurde, auch wirklich in der angegebenen Höhe mit dem Geld verbunden ist (Wechselkurs; Prüfen des Geldes auf Echtheit mittels UV-Licht-Prüfeinrichtung).

7 Erwerb des Wertobjekts – der Wert wird als gesellschaftliches Verhältnis realisiert und wirksam (Bild 5.5)

- Das gesellschaftliche Verhältnis Wert wird in die Realität umgesetzt: Die gewichteten Beziehungsstärken vom Käufer zum Wertobjekt und vom Verkäufer zum Wertäquivalent waren die Triebkraft zur Herausbildung der Wertbeziehung.
- Für den Tausch können diese Beziehungsstärken aber nicht direkt genutzt werden, da Wertobjekt und Wertäquivalent, gesellschaftlich betrachtet, jeweils eine Zuordnung als Eigentum haben.
- Folglich müssen die Kräfte, die zu Wertobjekt und Wertäquivalent aufgebaut wurden, aus dem ideellen Bereich heraus umgelenkt werden auf die gesellschaftliche Ebene – je zum Gegenüber hin. Das muss geschehen, denn Eigentum ist eine gesellschaftliche Größe, die nur(!) auf der gesellschaftlichen Ebene existiert und mit der nur dort agiert werden kann.
- Die Kräfte der Beziehungsstärken müssen auf der gesellschaftlichen Ebene das Wertobjekt aus dem Eigentum des Verkäufers und das Wertäquivalent aus dem Eigentum des Käufers herauslösen. Dazu müssen die jeweiligen Bindungskräfte überwunden werden.
- Die Bindungskräfte an das jeweilige Eigentum haben zum Tauschzeitpunkt die gleichen Wertbeträge wie die Beziehungsstärken zu Wertobjekt und Wertäquivalent. Dass die Bindungen von Wertobjekt und Wertäquivalent mit wertgleichen Beziehungsstärken überwunden werden, kann nicht auf der ökonomischen Ebene erklärt werden. Dieser Vorgang lässt sich nur mit den Nutzenbetrachtungen von Käufer und Verkäufer erklären.
- Die gewichteten Beziehungsstärken, die zu Wertobjekt und Wertäquivalent wirken, müssen auf die gesellschaftliche Ebene transferiert werden, denn es erfolgt kein Tausch Nützlichkeit gegen Nützlichkeit, sondern ein Tausch Eigentum gegen Eigentum. Die Kräfte, welche den Tausch bewirken, werden hier als Wirkungsvektoren bezeichnet. Sie sind von gleicher Wertbetragsgröße wie die gewichteten Beziehungsstärken, wirken aber nicht auf eine konkrete Nützlichkeit, sondern auf Eigentum. Ihre Angriffspunkte sind nicht Wertobjekt und Wertäquivalent in ihren konkreten Formen, sondern Wertobjekt und Wertäquivalent in Form von Eigentum[20] in Verbindung mit dem jeweiligen Eigentümer.
- Über diese Wirkungsvektoren erfolgt der Austausch von Wertobjekt und Wertäquivalent, denn diese überwinden auf der gesellschaftlichen Ebene die Bindungskräfte an das Eigentum (Eigentum und Eigentumsbindung als gesellschaftliche Elemente).

8 Beenden des gesellschaftlichen Verhältnisses Wert (Bild 5.6)

- Mit dem Austausch der Wertobjekte werden die gegenübergestellten und gleich großen Wirkungsvektoren des Wertverhältnisses gegenseitig aufgehoben. Ihre Aufgabe ist nach dem Austausch erfüllt.

---

20 Eigentum
Je nach den gegebenen gesellschaftlichen Bedingungen in verschiedenen Ländern kann Geld Eigentum darstellen, oder der „Geldbesitzer" hat nur die Verfügungsgewalt über das Geld und das Geld bleibt Eigentum des Herausgebers. Beides wird hier als qualitativ gleichwertig gesehen.

- Nach dem Austausch der Wertobjekte wird das gesellschaftliche Verhältnis Wert aufgehoben.
- Die ausgetauschten Wertobjekte verlieren mit dem Tausch ihre Eigenschaften, Wertobjekte zu sein. Sie verbleiben als bloße Objekte im Eigentum der Tauschpartner. Die Wertattribute, die vor dem Tausch für den Tausch bedeutsam waren, verschwinden.
- Die ausgetauschten ehemaligen Wertobjekte können erneut als potenzielle Wertobjekte auf dem Markt auftauchen, wenn sie hinreichend gute Eigenschaften aufweisen und wenn sie für potenzielle Käufer wieder sichtbar gemacht werden. Ein Objekt in stofflicher Form könnte ein weiteres Mal auf dem Markt angeboten werden – über Internethandel, in Second-Hand-Läden usw. Bei einer Kulturveranstaltung könnte das, in abgewandelter Form, über eine Videoaufzeichnung funktionieren.
- Ein Äquivalent in Geldform würde für weitere ökonomische Tauschprozesse sofort sichtbar und nutzbar werden, wenn dessen Empfänger es für Einkäufe oder andere ökonomisch relevante Prozesse bereitstellen würde. Es würde nicht sofort wirksam werden können, wenn der Empfänger des Geldes im Interesse einer Organisation etc. agiert, z. B. ein Verkäufer in einem Kaufhaus.
- In gesellschaftlich instabilen Zeiten könnte offenbart werden, was die scheinbar „eingebaute Sicherheit" beim Geld als Wertobjekt-Stellvertreter wirklich wert ist: Das Wertattribut des Geldes ist nur ein Versprechen auf Wertobjekte. Dieses Versprechen wird nicht durch das Geld selbst, sondern durch die Herausgeber des Geldes, durch Banken, z. B. die EZB, gesichert.
- Erfahrungsgemäß verbleibt nach dem Tausch auf beiden Seiten des ehemaligen Wertverhältnisses zum eingetauschten Wertobjekt (oder dessen Stellvertreter) eine Bindungsenergie (Dieser Begriff wird nachfolgend genauer erläutert). Die Stärke der Bindungsenergie wird im Allgemeinen auf die Höhe des Wertes beim Tausch bezogen. Ob diese Bindungsenergie für die ökonomischen Prozesse in der Gesellschaft relevant wird, hängt von weiteren Faktoren ab (Wiederverkauf, Beschädigung oder Diebstahl des Objekts, für die eine Versicherung aufkommt, usw.).

So weit zu den Kernpunkten eines Tauschablaufs.

An dieser Stelle soll auf den Begriff „Bindungsenergie" eingegangen werden: Ein Objekt, ein Prozess, eine Idee im Eigentum / in der Verfügungsgewalt wird einem Tauschpartner übergeben, wenn dieser dafür ein Wertäquivalent abgibt. Der Tausch erfolgt, weil für das Zielwertobjekt ein starkes Interesse vorhanden ist. Nach dem Tausch ist der neue Eigentümer stark am weiteren Verbleib dieses ehemaligen Wertobjektes im Eigentum interessiert. Er baut eine Bindungsenergie zu diesem Objekt auf. Andere Formen der Überführung von Objekten usw. in das Eigentum wären Eigenproduktion, Erbschaft usw. Auch in solchen Situationen besteht im Allgemeinen eine Bindungsenergie zu diesen Wert- und anderen Objekten.

Soll im Rahmen eines Wertverhältnisses ein Wertobjekt abgegeben werden, dann ist von der Empfängerseite eine Trennungsenergie aufzubringen, die größer ist als die beim Eigentümer des Wertobjektes wirkende Bindungsenergie, um den Eigentümer zur Abgabe zu bewegen.

Die Bindungsenergie basiert auf den beiden Momenten:

1. Das Wertobjekt im Eigentum unterliegt der Verknappung. Es ist somit in geringerem Umfang vorhanden als die darauf gerichteten Bedürfnisse oder / und zur Bereitstellung wurden knappe Ressourcen, insbesondere bezahlte menschliche Arbeitskraft eingesetzt. Das Eigentum wird deswegen als solches „festgehalten".
2. Zur individuellen und gesellschaftlichen Entwicklung ist die Bedürfnisbefriedigung unerlässlich. Die (potenziellen) Wertobjekte im Eigentum werden benötigt, um die Eigentümerseite auf gesellschaftlicher Ebene zu stabilisieren und eine Entwicklung zu ermöglichen. Ob die angepeilten Objekte usw. zum Eigenbedarf oder nur zum Verkauf benötigt werden, spielt dafür keine Rolle. Da zur Wiederbeschaffung eine Gegenleistung erbracht werden muss, erscheint es in den betreffenden Fällen als effektiv, solche Güter erst einmal im Eigentum zu belassen.

Es können weitere Gründe für die Bindung an Wertobjekte hinzukommen, wie Tradition, persönliche Beziehung zu dem Objekt oder zum Umfeld des Objektes, Empfinden einer Verpflichtung usw.

Wert, Bewusstsein und Objektivität

Eine Besonderheit des Wertes liegt darin begründet, dass der Wert zwei Widerspiegelungen benötigt – im Bewusstsein der beiden Tauschpartner. Auf diese Weise ist er verknüpft mit den Möglichkeiten, aber ebenso mit den Grenzen des gesellschaftlichen Umfeldes sowie mit denen des menschlichen Bewusstseins. Der Wert ist damit objektiv gegeben, da er über ein Bewusstsein hinausgeht. Er besitzt aber zusätzlich subjektive Momente. Ein Wert als gesellschaftliches Verhältnis ohne subjektive Momente ist nicht vorstellbar, denn die Gesellschaft besteht aus vielen menschlichen Individuen und nicht aus Maschinen oder aus Lebewesen ohne Bewusstsein.

Dazu kommt, dass eine ökonomische Wertbeziehung auf der gesellschaftlichen Ebene wirksam gemacht werden muss. Allein irgendwelche Vorstellungen im Bewusstsein oder Äußerungen, die nur auf ideellen Vorstellungen basieren, reichen dafür nicht aus. Erst die Einigung beider Tauschpartner auf einen Wert für den Tausch ermöglicht, dass das gesellschaftliche Verhältnis Wert auf der gesellschaftlichen Ebene geäußert werden kann, sozusagen als „öffentlicher Wert". Indem die Tauschpartner über das Wertverhältnis Wertobjekte und Wertäquivalente tauschen, erweitern sie ihre jeweils ideellen Existenzformen des Wertes in ihren Bewusstseinsvorgängen zu einer einzigen objektiv und für die Gesellschaft spürbaren Existenz des Wertes.

Wenn das gewichtete Bedürfnis nach z. B. einer Drohne dermaßen stark wirkt, dass zur Überführung dieser in das Eigentum ein Stellvertreter-Wertobjekt als Äquivalent angeboten wird oder sogar direkt Arbeit als Äquivalent verrichtet wird, dann wird damit dieses Bedürfnis aus dem ideellen Bereich herausgehoben und auf die gesellschaftliche Ebene überführt. Dieses Bedürfnis wird außerhalb des als „Bedürfnis-Heimat" fungierenden Bewusstseins wirksam. Es agiert für die Gesellschaft sichtbar auf der Ebene der Gesellschaft, und zwar im ökonomischen Bereich. Damit ist es keine ideelle und individuelle Angelegenheit mehr.

Wert wird vorrangig bestimmt durch die Gesellschaft

Was von Käufer und Verkäufer z. B. an Wertvolumen für den Tausch ausgehandelt wird, kann nicht allein aus den Bewusstseinsinhalten der beiden Tauschpartner erklärt werden. Jeder ökonomische Tauschvorgang ist eingebettet in die Gesellschaft und wird von der Gesellschaft nicht nur mitbestimmt, sondern dominiert. Die individuellen Anteile können im Durchschnitt nicht die ökonomischen Bedingungen ignorieren. Individuelle Anteile werden folglich üblicherweise marginal sein.

Die ideell im Bewusstsein hervorgebrachten und gestalteten Wertattribute werden bestimmt durch Objekte, Prozesse und Ideen, die außerhalb des Bewusstseins existieren und von dort „ausstrahlen". Das Bewusstsein koppelt dabei die Wertattribute so eng an die zu tauschenden Güter, dass diese wie darin eingebettet erscheinen.

Diese Wertattribute, welche durch die Bewusstseinsprozesse der Menschen ausgebildet werden, existieren und wirken als solche nur auf der gesellschaftlichen Ebene, konkret im ökonomischen Bereich der Gesellschaft. Die Prozesse und andere Gegebenheiten, die dabei direkt aus der Gesellschaft auf ein konkretes Wertverhältnis wirken, können nicht losgelöst von all den anderen Prozessen und Gegebenheiten der Gesellschaft gesehen werden. Sie alle sind eingebettet in den gesellschaftlichen Kontext und wirken in der Gesamtheit, und das in Verbindung mit all den ökonomischen Prozessen und anderen ökonomischen Gegebenheiten aller anderen Wirtschaftsräume der Weltwirtschaft.

Auch ein Wertverhältnis bezogen auf eine Idee muss objektiv geäußert werden

Auch in einem Wertverhältnis, das auf eine Idee bezogen wird, muss wenigstens ein zweites Bewusstsein wirken und gegenüber diesem existiert die Idee objektiv. Für den gesellschaftlich relevanten ökonomischen Austausch muss der Tauschpartner mit der Idee im Angebot sein Tauschziel objektiv äußern. Nur das, was objektiv geäußert wird, kann auf der gesellschaftlichen Ebene wirksam werden. Damit kann ein solches Wertverhältnis keinen rein ideellen Charakter besitzen. Für den ökonomischen Bereich der Gesellschaft sind nur die außerhalb der Bewusstseinsinhalte auf der gesellschaftlichen Ebene wirkenden Gegenüberstellungen von Wertobjekten und den entsprechenden Wertäquivalenten in den dazugehörigen Tauschvorgängen relevant. Bei diesen Gegenüberstellungen geht es auf beiden Seiten des gesellschaftlichen Verhältnisses um Eigentum und Wertattribute. Was für diese gesellschaftlichen Vorgänge als Vorbereitung in den Bewusstseinsprozessen abläuft, ist auf der gesellschaftlichen Ebene nicht direkt spürbar, denn dort erscheinen nur die gesellschaftlich relevanten Resultate der gedanklichen Prozesse beider Tauschpartnerseiten.

Die Besonderheit bei den Wertobjekten „Ideen" ist, dass sie immerhin im Bewusstsein einer Person einer Tauschpartnerseite ursächlich und ideell existieren. Gehandelt werden diese Ideen meist in Form von stofflichen oder künstlerisch geäußerten Darbietungen. In solchen Fällen fungiert die materielle Äußerungsform außerhalb des Bewusstseins als Träger der Ideen. Nur solche von den Sinnesorganen Anderer erfassbaren Träger, mit deren Hilfe die Ideen aus den Bewusstseinsprozessen herauskopiert und auf der gesellschaftlichen Ebene fassbar gemacht werden – die bedruckten Seiten eines Buches, CDs, die Choreographie eines Balletts usw. – ermöglichen, diese Ideen dem ökonomischen Austausch zu unterwerfen. Der Träger wird praktisch wohl immer dem Austausch unterliegen, da zu seiner Bereitstellung Arbeit aufgewendet werden muss. Aber der Wert des Wertobjektes umfasst weitaus mehr als eben diesen Träger. Folglich wird beim Handel mit Ideen weitaus mehr gehandelt als nur deren materielle Äußerungsformen. Deutlich sichtbar wird das vor allem bei den Copyrights und Lizenzen.

Wert ist individuell beeinflusst

Die gesellschaftliche Ebene bestimmt wesentlich mit, was in den ökonomisch relevanten Bewusstseinsprozessen geschieht. Doch das, was vom Umfeld, bezogen auf einen möglichen Austausch, im Bewusstsein generiert wird, wird nicht vollständig von den aktuellen äußeren Umständen festgelegt. Andere Bewusstseinsprozesse wirken darauf ein und beeinflussen das Ergebnis individuell. Dazu zählen die Abbildung der gewünschten Zielfunktion[21], die Widerspiegelung der erwarteten Parameter wie Zuverlässigkeit, Handhabung, Wartungsaufwand usw., die Widerspiegelung des Designs oder die Widerspiegelung von Gefährdungsmöglichkeiten. Die Menschen bilden die Wertattribute von Wertobjekten üblicherweise heraus, bevor Wertverhältnisse bezüglich dieser Wertobjekte aufgebaut werden. Die Wertgrößen dieser Wertattribute werden im Rahmen von Wertverhältnissen angepasst je nach den objektiven Gegebenheiten von Wertobjekt und Wertäquivalent sowie den Einflussstärken von Käufer und Verkäufer. Dazu kommen weitere Einflüsse aus der Gesellschaft, aus der Natur und durch vielzählige Bewusstseinsprozesse. Folglich werden auch die Wertverhältnisse durch vielfältige Einflüsse individuell beeinflusst sein. Das betrifft insbesondere die Einschätzung der Wertattribute der Wertobjekte durch die potenziellen Käufer. Dabei wirken insbesondere Einflüsse aus der Gesellschaft wie Machtverhältnisse, Traditionen, Ideologien, Werbung, Medien und Einflüsse durch das persönliche Umfeld. Einflüsse aus der Natur können besonders bei extremen Umweltsituationen gespürt werden. Weitere Einflüsse durch Bewusstseinsprozesse, neben den weiter oben bereits genannten, sind Betrachtungen von Vergleichs- und anderen interessanten Produkten sowie Gefühle, Erfahrungen, religiöse und andere Weltanschauungen, Charaktereigenschaften usw. All diese Einflüsse, die über Bewusstseinsprozesse wirken, gestalten oder „gestalten mit" die Wertgrößen der Wertattribute und somit die Werte.

Die mit den angestrebten Zielwertobjekten verbundenen Wertattribute sehen potenzielle Käufer folglich im Wesentlichen bestimmt durch

1. die vielzähligen, individuell bzw. ideell wirkenden Widerspiegelungen der verschiedenen Eigenschaften der objektiv existierenden potenziellen Wertobjekte und
2. weitere vielfältige, auf diese Widerspiegelungen einwirkende Einflüsse.

Die Anerkennung bzw. die Nicht-Anerkennung der Wertattribute der Wertobjekte ist demzufolge abhängig von den objektiv existierenden Wertobjekten, von deren Widerspiegelungen in Bewusstseinsprozessen sowie von weiteren, darauf einwirkenden Einflüssen aus Gesellschaft und Natur.

21 Zielfunktion
Die Sicht auf die Zielfunktion von Wertobjekten scheint oft für alle Menschen gleich zu sein. Doch dieser Schein trügt. So kann z. B. eine Fliese für einige Menschen ein Element der Wandgestaltung sein. Andere benutzen sie als feuerfeste Unterlage zum Löten.

Demzufolge können käuferseitige Bewusstseinsvorgänge die von der Verkäuferseite in Form von Wertattributen geforderten Wertbeträge unter Nutzung ideeller und individueller Prozesse beeinflussen, d. h. mitbestimmen.

Wert wird objektiv determiniert, objektiv geäußert und individuell beeinflusst

Wert wird stets objektiv geäußert. Gesellschaftlich wirksam werden kann er nur in Verbindung mit objektiv fassbaren Elementen. Da der Wert aber ein gesellschaftliches Verhältnis ist, kann er nur vermittelt über das menschliche Bewusstsein wirken. Damit, das wurde gerade dargestellt, wird der Wert zwangsläufig individuell beeinflusst.

Eine rein objektive Existenz des Wertes ist nicht möglich, da ein gesellschaftliches Verhältnis, das auf keinerlei Bewusstseinsvorgängen beruht, nicht existieren kann. Ein solches „gesellschaftliches Verhältnis" würde neben der Gesellschaft bestehen und könnte nicht im Ansatz als gesellschaftliches Verhältnis deklariert werden. Dass der Wert zusammen mit dem Bewusstsein existieren, aber nicht von diesem individuell beeinflusst werden soll, dürfte ebenso nicht plausibel erklärbar sein.

Gemäß den obigen Darstellungen basiert der Wert als gesellschaftliches Verhältnis auf objektiven und subjektiven Elementen.

Die **objektiven Elemente** des Wertes sind

1) die außerhalb der Bewusstseinsprozesse existierenden oder zumindest von dort beeinflussend wirkenden Wertobjekte (oder deren Stellvertreter)[22], auf welche die gewichteten Beziehungsstärken der Wertbeziehung gerichtet werden, und
2) die Wertattribute, welche über Bewusstseinsprozesse herausgebildet und dann nach außen sichtbar gemacht werden – in Form von Preisen. Diese Preise werden mit den Wertobjekten verknüpft. Sie sind auf der gesellschaftlichen Ebene als „objektive Faktoren" sichtbar. Die Preise wirken auf der gesellschaftlichen Ebene, und damit wirken sie objektiv. Ein deutliches Zeichen dafür, dass sie auf der gesellschaftlichen Ebene wirken und nicht nur ideell im Bewusstsein, sind die nach erfolgreichen Tauschvorgängen an die Gesellschaft abzuführenden Mehrwertsteuern. Die Preise wirken letztendlich „von außen", d. h. aus der „objektiven Realität", zurück auf die Bewusstseinsprozesse. Dort werden sie insbesondere genutzt, um die Wichtungen der Bedürfnisse und Beziehungsstärken festzulegen.
3) der letztendlich ausgehandelte Wert zwischen den Tauschpartnern.
4) weitere Elemente, die hier nicht detailliert betrachtet werden, wie Eigentumsrechte und andere gesetzliche Bestimmungen.

Die **subjektiven oder ideellen Elemente** des Wertes ergeben sich aus den individuell beeinflussten Widerspiegelungen der Wertobjekte in den Bewusstseinsprozessen der Tauschpartner.

Diese Widerspiegelungen umfassen die Einschätzungen der für den Erwerb der Wertobjekte zu erbringenden Gegenleistungen, ebenso die zu erwartenden Vorteile durch diese Wertobjekte. Diese Erwartungen können nur mehr oder minder gute Annäherungen an die wirklichen Zustände nach dem Tausch sein. Denn das menschliche

22 … existierenden oder zumindest von dort beeinflussend wirkenden Wertobjekte (oder deren Stellvertreter)
Das trifft auf bestimmte Ideen zu. Die existieren im Bewusstsein, können aber zu Wertbeziehungen führen.

Bewusstsein kann gerade in der heutigen Zeit nur für wenige Wertobjekte all die relevanten Parameter und Einflussgrößen, welche die spätere praktische Nutzung dieser Wertobjekte beeinflussen werden, mit deren realen Einflussstärken erfassen.

Jedes Bewusstsein verarbeitet die objektiv existierenden Objekte und Vorgänge in etwas anderer Art. Bei einem Asketen sieht die Verarbeitung der gleichen Umgebung mit den gleichen Objekten mit Sicherheit ganz anders aus als bei einem mitteleuropäischen Jugendlichen wohlhabender Eltern. So kann man sagen, dass Traditionen, das eigene gesellschaftliche und natürliche Umfeld, Erziehung, Ausbildung, religiöse Glaubensinhalte, aktuelle gesellschaftliche Ereignisse, technologische Entwicklungen, diverse andere Wertobjekte usw. die Herausbildung der Werte und deren Wertgrößen beeinflussen und damit in die Werte eingehen.

Warum Austausch auf Äquivalenzbasis?

Die Entwicklung von Bedürfnissen nach und Beziehungsstärken zu bestimmten Objekten und anderen Angeboten aus dem Umfeld ist notwendig und gesellschaftlich begründet. Dass diese Bedürfnisse bzw. Beziehungsstärken gewichtet werden müssen, wurde bereits dargelegt.

Die Menschen leben in einem Umfeld, in dem Arbeitsergebnisse und einige Naturressourcen aufgrund von Verknappung gegenüber den darauf gerichteten Bedürfnissen ausgetauscht werden müssen.

Wichtige Faktoren, die notwendig zu einem Austausch auf Äquivalenzbasis führen müssen, sind folgende:

1. Mit der Arbeitsteilung in der menschlichen Gesellschaft wurde der Austausch von Produkten etabliert. Die Ursache für die Arbeitsteilung war und ist, dass es Einzelnen in einer menschlichen Gesellschaft unmöglich ist, alles selber herzustellen oder zu bewerkstelligen. Dafür sind die Fähigkeiten und Möglichkeiten des Einzelnen zu stark begrenzt: Selbst umfassende Bildung lässt keinen „Doktor Allwissend" Realität werden, die körperlichen Möglichkeiten, die Arbeits- und die Lebenszeit sind begrenzt. Hinzu kommt eine höhere Effektivität der Herstellungsprozesse im Rahmen der Arbeitsteilung. Die hier aufgeführten und weitere Gründe führen zwangsläufig dazu, dass Arbeitsergebnisse und begrenzte Ausgangsressourcen ausgetauscht werden müssen. Um Arbeitsergebnisse und Ressourcen gerecht auszutauschen, ist es notwendig, Wertäquivalenzen zu ermitteln.
2. Die unterschiedlichen ideellen Widerspiegelungen der umgebenden Realität in den Bewusstseinsprozessen der Individuen sind weitere Gründe für den Austausch. Sie führen zu unterschiedlichen Interessen und Wichtungen, damit zu unterschiedlichen Arbeitsinteressen und -möglichkeiten, zu unterschiedlichem Kaufverhalten bei gleichen objektiv gegebenen Objekten, Abläufen, Ideen und Sachverhalten. Die unterschiedlichen Widerspiegelungen der Realität folgen aus der Komplexität der im Bewusstsein ablaufenden Prozesse, in Verbindung mit aktuellen und vergangenen Umfeldeinflüssen. Unterschiedliche Umgebungsbedingungen und Fähigkeiten führen zu unterschiedlichen Möglichkeiten im Arbeitsleben und damit zu unterschiedlichen Erwerbsmöglichkeiten. Das wiederum bedeutet unterschiedliche An-

teile an der Bereitstellung aller ökonomisch zu verteilenden Wertobjekte. Passend dazu sollte gewährleistet sein, dass die erarbeiteten Anrechte auf Anteile an allen ökonomisch zu verteilenden Wertobjekten mit den (gesellschaftlich anerkannten) Arbeitsleistungen korrespondieren. Dazu ist politische Einflussnahme unabdingbar. Mittels der Wertgrößen der Wertobjekte können wiederum die zur anteiligen Verteilung notwendigen Wertäquivalenzen ermittelt werden.

3. Die unterschiedlichen gesellschaftlichen und natürlichen Umgebungen führen zu unterschiedlichen gesellschaftlichen und natürlichen Ressourcen. Für einen oft nur ansatzweisen Ausgleich sorgt unter anderem der Handel. Dafür werden Wertäquivalente bezüglich der gehandelten Güter benötigt.
   Diese Auflistung von Faktoren soll hier ausreichen.

Zur Minimierung von Instabilitäten und vor allem zur Stimulierung der gesellschaftlichen und insbesondere der ökonomischen Entwicklung müssen bestimmte Objekte, Ideen, Darbietungen notwendig ausgetauscht werden. Mit dem Tausch wiederum wird es unumgänglich, die Äquivalenz der Tauschobjekte zu bestimmen.

Der Prozess der Äquivalenzfindung

Die Wertäquivalenz zu bestimmen ist ein vielschichtiges Problem, das abstrakt von der Ökonomie untersucht wird.

Der Äquivalenzfindungsprozess basiert auf dem gesellschaftlichen und natürlichen Kontext: dem Entwicklungsstand der Wirtschaft, den konkreten gesellschaftlichen Verhältnissen und Umfeldbedingungen, dem notwendigen Aufwand in körperlicher, maschineller und geistiger Form zur Schaffung der Wertobjekte (je komplexer und größer der Aufwand ist, je mehr Einzelaktivitäten notwendig sind, umso komplizierter wird die Äquivalenzfindung), den Traditionen, den Erfahrungen, den Einschätzungen der künftigen Entwicklungen usw.: „Entscheidend für den Aktienkurs ist jedoch nicht die Höhe der Dividende an sich und auch nicht der Bankzins, sondern die Aussicht auf Erzielung einer Dividende in der Zukunft. Die Höhe der Dividenden hängt von den künftig zu erwartenden Profiten der betreffenden Aktiengesellschaft ab …“ [17]

Die Äquivalenzfindung beinhaltet die Bewertung

1. der Gebrauchswerte der jeweiligen Objekte, d. h. der Nützlichkeit derselben in Bezug auf die vorgeschlagenen oder selbstdefinierten Zielfunktionen;
2. des eigenen Aufwandes, um das geforderte Wertäquivalent zu erarbeiten;
3. anderer Objekte, Dienstleistungen und Ideen, die gleichen oder anderen Zielen dienen, die aber Einfluss auf die Entscheidungsfindung ausüben (jemandem, der ein Buch kaufen möchte, kann der Gedanke kommen, dass er noch ganz dringend ein Speichermedium benötigt). Die Bewertung des notwendigen Aufwandes zur Erlangung der anderen (potenziellen) Wertobjekte ist eingeschlossen.

Die Ergebnisse dieser Einschätzungen münden in der Anerkennung / Nicht-Anerkennung der mit den Wertobjekten von der Verkäuferseite her verknüpften Wertattribute. Werden die Wertattribute nicht anerkannt, kann das dazu führen, dass die Käuferseite diese mit der Verkäuferseite aushandeln wird. Ziel des Aushandelns wird es in vielen Fällen sein, die Wertattribute der gewünschten Wertobjekte von der Anspruchsgröße ausgehend an die Vorstellungen der Käuferseite heranzuführen. Ebenso kann aber auch die Verkäuferseite dominieren und die Käuferseite zu einer Anpassung „überreden".

Erfahrungsgemäß laufen die oben genannten drei Bewertungsprozesse im Bewusstsein nicht getrennt voneinander ab, sondern sie durchdringen sich gegenseitig.

Die Tauschpartner gestalten mit diesen Bewertungen der Wertattribute gewichtete Beziehungsstärken zu den potenziellen Wertobjekten. Wenn die Bewertungen hinreichend günstig ausfallen, initiieren die Tauschpartner damit ein Wertverhältnis.

Im Verlauf der Äquivalenzfindung kann der potenzielle Käufer einschätzen, dass es für ihn lohnen würde, das analysierte Wertobjekt zu erwerben. Der (zunächst noch potenzielle) Käufer hätte in dem Fall eine gewichtete Beziehungsstärke zu dem (ebenfalls noch potenziellen) Wertobjekt aufgebaut, die von der Stärke her dermaßen wirkt, dass er es eintauschen möchte. Für den Tausch muss der Käufer seine gewichtete Beziehungsstärke zu dem Wertobjekt auf der gesellschaftlichen Ebene wirken lassen, denn dort wird der Tausch Eigentum gegen Eigentum vollzogen. Wenn sein (zunächst ebenfalls potenzieller) Tauschpartner ein ebenso starkes Interesse an dem angebotenen Wertäquivalent für sein Wertobjekt hat, können beide einen Austauschprozess initiieren.

Oder aber es bleibt bei einem bloßen ideellen Bedürfnis, das eventuell noch sprachlich geäußert wird, das aber keinen Austausch nach sich zieht.

Nur in dem Fall, dass es zu einem ökonomischen Austausch kommt, werden mit dem und durch den Austausch die gewichteten Beziehungsstärken gesellschaftlich relevant geäußert und nur so wirken sie wertbildend.

Das Ergebnis der Äquivalenzfindung

Im Rahmen eines ökonomischen Austausches bedeutet das gesellschaftlich wirksame Ergebnis dieser Äquivalenzfindung, dass die gesellschaftlich relevanten Äußerungen der gewichteten Beziehungsstärken „Wert" und „Gegenwert" gleich groß einander gegenübergestellt werden. Genauer: Die Wertgrößen, welche die Bewusstseinsprozesse mit den auszutauschenden Objekten verknüpfen, werden als gleichwertig oder als mit „gleichem Wertgehalt" anerkannt. Das geschieht meist in der Form Geldwert der Ware gegen Geldbetrag in gleicher Wertgröße. Die Äquivalenz der auf der gesellschaftlichen Ebene wirkenden monetären Äußerungen der Wertbeziehung bedeutet auch, dass die ideell wirkenden gewichteten Beziehungsstärken beider Tauschpartner die gleichen Betragsgrößen besitzen.

Der Austauschprozess

Nachdem beide Tauschpartner Wertäquivalenz zwischen den zu tauschenden Wertobjekten ausgehandelt haben, kann der ökonomische Tausch vollzogen werden.

Der Austauschprozess erscheint dabei als die Einheit eines Aneignungs- und eines Trennungsprozesses. Beide Prozesse basieren auf den im Wertverhältnis gegenübergestellten gesellschaftlich relevanten Wirkungsvektoren der gewichteten Beziehungsstärken der Tauschpartner. Die Wirkungsvektoren haben die gleiche Größe, aber entgegengesetzte Wirkungsrichtungen.

Aneignung und Trennung – getrennte Vektoren

Aneignungs- und Trennungsprozess bei einem Tauschpartner können sicherlich in Verbindung mit zwei getrennten Vektoren dargestellt werden. Diese beiden Prozesse gibt es sowohl beim Käufer als auch beim Verkäufer jeweils in dieser Einheit: Der Käufer eignet sich das gewünschte Wertobjekt an, muss sich dafür aber von dem Tauschäquivalent trennen. Der Verkäufer trennt sich vom Wertobjekt, welches der Käufer wünscht, und bezieht dafür das Wertäquivalent von diesem.

Die gewichtete Beziehungsstärke zum Zielwertobjekt entspricht sowohl beim Käufer als auch beim Verkäufer der gewichteten Beziehungsstärke zu dem im Eigentum befindlichen Wertobjekt bzw. dessen Stellvertreter. Bedingt wird diese Gleichheit durch die gleichen Wertbeträge von Wertobjekt und Wertäquivalent.

Das jeweilige Zielobjekt ist das treibende Element im Wertverhältnis. Auf diese Zielobjekte von Käufer und Verkäufer wird der Wertbetrag des Wertverhältnisses bezogen.

Zu dem im jeweiligen Eigentum befindlichen Wertobjekt bzw. Wertäquivalent besteht eine Bindungsenergie. Die Bindungsenergie zum Wertobjekt im Eigentum ist jeweils kleiner als die Energie, welche durch die gewichtete Beziehungsstärke, die zum Zielwertobjekt hin wirkt, generiert wird.

Die angeglichenen gewichteten Beziehungsstärken von Käufer und Verkäufer widerspiegeln die gesellschaftlich relevanten ökonomischen Wertgrößen. Die Bindungsenergien beziehen vor allem den praktischen Nutzen dieser Wertobjekte für den Eigenbedarf ein.

Trennungsenergie und Bindungsenergie

Die Käuferseite muss mit einer Trennungsenergie die Bindungsenergie der Verkäuferseite an ihr Wertobjekt überwinden. Die Verkäuferseite wiederum muss eine Trennungsenergie auf der Käuferseite generieren, die größer ist als deren Bindungsenergie an das Wertäquivalent für das gewünschte Wertobjekt. Nach dem obigen Postulat, dass in einem Wertverhältnis die gewichtete Beziehungsstärke zum Wertobjekt im Eigentum des Tauschpartners größer ist als die Bindungsenergie an das eigene Wertäquivalent, wäre diese Situation gegeben.

Dass zwischen der Antriebsenergie zum Erwerb des Zielobjekts (gewichtete Beziehungsstärke) und der Bindungsenergie zum dafür abzugebenden Äquivalent keine Gleichheit empfunden wird, obwohl beide die gleiche ökonomische Wertgröße repräsentieren, kann u. a. damit erklärt werden, dass in eine Wertbeziehung einbezogen wird, wie nützlich bezüglich des Eigenbedarfs das jeweilige Wertobjekt bzw. Wertäquivalent ist. Die ökonomisch relevante gewichtete Beziehungsstärke eines Käufers zu einem Wertäquivalent sagt nichts direkt zur Nützlichkeit des beim Kauf dafür abzugebenden Wertäquivalents für ihn aus. Das kann äquivalent zu der Situation gesehen werden, dass ein (potenzieller) Käufer mehrere Wertobjekte mit dem Ziel betrachtet und einschätzt, einige von diesen zu erwerben. Dabei wird er mit hoher Sicherheit auf einige treffen, deren Wert, d. h. deren Preis er akzeptiert, die aber für ihn generell oder gerade zu diesem Zeitpunkt nicht nützlich sind. Nützlich und sehr nützlich für ihn könnten andere Wertobjekte sein, die er zum gleichen und vielleicht sogar zu einem niedrigeren Preis erstehen könnte. Mit anderen Worten: Der Preis des Wertobjektes bzw. die gewichtete

Beziehungsstärke zu dem jeweiligen Wertobjekt widerspiegelt nicht 1:1 die Nützlichkeit dieses Wertobjektes für den Käufer.

So kann der Käufer eine Wertäquivalenz zwischen seinem Zielobjekt und einem ihm wichtigen Wertobjekt im Eigentum sehen, d. h. die gewichteten Beziehungsstärken zu beiden sind gleich groß. Das gewünschte Wertobjekt im Eigentum des Tauschpartners erscheint ihm aber nützlicher als das eigene Wertobjekt. Beispielsweise könnte er € 300 in Geldform im Eigentum haben, über die er sich sicherlich freut, die ihm aber momentan nicht so wichtig sind wie eine Espressomaschine. Also tauscht er die € 300, die für ihn ökonomisch genauso viel wert sind wie eine Espressomaschine zu € 300, gegen diese Espressomaschine, weil er sich davon mehr Freude verspricht als von den € 300.

Den ideellen Vorteil des Tauschergebnisses zu beschreiben ist aber eine Feinheit, die den Rahmen dieser Arbeit sprengen würde.

Um für ein Wertverhältnis abzubilden, dass die Antriebsenergie zum Erwerb des Zielobjekts (gewichtete Beziehungsstärke) größer ist als die Bindungsenergie zum dafür abzugebenden Äquivalent im Eigentum – und das bei gleicher ökonomisch relevanter Wertgröße – könnte der praktische Eigenbedarfs-Nutzen des jeweiligen Wertobjektes oder dessen Stellvertreters ebenfalls als Vektor dargestellt werden. Dabei würde erfasst werden, dass sich jede der Seiten im Wertverhältnis durch den wertäquivalenten Tausch einen Vorteil verspricht, der üblicherweise nicht im ökonomischen Bereich zu suchen ist.

Zu den Existenzformen der Wertobjekte

- Wertobjekte in stofflicher Form (Gerät), als Idee (Buch, Patent), als Dienstleistung (Reparatur), als Aktivität (Konzert)
- Symbolischer Stellvertreter eines Anrechts auf Wertobjekte (Geld)
- Direkte Arbeitsleistung
- Symbolischer Stellvertreter eines Anspruchs auf Wertobjekte (Gutschein)

Prinzipiell können in einem Wertverhältnis die Tauschpartner jede Existenzform mit jeder kombinieren.

Als wichtigste Kombinationen des ökonomischen Austauschs erweisen sich offensichtlich die Varianten „Erwerb eines Wertobjektes mittels Abgabe eines Äquivalents in Form von Geld" und „Verkauf der Arbeitskraft gegen Geld". Das liegt vor allem daran, dass Geld wesentliche Vorteile gegenüber anderen Äquivalenzformen besitzt (sehr gute Skalierbarkeit, gute Transport- und Lagermöglichkeit, relativ gute Wertbeständigkeit, gute Handhabbarkeit, die Wertwiderspiegelung ist ausgezeichnet identifizierbar u. a.).

Anerkennung der relativen Nützlichkeit

Mit der Abgabe des Geldes beim Tausch durch den Käufer drückt dieser gesellschaftlich relevant aus, dass das Wertobjekt, das er gegen dieses Geld eintauscht, für ihn und für die Gesellschaft (Mehrwertsteuer) nützlich im ökonomischen Sinne ist. Damit wird die geleistete Arbeit, um das Wertobjekt bereitzustellen, als gesellschaftlich nützliche Arbeit im Umfang des dafür abgegebenen Geldbetrags anerkannt. Ebenso könnte ein Anspruch auf Basis von Eigentum an oder Pacht von Naturgütern anerkannt werden.

Diesen Naturgütern würde damit ebenso eine Nützlichkeit im ökonomischen Sinne zugeordnet.

Bei der Klassifizierung eines Objektes, einer Aktivität oder Idee als Wertobjekt (bzw. im gegenwärtigen Wertverständnis einer Ware als Wert), ohne dass dafür ein Äquivalent bereitgestellt würde, wäre der „Wert“ eine rein subjektive Ermessensfrage. Dieser „Wert“ könnte nicht als Wert für die ökonomischen Prozesse fungieren. Das Objekt / die Ware wäre im ökonomischen Sinne wertlos.

Es spielt in diesem Zusammenhang keine Rolle, ob das betreffende Objekt dem potenziellen Käufer wirklich von Nutzen wäre oder nicht.

Ein solcher Wert hätte weder eine Triebkraftfunktion noch einen Nutzen für die ökonomische Entwicklung der Gesellschaft. Es gäbe ebenso keine Triebkraft dafür, dass ein solcher Wert herausgebildet werden könnte.

Wirkliche Nützlichkeit und scheinbare Nützlichkeit

Tauscht z. B. ein Käufer sein Geld gegen ein Wertobjekt ein, dann wird mit dem Tausch das gesellschaftliche Verhältnis Wert wirksam. Merkt der Käufer später, dass er sein gedachtes Ziel mit diesem Wertobjekt nicht erreicht, kann es zu spät sein für die Rückabwicklung des Tausches bzw. des Kaufs. Ob es wirklich zu spät ist, hängt vor allem von den Vertragsbedingungen ab, die diesem Tausch zugrunde lagen. Kann der Tausch nicht rückgängig gemacht werden, bliebe der Wert des Wertobjektes, der zum Tauschzeitpunkt gegeben war, anerkannt. Das wäre die objektive Seite des zugrunde liegenden Wertverhältnisses. Der ideelle Part kann anders aussehen. Kann der Tausch rückgängig gemacht werden, dann war das Wertverhältnis ein gesellschaftliches Verhältnis auf Probe und die Probe wurde nicht bestanden.

Äquivalenzbereitstellung und subjektives Element im Wert

Die Notwendigkeit, im Rahmen eines ökonomischen Austauschs ein Äquivalent in bestimmter Werthöhe für ein Wertobjekt bereitstellen zu müssen, ist auch ein Beleg für das subjektive Element im gesellschaftlichen Verhältnis Wert. Denn der Vorgang, ein Wertobjekt zu einem bestimmten Wert gegen ein anderes Wertobjekt auszutauschen, kann nicht ohne die Mitwirkung von Bewusstseinsprozessen funktionieren:

Mit der Äquivalenzbereitstellung wird das ökonomische Wertattribut, das der Verkäufer mit seinem Wertobjekt im Eigentum verbindet, gesellschaftlich relevant anerkannt. Dabei kann die Verknüpfung des Wertattributs mit dem Wertobjekt nur über das Bewusstsein erfolgen, da es unmöglich ist, Wert in ein Wertobjekt „einzubauen“.

Ökonomisches Äquivalent – nicht vollständig bestimmt durch die Arbeitsleistung

Ein wesentliches Merkmal der Äquivalenzfindung besteht darin, dass diese Äquivalenz nicht vollständig durch das Wertobjekt determiniert wird. Das heißt, die Werthöhe des Äquivalents, meist in Form von Geld, ergibt sich nicht zwangsläufig und erst recht nicht vollständig bestimmt aus der für das jeweilige Wertobjekt aufgewandten Arbeit bzw. aus einem festgelegten Anrecht aufgrund von Eigentum an Grund und Boden etc. Auch die besondere stoffliche Gestalt des Wertobjektes als Resultat einer bestimmten vergegenständlichten Arbeit, welche durchaus Einfluss auf die Werthöhe hat, legt nicht zwangsläufig die Höhe eines Äquivalents vollständig fest. Mit anderen Worten: Wenn ein Endverbraucherprodukt aus bestimmten Materialien und Kleinteilen zusammengeklebt und geschraubt wird, kann noch lange nicht verbindlich festgemacht werden, dass ein Endverbraucher für das Gesamtgebilde z. B. € 20 zahlen wird.

Vielmehr wird das Objekt über das Bewusstsein eines potenziellen Käufers in die Widerspiegelungen von gesellschaftlichem und natürlichem Kontext einbezogen, und auch das nur unter bestimmten Bedingungen. Erst dann kann der gesellschaftlich relevante Gehalt des betreffenden Wertobjektes, besser der Wertbetrag des von der (potenziellen) Verkäuferseite zugeordneten ökonomischen Wertattributs, vom potenziellen Käufer verarbeitet werden. Dieses Wertattribut stellt als Preisausdruck den Erwartungswert der Verkäuferseite dar. Erst im Anschluss daran wird der potenzielle Käufer entscheiden, ob er das Objekt zu der geforderten Gegenleistung erwerben will, ob er verhandeln möchte oder ob er den Kauf unterlässt.

In einem Warenhaus könnte der vorgegebene Preis von € 20 dazu führen, dass dieses potenzielle Wertobjekt gar nicht verkauft oder nicht in der notwendigen Stückzahl verkauft werden kann. Auf dem Basar könnten sich Käufer finden, die das Wertobjekt für € 16, vielleicht sogar für € 22 erstehen. Alle diese Entscheidungen werden nicht direkt durch das einzelne Wertobjekt über die darin vergegenständlichte Arbeit festgelegt.

Wenn jedoch, wie oft üblich, gesagt wird, dass diese unterschiedlichen Preise den Tauschwert betreffen und der „richtige Wert" nur nicht richtig erkannt wird, dann kann darauf erneut erwidert werden, dass ein „Wert", der nicht erkannt wird, kein gesellschaftliches Verhältnis sein kann, sondern eine rein ideelle Existenzform haben würde. Denn ohne Äquivalenzbereitstellung gäbe es keine Anerkennung der relativen Nützlichkeit des „Wertes" – ein solcher Wert bliebe nur eine gedankliche Vorstellung und es würde, wie bereits oben erwähnt, keine sinnvolle Triebkraft für die Herausbildung eines solchen Wertes wirken können.

Was in diesem Zusammenhang noch erwähnt werden sollte, ist, dass der wirksam gemachte Wert eines Wertobjektes nur im Zusammenhang mit den Werten anderer Wertobjekte erklärt werden kann.

Es gibt keinen abstrakten Wert, der nur für sich steht

Wert kann nicht in Waren als „singulärer, abstrakter" Wert vergegenständlicht sein. „Abstrakter Wert" soll hier bezogen sein auf das Ergebnis gesellschaftlich nützlicher Arbeit, das – unabhängig von der Form der Verausgabung der Arbeit – als Wert im Arbeitsergebnis Wertobjekt bzw. in der Ware vergegenständlicht sein würde. Einen solchen singulären Wert könnte man sich vielleicht vorstellen, aber gesellschaftlich relevant wäre er nicht, denn er würde nur für sich selbst stehen – er hätte kein Äquivalent. Nach Marx [6], [7] und nach der Logik muss der Wert eines Wertobjektes ein „Gegenüber" haben. Wert ist schließlich ein gesellschaftliches Verhältnis und keine Solodarbietung. Ein abstrakter Wert würde keine Triebkraft im ökonomischen Sinne bewirken. Es wäre auch keine Triebkraft für seine Herausbildung gegeben – somit wird ein solcher Wert nicht existieren und nicht existieren können.

„Vergegenständlichte, gesellschaftlich nützliche Arbeit" kann nicht unabhängig von der Form ihrer Verausgabung sein. Die Eigenschaft „nützlich" verlangt die gesellschaftliche Anerkennung durch Tausch bzw. durch Kauf. Aber was einen Käufer bewegt, eine Ware zu kaufen, ist nicht die darin vergegenständlichte Arbeit, unabhängig von der

Form ihrer Verausgabung. Nein, die Arbeit muss in einer Art ausgeführt worden sein, dass der Käufer genau diese Ware und keine andere kauft. Damit kann die Art der Ausführung der Arbeit nicht beliebig sein.

Mit dem Kauf bzw. Tausch wird wiederum deutlich gemacht, dass der Wert eines Wertobjektes ein Gegenüber braucht. Wenn kein Gegenüber existiert, ist der Wert in dem unverkäuflichen Wertobjekt höchstens ein ideeller „Wunschwert".

Sicherlich darf abstrahiert werden und es darf, ohne Frage, von der konkreten Form der Arbeit abstrahiert werden. Doch die Abstraktion darf nicht so weit gehen, dass die Nützlichkeit im ökonomischen Sinne verschwindet.

Möglich wäre eine Formulierung wie: Es wird von der konkreten Form der Arbeit abstrahiert, so dass nur noch das Ergebnis einer abstrakten Arbeit übrig bleibt, einer Arbeit, die unabhängig von ihrer konkreten Form der Verausgabung ist. Doch die konkrete Arbeit, von der abstrahiert wird, muss in einer Art ausgeführt worden sein, dass in der Ware etwas vergegenständlicht wurde, das bei Käufern eine bestimmte relative Nützlichkeit erkennen lässt. Diese relative Nützlichkeit muss für den Käufer in der Art wirken, dass er dadurch zur Abgabe einer Gegenleistung angeregt wird.

Die Wertbestimmung einer Ware geschieht, wenn das Bewusstsein eines (potenziellen) Käufers die Widerspiegelungen der (potenziellen) Wertobjekte bzw. deren Stellvertreter verarbeitet. Solche Verarbeitungen werden von vielzähligen gesellschaftlichen und auch von natürlichen Faktoren beeinflusst. Das geschieht aber eben nicht in der Art, dass der Wert in abstrakter Form in der Ware gegeben wäre und durch die Widerspiegelung der Ware im Bewusstsein vollständig oder nur teilweise erkannt werden würde. Ohne Frage prägt zwar die Ware (eigentlich das Wertobjekt) in bedeutendem Maße die Herausbildung des Wertes. Doch der Wert ist das Resultat der stark subjektiv gefärbten Verarbeitung aller im Bewusstsein relevant widergespiegelten Einflussgrößen, die bei der Herausbildung des Wertes wirken, wobei die Widerspiegelung der Ware (des Wertobjektes) sicherlich die wichtigste Einflussgröße ist. Während die Tauschpartner das gesellschaftliche Verhältnis Wert herausbilden und qualifizieren, einigen sie sich auch auf den Wert, wobei in einem Kaufhaus die „Einigung" fast immer einseitig erfolgt. Das Ergebnis dieser Einigung wird gesellschaftlich relevant zum Ausdruck gebracht, indem der Käufer ein Äquivalent in bestimmter Höhe[23] für den Erwerb der Ware (des Wertobjektes) abgibt.

Triebkräfte für all diese Prozesse sind Bedürfnisse.

Äquivalentabgabe – das ist keine passive Anerkennung eines vorhandenen Wertes

Die Abgabe eines Äquivalents für den Tausch, z. B. in Form von Geld, ist folglich nicht passive Anerkennung des Wertes, der unabhängig vom Bewusstsein objektiv im betreffenden Wertobjekt vorliegt.

Vielmehr zeigt die Abgabe eines Äquivalents für das Wertobjekt, dass das Bewusstsein ein gesellschaftliches Verhältnis Wert zusammen mit dem Tauschpartner aufgebaut hat. Das geschah unter Einbeziehung des Wertobjektes und eines (zunächst vorläufigen)

23 Äquivalent in bestimmter Höhe
Das ist genau die Werthöhe, auf die sich Käufer und Verkäufer im Dialog oder einseitig geeinigt haben. Nur genau diese Werthöhe ist die reale Werthöhe, denn sie widerspiegelt beide Seiten des gesellschaftlichen Verhältnisses Wert. Auf keiner der beiden Seiten gibt es einen „Wertüberhang", denn Wert braucht immer ein Gegenstück.

Äquivalentangebots. Erst in Verbindung mit dem Äquivalent wird das Objekt, die Aktivität, die Idee zum Wertobjekt, erst damit wird es als ökonomisch relevant anerkannt. Und erst damit werden die mit diesem Wertobjekt verknüpften Ansprüche auf Existenzmittel anerkannt, erst damit „gelangt der Wert in das Objekt“. Genauer formuliert: Der Verkäufer hat mit seinem, dem vom Käufer angestrebten, Wertobjekt ein ökonomisches Wertattribut als Anspruch auf Existenzmittel plus Ersatz der Produktionsmittel plus Anspruch auf Mehrwert in bestimmtem Umfang verbunden. Der Käufer muss zum Erwerb des Wertobjektes ein Wertäquivalent an den Verkäufer abgeben, das diesem Wertattribut entspricht und damit den Vorstellungen des Verkäufers über Anrechte auf Existenzmittel und Mehrwert. Oder es gelingt ihm, den Verkäufer zur Minderung seines Anspruchs auf Existenzmittel (darin sind dessen Produktionsmittel eingeschlossen, deren Werte letztendlich ebenfalls Ansprüche auf Existenzmittel darstellen) plus Mehrwert zu bewegen. Oder der Käufer bleibt potenzieller Käufer, weil er das betreffende Wertobjekt schlicht und einfach nicht kauft.

Erst mit der Abgabe eines Wertäquivalents im Tausch wird das ökonomische Wertattribut des Wertobjektes vom Käufer als gerechtfertigt anerkannt und akzeptiert. Der Käufer anerkennt mit dem Tausch den Wertbetrag des Wertattributes, den der Verkäufer veranschlagt bzw. im Dialog ausgehandelt hat, als gerechtfertigt.

Wert – nicht in einem Objekt untergebracht

Der Wert wurde nicht vor dem Kauf in das Wertobjekt eingebracht, mit anderen Worten: Der Wert wurde nicht darin vergegenständlicht. Wäre er darinnen, müssten sämtliche Waren eines Typs verkauft werden und nicht nur einige. Denn sonst wäre nicht zu erklären, warum einige verkauft werden, also „Wert haben“, und andere nicht. Dass die zur Bereitstellung von Wertobjekten aufgewandte Arbeit einmal nützlich sein soll und ein anderes Mal nicht, obwohl sie in der gleichen Art ausgeführt wurde, kann nicht damit erklärt werden, dass mit gleicher Arbeit in einigen Fällen Wert vergegenständlicht wurde und in anderen Fällen nicht.

Vergegenständlichen kann man beliebig viel, auch in sehr komplizierter Art. Erfolgt kein ökonomischer Tausch mit einer Äquivalenzabgabe, war all die liebe Müh‘ umsonst. Das potenzielle Wertobjekt würde nicht in ein reales gewandelt werden. Es würde kein gesellschaftliches Verhältnis Wert bezüglich dieses Wertobjektes aufgebaut werden.

Erst mit der Abgabe einer Gegenleistung als Äquivalent in Werthöhe des ökonomischen Wertattributs, das von der Verkäuferseite mit dem Wertobjekt verknüpft wird, bezieht der Käufer das Wertobjekt in die ökonomischen Prozesse der Gesellschaft ein [6], [7], [14]. Die Wandlung von Objekt (Aktivität, Idee) in Wertobjekt entspricht einem Zustandsübergang, mit dem am Objekt selbst nichts verändert wird. Dieser Zustandsübergang wird auf der gesellschaftlichen Ebene vollzogen.

Etwas Vergegenständlichtes könnte nicht später in einigen Fällen aus dem Objekt herausgenommen werden und in anderen Fällen nicht. Ein Wertattribut kann aber leicht in gewünschten Situationen einem Objekt, einer Aktivität oder einer Idee beigefügt werden und in anderen nicht oder mit veränderter Wertgröße.

Wertobjekt und Bewusstsein prägen den Wert

Ohne Frage determiniert das außerhalb des Bewusstseins existierende Wertobjekt über die Widerspiegelung im Bewusstsein den Aufbau des Wertverhältnisses. In diese Bewusstseinsvorgänge gehen (mehr oder weniger bewusst) die Werte der Arbeitskräfte ein, die das Wertobjekt bereitgestellt haben. Einbezogen werden auch die Qualität der Arbeitsausführung, die Originalität des Erzeugnisses, der Fakt, wie gut das Wertobjekt an das konkrete Umfeld angepasst ist u. v. a. m.

Die Widerspiegelung der Wertobjekte wird hierbei geprägt durch Erfahrungen, die gesellschaftliche Entwicklung usw. Die Triebkraftfunktion des Wertes würde bei Beachtung all dieser Faktoren (und weiterer) optimal wirken können – nicht im Einzelfall, aber im Durchschnitt (Jeder kann sich mal irren beim Kauf). Doch all die Ergebnisse der Widerspiegelung von Herstellungsprozessen und Eigenschaften von Wertobjekten wären für die Gesellschaft bedeutungslos, wenn sie nicht ökonomisch relevant geäußert würden. Mit anderen Worten: Erst mit der Abgabe eines Äquivalents wird die zum Wertobjekt hin bestehende gewichtete Beziehungsstärke als Baustein eines gesellschaftlichen Verhältnisses Wert zwischen den Tauschpartnern wirksam. Folglich kann erst von diesem Zeitpunkt an das jeweilige Objekt als Wertobjekt existieren. Marx schreibt: „Das erwähnte Verhältnis ist das Verhältnis einer Ware zu einer anderen Ware, mit der sie ausgetauscht wird, bzw. allgemein gesprochen das Verhältnis einer Ware zu einer bestimmten Menge Geld, gegen das sie getauscht wird. Der Wert wird erst im Austausch der Waren konstituiert." [6]

Die Einordnung des Wertobjektes in die gesellschaftlichen Prozesse basiert u. a. auf Form und Inhalt des Objektes (der Aktivität, der Idee) als Ergebnis der physischen und psychischen Energieaufwendungen, die zu seiner Erstellung notwendig waren. Jedoch können Form und Inhalt des Wertobjektes, wie oben bereits erwähnt, nicht als absolute und vor allem nicht als alleinige Einflussgrößen auf den Wert betrachtet werden. Ansonsten wäre eine Planwirtschaft, wie sie in der DDR probiert wurde, möglich. Nicht die Ware bzw. das Wertobjekt allein entscheidet über Wert oder Nicht-Wert, sondern die Widerspiegelung des Wertobjektes im Bewusstsein unter Einwirkung der zahlreichen Einflussgrößen.

Wertobjekte – Extremfälle

Es sind z. B. die folgenden zwei Fälle denkbar:

a) Ein Objekt könnte potenziell im gegebenen gesellschaftlichen Kontext als Wertobjekt getauscht werden, aber kein Individuum erkennt es als ein solches. (Die Ursachen dafür können vielfältig sein; es wurde z. B. in einem Behältnis vergessen.) Das heißt, es wird kein Wertäquivalent für dieses Objekt bereitgestellt. Demzufolge wird es nicht als ein im ökonomischen Sinne relativ nützliches Objekt anerkannt und nicht in die ökonomischen Austauschprozesse einbezogen. Es bleibt im ökonomischen Sinne wertlos, obwohl es unter normalen Bedingungen „Wert hätte".

b) Ein an sich nutzloses Objekt wird durch Abgabe eines Äquivalents eingetauscht und so als relativ nützlich im ökonomischen Sinne anerkannt. Nach dem Kauf bemerkt der Käufer den Irrtum. Doch für eine Rückwandlung kann es zu spät sein (abhängig vom Kaufvertrag). Auf gesellschaftlicher Ebene ist das Objekt durch den Tausch gegen ein anerkanntes Äquivalent, wie z. B. Geld, als Wertobjekt in die öko-

nomischen Prozesse der Gesellschaft einbezogen worden. Somit wurde es als relativ nützlich im ökonomischen Sinne anerkannt. Verbunden damit wiederum ist die Anerkennung der zur Bereitstellung des Wertobjektes aufgewandten Arbeit als relativ nützliche Arbeit. Die Ansprüche aller am Bereitstellungsprozess beteiligten Arbeitskräfte (Produktionsarbeiter, Entwickler, Marketing-Spezialisten usw.) auf Existenzmittel werden anerkannt, ebenso wird der geforderte Mehrwert akzeptiert. Diese Anerkennung erfolgt ohne Frage nur in dem Maße, wie die Werthöhe, d. h. der Preis, im Rahmen des gesellschaftlichen Wertverhältnisses akzeptiert oder ausgehandelt wurde.
Der Kauf könnte durch Werbung, Überredung, Unachtsamkeit oder Betrug forciert worden sein. Das spielt für das Resultat des Wertverhältnisses bezüglich dieses Wertobjekts keine Rolle.
Der Kaufvertrag und die für das Wertverhältnis geltenden Kulanzregeln könnten eine Rolle spielen. Aber in diesem Beispiel soll ein Rücktausch nicht möglich sein, so dass der Fall eintritt, dass ein nutzloses Objekt zum Wertobjekt mutiert. (Jeder kennt bestimmt solche Fehlkäufe aus eigener Erfahrung mit Kinobesuchen, beim Kauf von Spielzeug, Souvenirs usw.)

Beide vom Regelfall abweichenden Formen des Zusammenfindens bzw. Nicht-Zusammenfindens von Tauschpartnern können sich aber in den ökonomischen Beziehungen der Menschen nicht als dominierende Varianten durchsetzen. Die vielfältigen menschlichen Beziehungen, das nahe und weitere gesellschaftliche Umfeld, das menschliche Lernverhalten und das Denken verhindern notwendigerweise in der überwiegenden Zahl der Wertbeziehungen stark ineffizientes Tauschen und unnötiges Produzieren.

Subjektives und Objektives im Wert

Die einzige gesellschaftlich relevante Äußerungsform des gesellschaftlichen Verhältnisses Wert ist der Tauschvorgang Wertobjekt bzw. dessen Stellvertreter gegen Wertobjekt bzw. dessen Stellvertreter. Dieser Prozess wird zunächst ideell, dann aber von beiden Tauschpartnern stofflich auf der gesellschaftlichen Ebene vollzogen. Für einen ökonomischen Tausch muss auf dieser Ebene zusätzlich die ausgehandelte Wertgröße abgebildet und für die Gesellschaft sichtbar gemacht werden. Das geschieht mit einem Kaufvertrag, demgemäß Ware und Geld gegenseitig übergeben werden. Ohne gesellschaftlich relevante Äußerung des Tauschvorganges bliebe ein „ökonomisch gedachter" Tausch als „Idee gegen Idee" eine rein ideelle Angelegenheit. Solch ein Vorgang hätte keine stoffliche Wirkung auf der gesellschaftlichen Ebene zur Folge, wenn die Tauschpartner mit diesem Tausch kein Geld übergeben, keinen Kaufvertrag aufsetzen (stoffliche Ausdrucksform des ökonomischen Austauschs) oder Ähnliches unternehmen würden. Die Absicherung des Endergebnisses des Wertverhältnisses wiederum bleibt in der Masse der Wertverhältnisse ein ideelles Rechtsgebilde. Bei Problemen mit dem individuellen Ablauf, bei der Eigentumszuordnung usw. kann aber die Gesellschaft materiell spürbar das durchsetzen, was den gesetzlichen Bestimmungen entspricht. Die letztgenannte Möglichkeit ist einer der Sachverhalte, die zeigen, dass auch ein Wert, der auf gewichteten Beziehungsstärken basiert, objektiv existiert.

Die Abgabe eines Äquivalents zwecks Erwerbs eines Wertobjekts

1. beinhaltet in einer Wertbeziehung als subjektiven Anteil die Anerkennung des von der Verkäuferseite mit dem Wertobjekt verknüpften ökonomischen Wertattributs (die Anerkennung erfolgt über Bewusstseinsprozesse), dessen wirksamer Wert durch Aushandeln vom Ursprungswert abweichen kann, und
2. äußert zusätzlich die ökonomisch relevante Beziehung zwischen den Tauschpartnern auf der gesellschaftlichen Ebene. Das Wertobjekt und die Abgabe eines Äquivalents, um das gewünschte Wertobjekt einzutauschen, oder / und ein Kaufvertrag oder Ähnliches sind die objektiven Elemente der Wertbeziehung. Äquivalent und Kaufvertrag sind sichtbar für Dritte und üblicherweise wird die Gesellschaft steuerlich daran beteiligt.

Subjektiven Charakter trägt die Anerkennung des ökonomischen Wertattributs, weil die Verknüpfung der Wertgröße mit dem Wertobjekt nur im menschlichen Bewusstsein vonstattengeht. Unabhängig vom Bewusstsein gibt es weder Wertattribute noch Wert noch eine Verknüpfung von Wertattribut und Wertobjekt und ganz bestimmt keinen „vergegenständlichten Wert". Objektiven Charakter trägt die Anerkennung des ökonomischen Wertattributs aber auch – eben durch die Abgabe eines Wertäquivalents sowie durch einen Kaufvertrag mit Preisangabe und Unterschrift, weil dieser Vorgang über die individuellen Vorstellungen jedes Tauschpartners hinausgeht und für Dritte stofflich erfassbar ist.

Die objektiven Elemente des Wertes sind mit den subjektiven Elementen verbunden. Ohne Verknüpfung von Wertobjekt und Wertattribut (subjektive Verknüpfung) wäre keine Notwendigkeit gegeben, ein Äquivalent abzugeben. Ohne Wertattribut würden dessen Bewertung und die daraus resultierenden Handlungen entfallen. Das, was objektiv existiert, nützt für ein Wertverhältnis nur, wenn es „richtig" im Bewusstsein widergespiegelt und dargestellt wird.

Ebenso ist der subjektive Part an den objektiven gebunden: Eine rein subjektive Einschätzung des Wertattributs des gewünschten Wertobjektes würde keinerlei gesellschaftlich relevante Auswirkungen haben. Ob der potenzielle Käufer denkt „Wow, das ist cool, dafür würde ich Hunderttausend zahlen!" oder „Das taugt überhaupt nix, das ist keinen Cent wert!" – beide Überlegungen würden nicht auf der gesellschaftlichen Ebene wirken. Sie blieben auf ihre individuellen Erscheinungsformen beschränkt. Als weitere Möglichkeit wäre die „zufällig richtige" Einschätzung der Wertgröße denkbar. Aber auch diese müsste für ein Wertverhältnis objektiv geäußert werden, sonst bliebe sie eine rein individuelle Vorstellung. Das Subjektive muss sich im Großen und Ganzen am Objektiven orientieren und das Objektive relativ „richtig" einschätzen – bei allen Fehlern, die dabei im Einzelfall passieren. Würde ständig die wirkliche Nützlichkeit von Wertobjekten falsch eingeschätzt werden, würden die betreffenden „Dauer-Falschschätzer" in der Gesellschaft spürbar benachteiligt werden. Dass beim Schätzen immer wieder vom als ideal vorstellbaren Wert abgewichen wird und Fehler passieren, liegt an der „Natur der Sache": Wert ist nun mal ein gesellschaftliches und kein computerbasiertes Verhältnis.

Die letzten Aussagen zeigen wieder die Einheit von Subjektivem und Objektivem in Wertverhältnissen.

Mit der materiellen Äußerung eines Wertverhältnisses durch einen stofflich sichtbaren Tausch ist der Übergang einer solchen Beziehung aus dem individuellen in den gesellschaftlichen Bereich vollzogen.

Individuelle Beziehungen zum Wertobjekt werden nivelliert

Mit diesem Übergang auf die gesellschaftliche Ebene wird die individuelle Beziehung zum Wertobjekt relativiert, denn die individuellen Einschätzungen des Wertgehalts müssen im Allgemeinen sehr stark an die Ansichten, welche die Gesellschaft im Laufe der Zeit herausgebildet hat, angepasst werden. Individuelle Detailvorstellungen werden dabei oft nivelliert. Das ist z. B. der Fall, wenn ein Tauschpartner eine andere als die gesellschaftlich durchschnittliche Beziehung zu einem Wertobjekt hat (er sieht z. B. einen geringeren Wertbetrag). Wenn in einer solchen Situation das Wertobjekt für ihn sehr wichtig ist, es z. B. zu einer bestimmten Marke gehört, kauft er es trotzdem (oder gerade deswegen). So zahlt der Käufer in solch einem Fall einen höheren Preis und bringt damit zum Ausdruck, dass er seine individuelle Einschätzung des Wertgehalts an den gesellschaftlich geforderten Wert angeglichen hat.

Praktisch wird die zeitliche Reihenfolge der Überlagerung der gesellschaftlichen und individuellen Wertvorstellungen unterschiedlich herausgebildet werden – je nach Wertobjekt und konkreter Handelssituation. Einmal werden die im Umfeld wirksamen, gesellschaftlich bereits herausgebildeten üblichen Wertvorstellungen der Ausgangspunkt sein, ein anderes Mal werden die individuellen Vorstellungen als erste wirksam.

Anm.: Diese Annahme basiert auf Erfahrungswerten.

Wert, Äußerungsform, Abhängigkeit vom gesellschaftlichen Umfeld

In der Äußerungsform des gesellschaftlichen Verhältnisses Wert kommt durch die Überlagerung von individuellen mit den in der Gesellschaft bereits gegebenen Wertvorstellungen nicht nur die Abhängigkeit des Wertes von beiden Tauschpartnern, sondern auch die Abhängigkeit vom gesamten gesellschaftlichen Umfeld zum Ausdruck. Dieser Fakt liegt darin begründet, dass die bei einem einzelnen Tauschvorgang für die Wertobjekte unter anderem wirkenden Werte der Arbeitskräfte plus der Mehrwert sich letztendlich ergeben aus Erfahrungen und den Durchschnittsbildungen aus all den anderen Tauschvorgängen in der Gesellschaft. Es wirken weitere gesellschaftlich geprägte Vorstellungen auf ein Wertverhältnis ein, ebenso historische Abläufe bei einzelnen Wertbeziehungen u. a. Die konkrete Werthöhe eines Wertverhältnisses kann nicht allein aus den Vorstellungen der beiden darin agierenden Tauschpartner abgeleitet werden. Auf die Bestimmung der Wertgröße wirkt das jeweilige gesellschaftliche Umfeld. Erfahrungsgemäß werden bei der Wertbildung sehr viele Faktoren nicht bewusst berücksichtigt - die extrem hohe Zahl wertbeeinflussender Faktoren kann nicht bewusst verarbeitet werden. Weitere Faktoren werden indirekt in die Wertbildung einbezogen, indem die Tauschpartner andere wichtig erscheinende (potenzielle) Wertobjekte in ihre Überlegungen einbeziehen. Deren Preise und deren Erscheinen wirken auf die Herausbildung der Wichtungen ein.

Grundlage und Triebkraft dafür, dass Menschen Wertverhältnisse herausbilden, sind die gewichteten Beziehungsstärken, die von den Bewusstseinsprozessen der sich in dem Wertverhältnis gegenüberstehenden Tauschpartner ausgehen. Diese Beziehungsstärken werden gerichtet auf die Wertobjekte bzw. deren Stellvertreter in der Verfügungsgewalt des jeweiligen Gegenübers.

Zu These 6: Wertobjekte und Wertäquivalente (meistens Geld) erscheinen im Ereignisfeld einander immer gleich groß gegenübergestellt.

Grundsätzlich gilt, dass in einer Gesellschaft der Umfang aller Wertobjekte gleich groß ist dem Umfang der gesamten dafür gebotenen Wertäquivalente. Diese Aussage gilt bezogen auf die wirksamen Preise für sämtliche Tauschvorgänge im Ereignisfeld, die zu einem Zeitpunkt stattfinden. Die Aussage kann, ohne Frage, nicht für die vorhandenen Geldmengen und die vorhandenen potenziellen Wertobjekte im Ereignisfeld gelten, denn die Preissummen aller potenziellen Wertobjekte sind zunächst nur Ausdruck von Ansprüchen. Ob diese Ansprüche durchgesetzt werden können, wird erst später entschieden.

Ein Ereignisfeld im hier gemeinten Sinne soll der Wirkungsbereich eines einheitlichen Währungssystems sein.

Gleich großer Wertumfang von Wertobjekt und Wertäquivalent auch bei Marx

Das Statement zum gleich großen Wertumfang von Wertobjekten und Äquivalenten entspricht den Vorstellungen von Marx, auch wenn er diesen Sachverhalt nicht in der Art formuliert hat: „Das erwähnte Verhältnis (das gesellschaftliche Verhältnis Wert; Anm. des Autors) ist das Verhältnis einer Ware zu einer anderen Ware, mit der sie ausgetauscht wird, bzw. allgemein gesprochen das Verhältnis einer Ware zu einer bestimmten Menge Geld, gegen das sie getauscht wird. Der Wert wird erst im Austausch der Waren konstituiert." [6]

Daraus ergibt sich bereits per Definition, dass ein Überhang auf einer der beiden Seiten nicht existieren kann. Die Menschen erzeugen diesen Zustand mit jeder ihrer ökonomischen Aktivitäten sozusagen „automatisch".

Prinzipiell kann formuliert werden, dass ein Überhang an Wertobjekten gegenüber den bereitgestellten Wertäquivalenten unmöglich ist, weil die für Wertobjekte notwendige gesellschaftliche Anerkennung als solche für diese „überzähligen" Parts fehlen würde. Diese „Wertobjektanteile im Überhang" könnten höchstens Anteile sein, die potenzielle Käufer nur als gut, wichtig, schön usw. sehen, dies aber nicht gesellschaftlich relevant durch Bezahlung zum Ausdruck bringen.

Bei den Äquivalenten zu den Wertobjekten sieht es etwas anders aus, wenn es dabei um Geld geht. Das Wertattribut des Geldes ist ein Versprechen auf Wertobjekte, das von Banken, der EZB (Euro) bzw. vom Staat gegeben wird. Sollten die potenziellen Käufer einer Gesellschaft mehr Geld von der zugesagten Werthöhe her erhalten, als Wertobjekte vom Wertumfang her gesehen vorhanden wären, dann würde das in einer Gesellschaft mit nicht fixen Preisen zu Preiserhöhungen führen, da die Nachfrage nach praktisch allen Produkten steigen würde. Damit wäre nach kurzer Zeit wieder eine Übereinstimmung vom Geld- und Wertobjektumfang gegeben. Die Preisangaben der Wertobjekte würden verändert werden, aber die Geldmengen würden weiterhin für gleiche prozentuale Anrechte auf Wertobjekte stehen. Ganz sicher gibt es weitere Auswirkungen, die hier aber nicht untersucht werden sollen. Dieser Effekt kann jedoch nur auftreten, wenn die überschüssige Geldmenge im Verbraucherbereich wirksam wird.

In einer Gesellschaft, in der die Preise nicht einfach verändert werden dürfen (Planwirtschaft, z. B. DDR) würde aber ein bei den Bürgern generierter Geldüberschuss Mangelerscheinungen hervorrufen.

Wertgleichheit von Wertobjekt und Äquivalent auch beim Handel auf dem Basar

Diese Wertgleichheit von Wertobjekt und dafür gebotenem Äquivalent trifft auch auf das Basargeschehen zu und ebenso auf den direkten Warentausch, selbst wenn durch das Feilschen einer der Tauschpartner sich übervorteilt sehen sollte.

In einem gedanklichen Szenario, das gut zur damaligen Situation in der DDR passt, möchte ein Handwerker eine Familienfeier ausrichten. Dazu muss er verschiedene Lebensmittel einkaufen. Ein Lebensmittelhändler benötigt einen Schreibtisch. Beide kennen sich und finden die Idee gut, die Waren (da diese nur stofflicher Natur sind, kann diese gängige Formulierung hier in Annäherung genutzt werden) miteinander zu tauschen (Bild 6).

Der Lebensmittelhändler errechnet als Wert seiner Waren 540 Mark. Der Handwerker errechnet 650 Mark für seinen Schreibtisch. Der Lebensmittelhändler versucht, seine Produkte als Gegenwert für den Schreibtisch, also für 650 Mark, abzugeben. Der Handwerker ist nicht bereit, seinen „Sachwert“ von 650 Mark als Äquivalent für die Lebensmittel allein zu akzeptieren. Er lässt sich aber dazu überreden, 595 Mark zu akzeptieren. Der Lebensmittelhändler kann seinen ursprünglichen Anspruch auf Gegenleistung nicht durchsetzen. Aber mit 595 Mark liegt er immer noch deutlich über seinem errechneten Anspruch auf Gegenleistung von 540 M, den er aber dem Handwerker nicht verraten hat. Er wird den Tausch als Gewinn sehen, der Handwerker sieht ihn als Verlustgeschäft, das er sich aber durchaus einmal leisten kann.

Wenn die beiden im privaten Bereich tauschen und keinen Wertausgleich über Geld vornehmen, ist die Werthöhe, auf die sie sich einigen, völlig egal, diese könnte ebenso gut 2000 Mark betragen – ein solcher Preis wäre für die Ökonomie der Gesellschaft nicht relevant. Geschieht der Tausch aber sichtbar für die Gesellschaft, indem z. B. eine Rechnungslegung erfolgt, dann wäre der Wert der Produkte für die Gesellschaft von Bedeutung. Denn solch ein Tausch beträfe den Gesamtumfang aller in der Gesellschaft gehandelten Wertobjekte und Finanzmittel, die Steuern, Versicherungen, Abschreibungen und Erbschaften.

Das für die beiden ökonomisch relevante Ergebnis lautet 595 Mark für die Lebensmittel und 595 Mark für den Schreibtisch. Der Wert des Schreibtisches würde damit von 650 Mark auf 595 Mark gesenkt und der Wert der Lebensmittel von 540 Mark auf 595 Mark angehoben.

So kann wiederum formuliert werden: Der Umfang an Wertobjekten, ausgedrückt in Werteinheiten, und der Umfang an dafür bereitgestellten Äquivalenten, ebenfalls ausgedrückt in Werteinheiten, sind im Ereignisfeld immer gleich groß (Bild 7.1). Wie diese Gleichheit herbeigeführt wird, ist aber nicht spürbar auf der gesellschaftlichen

Ebene. Basis der Wertgrößen sind auch beim Naturalienhandel die Werte der Arbeitskräfte. Doch auch bei solchen Tauschvorgängen wirken weitere Faktoren auf die letztendlich realisierten Wertgrößen ein.

Inflationsgeld, überschüssige potenzielle Wertobjekte und der Zeitraum

Objekte, Aktivitäten und Ideen, die über den Umfang an Wertäquivalenten hinaus auf dem Markt bereitgestellt werden, sind keine Wertobjekte im ökonomischen Sinne. Sie werden nicht als relativ nützlich im ökonomischen Sinne anerkannt. Somit werden diese nur potenziellen Wertobjekte nicht in gesellschaftliche Wertverhältnisse einbezogen, denn sonst müssten dafür ebenfalls ökonomisch relevante Äquivalente (Geld, andere Wertobjekte, Arbeitsleistungen) abgegeben werden (Bild 7.2).

Geld, das über den Umfang an Wertobjekten, ausgedrückt in Preisen, hinaus zum Bezug von Wertobjekten wie technischen Geräten, Literatur, Veranstaltungen, Patenten usw. zur Verfügung gestellt wird (also ohne dass dafür Wertobjekte vorhanden wären), wäre im ökonomischen Sinne kein wirkliches Wertäquivalent bzw. Stellvertreter-Wertobjekt, sondern Inflationsgeld[24]. Inflation ist nicht die Erscheinung, dass Preise zum Ausgleich des Geldüberhangs angehoben werden. Inflation ist ein Geldüberhang durch Geldüberschuss gegenüber den dafür gebotenen Wertobjekten. Wenn Inflationsgeld generiert wird, entspricht das einer Geldentwertung. Durch die Anhebung von Preisen kann eine Inflation gemindert bzw. vollständig beseitigt werden. (Das gilt aber nur für den Fall, dass das Inflationsgeld für den ökonomischen Austausch verfügbar ist, z. B. über höhere Löhne. Geldüberhang im relativ selbständigen Finanzsektor wird anders „verarbeitet".) (Bild 7.3): „Inflation entsteht demnach nur, wenn die nachfragewirksame Geldmenge schneller wächst als die realen Produktionsmöglichkeiten." [18] Anm. des Autors: Die umgangssprachlich genutzte Definition ist unter dem Stichwort „Inflation" zu finden: „Eine Inflation ist ein Prozess anhaltender Preisniveausteigerungen, die über eine gewisse Marge hinausgehen."

Zum Begriff „Geldüberhang" muss etwas weiter ausgeholt werden: Was ist Geld, das über den Umfang der Wertobjekte hinaus bereitgestellt wird?

Das gesellschaftliche Verhältnis Wert wird nur für einen kurzen Moment aufgebaut.

Damit wird nur ein extrem geringer Anteil an allen Wertobjekten als reale Wertobjekte gehandelt. Der überwiegende Teil verbleibt als potenzielle Wertobjekte. Genauso sieht es bei den Geldmitteln aus. Nur ein kleiner Anteil an allen für reale Käufe zur Verfügung stehenden Geldmitteln wird zu einem bestimmten Zeitpunkt wirklich genutzt. Der überwiegende Teil verbleibt zunächst als potenzielles Zahlungsmittel bei potenziellen Käufern.

Das, was zu einem bestimmten Zeitpunkt an wirklichen Wertobjekten und an wirklichen Wertäquivalenten auf dem Markt gehandelt wird, widerspiegelt folglich in keiner Weise die reale ökonomische Situation eines beliebigen Landes, denn der überwiegende

24 Inflationsgeld
Die hier beschriebene Situation traf insbesondere auf die DDR zu. Es gab einen großen Geldüberhang bei den Bürgern, der nicht durch höhere Preise ausgeglichen werden konnte, da die Preise diktiert und dabei zu niedrig angesetzt wurden.

Teil der potenziellen Wertobjekte wird gegen potenzielle Geldmengen in einem überschaubaren Zeitraum getauscht werden.

Der Begriff Inflation sollte dieser Situation bei potenziellen Wertobjekten und beim Geld als potenzielle Wertäquivalenz gerecht werden. Das könnte dadurch geschehen, dass die Wahrscheinlichkeit für die Transformation eines bestimmten Umfangs an potenziellen Wertobjekten in reale Wertobjekte und eine entsprechend wahrscheinlich umgesetzte Geldmenge in die Betrachtungen der ökonomischen Situationen bezüglich der Inflation einbezogen wird. Bezugsbasis sollte ein hinreichend langer Zeitraum sein. Das könnte ein Monat oder ein Jahr sein.

In der DDR wirkten der Überhang an potenziellen Wertobjekten (Ladenhüter) und der Geldüberhang (Mangelwaren) über sehr lange Zeiträume parallel und beide Seiten wuchsen immer weiter (Bild 7.4). Es war abzusehen, dass in denkbaren Zeiträumen die störenden überschüssigen Geldmengen (zu erkennen am Mangelwarenumfang) nicht für den Tausch gegen reale Wertobjekte hätten genutzt werden können.

Zu These 7: Mit der Entwicklung und Entfaltung von Arbeitsteilung, Kommunikation und Handel können in der Gesellschaft relativ stabile gewichtete Beziehungsstärken zu Wertobjekten als Durchschnittsgrößen herausgebildet werden. Diese führen wiederum zu relativ stabilen Wertverhältnissen zwischen den Tauschpartnern.

Widerspiegelung der Wertobjekte – objektiv determiniert, subjektiv beeinflusst

Das Bewusstsein und damit die im ökonomischen Sinne gewichteten Beziehungsstärken werden durch die objektive Realität determiniert, und folglich werden auch die auf den gewichteten Beziehungsstärken beruhenden gesellschaftlichen Wertverhältnisse durch die objektive Realität determiniert. Die ökonomisch relevanten gewichteten Beziehungsstärken werden dabei insbesondere von den Wertobjekten bestimmt. Dieser Einfluss entspricht dem objektiven Anteil an der Widerspiegelung der Wertobjekte im Bewusstsein.

Doch die objektive Realität, die über das Bewusstsein erfasst wird, kann dort nicht 1:1 abgebildet werden. Bei jedem individuellen Widerspiegelungsprozess eines Wertobjektes erzeugt das Bewusstsein dessen ideelles Abbild auf individuelle Art. Demzufolge müssen die aus solchen Widerspiegelungen entstehenden gesellschaftlichen Wertverhältnisse einen individuellen, sprich ideellen Anteil, haben.

Auf die Widerspiegelungen von Wertobjekten in den Bewusstseinsprozessen beider Tauschpartner wirken vielfältige gesellschaftliche, natürliche und individuelle Faktoren ein (insbesondere die Werte der an der Bereitstellung der Wertobjekte beteiligten Arbeitskräfte, d. h. deren gesellschaftlich bestimmter, aber individuell beeinflusster Anspruch auf Existenzmittel plus deren Anspruch auf Mehrwert – ausgedrückt in Preisen; die gesellschaftlich beeinflussten Handlungsziele und -möglichkeiten des Individuums; die konkrete persönliche Situation; Erfahrungen; Fähigkeiten und Fertigkeiten; Erziehung; Tradition; Religion; das persönliche Umfeld zu Verwandten, Bekannten, Kollegen; Ausgangsmaterialien, Werkzeuge usw.).

Potenzielle Wertobjekte werden widergespiegelt

1. bezüglich des Gebrauchswertes (Bei Wertobjekten in Form von künstlerischen Darbietungen sind das die zu erwartende Ausstrahlungskraft, Gefühlsvermittlung, die künstlerische Perfektion, Harmonie / Disharmonie, je nach Erwartungshaltung Entspannung oder Anspannung usw.),

2. bezüglich der stofflichen Eigenschaften (Formgebung, Farbe, Materialien, Handhabbarkeit, Kompliziertheit, Komplexität, Zuverlässigkeit, Anpassung an den Zeitgeist usw.), bei künstlerischen Darbietungen sind das vor allem die Wirkung der Kulissen, Masken, Kostüme, die Tonqualität usw., und
3. bezüglich der diesen Wertobjekten beigefügten ökonomischen Wertattribute, welche nicht selbst in den Objekten als Werte zu finden sind, die sich aber auf die unter 1. und 2. genannten Eigenschaften beziehen. Über das Bewusstsein werden die ökonomischen Wertattribute als „gesellschaftlich relevante Inhalte" mit den potenziellen Wertobjekten verknüpft.

Somit wird das Abbild eines Wertobjektes im Bewusstsein eines jeden Individuums stets mehr oder weniger stark ausgeprägte individuelle Anteile beinhalten, die abweichen von den individuellen Anteilen bei anderen Individuen, auch wenn alle Individuen das gleiche Wertobjekt betrachten.

Mit anderen Worten: Prinzipiell gibt es keine zwei völlig identischen gewichteten Beziehungsstärken im ökonomischen Sinne von verschiedenen Personen zu einem gegebenen Wertobjekt. Diese Aussage gilt sicherlich nur für den Zeitraum vor den Nivellierungen der gewichteten Beziehungsstärken verschiedener Käufer durch einen gegebenen Preis z. B. in einer Warenhauskette.

Besonders deutlich dürfte diese Erscheinung mit dem Einsetzen der Arbeitsteilung in vorgeschichtlicher Zeit zutage getreten sein, da die individuellen Wertvorstellungen notwendigerweise einen großen Einfluss auf die Austauschprozesse gehabt haben mussten (Vermutung des Autors).

Auf die heutige Zeit bezogen hätte wahrscheinlich z. B. ein ultramodernes TV-Gerät gegen eine kleine Espressomaschine ausgetauscht werden können.

Gunnar Heinson und Otto Steiger vertreten in ihrem Buch „Eigentum, Zins und Geld. Ungelöste Rätsel der Wirtschaftswissenschaft" die Auffassung, dass es in der Steinzeit und der – nach ihrer Auffassung – anschließenden feudalen Epoche keinen Markt gab. Waren wurden angeblich verteilt.

Diese Auffassung ist zumindest umstritten. Aber selbst wenn man dieser Ansicht folgen würde, wären Werte und Wertäquivalenzen wichtig in diesem Zusammenhang. Denn auch bei einer Verteilung wird auf Äquivalenz geachtet: Der Töpfer-Sklave musste seinem Herrn als Tagesleistung ein Äquivalent zu dem abliefern, was der Feld-Sklave lieferte. Der Bauer musste dem Kloster und dem Feudalherren eine bestimmte Menge an Getreide und Fleisch liefern, der Schäfer eine äquivalente Menge an Wolle und Fleisch, der Töpfer, der Schmied, der Bergwerksbesitzer usw. – sie alle mussten Äquivalente abliefern. Basis für die Äquivalenzfindung waren ganz sicher zu dieser Zeit, ebenso wie heute, die Werte der Arbeitskräfte in Verbindung mit der Kompliziertheit der unterschiedlichen Arbeitsaktivitäten, den unterschiedlichen Arbeitsmethoden und -möglichkeiten, den Eigentumsrechten an Bodenschätzen etc. Jedenfalls war und ist die Äquivalenzfindung für ökonomische Abgabe- und Verteilungsprozesse ebenso notwendig wie bei einer Marktwirtschaft.

Aus meiner Sicht gab es aber schon damals – und sogar lange Zeit davor – viele Märkte, selbst wenn sicherlich nicht alles über Märkte verteilt wurde. Doch das soll hier nicht das Thema sein. Der Hinweis auf Gunnar Heinson und Otto Steiger steht hier nur, weil gezeigt werden soll, dass fast überall[25] auf Wertäquivalenz geachtet werden muss, seitdem die Menschen in ihrer Gesellschaft die Arbeitsteilung herausgebildet haben, egal ob mit oder ohne Markt. Ob die Produkte über den Markt oder über Zuteilungen an die Obrigkeit und das Volk gebracht werden, spielt für das Prinzip der wertäquivalenten Annahme und Abgabe von Produkten keine Rolle, jedoch für die konkreten Anteile der Einzelnen am Gesamtumfang der geschaffenen Werte schon.

Wert und Kumulierung von Erfahrungen

Indem die Menschen Arbeitsteilung, Handel, Transport und Kommunikation immer intensiver und komplexer entwickeln und ausbauen, beeinflussen sich die Tauschpartner, die Produzenten und überhaupt alle Gesellschaftsmitglieder gegenseitig immer umfangreicher. Faktoren, die den Produktionsprozessen der verschiedenen Waren in der Gesellschaft zugrunde liegen, können immer umfassender und bewusster als Parameter in die für die Austauschprozesse relevanten Bewusstseinsprozesse einfließen. In immer stärkerem Maße kumulieren die Menschen Erfahrungen und fixieren sie ausführlicher in schriftlicher Form. Mit der Ausweitung des Handels nehmen außerdem die Einflüsse von Prozessen und Bedingungen immer mehr zu, die aus weiteren Umfeldbedingungen auf die Tauschvorgänge wirken.

Das alles entspricht vollkommen der Erfahrung, dass die Wertbeträge von Wertobjekten, die mittels menschlicher Arbeit erstellt wurden, nicht nur durch die Arbeitsergebnisse, sondern auch durch viele weitere und miteinander verquickte Einflussgrößen bestimmt werden. Besonders deutlich wird das sichtbar, wenn ein Produkt über einen sehr langen Zeitraum in genau der gleichen Art hergestellt wird. Der Wert eines solchen Produktes wird im Allgemeinen mit der Zeit sinken. Das wird genauso der Fall sein bei einem Produkt, das passend zum Zeitgeist auf den Markt gebracht wird, das aber, aus welchen Gründen auch immer, im Laden liegen bleibt. Selbst wenn das Produkt stofflich nicht altern sollte, würde trotzdem der Wert dieses Produktes sinken.

All diese Einflussgrößen auf die Werte von Waren (besser Wertobjekten) sind von Anbeginn des ökonomischen Austauschs noch nie exakt in ihren Einflussstärken und Bedeutungen durch Berechnung ermittelt oder verarbeitet worden[26]. Das dürfte praktisch auch gar nicht machbar sein.

Die Wertbestimmung – ein komplexer Bewusstseinsprozess

Die Wertbestimmung von Wertobjekten – genauer: die Bestimmung der ökonomisch relevanten Beziehungen zwischen Tauschpartnern – war, ist und bleibt ein komplexer Bewusstseinsprozess, an dem beide Tauschpartner hohen Anteil haben. Beim Ablauf der Bewusstseinsprozesse werden viele Faktoren der objektiv existierenden potenziellen Wertobjekte ideell widergespiegelt. Diese Widerspiegelungen wirken damit als Einfluss-

25 Fast überall
Bei Naturvölkern soll es teilweise anders gewesen sein

26 nie exakt ... durch Berechnung ermittelt oder verarbeitet worden
Eine solche exakte Berechnung wäre u. a. nicht möglich, da die Bewusstseinsprozesse, die aus der Widerspiegelung von potenziellen Wertobjekten entstehen, nicht vollständig durch diese potenziellen, außerhalb des Bewusstseins existierenden, Wertobjekte determiniert werden. Zu komplex sind diese Vorgänge und zu stark abhängig vom jeweiligen Individuum, um berechnet werden zu können. Das gilt zumindest für alle vorstellbaren Zeiträume.

größen auf die Wertbeziehung. Einflussgrößen dieser Art haben „naturgemäß" einen hohen, mathematisch-physikalisch nicht exakt nachvollziehbaren Anteil. Als solche in hohem Maße ideell wirkende Einflussgrößen werden sie aber letztendlich gesellschaftlich wirksam. Zu diesen ideell wirkenden Einflussgrößen zählen die Widerspiegelungen

- der vermuteten relativen Nützlichkeiten der Arbeitsergebnisse im gegebenen gesellschaftlichen Kontext in Qualität und Quantität (z. B. würde ein potenzieller Käufer gern ein Radio für digitalen Radioempfang kaufen, aber in seinem Umfeld gibt es nicht hinreichend viele Sender, die solche Programme anbieten),
- der vermuteten Arbeitsaufwendungen in Form psychischer und physischer Energieaufwendungen für die jeweiligen Wertobjekte (Musste viel filigrane oder körperlich schwere Arbeit aufgewendet werden, waren viel geistige Anstrengungen notwendig?),
- der vermuteten Kompliziertheitsgrade von maschinellen Herstellungsprozessen,
- der gegebenen und individuell unterschiedlich empfundenen und unterschiedlich vermuteten Umfeldbedingungen bei der Herstellung der Objekte,
- des vermuteten Gefährlichkeitsgrades der Herstellung,
- der vermuteten notwendigen Ausbildung der Produzenten,
- der als originell empfundenen Arbeitsergebnisse im Vergleich zum Umfeldniveau; Relativgröße, mit der das Arbeitsergebnis verglichen wird mit vergleichbaren anderen Arbeitsergebnissen; der Wert, der in Bezug auf das Arbeitsergebnis herausgebildet wird, wird damit in Beziehung gesetzt zu den Ergebnissen, die durchschnittlich mit vergleichbarem Aufwand erzielt werden – auf originelle Funktionen bezogen, auf ein kreatives Äußeres, auf besondere Eigenschaften bezogen, die man in dieser Art nicht an einem solchen Objekt erwartet,
- der erkannten und empfundenen Ausführungsqualitäten der geleisteten Arbeiten,
- anderer potenzieller Wertobjekte, die gleichen oder anderen Zielen dienen und die bei der Entscheidungsfindung über die Abgabe eines Äquivalents für das primär betrachtete Wertobjekt relevant sind,
- der Machtverhältnisse und der juristischen Gegebenheiten des gesellschaftlichen Umfeldes im Bewusstsein,
- von Traditionen, Erziehung usw. zusammen mit deren individueller Verarbeitung über längere Zeiträume,
- äußerer zusätzlicher Kaufanreize wie z. B. Werbung,
- bestimmter außergesellschaftlicher Bedingungen und Prozesse (Naturkatastrophen, generell extreme natürliche Umgebungsbedingungen usw., z. B. benötigt ein Inuit kein Auto mit Sommerreifen), die mehr oder weniger adäquat auf die Kaufentscheidung einwirken

usw.

Wertbestimmung – über Durchschnitts- und Erfahrungswerte, Vermutungen, Gefühle

Die Einbeziehung der Widerspiegelungen der oben genannten Faktoren in die Wertbestimmung geschieht nicht mathematisch exakt, indem von den interagierenden Tauschpartnern aus all diesen Einflussgrößen die jeweilige Wertgröße des Wertobjektes des „Gegenüber" errechnet wird.

Vielmehr werden die subjektiv gefärbten Einschätzungen der ökonomischen Wertattribute der einzutauschenden Objekte im Laufe der Zeit über Lernprozesse immer stärker objektiviert, ohne jemals den Charakter völlig objektiver Zuordnungen zu erhalten.

Der Stundenlohn eines Arbeiters oder der eines Ingenieurs ist nie exakt aus deren Aufgaben, Kenntnissen usw. heraus berechnet worden. Er erscheint aber wie errechnet.

Auch aus diesem Grund können die Werte von Wertobjekten nicht völlig exakt so bestimmt werden, dass sie einem Optimum im Idealfall entsprechen würden. Doch wie die Praxis seit tausenden Jahren zeigt, ist das gar nicht notwendig. Das wirkliche Leben, von dem hier speziell Verkaufen und Kaufen betrachtet werden, kann auch mit weniger Genauigkeit sehr gut genossen werden.

Begrenzungen für Äquivalenzforderungen aus Sicht des Käufers

Auf einen ökonomischen Austauschvorgang wirken viele andere ökonomische Prozesse und Gegebenheiten ein. Das äußert sich insbesondere in der Festlegung der oberen und unteren Grenzwerte, bei denen die Tauschvorgänge noch ausgeführt werden.

Obere Grenze: Neben dem gewichteten Bedürfnis nach dem einzutauschenden Wertobjekt muss bzw. möchte der Käufer noch andere Bedürfnisse befriedigen. Praktisch besitzt jedes Wertobjekt Vor- und Nachteile, und durch den ebenfalls fast immer gegebenen Umstand, dass es auf dem Markt noch andere gleichartige oder ähnliche sowie viele weitere wichtige und interessante Objekte gibt, folgt, dass die Forderungen des Verkäufers eine bestimmte Grenze nicht überschreiten dürfen.

Untere Grenze: Unterhalb eines bestimmten Wertumfanges an bereitgestelltem ökonomischem Äquivalent wird der potenzielle Käufer den Verkäufer nicht zum Verkauf „überreden" können.

Begrenzungen für Äquivalenzforderungen aus der Sicht des Verkäufers

Untere Grenze: Die Verkaufsaktionen der Wertobjekte müssen im Durchschnitt mehr als das Äquivalent der für die Bereitstellung der Wertobjekte verbrauchten Existenzmittel erzielen – d. h. der Erlös muss den Wert der Existenzmittel und einen Mehrwert ergeben. Der Mehrwert muss im Durchschnitt so hoch sein, dass die Verkäuferseite davon ihre Existenz weiter stabilisieren und zukunftsfähig gestalten kann.

Obere Grenze: Bei zu hohen Forderungen wird ein unnötig niedriger, ein zu geringer oder gar kein Verkaufserfolg erzielt. Die Verkäuferseite wird eine obere Grenze anstreben, die ihr als Optimum erscheint. In der Praxis wird eine solche Grenze in etlichen Fällen im Laufe der Zeit nachgebessert.

Herausbildung durchschnittlicher Äquivalenzauffassungen

Unter den direkten und indirekten Einwirkungen aller ökonomisch relevanten Prozesse kommt es zur Herausbildung relativ stabiler durchschnittlicher Äquivalenzauffassungen. Das geschieht in Verbindung mit den historisch entstandenen Proportionen zwischen den Wirtschaftszweigen, der Verteilung von Arbeitskräften auf die einzelnen Bereiche der Wirtschaft, den durchschnittlichen Einschätzungen der Werte der Arbeitskräfte – je nach Ausbildung, Branche, Arbeitsort usw. Daraus ergeben sich die Einschätzungen der durchschnittlichen Größen der ökonomischen Wertattribute, die mit den verschiedenen potenziellen Wertobjekten verknüpft werden.

Es gibt zudem immer eine Rückkopplung von den Käufern zu den Produzenten. Wird in einem Bereich, z. B. bei Brötchen, ein überdurchschnittlicher Gewinn erzielt, dann wird bei weiteren Produzenten, die bis zu diesem Zeitpunkt keine Brötchen produzierten, ebenfalls Interesse an der Brötchenproduktion geweckt. Kommt dadurch ein Überangebot auf dem Markt zustande, dann sinkt der Gewinn bei allen Brötchenproduzenten. In der Folge wird die Produktion gedrosselt, so dass bei den Brötchen wieder ein durchschnittlicher Gewinn erzielt werden kann. Dieses Prinzip wurde schon von Marx beschrieben und er war sicherlich nicht der Erste, dem das auffiel. Der „gesunde Menschenverstand" führt zu dieser Erkenntnis: Wäre es anders, wären wir praktisch nur von glücklichen Produzenten umgeben, die alle ununterbrochen überdurchschnittlichen Gewinn erzielen würden.

Sicherlich müssen bei komplexeren Produktionsvorgängen, z. B. in der Automobilindustrie u. Ä. die Kompliziertheit der Teilprozesse, die Notwendigkeit der umfassenden Vernetzung und die Wirkungen langfristiger Verträge beachtet werden, um zu erkennen, dass bei überdurchschnittlichen Gewinnen nicht gleich viele neue Produzenten auftauchen. In der Raumfahrt wiederum werden die extrem hohen Anforderungen an Spezialwissen sowie die überdurchschnittlich hohen Risiken bei sehr hohen Ausgangskosten die entscheidenden Faktoren sein, die vom sofortigen Auffüllen von Marktlücken abhalten.

Durchschnittsbildung führt zu Stabilität und Effizienz

Die durchschnittlichen Äquivalenzauffassungen basieren auf den objektiv existierenden Bedingungen, Verhältnissen und Prozessen in der Gesellschaft. Sie werden aber über das Bewusstsein vermittelt. Längere Zeit gleich wirkende durchschnittliche Äquivalenzauffassungen sind Ausdruck relativ stabiler gesellschaftlicher Verhältnisse zwischen den Menschen. Dabei werden die durchschnittlichen Wertgrößen der typischen Wertobjekte bei größeren Gruppen der ökonomisch agierenden Mitglieder der Gesellschaft im Bewusstsein relativ adäquat abgebildet, selbst wenn sie durch verschiedene Bewusstseinsprozesse in jedem Einzelfall individuell unterschiedlich beeinflusst werden. Das betrifft nicht nur Äquivalenzauffassungen beim Brotkauf, sondern auch Äquivalenzauffassungen zu Kommunikationsverbindungen, zu TV-Geräten u. v. a. m.

Diese relativ stabilen durchschnittlichen gesellschaftlichen Wertverhältnisse finden ihren Niederschlag in den relativ festen Preisen der Wertobjekte und ebenso in den relativ konstanten Wertverhältnissen zwischen den Arbeitskräften.

Für die heutige Zeit kann sicherlich ergänzt werden, dass relativ gleich verlaufende Preisveränderungen infolge von Technologieänderungen Ausdruck relativ stabiler gesellschaftlicher Verhältnisse sind. Das betraf z. B. die preisliche Veränderung der Flatscreen-TV-Geräte nach dem Übergang vom Röhren- zum Flachbildschirm und die Preisänderungen nach Einführung der LED-Hintergrundbeleuchtung anstelle der Leuchtröhrentechnik bei TV-Geräten.

Indem durchschnittliche Wertvorstellungen bei ökonomischen Tauschvorgängen genutzt werden, wird das gesellschaftliche Zusammenleben in vielen Bereichen effizienter funktionieren, als wenn alle Wertverhältnisse individuell ausgehandelt werden müssten. Das ist jedenfalls die Vermutung des Autors. Augenscheinlich wird es in im Supermarkt: Wenn jeder Kunde in der Warteschlange alle seine Waren aushandeln würde…

Durchschnittsbildungen, individuelle Abweichungen, Anpassungen

Bei allen Durchschnittsbildungen existieren und wirken aber individuelle Abweichungen sowohl auf gesellschaftlicher Ebene – unterschiedliche Preise für gleiche Waren – als auch im individuellen Bereich – als vom Durchschnitt abweichende gewichtete Beziehungsstärken zu den einzelnen Wertobjekten.

Letztere wirken jedoch in den meisten Fällen nicht vollständig auf die gesellschaftliche Ebene durch. Denn wenn ein gewichtetes Bedürfnis wirksam wird, kann bei individueller Abweichung vom Durchschnitt eine Angleichung der Wichtung an die „gesellschaftlichen Vorgaben" notwendig sein, um einen Kauferfolg zu erzielen. Die Wertgrößen der gewichteten Beziehungsstärken würden bei den potenziellen Käufern angehoben oder abgesenkt. Diese Anpassung wird geäußert, indem die Wertäquivalente entsprechend der Vorgaben von Handelsketten etc. bereitgestellt werden. Die Grenzen der Anpassungsbereitschaft sind ganz sicher bei den verschiedenen Menschen bezüglich der verschiedenen Wertobjekte stark unterschiedlich. Bei Käufen über bestimmte Internetanbieter gibt es erfahrungsgemäß einen relativ großen Spielraum für die individuelle Anpassung an die „gesellschaftlich geforderten Werte", weil viele Anbieter das gleiche Produkt zu recht unterschiedlichen Preisen vermarkten.

Der Umgang mit Wertbeziehungen wird über einen längeren Zeitraum gelernt

Die Menschen lernen von der Kindheit an, mit Wertäquivalenzen umzugehen. So kann von einer „Evolution" in Sachen gewichtete Beziehungsstärken und Wertäquivalenzen gesprochen werden. Im frühen Kindesalter beginnend, werden sie mit der Zeit immer intensiver im Umgang mit Wertverhältnissen vertraut gemacht, so dass sie später, wenn sie allein auf sich gestellt sind, das „richtige Gefühl" für das Agieren in Wertbeziehungen haben. Zu diesem Gefühl gehört auch, dass die Wertäquivalenzen für gängige Produkte und Veranstaltungen hinreichend genau eingeschätzt werden können. Kleinere, traditionsbedingte Unterschiede beim Anpassen der individuellen Wertvorstellungen an die „Realitäten" zwischen den Kulturen kommen jedoch deutlich zum Vorschein, insbesondere wenn man das typische Kaufverhalten hier und in Ländern mit vielen Basaren vergleicht.

Aufwand und Anerkennung sollten stets optimal proportioniert sein

Die gewichteten Beziehungsstärken nach Wertobjekten, die auf der gesellschaftlichen Ebene wirksam werden, weichen so gut wie immer vom gesellschaftlichen Durchschnitt ab. Diese Annahme sollte erlaubt sein, da es kaum einen Preis für ein Produkt geben wird, der genau dem Durchschnittspreis entspricht. Damit weichen notwendigerweise all die nivellierten Werte der gewichteten Beziehungsstärken zu den Artikeln mit gleichen Preisen in den jeweils gleichen Verkaufsketten-Filialen vom Durchschnitt ab. Ebenso gibt es Unterschiede zwischen den Werten der Arbeitskräfte, welche gleiche Arbeiten ausführen, oder zwischen Personen, die aus anderen Gründen Ansprüche auf Existenzmittel geltend machen können – je nach Firma, Stadt und Land. Doch sollten in der Gesamtheit die herausgebildeten Äquivalente zwischen den Wertobjekten sowie die Verhältnisse zwischen den Anrechten der Mitglieder der Gesellschaft (Arbeitskräfte, Rentner, Auszubildende usw.) auf Wertobjekte stets dem Optimum[27] der konkreten gesellschaftlichen Bedingungen, Verhältnisse und Prozesse entsprechen. Mit anderen Worten: Im Durchschnitt sollte sich eine Übereinstimmung von Aufwand an gesellschaftlich nützlicher Arbeit in körperlicher und geistiger Form und der entsprechenden gesellschaftlichen Anerkennung der Ergebnisse der Arbeit (einschließlich der ehemals geleisteten sowie der wahrscheinlich künftig zu bewerkstelligenden Arbeit – bei Rentnern bzw. Auszubildenden usw.) einstellen. Ebenso sollten sich optimale Proportionen zwischen den Wertgrößen aller Wertobjekte einpegeln. Nur so werden sich u. a. ein gesundes Zukunftsvertrauen bei jungen Menschen als auch optimale Proportionen zwischen den verschiedenen Produktionszweigen herausbilden.

All diese Proportionen sollten sich eigentlich „automatisch" richtig einstellen, denn dieser Prozess wird schließlich unterstützt durch das permanent wirkende Erfordernis, alle ökonomisch relevanten Prozesse in Verbindung mit dem Lernverhalten der Beteiligten effektiver zu gestalten.

Die Praxis zeigt, dass solch ein Automatismus nicht immer, möglicherweise sogar nur sehr selten gegeben ist.

Im sozialistischen Wirtschaftssystem der ehemaligen Ostblockstaaten steuerten die politischen Organe so viele Parameter, dass die Wirtschaft nicht nachregeln konnte. Das Ergebnis waren Mangelerscheinungen bei Waren, Dienstleistungen und Arbeitskräften. An Geld gab es einen deutlichen Überschuss, der wiederum sehr klar an den Mangelerscheinungen erkennbar war: Das Warten auf ein Auto dauerte meistens 10 bis 14 Jahre, das Warten auf einen Telefonanschluss noch länger. Werkstattservice konnte oft interpretiert werden als Service für die Werkstatt, weil man nicht selten Ersatzteile mitbringen und manchmal sogar die Arbeitsleistung mit Westgeld erst initiieren musste (um Wartezeiten von bis zu einem Jahr zu umgehen). Viele Handwerker und Verkäufer erhielten durch illegale Aktionen einen „Extra-Bonus" bezüglich des Wertes ihrer Arbeitskräfte – sie kamen in den Genuss zusätzlicher Existenzmittel. Folglich mussten andere Arbeitskräfte an Wert verlieren, da sie Teile ihrer Anrechte auf Existenzmittel ungerechtfertigt abtreten mussten, um überhaupt an bestimmte, für sie wichtigere, Existenzmittel zu gelangen („Verkauf unter dem Ladentisch"). Damit verbunden waren die Proportionen zwischen den Produktionsvolumina sehr vieler Wertobjekte in völliger Schieflage.

In der westlichen Welt diktieren Ketten den Abnehmern die Preise, es gibt immer wieder Preisabsprachen, Druckausübung auf Handelspartner, Lohndrückerei, illegale Beschäftigungen, Lobbyismus, Verwendung unzulässiger Ausgangsstoffe bei Lebensmitteln u. a., Hedgefonds zerstören gut funktionierende Firmen u. v. a. m.

27 Zwischen den Wertobjekten und den Werten der Mitglieder der Gesellschaft als Arbeitskräfte sollten im Normalfall optimale Proportionen herausgebildet werden.
Dieses Statement bezieht sich auf eine normale Situation in der Gesellschaft. In Extremsituationen wie Kriegszeiten, Naturkatastrophen, bei wirtschaftlicher Einmischung durch andere Länder, durch Firmen, durch Einzelpersonen u. Ä. wird das nicht der Fall sein. „Automatisch" stellen sich die optimalen Proportionen nicht ein, da der Markt nicht selbst die Wirtschaft steuert, sondern weil diese von Menschen gesteuert wird. Dazu mehr im letzten Kapitel.

Das bedeutet, die Gesellschaft muss permanent aktiv auf die Herausbildung optimaler Proportionen in der Wirtschaft zwischen den Werten der Arbeitskräfte sowie zwischen den Wertobjekten hinarbeiten.

Zur Durchschnittsbildung

Aber unabhängig davon, ob ein Optimum in den wirtschaftlichen Verhältnissen gegeben ist oder nicht: Es kommt in jedem Fall zu Durchschnittsbildungen. Der Durchschnitt wiederum existiert nicht als solcher, sondern ist eine gedankliche / mathematische Zusammenfassung aus den vielen realen Einzelvorgängen.

Jede Veränderung beim Einzelnen verursacht in der Folge immer eine Veränderung des Durchschnitts. Selbstredend besitzen nicht alle Einzelveränderungen einen gleich großen Einfluss auf den Durchschnitt. Außerdem werden individuelle Veränderungen im gesamtgesellschaftlichen Maßstab im Allgemeinen nicht direkt spürbar sein.

Die Abhängigkeit des Wertes vom Einzelnen ist m. E. auch beim Marx'schen Wertbegriff gegeben. Denn in den üblichen Interpretationen der Wertgröße wird auch vom Durchschnitt ausgegangen: „Die gesellschaftliche Bestimmung der Wertgröße resultiert ganz allgemein aus dem notwendigen Durchschnitt der in den Waren enthaltenen Menge abstrakter Arbeit." [19]

Ökonomische Prozesse und Berechenbarkeit

Eine exakte Berechnung der Werte, d. h. der für den ökonomischen Austausch relevanten gesellschaftlichen Verhältnisse zwischen den Tauschpartnern, der Größenverhältnisse zwischen den verschiedenen Gruppen von Arbeitskräften und der Werte der verschiedenen Arbeitskräfte ist m. E. prinzipiell nicht möglich. Das würde auf eine exakte Berechnung der Ergebnisse ideell beeinflusster Prozesse hinauslaufen.

Ein weiterer wesentlicher Grund dafür, dass die Werte prinzipiell nicht mathematisch exakt berechnet werden können, ist die wechselseitige Beeinflussung aller ökonomischen Prozesse untereinander aufgrund ihres gesellschaftlichen Charakters.

Eine mathematische Funktion mit dieser schier unendlichen Zahl von Parametern, die noch dazu in gegenseitiger Abhängigkeit stehen, ist praktisch auf absehbare Zeit nicht vorstellbar.

Als „Ersatz" für die genaue Berechnung der Werte hat sich der Markt als handhabbare Einrichtung herausgebildet.

Statt der exakten Werte lassen sich nur die notwendigen Aufwendungen berechnen, die benötigt werden, um die Wertobjekte bereitzustellen (einschließlich herzustellen). Auch die angestrebten Mehrwerte werden einbezogen. Die so erzielten Ergebnisse zeigen mit relativ hoher Wahrscheinlichkeit die Wertgrößen der zunächst potenziellen Wertobjekte, die später auf dem Markt realisiert werden können. Mit anderen Worten: In welcher Höhe die Menschen mit hoher Wahrscheinlichkeit die Wertattribute von bestimmten Wertobjekten anerkennen und dafür Äquivalente bereitstellen würden, kann mit relativ großer Genauigkeit im Voraus berechnet werden. Das zeigt auch die Praxis bei neu auf den Markt gebrachten Produkten. Nur dadurch ist eine relativ genaue Planung möglich.

Aufgrund der Tatsache, dass die Bereitstellung von Wertäquivalenten abhängig ist von Bewusstseinsprozessen, können die Ansprüche auf Existenzmittel aller an der

Wertobjektbereitstellung Beteiligten plus die „Einzel-Mehrwerte“ für die verschiedenen Abschnitte der Wertobjektbereitstellung jedoch nur auf statistischer Basis errechnet werden. Über das menschliche Denk- und Lernverhalten werden die wirtschaftlichen Bewertungen und Entscheidungen im Laufe der Zeit jedoch immer weiter vervollkommnet. Mit anderen Worten: Mit der Zeit erkennen die Entscheidungsträger immer besser, wofür die Menschen wie viel Geld zu zahlen bereit sind, was sie als unnötig ansehen, wie die Menschen auf Neuerungen reagieren, welche Wertobjekte ihnen in welchen Umgebungen wichtig erscheinen, bei welchen Objekten oder Prozessen sie sehr stark auf Qualität achten, wo bestimmte Qualitäten weniger wichtig erscheinen usw.

Die von den entsprechenden Interessenten herausgebildeten gewichteten Beziehungsstärken zu den einzelnen Wertobjekten und die davon im Anschluss abgeleiteten und bereitgestellten Äquivalente ergeben sich unter der mathematisch nicht exakt nachvollziehbaren Einwirkung aller ökonomisch relevanten Faktoren. Dazu zählen Faktoren aus dem gesellschaftlichen sowie aus dem natürlichen Umfeld.

Unter Einbeziehung der wichtigsten relevanten Einflussfaktoren in die Wertbestimmungsprozesse könnten die wirklichen ökonomisch relevanten Verhältnisse zwischen den Tauschpartnern durch mathematisch fassbare Größen in Geldeinheiten hinreichend adäquat zum Ausdruck gebracht werden. In der Praxis kann solch eine Situation erreicht werden, wenn der Markt ungestört die wirtschaftliche Situation unter den gegebenen wirtschaftlichen und politischen Bedingungen widerspiegeln würde. Solch ein Zustand dürfte auf absehbare Zeit nur in Näherung zu erreichen sein. An eine gleichwertige, umfassende Berechnung ist für vorstellbare Zeiträume jedoch überhaupt nicht zu denken.

Der Markt als Problemlöser

Der Markt ermöglicht, dass alle ökonomisch relevanten Einflussgrößen bei der Ermittlung der Werte der verschiedenen Wertobjekte erfasst werden. Das geschieht bekanntlich nicht über exakte Berechnung. Alle wirtschaftlichen Vorgänge aller in irgendeiner Form miteinander kooperierenden Länder sind miteinander verflochten. Unter diesen Bedingungen bilden die Partner in Wertverhältnissen ihre gewichteten Beziehungsstärken heraus. Auf Wertverhältnisse wirken vorangegangene Wertverhältnisse der beteiligten Länder ein, wenn auch in den meisten Fällen nur vermittelt. Damit werden andere Wertverhältnisse über die Bewusstseinsprozesse der Tauschpartner in die jeweilige Wertbeziehung einbezogen. Das geschieht u. a. vermittelt über die Kenntnisse von Preisen, Erfahrungen, Informationen und Werbung in den Medien, Informationen von Vertrauenspersonen und ebenso über das Gefühl. Hierbei spielt die Historie eine große Rolle, denn vor der aktuellen Wertbeziehung hatte jeder Tauschpartner andere Wertbeziehungen, die auch Wissens- und Erfahrungsgewinn bedeuten. Dadurch entsteht eine „Großflächenwirkung“. Die Verarbeitung all der Informationen wird nur zum Teil bewusst praktiziert bei den Wertbeziehungen, da kein Mensch beim Kauf eines Wertobjektes die wechselseitigen Einflüsse aller anderen wirtschaftlichen Faktoren immer wieder bewusst verarbeitet. Die Menschen vertrauen auf Erfahrungen und Wissen in Form von „Erfahrungs- und Wissensextrakten“. Auf dem Markt wirken einfach alle Einflussgrößen. Vor allem die Anbieterseiten sind bei ihren Preisgestaltungen abhängig von vielzähligen Markteinflüssen und können so z. B. den Mehrwert nicht nur nach den eigenen Wünschen gestalten.

Im Unterschied zu den marktnutzenden Gesellschaften wurden in den sozialistischen Ostblockstaaten die Werte marktunabhängig angeblich mathematisch exakt „errechnet". Auf diesem Wege konnten jedoch nicht einmal annähernd alle stark wirkenden realen Einflüsse erfasst werden. Dieses Manko zeigte sich in der unausgereiften Wirtschaftspraxis.

Keine einzige der Tauschpartnerschaften ist herausgelöst aus der Gesellschaft. Sie stehen alle mehr oder weniger stark in Verbindung miteinander.

Es lässt sich sicherlich mathematisch belegen, was hier aber nicht versucht werden muss.

Zu These 8: Der Marx'sche Wertbegriff beschreibt in etwa einen Spezialfall eines allgemeinen Arbeitswertbegriffes. Seine Ableitung entsprach dem fortgeschrittensten Erkenntnisstand des 19. Jahrhunderts, ist aber zur Steuerung von ökonomischen Prozessen und Verhältnissen nicht hinreichend realitätsabbildend.

Der Marx'sche Arbeitswertbegriff (dessen Grundgedanken ursprünglich wohl von D. Ricardo stammen, von Marx aber überarbeitet wurden) entsprach ohne Frage in der damaligen Zeit den Anforderungen, die an einen nicht idealistischen Wertbegriff als ökonomische Kategorie gestellt wurden.

Mit der Marx'schen Arbeitswerttheorie werden die wesentlichen ökonomischen Gesetzmäßigkeiten in den unterschiedlichen Wirtschaftsformen auf Basis einer nicht idealistischen und nicht religiösen Weltanschauung erklärt.

Der Marx'schen Wertbegriff – ein Wertbegriff mit Einschränkungen

Insgesamt jedoch entspricht der Wertbegriff in der bei Marx gegebenen Form nicht den Erfordernissen, die an die ökonomische Kategorie Wert zur Planung und Steuerung von Wirtschaftsprozessen gestellt werden müssen. Der Grund liegt vor allem in der vorgenommenen Abstraktion.

Notwendig wäre ein Wertbegriff, der für alle ökonomischen Bewegungen in der Gesellschaft verwendet werden kann.

Insbesondere die Bewertung der Nützlichkeit, der Naturressourcen sowie der sogenannten „nicht-produktiven" Arbeit muss in der heutigen Zeit unter anderen Aspekten als zur Zeit der Entstehung des „Kapitals" gesehen werden.

Mögliche Gedankengänge zur Entstehung des Arbeitswertbegriffs

Die Gedankengänge, mit denen Marx in seiner Zeit zum Wertbegriff gelangte, waren m. E. folgende:

- Die Unabhängigkeit des Wertes vom Willen muss dargestellt sein, denn ob jemand will, dass eine Ware Wert hat oder nicht, scheint nicht entscheidend darüber zu sein, ob diese wirklich Wert hat oder nicht.
- Die Wertschöpfung muss durch die menschliche Arbeit erklärt werden, da es beim Tausch auf Wertbasis hauptsächlich um die mittels Arbeit geschaffenen Arbeitsprodukte, die Waren, geht.

- Der Wert muss, da er nicht dem Willen und damit offensichtlich nicht dem Bewusstsein entspringt, außerhalb des Bewusstseins zu finden sein.
- Wenn der Wert außerhalb des Bewusstseins zu finden ist, dann kann er notwendigerweise nicht ideeller Art sein.
- Wenn der Wert nicht ideeller Art ist und außerhalb des Bewusstseins existiert, dann kann er nur stofflicher Natur sein.
- Wenn der Wert stofflicher Natur ist, außerhalb des Bewusstseins existiert und durch menschliche Arbeit geschaffen wird, dann kann der Wert nur vergegenständlichte menschliche Arbeit sein, die Marx als abstrakte Arbeit in den Werten untergebracht sah. So wird zumindest seine Werttheorie üblicherweise interpretiert.

Arbeitswertbegriff - detaillierter dargestellte Einschränkungen

Mit einem Wertbegriff, der auf solchen Gedankengängen basiert, können nur vom Menschen bearbeitete Gegenstände erfasst werden, aber keine z. B. in vollautomatisierten Produktionsanlagen erstellten bzw. bearbeiteten, keine Naturgüter als solche und ebenso keine nicht-stofflichen, aber auf Wertäquivalenzbasis auszutauschenden Wertobjekte. Diese Einschränkungen der gängigen Interpretation der Arbeitswerttheorie wurden im Laufe der Zeit zu einem immer deutlicheren Mangel, da der Handel mit z. B. nicht-stofflichen Wertobjekten – Sportveranstaltungen, Konzerten, Patenten und anderen Schutzrechten usw. – zunahm.

Doch auch bei den mit der klassischen Arbeitswerttheorie erfassten Gegenständen bleibt letztendlich offen, warum sie unter bestimmten Bedingungen Wert haben sollen und unter anderen, vielleicht beinahe gleichen Bedingungen nicht, obwohl sie in der gleichen Art bearbeitet wurden.

Das heißt: Mit der konventionellen Interpretation des Wertbegriffes kann nicht erklärt werden, warum die Vergegenständlichung menschlicher Arbeit bei einigen Objekten einmal gesellschaftlich nützlich sein kann und ein anderes Mal nicht, und das bei Gegenständen, die sich völlig gleichen. Damit sind Gegenstände gemeint, die aus demselben Produktionsprozess hervorgegangen sind und die in einem Fall verkauft und in einem anderen Fall nicht verkauft werden.

Der Verkauf erfolgt, wenn Bedarf vorliegt. Sollte dieser gedeckt werden, fallen die nicht verkauften Waren unter den Begriff „relative Überproduktion". Die dafür aufgewandte Arbeit wäre nicht mehr nützlich, obwohl sie in der gleichen Art wie für die verkauften Waren verrichtet wurde.

Der Grund dafür, dass bestimmte Waren (hier passt der für die Arbeitswerttheorie übliche Begriff) bis an ihr Existenzende die Läden hüten, könnte ebenso im „moralischen Verschleiß" dieser Waren liegen, d. h. dass zwar prinzipiell noch Bedarf nach diesen vorliegt, aber eben nicht mehr in ihrer veralteten Ausführungsform.

Die Waren, die verkauft wurden, „hatten Wert", die anderen „hatten" und „haben" keinen, zumindest nicht bis zum Betrachtungszeitpunkt. Dieser Unterschied kann mit der konventionellen Interpretation der Arbeitswerttheorie, in der der Wert als vergegenständlicht betrachtet wird, nicht erklärt werden.

Nur unzureichend wird erklärt, was als Wert mit der vergegenständlichten Arbeit in die Waren eingebracht wird. Denn vergegenständlicht werden nach der klassischen Interpretation der Arbeitswerttheorie die Ansprüche auf Existenzmittel. Doch diese Existenzmittel gibt es in stofflicher, aber ebenso in nicht-stofflicher Form. Weiterhin wird nicht aufgezeigt, wie die Verbindung zwischen der „vergegenständlichten, gesellschaftlich nützlichen Arbeit" und den Menschen, welche Waren und Geld tauschen, funktioniert. Diese Aussage kann so formuliert werden, weil bei der mechanistischen Interpretation der Arbeitswerttheorie kaum plausibel erklärt werden kann, dass zwischen der vergegenständlichten, gesellschaftlich nützlichen Arbeit und den Tauschpartnern in einem Wertverhältnis physische Verbindungen in der Art von Seilen oder Magnetfeldern wirken.

Wenn diese Verbindungen aber nicht physischer Art sind, welcher Art sind sie dann? Oder gibt es in einem Wertverhältnis gar keine Verbindung zwischen der vergegenständlichten Arbeit und den Menschen? Doch warum sollte dann ein Tausch auf Äquivalenzbasis notwendig sein?

Der Wertbegriff im „Kapital" – zu stark von der Art und Form der Arbeit abstrahiert

Die oben genannten Einschränkungen sind m. E. durch die Art der Herleitung des Wertbegriffs im „Kapital" verursacht. Zum einen wird bei dem im „Kapital" beschriebenen Wertbegriff in der Herleitung von einem wesentlichen Element des Wertes mit Worten abstrahiert und dabei gleichzeitig dieses wesentliche Element vom Sinn her in den gewonnenen Wertbegriff impliziert. Es handelt sich hierbei um die (relative) Nützlichkeit:

Im Kapital, Bd. I, S. 52, schreibt Marx:

„... Abstrahieren wir von seinem Gebrauchswert, so abstrahieren wir auch von den körperlichen Bestandteilen und Formen, die es zum Gebrauchswert machen. Es ist nicht länger Tisch oder Haus oder Garn oder sonst ein nützlich Ding. Alle seine sinnlichen Beschaffenheiten sind ausgelöscht. Es ist auch nicht länger das Produkt der Tischlerarbeit oder der Bauarbeit oder der Spinnarbeit oder sonst einer bestimmten produktiven Arbeit.

Mit dem nützlichen Charakter der Arbeitsprodukte verschwindet der nützliche Charakter der in ihnen dargestellten Arbeiten, sie unterscheiden sich nicht länger, sondern sind allzusamt reduziert auf gleiche menschliche Arbeit, abstrakt menschliche Arbeit.

Betrachten wir nun das Residuum der Arbeitsprodukte. Es ist nichts weiter von ihnen übriggeblieben als dieselbe gespenstige Gegenständlichkeit, eine bloße Gallerte unterschiedsloser menschlicher Arbeit, d. h. der Verausgabung menschlicher Arbeitskraft ohne Rücksicht auf die Form ihrer Verausgabung. Diese Dinge stellen nur noch dar, dass in ihrer Produktion menschliche Arbeitskraft verausgabt, menschliche Arbeit aufgehäuft ist. Als Kristalle dieser in ihnen gemeinschaftlichen gesellschaftlichen Substanz sind sie Werte – Warenwerte." [20]

Man kann beim Wertobjekt vom konkreten Gebrauchswert, von der konkreten Nützlichkeit abstrahieren. Doch es darf nicht in der Art abstrahiert werden, dass die Zuordnung der (relativen) Nützlichkeit verändert oder gar beseitigt wird [1], [5], [15].

Die (relative) Nützlichkeit verschwindet aber bei Marx:

„... Mit dem nützlichen Charakter der Arbeitsprodukte verschwindet der nützliche Charakter der in ihnen dargestellten Arbeiten, sie unterscheiden sich nicht länger, sondern sind allzusamt reduziert auf gleiche menschliche Arbeit." [20]

Die relative Nützlichkeit ist ein wesentlicher(!) Bestandteil des gesellschaftlichen Verhältnisses Wert (nach Marx: des Wertes als Gegenstand).

Mit der Nützlichkeit wird dem Wertobjekt ein gesellschaftliches Element zugeordnet, das z. B. einem mechanisch völlig identischen bearbeiteten Objekt, für das keine Wertbeziehung herausgebildet wird, nicht zugeordnet wird. Unter diesem Gesichtspunkt muss die Aussage des obigen Zitats notwendigerweise ergänzt werden:

„... Mit dem nützlichen Charakter der Arbeitsprodukte verschwindet auch deren Wert."

Auf S. 55 im Kapital, Bd. I, schreibt Marx:

„... Endlich kann kein Ding Wert sein, ohne Gebrauchsgegenstand zu sein. Ist es nutzlos, so ist auch die in ihm enthaltene Arbeit nutzlos, zählt nicht als Arbeit und bildet daher keinen Wert." [20]

Ware, gesellschaftliche Verhältnisse, Ergebnisseite

Anhand der letzten Aussagen wird deutlich, dass Marx bei der obigen Abstraktion (Kapital, Bd. I, S. 52) als Bezugspunkt für den Wert bzw. als Basis des Wertes nur die durch den Menschen hervorgebrachte mechanische Seite der Gegenstände im Auge hatte. Das entsprach dem damaligen Entwicklungsstand der Wirtschaft („Mechanisches Zeitalter"). Für globale Betrachtungen war dies völlig hinreichend. Doch schon wenn die Triebkraftwirkung des Wertes erklärt werden soll, wird eine solche Darstellung nicht ausreichen. Von der Nützlichkeit zu abstrahieren wäre dann nur noch möglich, wenn man von einer umfassenden Übereinstimmung zwischen Angebot und Nachfrage ausgehen würde. Dann wäre die Nützlichkeit nämlich in allen Waren enthalten und man könnte von der Nützlichkeit abstrahieren. So könnte postuliert werden, dass Marx den Arbeitswertbegriff unter der Bedingung der vollständigen Übereinstimmung von Angebot und Nachfrage definiert hat, um alle „Nebeneinwirkungen" zu eliminieren und zum Wesen des Wertes vorzudringen.

Was unter diesen Voraussetzungen beschrieben wird, ist der Prozess der Einbeziehung der Gegenstände in die gesellschaftlichen Wertverhältnisse von der Aufwandsseite her. Aber nicht einmal das geschieht exakt, da nicht exakt definiert wird und auf diesem Wege nicht exakt definiert werden kann, was mit der Verausgabung menschlicher Arbeitskraft in den Gegenständen vergegenständlicht wird. Denn es werden nicht nur Anrechte auf vergegenständlichte Arbeiten vergegenständlicht.

Was vor allem fehlt, ist der Prozess der Einbeziehung dieser Gegenstände in die gesellschaftlichen Wertverhältnisse von der Ergebnisseite her. Wie die Menschen mit dem Ergebnis umgehen, muss aber in der Herleitung / Definition des Wertes mit erfasst werden, wenn der Wert als ein gesellschaftliches Verhältnis erklärt werden soll. Mit dem Terminus „gesellschaftlich nützliche Arbeit" ist das bei Marx eigentlich zu finden. Dazu passend macht die oben zitierte Aussage von S. 55 des Kapitals deutlich, dass die Art bzw. die Gestalt des Ergebnisses der geleisteten Arbeit von grundlegender Bedeutung für den wertbildenden Charakter der jeweils geleisteten Arbeit ist. Eine Wertdefinition, die nicht erfasst, wie die Ergebnisse von produktiven Prozessen (Arbeit der Menschen, Arbeit von Maschinen, „Arbeit" der Natur) als auszutauschende Objekte, Vorgänge, Ideen usw. in die gesellschaftlichen Prozesse einbezogen werden, würde damit einen beachtlichen Teil der Triebkraftfunktion des Wertes unterschlagen.

Abstraktion und implizite Nützlichkeit?

Beim Marx'schen Arbeitswertbegriff wird die Abstraktion zu weit geführt. Indem nur noch die abstrakte menschliche Arbeit gesehen wird, ist entweder

a) die relative Nützlichkeit in der Ware und damit im Wert (eigentlich: in der Erkennung derselben als Bestandteil des Widerspiegelungsprozesses des Wertobjektes) nicht mehr enthalten oder
b) in den Begriffen „menschliche" oder „abstrakte Arbeit" ist die relative Nützlichkeit impliziert.

Zu a) Da die relative Nützlichkeit der Ware, besser die des Wertobjektes, ein wesentlicher Bestandteil des Wertes als gesellschaftliches Verhältnis ist, wäre der Wert ohne diese eines wesentlichen Elementes beraubt. Das Objekt würde dann nicht mehr als Wert (eigentlich: als Wertobjekt) existieren.

Zu b) Ist die relative Nützlichkeit in den Begriffen „menschliche" oder „abstrakte Arbeit" impliziert, dann wäre all diesen „Gallerten unterschiedsloser menschlicher Arbeit, d. h. der Verausgabung menschlicher Arbeitskraft ohne Rücksicht auf die Form ihrer Verausgabung …" mehr gemein als nur die aufgehäufte menschliche Arbeit. Hinzu käme die relative Nützlichkeit[28] der Arbeitsergebnisse.

Daraus wiederum ergibt sich:

1. Der Wert kann nicht, wie im letzten Zitat angeführt, aus der Arbeit ohne Rücksicht auf die Form ihrer Verausgabung bestimmt werden. Von der konkreten Form kann abstrahiert werden – Sägen, Bohren, Löten – welche Arbeit konkret ausgeführt wird, ist nicht wichtig. Was bleiben muss, ist das nützliche Ergebnis. Die Eigenschaft „nützlich" ist nicht unabhängig von der konkreten Form der Arbeit im aktuellen Umfeld. Die relative Nützlichkeit der Arbeitsergebnisse darf bei der Abstraktion vor allem nicht verschwinden. Allein die Tatsache, dass menschliche Arbeit verrichtet wurde, bedingt keine relative Nützlichkeit im ökonomischen Sinn.
2. Nicht das Vergegenständlichte an sich wird wertäquivalent ausgetauscht. Es sind die relativ nützlichen Wertobjekte, die wertäquivalent ausgetauscht werden. Dazu muss für alle Wertobjekte die Arbeit in einer bestimmten Form ausgeführt werden

28 Relative Nützlichkeit
Als relative Nützlichkeit wird hier die Nützlichkeit bezeichnet, die ein Wertobjekt nützlich im ökonomischen Sinne macht und damit auch relativ nützlich bezogen auf den Aufwand, der betrieben werden muss, um dieses Wertobjekt zu erlangen. Für den Erwerb eines relativ nützlichen Wertobjekts muss vom Tauschpartner ein Wertäquivalent abgegeben werden, für ein nur absolut nützliches nicht. Ein TV-Gerät, das niemand kauft, weil es nicht gefällt, mag absolut nützlich sein gegenüber den allgemeinen Bedürfnissen der Menschen. Relativ gegenüber den ökonomisch relevanten gewichteten Bedürfnissen ist es aber nicht nützlich, da es nicht zur Abgabe eines Wertäquivalents anregt.

(unabhängig davon, von wem die Arbeiten und welche konkreten Arbeiten ausgeführt werden) – also nicht „... ohne Rücksicht auf die Form ihrer Verausgabung ...“ Die Ausführung der Arbeit muss Nützlichkeit bewirken. Ob gesägt, gebohrt oder gelötet wird, ist in diesem Zusammenhang nicht wichtig. Ob mit dem Sägen, Bohren oder Löten etwas Nützliches oder Nicht-Nützliches im ökonomischen Sinne entsteht, ist aber keinesfalls egal. Nützlichkeit im ökonomischen Sinne bedeutet, dass jemand für dieses Wertobjekt – bei Marx: für diese Ware – ein Äquivalent abgibt, um es zu erwerben.

Indem die Nützlichkeit in die Ware bzw. das Wertobjekt einbezogen wird, können auch die Ergebnisseiten von Produktionsprozessen und von Aktivitäten (z. B. Musikveranstaltungen) oder die Nützlichkeit von Naturressourcen in den Wert einbezogen werden.

Ein „Wert“, bei dem die Ergebnisseite des Produktions- bzw. Bereitstellungsprozesses nicht beachtet würde, wäre ein rein ideeller Wert. Er würde nur in den Bewusstseinsprozessen desjenigen existieren, der sich diesen Wert vorstellt. Auf der gesellschaftlichen Ebene hätte ein solcher Wert keine Bedeutung. Ein „absoluter Wert“, der unabhängig von der Nützlichkeit „heimlich“ im Wertobjekt oder in der Ware schlummern würde, der damit davon unabhängig wäre, ob ihn jemand erkennt oder nicht, könnte kein Wert in einem gesellschaftlichen Verhältnis sein. Ein Wert als gesellschaftliches Verhältnis erfordert immer zwei Seiten.

Ein potenzieller Bezugspunkt für einen Wert kann aber ohne Frage in fast allen Objekten und in sehr vielen nicht-stofflichen Aktivitäten usw. enthalten sein. Doch damit ein potenzielles in ein reales Wertobjekt transformiert werden kann, muss der mögliche Käufer dieses zunächst als potenzielles Wertobjekt erkennen. Außerdem muss das (mögliche) Wertobjekt dermaßen stark auf den möglichen Käufer wirken, sodass dieser ein Wertäquivalent dafür abgibt, um es zu erwerben.

Relative Nützlichkeit auf gesellschaftlicher und individueller Ebene

Die für die Wertobjekte geforderte relative Nützlichkeit bedingt, dass diese Wertobjekte in einer bestimmten Form hergestellt werden müssen. Diese Form muss den objektiven Bedingungen in der Gesellschaft und den individuellen Vorstellungen der Tauschpartner entsprechen. Im Durchschnitt sind die Herstellungsprozesse notwendigerweise so gestaltet. Um z. B. ein DAB-Radio[29] zu verkaufen, muss es den Käufern ermöglicht werden, hinreichend viele DAB-Radiostationen empfangen zu können (gesellschaftlicher Bereich), und das Radio muss so gestaltet sein, dass die Musikwiedergabe, die Bedienungsfreundlichkeit, das Aussehen, die technischen Eigenschaften usw. für den Käufer gut genug erscheinen, um das Gerät zu kaufen (individueller Bereich).

Nützlichkeit und Triebkraft

Die relative Nützlichkeit ist ein wesentliches Element des Wertobjektes, weil ohne relative Nützlichkeit die Bewegung des (Wert-)Objektes in den ökonomischen Prozessen überhaupt nicht erklärt werden könnte. Ebenso könnte die Triebkraftfunktion des Wer-

29 DAB
DAB-Radio – Digital Audio Broadcasting“ ist ein digitaler Radio-Übertragungsstandard, der UKW ablösen wird.

tes in Verbindung mit ökonomischen Prozessen ohne die relative Nützlichkeit nicht sinnvoll erläutert werden.

Folglich gelangt man ohne die Kopplung der relativen Nützlichkeit an das Wertobjekt nicht zur Formulierung der Zielfunktion des Wertes. Denn nur eine wirklich begründete Zielfunktion des Wertes gestattet es, die notwendige Handhabung aller gleichartigen Wertobjekte in den ökonomischen Prozessen allgemein und ebenso die eines einmaligen Wertobjektes dialektisch zu begreifen (frei nach Lucien Sève in „Marxismus und Theorie der Persönlichkeit"). Das Ziel des gesellschaftlichen Wertverhältnisses sollte sein, mit möglichst wenig Aufwand an körperlicher und geistiger Arbeit sowie mit möglichst geringem weiteren Ressourceneinsatz möglichst viel Nützlichkeit für sich und für andere Menschen verfügbar zu machen.

Mit anderen Worten: Ohne die Kopplung der relativen Nützlichkeit an das Wertobjekt und damit an den Wert kann dieser nicht als sinnvolle und notwendige gesellschaftliche Funktion in den ökonomischen Prozessen erklärt werden. Nur die Nützlichkeit des Wertobjektes, die zum Tausch führt, ist die Grundlage und Voraussetzung für die Einbeziehung des Wertobjektes in ein gesellschaftliches Verhältnis Wert.

Ohne Nützlichkeit des Wertobjektes im ökonomischen Sinne würde eine Triebkraft zur Herausbildung eines solchen Wertverhältnisses keine sinnvolle Funktion erfüllen.

Die Kopplung der relativen Nützlichkeit im ökonomischen Sinne an das Wertobjekt ist möglich und notwendig zugleich, da beide einander bedingen. Dabei kommt dem Wertobjekt die Rolle als objektive Voraussetzung und Grundlage für das Erkennen dieser relativen Nützlichkeit zu. Es gibt jedoch keinen festen Zusammenhang zwischen der Gestalt des Wertobjektes und der Anerkennung seiner relativen Nützlichkeit durch das Bewusstsein eines potenziellen Käufers.

Allerdings ist eine Nützlichkeit im ökonomischen Sinne nicht unbedingt zugleich wirkliche Nützlichkeit. Es geht hierbei nur darum, ob ein Äquivalent abgegeben wird, um das betreffende Wertobjekt einzutauschen. Sicherlich hat sich jeder schon einmal vergriffen beim Kauf. Im Großen und Ganzen müssen aber die Produkte auf dem Markt wirklich nützlich sein, um gekauft zu werden.

Wertobjekt und gewichtete Beziehungsstärke

Die ideell im Bewusstsein existierende, aber gesellschaftlich bestimmte gewichtete Beziehungsstärke wird auf das außerhalb des Bewusstseins existierende Wertobjekt bezogen. Ohne diese gewichtete Beziehungsstärke würde es nicht zu der gesellschaftlich relevanten Anerkennung der Nützlichkeit des Wertobjektes kommen, denn es würde die Triebkraft für den Austausch fehlen. Ohne eine ökonomisch relevante Anerkennung der relativen Nützlichkeit bliebe das Wertobjekt ein bloßes Objekt. Auf ein solches könnte höchstens eine ideelle Wertvorstellung bezogen werden. Die gesellschaftlich relevante Anerkennung der relativen Nützlichkeit des Wertobjektes ist aber ein notwendiger Bestandteil eines jeden gesellschaftlichen Wertverhältnisses und die Nützlichkeit im ökonomischen Sinne wird durch die Abgabe eines Äquivalents zum Wertobjekt beim ökonomischen Austausch zum Ausdruck gebracht. Wäre keine Äquivalenzabgabe zur Erlangung des Wertobjektes notwendig, dann würde eine Wichtung von untergeordneter Bedeutung sein. Eine wirkliche Triebkraftfunktion des Wertes wäre dann aber nicht gegeben.

Die Reflexion des Wertobjektes

Informationen über das objektiv existierende Wertobjekt werden von den Sinnesorganen erfasst und an das Gehirn weitergeleitet, um dort subjektiv widergespiegelt zu werden. Im Bewusstsein wird diese Abbildung des Wertobjektes angereichert mit Erfahrungen, mit subjektiven Widerspiegelungen des privaten, gesellschaftlichen und natürlichen Umfeldes, mit verschiedenen Sichten auf die Dinge – je nach Umfeld, Erziehung, Stimmungslage, Emotionen, Charakter, Offenheit gegenüber Ratschlägen, Werbung etc.

Wert – Ergebnis der Kräftewirkungen der gewichteten Beziehungsstärken

Die Tauschpartner, die sich in einem gesellschaftlichen Verhältnis Wert gegenüberstehen, bilden zu den entsprechenden Wertobjekten gewichtete Beziehungsstärken aus. Diese wirken auf der ideellen Ebene. Sie sind auf die konkreten Nützlichkeiten der Objekte ausgerichtet, wobei aber in diese Beziehungsstärken bereits die Ansprüche auf die jeweils geforderte Gegenleistung einbezogen sind (deswegen wird gewichtet). Diese gewichteten Beziehungsstärken werden von den Tauschpartnern auf die gesellschaftliche Ebene gehoben. In diesem Schritt wird von den konkreten Nützlichkeiten abstrahiert. Die gewichteten Beziehungsstärken werden dabei zu Wirkungsvektoren transformiert, die den Austausch Eigentum gegen Eigentum bewirken. Die dabei wirkenden Kräfte auf der gesellschaftlichen Ebene haben die gleichen Wertgrößen wie die auf der ideellen Ebene - die Menschen schwächen für den Tausch ihre Beziehung zum Tauschobjekt nicht ab. Deutlich wird das an den Preisen: Während der Käufer eine gewichtete Beziehungsstärke zum Wertobjekt herausbildet, erfasst er u. a. über den Preis die Ansprüche der Verkäuferseite. Er wird in vielen Fällen das betreffende Wertobjekt vergleichen mit anderen konkreten nützlichen Dingen, die er für dieses Geld ebenfalls erwerben könnte. Auf der gesellschaftlichen Ebene ist das Wertobjekt jedoch Eigentum mit einer nur abstrakten Nützlichkeit. Doch diesem Eigentum wird der gleiche Wert, d. h. Preis, zugeordnet wie dem gleichen Wertobjekt im Rahmen der ideellen Widerspiegelung als konkret nützliches Objekt. Somit muss der Käufer Eigentum mit gleichen Wertumfang aus der Bindung zur Verkäuferseite lösen. Die Unterschiede sind, dass zum einen vom konkreten Gebrauchswert, von der konkreten Nützlichkeit abstrahiert wird und zum anderen die Kräfte auf das Eigentum als gesellschaftliche Größe gerichtet werden. Mit der Transformation der gewichteten Beziehungsstärken zu Wirkungsvektoren bilden die Tauschpartner den Wert heraus.

Der Wert wird also als Ergebnis der Kräftewirkungen der gewichteten Beziehungsstärken generiert. Durch die gleichen Kraftgrößen auf der gesellschaftlichen Ebene wie auf der ideellen Ebene wird deutlich, dass im Wert die Nützlichkeit bzw. der Gebrauchswert erhalten bleibt, allerdings in abstrakter Form.

Auf dem Basar erfolgt die Angleichung der Kräfte beider gewichteter Beziehungsstärken im Dialog, im Warenhaus erfolgt die Angleichung mehr „einseitig".

Die im Verlauf der Wertbildung herausgebildete Wertgröße entspricht dem Skalarbetrag jedes der beiden Vektoren der im gesellschaftlichen Verhältnis Wert gegenübergestellten gewichteten Beziehungsstärken von Käufer und Verkäufer zu Wertobjekt bzw. Wertäquivalent. Die zu Beginn der Herausbildung der Wertbeziehung unterschiedlichen Beziehungsstärken werden zunächst mit diesen unterschiedlichen Stärken von

Käufer und Verkäufer auf das Wertobjekt und auf das dazugehörige Wertäquivalent gerichtet. Im Verlauf der Gestaltung des Wertverhältnisses werden beide gewichteten Beziehungsstärken auf gleich große Wertbeträge, d. h. auf gleichgroße skalare Wertgrößen, gebracht. Die Wirkungsrichtungen dieser Vektoren sind aber entgegengesetzt. Für den Austausch muss dann jeweils eine „Kopie" der von Käufer und Verkäufer auf das Wertobjekt bzw. Wertäquivalent gerichteten gewichteten Beziehungsstärke (jeweils ideelle Ebene) zum Tauschpartner in seiner Funktion als Eigentümer gerichtet werden (gesellschaftliche Ebene). Die Abstraktion auf der gesellschaftlichen Ebene wird im Kaufvertrag widergespiegelt. In einem Kaufvertrag wird der Tausch Eigentum gegen Eigentum festgehalten und nicht der Tausch Nützlichkeiten gegen Nützlichkeiten. In vielen Fällen sind grundlegende Informationen zur Nützlichkeit eines Wertobjektes im Kaufvertrag angegeben, weil beide Seiten eines Wertverhältnisses die Basis des Tausches absichern wollen. In einem Wertverhältnis wird die Nützlichkeit des Wertobjektes, in Verbindung mit den notwendigen Aufwendungen zur Bereitstellung desselben, vom Preis reflektiert. Der Preis wiederum zeigt die notwendigen Stärken der Wirkungsvektoren, die Käufer und Verkäufer auf der gesellschaftlichen Ebene herausbilden müssen, um dort das Wertobjekt und dessen Wertäquivalent aus dem Eigentum des Gegenübers zu lösen.

Dass die Beziehungsstärken der ideellen Bewusstseinsprozesse auf die gesellschaftliche Ebene gehoben werden müssen, ist notwendig, da es in einem Wertverhältnis um den Tausch von Eigentum geht und sowohl Eigentümer als auch Eigentum nur auf der gesellschaftlichen Ebene existieren. Ein ökonomischer Tausch kann folglich nur auf der gesellschaftlichen Ebene erfolgen (Bild 5.5).

Das gesellschaftliche Element des Wertes – Teil der Widerspiegelungsprozesse

Das gesellschaftliche Element des Wertes ist und bleibt Teil der Widerspiegelungsprozesse von Wertobjekt und Wertäquivalent in den Bewusstseinsvorgängen beider(!) sich in dem gesellschaftlichen Verhältnis Wert gegenüberstehenden Tauschpartner. Einen „einzeln stehenden" ökonomischen „Wert an sich" gibt es nicht.

Das sah auch Marx in ähnlicher Art - **Wert ist bipolar:**

„Ein Arbeitsprodukt, für sich isoliert betrachtet, ist also nicht Wert, so wenig wie es Ware ist. Es wird nur Wert, in seiner Einheit mit andrem Arbeitsprodukt, oder in dem Verhältniß, worin die verschiedenen Arbeitsprodukte, als Krystalle derselben Einheit, der menschlichen Arbeit, einander gleichgesetzt sind." [7]

Marx belegt mit dieser Aussage, dass Wert nur auf Äquivalenzbasis existiert. Ein einzelnes Wertobjekt kann nur ein ideelles Wertobjekt sein. Ein gesellschaftliches Verhältnis Wert kann nicht auf ein einzelnes Wertobjekt bezogen sein. Ein Wertobjekt kann nicht als Unikum existieren, es sind immer zwei davon nötig. Der Wert im ökonomischen Sinne ist bipolar.

Der Wert existiert nicht in den Produkten, wie bereits mehrfach begründet wurde. Demzufolge kann er nur als Bewusstseinsinhalt in jedem der Tauschpartner zu finden sein, von denen aus er mit den gegenübergestellten Wertobjekten verknüpft wird. Die Besonderheit gerade dieser Bewusstseinsinhalte ist es, dass sie gesellschaftlich relevant geäußert werden müssen, damit ein gesellschaftliches Verhältnis Wert entstehen kann. Der Wert wird verknüpft mit den Wertobjekten, kann aber eben nicht in diese eingebracht werden. Marx drückt mit der obigen Formulierung aus, dass das gesellschaftliche Verhältnis Wert nur in der Einheit beider Tauschpartner funktioniert. Damit widerspricht sich Marx offensichtlich selbst: Wenn der Wert wirklich vergegenständlichte gesellschaftlich nützliche Arbeit wäre, dann könnte er in einem Gegenstand enthalten sein. Wenn er aber nur in der Einheit mit einem anderen Arbeitsprodukt existieren soll, dann kann er nicht nur in einem davon vergegenständlicht sein. Wäre er dagegen in beiden vergegenständlicht, dann müsste er genauso in einem davon vergegenständlicht sein. Mit der Vergegenständlichung in einem Wertobjekt (in einer Ware) wäre aber die Bipolarität nicht zwingend, denn Waren oder Waren und Geld sind nicht in der Art miteinander gekoppelt, dass ein Wert sich zwangsweise über die Warengrenzen hinaus verteilen müsste.

Der Wert bezüglich zweier Arbeitsprodukte kann nur mit einem gesellschaftlichen Verhältnis bezüglich dieser Arbeitsprodukte erklärt werden. Wenn der Wert aber auf die Arbeitsprodukte bezogen werden kann und trotzdem nicht in diesen vergegenständlicht ist, dann könnte der Wert äquivalent auf andere Güter, die dem ökonomischen Austausch unterliegen, bezogen werden.

Beim Wert geht es um eine Einheit von Tauschpartnern bezüglich der Güter im jeweiligen Eigentum. Es geht nicht um die Einheit eines Tauschpartners mit einem Wertobjekt oder dessen Stellvertreter und es geht ebenfalls nicht um vergegenständlichte Arbeit, egal in welcher Form oder Bedeutung auch immer. Das wird bei Marx daran deutlich, dass er Wert als gesellschaftliches Verhältnis auffasst [2].

Die Rolle der Wertobjekte im ökonomischen Bereich

Die Wertobjekte sind die Basis und die Voraussetzung für die Wertverhältnisse. Das liegt daran, dass die Menschen danach streben, sich Wünsche zu erfüllen. Nur selten gelingt es ihnen, die Dinge selber zu schaffen, die ihnen wichtig erscheinen. In den meisten Fällen müssen sie hart arbeiten, um Eigentum anzuhäufen, mit dem sie wiederum das Gewünschte eintauschen können. Solche Tauschvorgänge sind ökonomische Tauschvorgänge, für die die Menschen Wertverhältnisse miteinander eingehen. Sie tauschen über ihre Wertverhältnisse Wertobjekte oder deren Stellvertreter. Die Menschen müssen für ihre Tauschaktivitäten gesellschaftliche Verhältnisse nutzen, da die Wertobjekte bzw. deren Stellvertreter, die sie untereinander tauschen, mit Eigentum verbunden sind. Eigentum ist eine gesellschaftliche Größe und wird im Allgemeinen nicht ohne Gegenleistung abgegeben. Eine gesellschaftliche Größe wie das Eigentum existiert nur auf der gesellschaftlichen Ebene und kann demzufolge nur auf dieser gehandhabt werden. Gesellschaftliche Wesen bauen zum Tausch von Eigentum gesellschaftliche Verhältnisse auf.

Die Rolle der Wertobjekte in den ökonomischen Wertverhältnissen ist es, die Herausbildung der Wertverhältnisse zu initiieren und dermaßen stark zu stimulieren, dass sie realisiert werden. Die gewichteten Bedürfnisse der Menschen zu den Wertobjekten bzw. deren Stellvertretern sind hier die treibenden Kräfte. Stimuliert werden soll auch technologische Entwicklung. Das geschieht durch die Auswertung der Eigenschaften der Wertobjekte im menschlichen Bewusstsein: Indem die Menschen nach dem Tausch die dann ehemaligen Wertobjekte z. B. als Gebrauchsgegenstände nutzen, werden neue Wünsche nach mehr Komfort, erweitertem Funktionsumfang, besserer Handhabung usw. auftauchen. Diese neuen Wünsche nach verbesserten Wertobjekten sollen möglichst kostengünstig gestillt werden. Dazu wiederum müssen diese Wertobjekte mit möglichst wenig Aufwand bei der Entwicklung und bei der Produktion bereitgestellt werden.

Sowohl das Herstellen als auch das „Verbrauchen" von Wertobjekten soll ressourcenschonend geschehen. Indem die Menschen die Wertobjekte (und deren Stellvertreter) in Wertverhältnissen tauschen, erfolgt „automatisch" eine Ressourcenschonung: Sie ist implementiert in die Wertverhältnisse, weil jeder von dem, was er hat oder was er mit seinen Arbeiten hervorbringt, nur möglichst wenig abgeben will, um etwas für ihn Wichtiges zu erlangen. In diesem Zusammenhang spielt der Fakt eine wichtige Rolle, dass jeder praktisch unzählige Wünsche hat. Somit werden die Menschen bei jedem ökonomischen Tausch anstreben, möglichst viele Wertäquivalente für die Erfüllung weiterer Wünsche im Eigentum zu behalten und demzufolge bei jedem Tausch nur möglichst wenig abzugeben.

Auf der Käuferseite verhindern die ökonomischen Tauschvorgänge, dass die Menschen unnötig viel an Ressourcen abgeben. Die Verkäuferseite wiederum möchte möglichst wenig abgeben und möglichst viel entgegennehmen, um, wie auf der Käuferseite, sich möglichst viele Wünsche erfüllen zu können, in den meisten Fällen, um zu wachsen. Somit wird in der gleichen Art auf die Verkäuferseite ein Druck ausgeübt, möglichst wenig Ressourcen für die Wertobjektbereitstellung einzusetzen und gleichzeitig danach zu streben, möglichst viel an Wertumfang entgegenzunehmen.

Bewusstsein, Wert, individuelle und gesellschaftliche Ebene

Inwieweit im Prozess der Wertbildung die gesellschaftlich relevant geäußerten gewichteten Beziehungsstärken den wirklichen objektiven Gegebenheiten entsprechen, wird zwar von den objektiv existierenden Wertobjekten stark beeinflusst, insbesondere von deren Gestaltung. Aber die Erfassung dieser objektiven Gegebenheiten ist u. a. von den Bewusstseinsinhalten und -prozessen der Tauschpartner abhängig. Optische und andere Täuschungen können (und sollen leider manchmal auch) durchaus gravierende Störungen verursachen. So kann auf der individuellen Ebene etwas in der Art widergespiegelt werden, das den Kauf eines bestimmten Wertobjektes sinnvoll erscheinen lässt, obwohl es für den Käufer nicht sinnvoll wäre, dieses Wertobjekt zu kaufen. Auf der gesellschaftlichen Ebene könnte aber der Käufer die falsche individuelle / ideelle Vorstellung ökonomisch relevant durch Abgabe eines Wertäquivalents als „richtig" äußern. Damit würde ein Wertverhältnis aufgebaut werden, das auf der gesellschaftlichen Ebene zum Ausdruck bringen würde, dass die zur Erstellung des Wertobjektes aufgewandte Arbeit nützlich gewesen wäre.

Umgekehrt kann ohne Frage eine wirklich vorhandene relative Nützlichkeit eines Wertobjektes einem potenziellen Käufer verborgen bleiben. Somit könnte dieser sein Geld möglicherweise für etwas anderes ausgeben, was nicht optimal für ihn wäre. Doch wenn er das eigentlich sinnvolle (potenzielle) Wertobjekt nicht als solches erkennt und er kein Wertäquivalent zum Eintausch dafür abgibt, dann würde er damit seine individuelle und ideelle Vorstellung „wertlos" auf der gesellschaftlichen Ebene ökonomisch relevant zum Ausdruck bringen. Die für das Wertobjekt aufgewandte Arbeit würde folglich, zumindest von diesem einen potenziellen Käufer, als nicht wertbildend eingestuft werden.

Wertgröße als Durchschnittsgröße

Auf der gesellschaftlichen Ebene wirkt eine enorme Vielzahl von Bewusstseinsprozessen und -inhalten auf unzählige Wertvorstellungen in all den Wertbeziehungen der Gesellschaft ein.

All diese Wertbeziehungen mit ihren gewichteten Beziehungsstärken tragen neben ihrem gesellschaftlichen notwendigerweise einen individuellen Charakter. Aus der Vielzahl der gesellschaftlich bestimmten und individuell beeinflussten Wertbeziehungen können die Menschen Durchschnittswerte für bestimmte Wertobjekte oder für bestimmte Kategorien von Wertobjekten ermitteln. Durchschnittswerte erleichtern u. a. die Planung. Z. B. kann der durchschnittliche Gewinn aus einer bestimmten Art von Wertobjekten ermittelt werden, um zu erkennen, ob es lohnt, diese Art von Wertobjekten weiterhin zu produzieren. Ein Durchschnittswert ist aber nur eine gedanklich-mathematische Konstruktion. In der Realität wirken die Durchschnittswerte nur über die vielen einzelnen, grundsätzlich objektiv begründeten, aber zusätzlich subjektiv gefärbten Wertgrößen in den einzelnen Wertverhältnissen.

Im Normalfall wird eine einzelne Wertgröße durch ihren geringen prozentualen Anteil am Durchschnitt nicht direkt für den Durchschnitt spürbar sein. In Ausnahmefällen ist das durchaus gegeben, insbesondere bei Durchschnittwerten, die aus sehr geringen Datenmengen, sprich aus sehr geringen Stückzahlen gewonnen werden. Das trifft insbesondere auf Auktionen von antiken Fundstücken und anderen Kunstwerken zu.

Die Zusammenfassung von Wertgrößen zu einem Durchschnitt, insbesondere für Auswertungs- und Planungsprozesse, geschieht im Nachhinein oder – unter Einbeziehung einer bestimmten Wahrscheinlichkeit – vorausschauend.

Wert, abstrakte Arbeit und stoffliche sowie nicht-stoffliche Wertobjekte

Die relative Nützlichkeit von Wertobjekten ist in vielen Fällen an Vergegenständlichtes gebunden.

Wenn etwas vergegenständlicht wird, ist es jedoch nicht die abstrakte Arbeit als abstrakter Ausdruck einer Wertgröße. Vielmehr verknüpfen diejenigen, die an der Bereitstellung der gegenständlichen Wertobjekte beteiligt sind (Planung, Forschung, Entwicklung, Produktion, Logistik...) ihre **prozentualen Ansprüche auf Existenzmittel bzw. Wertobjekte** mit den von ihnen bereitgestellten Waren. Genauer wäre zwar, von „Wertobjekten" zu sprechen. Aber da es um Vergegenständlichung geht, kann hier, zum einen weil üblich und zum anderen unter starker Abstraktion, der klassische Begriff „Ware" verwendet werden. Diese mit den Waren / potenziellen Wertobjekten verknüpften Ansprüche sind Ansprüche auf alle stofflichen und nicht-stofflichen Objekte, die dem ökonomischen Austausch unterliegen – und nicht nur auf solche, die vergegenständlichte Arbeit enthalten. Nur auf diese Art kann das notwendige Produkt, und damit auch das Mehrprodukt, vollständig erklärt werden: „Aber unser Mann ist ein Lohnarbeiter. Er muß daher seine Arbeitskraft einem Kapitalisten verkaufen. Verkauft er sie zu 3 sh. per Tag oder 18 sh. die Woche, so verkauft er sie zu ihrem Wert. Unterstellt, er sei ein Spinner. Wenn er 6 Stunden täglich arbeitet, wird er der Baumwolle einen Wert von 3 sh. täglich zusetzen. Dieser von ihm täglich zugesetzte Wert wäre exakt ein Äquivalent für den Arbeitslohn oder Preis seiner Arbeitskraft, den er täglich empfängt. Aber in diesem Fall käme dem Kapitalisten keinerlei Mehrwert oder Mehrprodukt zu. ...Über die zum Ersatz seines Arbeitslohns oder des Werts seiner Arbeitskraft erheischten 6 Stunden (Anm. des Autors: Notwendiges Produkt) hinaus wird er daher noch 6 Stunden zu arbeiten haben, die ich Stunden der Mehrarbeit nennen will, welche Mehrarbeit sich vergegenständlichen wird in einem Mehrwert und einem Mehrprodukt." [21]

Dass nur Ansprüche mit einer Ware / einem Wertobjekt verknüpft und keine Werte „eingebaut" werden, ist u. a. daran deutlich zu erkennen, dass bei völlig gleichartigen Dingen in einigen Fällen zu diesen Dingen ein ökonomisches Wertverhältnis aufgebaut wird und in anderen nicht. Wird ein Wertverhältnis aufgebaut, muss der Tauschpartner, der die Ware / das Wertobjekt erwerben möchte, denjenigen, die das Wertobjekt bereitstellen, ein Wertäquivalent dafür übergeben, dass sie ihm das gewünschte Wertobjekt übereignen. Die dafür aufzubauende Wertbeziehung würde auf der Käuferseite die Anerkennung der Ansprüche der Bereitsteller des Wertobjektes, die sie mit ihrem Wertobjekt verknüpfen, bedeuten. Auf der Verkäuferseite würden entsprechend die Anrechte der Käuferseite, die sie mit dem als Gegenleistung für das Wertobjekt gebotenen Wertäquivalent verknüpft, anerkannt werden. Würde keine Wertbeziehung bezüglich des potenziellen Wertobjektes aufgebaut, würden die mit dem Wertobjekt verknüpften Ansprüche der Verkäuferseite und die mit dem Äquivalent verbundenen Anrechte der Käuferseite nicht anerkannt werden. Das Wertobjekt bliebe ein bloßes Objekt und bekäme keinen Wert im ökonomischen Sinne.

Bei einem „eingebauten" Wert wäre dieser aber auf jeden Fall gegeben, eventuell jedoch „nicht sichtbar", sollte sich niemand dafür interessieren. Doch solch ein Gedanke entspricht nicht der Arbeitswerttheorie, denn nach Marx braucht ein Wertobjekt (bei ihm eine Ware) ein Gegenstück [6], [7]. Würde ein potenzielles Wertobjekt nicht gekauft werden, wäre die für dafür aufgewandte Arbeit keine nützliche Arbeit gewesen – das hätte sie aber für einen Wert sein müssen. Außerdem wäre in einem solchen Fall der Sinn des Wertes, d. h. seine Triebkraftfunktion, nicht erklärbar.

Nur die im ökonomischen Sinne gesellschaftlich nützliche Arbeit, d. h. nur die durch eine Wertäquivalentabgabe als nützlich im ökonomischen Sinne anerkannte, sollte zur Anspruchsberechtigung auf Wertobjekte beitragen. Denn nur gesellschaftlich nützliche Arbeit trägt zur Wertbildung bei. Wert ist also als gesellschaftliches Verhältnis zu sehen und nicht als feste Größe, die vergegenständlicht wurde.

Abstrakte wertbildende Arbeit muss folglich auch das Merkmal Nützlichkeit aufweisen. Von dieser Nützlichkeit darf nicht abstrahiert werden und sie muss anerkannt werden. Ohne Anerkennung der Nützlichkeit durch Abgabe eines Wertäquivalents wäre sie keine Nützlichkeit im ökonomischen Sinn.

Merkmale der gesellschaftlich nützlichen Arbeit

Gesellschaftlich nützliche Arbeit umfasst drei Merkmale:

Erstens ein natürliches Merkmal – die Bewegung / Aktivität bei der Erstellung von Wertobjekten bzw. Waren. Aus dem Stillstand heraus werden keine Wertobjekte / Waren generiert.

Zweitens ein gesellschaftliches Merkmal – die Nützlichkeit der Arbeitsergebnisse im ökonomischen Sinn von der Ergebnisseite her. Die (zunächst potenziellen) Wertobjekte müssen in der Art erfasst werden, dass ihre Nützlichkeit erkannt wird. Die Nützlichkeit muss so stark wirken, dass Kunden dazu animiert werden, diese (zunächst potenziellen) Wertobjekte zu erwerben, d. h. Wertäquivalente zum Tausch gegen diese Wertobjekte abzugeben.

Dieses zweite – das gesellschaftliche Element – kann nicht allein aus der Arbeit direkt abgeleitet werden. Denn die Arbeitsprodukte sind nicht nützlich, weil die dazu aufgewandte Arbeit nützlich war, sondern umgekehrt – die geleistete Arbeit wird im Nachhinein als nützlich anerkannt, wenn die betreffenden Produkte verkauft und damit als nützlich anerkannt werden. Ansonsten würde vor dem Kauf bereits definitiv feststehen, ob diese Produkte Wertobjekte oder bloße Objekte sind.

Das dritte Merkmal ist ebenfalls ein gesellschaftliches: Die Nützlichkeit der Arbeitsergebnisse muss im Durchschnitt von den Kunden so erfasst werden, dass die Existenzmittelansprüche der Bereitsteller zum Erhalt, zur Weiterentwicklung und zur Verewigung ihrer Arbeitskräfte akzeptiert werden: „Nach dem Dargelegten dürfte es klar sein, daß der Wert der Arbeitskraft bestimmt ist durch den Wert der Lebensmittel, die zur Produktion, Entwicklung, Erhaltung und Verewigung der Arbeitskraft erheischt sind.“ [22]

Die Anerkennung der Nützlichkeit der Arbeit in bestimmter Werthöhe geschieht praktisch immer im Dialog, wenn auch nicht unbedingt an allen Teilabschnitten jeder Wertobjekt-Bereitstellungs-Kette und ebenso nicht zu jedem Zeitpunkt.

Marx'scher Arbeitswertbegriff – bei Übereinstimmung von Angebot und Nachfrage in sehr grober Näherung gegeben

Die Marx‘sche Arbeitswerttheorie behandelt, stark vereinfacht gesagt, einen Spezialfall des Wertes als gesellschaftliches Verhältnis. Der Wert wird unter der Bedingung beschrieben, dass Angebot und Nachfrage übereinstimmen.

In diesem Fall kann für die Wertbestimmung der einzelnen Objekte von der relativen Nützlichkeit abstrahiert werden, da die relative Nützlichkeit für alle Objekte als Eigenschaft gegeben ist. Das Ziel von Marx mit der Herausarbeitung der Arbeitswerttheorie war nicht die Schaffung eines Steuerungsinstrumentes, um die Wirtschaft zu planen, wie es aber offensichtlich in den ehemaligen sozialistischen Ländern interpretiert wurde. Marx zeigte vor allem das Prinzip der kapitalistischen Ausbeutung auf. Um solch ein Ziel zu erreichen, konnte ohne Einschränkung von der Nützlichkeit der Waren abstrahiert werden. Solch ein Vorgehen war in diesem Fall sogar vorteilhaft, da die Aussagen mehr auf das Wesentliche konzentriert werden konnten. Daraus ergibt sich „nebenbei“, dass die Größe des gesellschaftlich anerkannten Wertäquivalents für die in einer Ware (eigentlich Wertobjekt) vergegenständlichten gesellschaftlich nützlichen Arbeit in etwa den gesellschaftlich determinierten Ansprüchen auf Wertobjekte aller an der Herstellung dieser Wertobjekte oder Waren Beteiligten und dem erwarteten Mehrwert entspricht.

In solch einem Fall würde keine unnütze Arbeit im ökonomischen Sektor der Gesellschaft verrichtet werden, da alle erstellten Waren verkauft würden. Für die Herausarbeitung des Prinzips der kapitalistischen Ausbeutung wird damit nicht unzulässig abstrahiert.

Allerdings sollte Marx an dieser Stelle ergänzt werden, da er nur die vergegenständlichende Arbeit als wertbildend sieht. In die Wertbeziehungen, die auf stoffliche, bearbeitete Objekte bezogen werden, fließen nämlich auch die Ansprüche von Arbeitskräften ein, die nicht-vergegenständlichende Arbeiten verrichten. Diese Arbeitskräfte erwerben sich mit dem Verkauf ihrer Arbeitskraft analog nicht nur Ansprüche auf Waren mit vergegenständlichter Arbeit.

Zur Zeit der Entstehung des „Kapitals" war allerdings der Anteil der nicht-gegenständlichen Wertobjekte bedeutend geringer als heute – prozentual zu allen Wertobjekten gesehen. Möglicherweise erschienen die nicht-vergegenständlichten Anteile der Arbeitsergebnisse und vor allem die komplett nicht-stofflichen Arbeitsergebnisse mehr in ideeller Existenzform denn als objektiv gegeben. So wurden vielleicht diese Anteile an den Wertobjekten bzw. die praktisch komplett nicht-stofflichen Wertobjekte für die Erklärung des Wertes und des Mehrwertes einfach vernachlässigt. Für die Erklärung der grundlegenden ökonomischen Prozesse was das Ergebnis der Arbeitswerttheorie aber trotzdem hinreichend genau.

Wert erscheint unabhängig vom Bewusstsein

Bei Marx erscheint der Wert der bearbeiteten Objekte nur bestimmt durch die gegebenen Werte der Arbeitskräfte plus den Mehrwert. Der Wert scheint völlig losgelöst von irgendwelchen Bewusstseinsoperationen zu sein. Dieser Schein wird durch den Umstand erzeugt, dass Marx von der Nützlichkeit der Arbeitsergebnisse abstrahiert [20]. Damit wird der Wert nur von der Aufwandsseite her definiert werden. Die Ergebnisseite wird nicht genauer betrachtet, da das Bewusstsein, nach damaliger Überzeugung, scheinbar keine Rolle bei der Wertentstehung spielt. Gewichtete Beziehungsstärken, wie hier beschrieben, würden zwar nicht stören, erschienen aber rein ideell und nicht ökonomisch relevant.

An dieser Stelle wirken die Aussagen im „Kapital" widersprüchlich: Von der Nützlichkeit wird abstrahiert, doch gleichzeitig wird betont, dass das Arbeitsergebnis nützlich sein muss.

Marx wollte sicherlich nicht das Bewusstsein in den Wert und damit in die Wertbildung einbeziehen. Vielleicht befürchtete er, damit dem Idealismus zu verfallen. Mit seinem Hinweis darauf, dass der Wert nicht für sich steht, sondern eines Gegenstückes bedarf, sich nur im Austausch konstituiert, lässt er aber das Bewusstsein in den Wertbildungsprozess einfließen, ohne das zu formulieren [6]: Der ökonomische Austausch – und damit die Gegenüberstellung von Wertobjekten bzw. Waren und Geld – ist ohne Bewusstseinsbeteiligung nicht möglich.

Weitere Einschränkungen der herkömmlichen Interpretation der Arbeitswerttheorie

Die Einengung des Geltungsbereiches der Arbeitswerttheorie auf ein gesellschaftliches Umfeld, in dem Marktgleichgewicht zwischen Angebot und Nachfrage herrscht, ist nicht die einzige Einschränkung der Marx'schen Arbeitswerttheorie.

Eine weitere wesentliche Beschränkung ist, wie bereits ausgeführt, die Einengung des Wertbegriffes auf Objekte, in denen menschliche Arbeit vergegenständlicht wurde.

Weiterhin wird im „Kapital" genau genommen nicht der Wert beschrieben, sondern das Wertobjekt, das den Wert determiniert. In stofflichen Wertobjekten werden die Bezugspunkte für die Werte vergegenständlicht. In nicht-stofflichen Wertobjekten werden die Bezugspunkte der Werte durch Aktivitäten wie Musizieren, Sport, Bücherschreiben usw. gestaltet. Die Werte aber bilden die Menschen auf Basis der Bezugspunkte in gesellschaftlichen Verhältnissen unter sich aus. Sie können dabei jedoch die Werte nicht aus ihren gesellschaftlichen Verhältnissen herauslösen, um sie in Gegenständen unterzubringen.

Zusammenfassend kann festgehalten werden:

- Die objektiven Gegebenheiten von potenziellen Wertobjekten und gesellschaftlichem Umfeld bedingen nicht notwendig, dass eine Wertbeziehung herausgebildet wird.
- Der Wert existiert nicht als feste Größe in dem Wertobjekt, er kann dort gar nicht existieren.
- Wert existiert als gesellschaftliches Verhältnis, das Menschen miteinander eingehen, um nicht frei verfügbare Objekte, Abläufe und Ideen miteinander auszutauschen.
- Wert hat eine bedeutende Triebkraftfunktion für die Entwicklung der menschlichen Gesellschaft.
- Durchschnittswerte von Wertgrößen gibt es real nur als aus allen betroffenen Einzelwerten errechnete Durchschnittsgrößen. Durchschnittswerte werden aus verschiedenen Gründen von Menschen ermittelt und präsentiert.

Zu These 9: Wertobjekte (nach der gängigen Wertauffassung „Werte") können durch menschliche und maschinelle Arbeit geschaffen werden, und zwar sowohl durch die sogenannte „produktive" als auch durch die sogenannte „nicht-produktive" Arbeit.

Dass durch produktive Arbeit **Wertbildung** erfolgt, ist allgemein anerkannt und sicherlich kein Gegenstand der Diskussion.

Prinzipieller Ablauf der Wertbildung

Durch gesellschaftliche und natürliche Faktoren bedingt wird in einem Individuum ein Bedürfnis herausgebildet und geprägt. Im Umfeld dieses Individuums existiert ein Zustand Z1, der dieses Bedürfnis unbefriedigt lässt. Gedanklich stellt sich die betreffende Person einen Zustand Z2 vor, in dem dieses Bedürfnis als erfüllt gesehen wird. Dieser Zustand Z2 erscheint dem Individuum erstrebenswert, weshalb der Zustand Z1 durch Z2 abgelöst werden soll.

Z2 könnte die Möglichkeit vereinfachter Teppichreinigung, das Ansehen von Filmen in hoher Bild- und Tonqualität, die Auswahl von Reisen usw. sein.

Vom Bedürfnis ausgelöst, verknüpft das Bewusstsein die gedanklichen Vorstellungen vom Zustand Z2 mit einem oder mehreren potenziellen Wertobjekten, mit dem oder mit denen das Ziel Z2 realisierbar erscheint. Solche Wertobjekte könnten gut funktionierende Staubsauger, Reiseangebote nutzen, Konzertkarten, gut ausgestattete TV-Geräte usw. sein.

Daraufhin motiviert das Bedürfnis über das Bewusstsein zu Aktivitäten, die auf das Ziel gerichtet sind, ein passendes Wertobjekt zu erwerben, das den Zustand Z2 repräsentiert. Mit dem Zustand Z2 scheint das Bedürfnis in einem hinreichenden Maße befriedigt zu werden. Der Fall, dass durch eigene Aktivitäten der Zustand Z2 ohne ökonomischen Austausch bewirkt werden kann, soll hier nicht betrachtet werden. Das eigentliche Ziel Z2 soll somit erst über einen Tausch im ökonomischen Sinne erreicht werden können, was wohl in den meisten der wichtig erscheinenden Wunschsituationen der Fall sein dürfte.

Die an Z2 interessierte Person muss, um das gewünschte Wertobjekt WZ2 zu erlangen, ein Wertobjekt oder einen anerkannten Stellvertreter eines Wertobjektes dafür als Wertäquivalent abgeben. Das Wertäquivalent muss vom auserkorenen Tauschpartner als wertgleich anerkannt werden. Über dieses Äquivalent ÄWZ2 zu WZ2 besitzt die an Z2 interessierte Person das Eigentums- oder das Verfügungsrecht. Über das Wertobjekt von Interesse WZ2 besitzt der Tauschpartner ein solches Recht.

Durch einen ökonomischen Austauschprozess kann WZ2 gegen ÄWZ2 eingetauscht werden, so dass das auslösende Bedürfnis zumindest gemäß der zunächst gegebenen Vorstellung im Bewusstsein gestillt wird.

Warum ist der ökonomische Austausch notwendig?

Die Realisierung des Wertobjektes WZ2 und seines Wertäquivalents ÄWZ2 ist in den meisten Fällen nur über den zielgerichteten Einsatz von Ressourcen (psychisch und physisch) aus den begrenzten und ständig zu reproduzierenden Ressourcenfonds der Produzenten zu erreichen. Zu diesen begrenzten Ressourcen zählen die begrenzten Möglichkeiten zur Entwicklung und Prüfung neuer Produkte, die begrenzte Arbeitszeit, die begrenzten Produktionskapazitäten, die begrenzt zur Verfügung stehende Energie, das begrenzt verfügbare Wasser, begrenzt verfügbare Zulieferprodukte und Rohstoffe usw.). Die nur begrenzte Lebenszeit der Produzenten stimuliert ebenfalls den ökonomischen Austausch (Bei unbegrenzt zur Verfügung stehenden Zeitfonds könnte vieles selber geschaffen statt eingetauscht zu werden, und man hätte es nicht eilig, etwas einzutauschen). Auf die Produzenten wirken dabei unterschiedliche gesellschaftliche und natürliche Bedingungen. Auf jeden Fall werden zur Produktion von Wertobjekten immer weitere natürliche und aufbereitete Ressourcen sowie zuvor produzierte Zuliefererzeugnisse und Hilfsmittel benötigt.

Die Menschen werden weder die notwendige Zeit noch die geistigen und körperlichen Fähigkeiten haben, um alle gewünschten Objekte selbst herzustellen. Dazu kommt, dass sie gerade in der heutigen Zeit nicht annähernd die Möglichkeiten haben, sich das notwendige Wissen anzueignen, um alles selber zu entwickeln und zu produzieren. Ebenso wäre es nicht mehr möglich, dass irgendein Mensch lernt, alle Produktionsmittel zu beherrschen.

Aus diesen Sachverhalten, den begrenzten Lebenszeiten, den begrenzten Fähigkeiten und Fertigkeiten der Menschen und den begrenzten Ressourcen folgt notwendig, dass die Arbeitsergebnisse ausgetauscht werden müssen.

Für den Austausch wiederum ist die Ermittlung der Äquivalenz unabdingbar.

In einigen Fällen werden die Wertobjekte durch die Natur „erstellt". Um solche Wertobjekte in die ökonomischen Prozesse einzubeziehen, muss im Ereignisfeld eine Verknappung gegenüber den darauf gerichteten Bedürfnissen vorliegen und diese Naturgüter müssen physisch in Eigentum oder Pacht überführt werden können. Das Eigentum an (oder die Pacht von) diesen wird genutzt, um Ansprüche auf Wertäquivalente bei Abgabe dieser Naturgüter zu rechtfertigen. Solche Ansprüche sind, genau wie die durch die eigene Arbeit erworbenen, gesellschaftlich begründet.

Die Äquivalenz wird abgeschätzt

Bevor ein Äquivalent für den Tausch bereitgestellt wird, vollführt der Interessent erfahrungsgemäß über sein Bewusstsein einen umfassenden Vergleich zwischen dem gewichteten Bedürfnis nach dem gewünschten Wertobjekt oder nach anderen Wünschen mit dem wahrscheinlichen Zustand nach Wunscherfüllung und der dafür aufzubringenden Energie in Form von körperlicher und geistiger Arbeitsleistung (meist in Form einer Geldmenge, die für das gewünschte Wertobjekt abzugeben ist).

Um die notwendige Geldmenge zu generieren, muss der am Wertobjekt Interessierte eine bestimmte Zeit lang arbeiten. Das für das Wertobjekt abzugebende Wertäquivalent kann über den Geldwert letztendlich zur dafür notwendigen Arbeitszeit in Beziehung gesetzt werden. In der Praxis wird wahrscheinlich häufig Bezug darauf genommen, was sonst noch mit dem Geld „angestellt" werden könnte. Verglichen wird vor dem ökonomischen Tausch das gewichtete Bedürfnis nach dem gewünschten Wertobjekt fast immer auch mit Bedürfnissen nach weiteren relevanten Wertobjekten für gleiche, ähnliche und andere Ziele und wie die mit diesen stofflichen Objekten, Aktivitäten oder Ideen zu erzielenden Zustände in Sachen Zufriedenheit wirken würden. Einbezogen werden dabei u. a. die für jene Objekte usw. benötigten Aufwendungen.

Wert – ideell geprägt und gesellschaftlich relevant zum Ausdruck gebracht

Im Verlauf der Vergleichsoperationen wird aus der Fülle der Möglichkeiten der letztendlich zu erfüllende Wunsch herausgehoben, zu einer gewichteten Beziehungsstärke konkretisiert und durch die Abgabe eines Wertäquivalents gesellschaftlich relevant zum Ausdruck gebracht (Bildfolge Bild 5.1 – 5.6).

Mit der Abgabe des Wertäquivalents wird die gewichtete Beziehungsstärke von einer ideellen Größe in eine objektive ökonomisch relevante Größe gewandelt.

Grundlagen für das gesellschaftliche Verhältnis Wert

Auf der Verkäuferseite des Wertverhältnisses wurde bzw. wird das Wertobjekt WZ2 geschaffen, welches den angestrebten Zustand Z2 repräsentiert. Dieses Wertobjekt bildet die wichtigste Grundlage des gesellschaftlichen Wertverhältnisses (Bildfolge 3.1 – 3.3).

Jede der beiden Seiten, sowohl die Käuferseite als auch die Verkäuferseite, kann initiierend für das Wertverhältnis wirken.

Dazu kommt als weitere Grundlage für das gesellschaftliche Verhältnis Wert die Gesellschaft als solche mit den notwendigen Bedingungen und Einrichtungen zur Herausbildung und Absicherung von Wertbeziehungen einschließlich der Zustände danach[30].

Gegenseitige Anerkennung der Wertobjekte

Mit dem ökonomischen Austausch erfolgt die notwendige gegenseitige Anerkennung der Objekte WZ2 und ÄWZ2 als Wertobjekte bzw. deren Stellvertreter im ökonomischen Sinn. Bei ÄWZ2 handelt es sich in den meisten Fällen um das „Stellvertreter-Wertobjekt" Geld.

Nur ein ökonomischer Austausch widerspiegelt ein Wertverhältnis. Darin „automatisch" einbezogen ist, dass beide Tauschpartner gegenseitig die relative Nützlichkeit der auszutauschenden Wertobjekte anerkennen. Nur dadurch, dass die Wertobjekte bzw. deren Stellvertreter ausgetauscht werden, wird belastbar anerkannt, dass diese Wertobjekte relativ nützlich im ökonomischen Sinne sind.

---

30 … einschließlich der Zustände danach
Gemeint sind hier die Zustände für alle Beteiligten, nachdem das Wertverhältnis beendet wurde. Das vormalige Wertobjekt ist nach erfolgtem Tausch im direkten oder indirekten Eigentum des (vormaligen) Käufers, das Wertäquivalent gelangt zum (vormaligen) Verkäufer. Die Gesellschaft sichert den Kauf und das Eigentum als Rechtsformen ab.

Die vermutete Qualitätserhöhung ist wertbildend

Der Zustand Z2, der das gewichtete Bedürfnis nach den Vorstellungen des Käufers befriedigen soll, erscheint kristallisiert in einem Wertobjekt. Mit dem Erwerb des Wertobjekts durch Abgabe eines Äquivalents wird eine Qualitätserhöhung des zunächst gegebenen niederwertigen Zustandes Z1 zum angestrebten Zustand höherer Qualität Z2 „prophylaktisch“ anerkannt. Damit wird die für das Wertobjekt aufgewandte Arbeit als wertbildend anerkannt, genauer: die Arbeit wird als Aktivität anerkannt, welche die Voraussetzung für eine Wertbeziehung schuf. Mehr wird damit nicht zum Ausdruck gebracht. Ob das Wertobjekt wirklich den gewünschten Zustand Z2 repräsentiert, kann in vielen Fällen erst später erfasst werden. Die geleistete Arbeit muss oder musste aber für den Aufbau der Wertbeziehung hinreichend günstig den gegebenen gesellschaftlichen und natürlichen Bedingungen sowie den individuellen Vorstellungen des interessierten Tauschpartners entsprechen bzw. entsprochen haben.

Im Durchschnitt wird die Masse der Wertbeziehungen zu den gewünschten Zuständen führen – mit hinreichender Übereinstimmung zwischen der gedanklichen Vorstellung des gewünschten Zustandes vor dem Kauf und dem gegebenen Ist-Zustand nach dem Kauf. Wäre das nicht der Fall, wären die Menschen anders an die gesellschaftlichen Wertverhältnisse herangegangen. Nach einer kurzen Übergangszeit hätte es letztendlich doch wieder in der überwiegenden Zahl der Fälle eine hinreichende Übereinstimmung zwischen den erwarteten Zielen, die mit den Käufen erreicht werden sollten, und den Ist-Situationen danach gegeben.

Produktion – Qualitätserhöhung an Objekten

Die im Rahmen der Produktion ablaufenden Qualitätserhöhungsprozesse an den potenziellen Wertobjekten sind entscheidende Voraussetzungen von Wertbeziehungen. Denn ohne diese Qualitätserhöhungen würden die Objekte nicht in Wertbeziehungen aufgenommen werden. Mit den Qualitätserhöhungen werden aus Objekten potenzielle Wertobjekte.

Qualitätserhöhung erfolgt schrittweise

Im Gesamtprozess „Zustand Z1 – gewichtetes Bedürfnis ungestillt ➔ Zustand Z2 – gewichtetes Bedürfnis gestillt“ ist jeder Teilprozess potenziell wertbildend. Das gilt für jeden Teilprozess, der eine Qualitätserhöhung in Bezug auf das zu befriedigende gewichtete Bedürfnis in der Art bewirkt, dass zum Erwerb des Wertobjektes letztendlich ein Wertäquivalent abgegeben wird. Theoretisch würden solche Qualitätserhöhungen durch Teilprozesse die Bereitschaft beim Käufer bewirken, mit jedem dieser Teilprozesse ein Wertäquivalent mit entsprechend höherem verknüpftem Wertattribut für das jeweilige Teil-Produkt bereitzustellen.

In der Praxis gibt der Käufer aber erst beim Kauf des Endproduktes sein Wertäquivalent für alle Teilschritte ab, wenn im Rahmen der Bezahlung sämtliche Einzelposten mitbezahlt werden. Denn eine Qualitätserhöhung durch einen Teilprozess, in einem Zwischenstadium der Wertobjektbereitstellung, ohne dass ein fertiges Endprodukt in nutzbarer Form und bequem erreichbar für den Interessenten vorliegt, würde mit Sicherheit nicht zu einem Wertverhältnis führen.

Vergegenständlichte und nicht-vergegenständlichte Wertobjekte

Die Wertbildungsprozesse sind aber bei Qualitätserhöhungsprozessen nicht auf „Vergegenständlichung menschlicher Arbeit" bei der Produktion von Waren beschränkt. Die Auffassung, dass nur vergegenständlichende Arbeit Werte (eigentlich: Wertobjekte) schaffen kann, ist mechanischer Determinismus, der durch die ökonomische Praxis widerlegt wird. Durch diesen Determinismus wird praktisch ausgesagt, dass der vergegenständlichte Anspruch auf Existenzmittel sich ebenfalls nur auf Vergegenständlichtes beziehen würde, denn Nicht-Vergegenständlichtes wäre schließlich „ohne Wert".

In der heutigen Zeit haben die nicht-gegenständlichen Elemente im Existenzmittelumfang einen sehr bedeutenden Anteil: verschiedenste Service-Leistungen, Literatur, Konzerte, Reisen u. v. a. – alles Leistungen, die zumindest teilweise nicht-vergegenständlicht sind bzw. Nicht-Vergegenständlichtes schaffen. Trotzdem werden die Ergebnisse dieser Aktivitäten dem ökonomischen Austausch unterworfen. Im Rahmen der Produktion von stofflichen und nicht-stofflichen Produkten zählen dazu die Steuerung der Prozesse, das Aushandeln von Verträgen, Marketing, Softwareprogrammierung u. a. All diese Aktivitäten können wertbildend wirken, weil die Ansprüche der Ausführenden auf Existenzmittel in die Wertgrößen, die mit den Wertobjekten realisiert werden sollen und müssen, einfließen. Umgekehrt beinhaltet das, was diese Menschen auf Basis der Werte ihrer verkauften Arbeitskräfte kaufen, Wertschöpfungen auf vergegenständlichter und ebenso solche auf nicht-vergegenständlichter Basis.

Nicht-vergegenständlichende Arbeit und Werte der Arbeitskräfte

Die Ursache dafür, dass nicht-vergegenständlichende Arbeiten notwendig in die Wertverhältnisse einfließen müssen, liegt in der gesellschaftlich determinierten Größe „Wert der Arbeitskraft". Das wurde bereits mehrfach beschrieben. Durch den Arbeitsprozess werden mit den (zunächst potenziellen) Wertobjekten, welche durch die Arbeitskräfte[31] bereitgestellt (im Sinne von erstellt und bereitgestellt) werden, deren anteilige, gesellschaftlich determinierte und individuell beeinflusste Ansprüche auf Wertobjekte als gesellschaftliche Substanz verknüpft. Basis dieser Verknüpfungen sind die Werte der beteiligten Arbeitskräfte.

So erwirbt z. B. der Grundlagenforscher mit seiner Arbeit einen Anspruch auf Wertobjekte. Die Wertobjekte, die er erwerben möchte, sind ebenso mit Ansprüchen auf Wertobjekte in Form von Wertattributen verknüpft. Äquivalent basieren diese verknüpften Ansprüche auf Wertobjekte auf gesellschaftlich nützlichen Arbeiten von anderen Grundlagenforschern, Ökonomen, Unternehmern, Technikern, Managern, Produktionsarbeitern, Dienstleistern usw. Folglich sind mit diesen Wertattributen in der gleichen Art Ansprüche aufgrund nicht-vergegenständlichender Arbeiten verknüpft.

Die Ansprüche auf nicht-gegenständliche „Werte" sind demnach nichts Mystisches und nichts rein Ideelles.

31 Arbeitskräfte
Hier sind diejenigen gemeint, die direkt an den Produkten arbeiten, sowie auch diejenigen, die andere bezahlte Jobs ausführen, um die produzierten Produkte an die Kunden zu bringen. Eingeschlossen sind selbstverständlich all diejenigen, die Hilfstätigkeiten ausführen.

Bei stofflichen Objekten werden die Bezugspunkte solcher Ansprüche gegenüber anderen Personen vergegenständlicht, analog werden sie bei Dienstleistungen „verformt", bei Kunstwerken „künstlerisch kreativ verformt", „vergeistigt" usw.

Da sich z. B. Software-Produkte und geistige Kunstwerke nicht als stoffliches Eigentum handhaben lassen und solche Produkte damit nicht wirklich durchsetzbar ökonomisch getauscht werden können, wurden gesellschaftlich wirksame Stellvertreter wie Lizenzen und Copyrights entwickelt.

Doch egal, ob Ergebnisse von stofflichen oder nicht-stofflichen Aktivitäten getauscht werden – in beiden Fällen wird der Wert erst mit dem Tausch gebildet. Vor dem Tausch kann der Wert nur potenziell existieren. Erst wenn Äquivalente übergeben werden, meist in Form von Geld, werden die gesellschaftlich relevanten Nützlichkeiten der Wertobjekte auf der gesellschaftlichen Ebene anerkannt, egal, in welchen konkreten Ausführungsformen diese Nützlichkeiten vorliegen.

Ansprüche – über Wertobjekte ohne vergegenständlichte menschliche Arbeit generiert

Nur die „vergegenständlichten", „verformten", „vergeistigten" usw. Bezugspunkte für Ansprüche auf Äquivalente im ökonomischen Sinne existieren in den Wertobjekten. Diese Bezugspunkte werden mittels menschlicher Arbeitskraft, durch Maschinen oder, in großem Maße, durch die Natur in die Wertobjekte eingebracht. Der Verkauf ihrer Arbeitskraft berechtigt die Arbeitskräfte, dafür Ansprüche auf Gegenleistungen zu erheben, üblicherweise in Form von Geld, das als Lohn ausgezahlt wird. Äquivalent berechtigt es Eigentümer an Naturressourcen aufgrund historisch herausgebildeter gesellschaftlicher Regelungen dazu, für die Abgabe von Naturgütern aus dem Eigentum ebenfalls Ansprüche auf Gegenleistungen zu erheben. Das Prinzip, dass aus dem Verkauf von Eigentum ein Anrecht auf Gegenleistung abgeleitet werden kann, ist bei beiden, bei den Verkäufern der Arbeitskraft und bei den Verkäufern von Naturgütern, gleich. Bei Menschen, die ihre Arbeitskraft verkaufen, kann von einem Anrecht gesprochen werden (Lohnempfänger, die ihr Geld mit hoher Sicherheit wie erwartet umsetzen können). Bei den Verkäufern von Naturgütern ist es in vielen Fällen mehr ein Anspruch auf Gegenleistung, denn ob sie die Gegenleistung für die Abgabe ihres Eigentums / ihrer Pacht im erwarteten Umfang erhalten werden, ist nicht immer annähernd so sicher wie beim Lohnarbeiter. Dafür können sie jedoch unerwartet hohe Gewinne einstreichen, wenn die aktuellen Bedingungen im Umfeld für sie besonders günstig sind.

Der wesentliche Unterschied zwischen beiden Gruppen von Eigentümern liegt in der Basis des Anrechts bzw. des Anspruchs auf Gegenleistung. Bei den Arbeitskräften ist die Basis des Anrechts auf Gegenleistung die menschliche Arbeit. Bei den Eigentümern von Naturgütern ist die Basis des Anspruchs auf Gegenleistung das Eigentum bzw. die Pacht. Eigentum an Naturgütern ist eine politisch begründete Größe, was aber hier nicht weiter diskutiert werden soll.

Der Käufer verarbeitet in seinen Bewusstseinsprozessen das gewünschte Wertobjekt in Form einer ideellen Abbildung. Der Verkäufer verarbeitet in seinen Bewusstseinsprozessen das zum Wertobjekt angebotene Wertäquivalent ebenfalls in ideeller Form. Im Rahmen der Widerspiegelung von Wertobjekt und Wertäquivalent werden diese Abbilder angereichert: Der Käufer verbindet mit dem Wertobjekt den geäußerten Anspruch des Verkäufers auf Gegenleistung. Der Verkäufer verbindet mit dem Abbild des gebotenen Wertäquivalents das vom Käufer geäußerte Anrecht auf Wertobjekte – meist in Form von Geld. Das Anrecht auf Wertobjekte des Käufers basiert in den meisten Fällen auf zuvor verkaufte Arbeitskraft. Der Anspruch des Verkäufers auf Gegenleistung kann in der überwiegenden Zahl der Fälle mit verausgabter, menschlicher gesellschaftlich nützlicher Arbeit begründet werden – doch das muss eben nicht so sein. Menschliche Arbeit ist als Grundlage für einen Anspruch auf Wertäquivalenz nicht notwendig.

Um nicht frei verfügbare Naturgüter zu erwerben, müssen die Interessenten Wertäquivalente in Höhe der akzeptierten Ansprüche der Eigentümer / Pächter dieser Güter als Gegenleistung für den Erwerb der Naturgüter abgeben.

Die Ansprüche auf Gegenleistungen sind immer von gleicher Art, egal, ob sie für stoffliche Wertobjekte, für Wertobjekte in Form von Aktivitäten wie Musizieren, für Wertobjekte in Form von Ideen, z. B. bei Patenten, für Wertobjekte, die von Maschinen erstellt wurden, oder für Wertobjekte in Gestalt von Naturgütern erhoben werden.

Wertattribute und Bewertung durch Verkäufer- und Käuferseite

Die von der Verkäuferseite reklamierten Ansprüche auf Wertobjekte werden von ihr über Bewusstseinsprozesse mit den angebotenen potenziellen Wertobjekten als Wertattribute verknüpft. Physisch sichtbar gemacht werden diese Ansprüche über Preise, die ebenfalls mit den Wertobjekten verknüpft werden. Die Käuferseite reflektiert demzufolge die verknüpften Ansprüche über die Preisangaben.

Die Verknüpfungen der Wertattribute mit den Wertobjekten auf der Verkäuferseite, d. h. die Preise, werden von der Käuferseite gewichtet. Im Ergebnis können diese Wertattribute akzeptiert, völlig abgelehnt oder verhandelt werden.

Auf der anderen Seite des Wertverhältnisses sieht es praktisch genauso aus: Die auf der Käuferseite reklamierten Anrechte auf Wertobjekte werden von ihr, ebenfalls über Bewusstseinsprozesse, mit der entsprechenden Menge an Wertäquivalenten als Wertattribute verknüpft. Üblicherweise wird auf der Käuferseite Geld als Wertäquivalent bereitgestellt. Im Unterschied zu den Wertattributen von Wertobjekten werden die mit bestimmten Geldbeträgen verknüpften Wertattribute in Nicht-Krisen- Zeiten von allen Mitgliedern einer Gesellschaft als Anrechte auf Wertobjekte in der Art gesehen, dass alle mit den gleichen Wertbeträgen den gleichen Wertumfang verbinden. Bei den Wertattributen von Geldmitteln werden folglich individuelle Abweichungen der Anerkennung der Anrechte vom gesellschaftlichen Durchschnitt nur in besonderen Situation gegeben sein.

Bevor eine Wertbeziehung aufgebaut wird, verknüpfen die Tauschpartner üblicherweise ihre eigenen Wertobjekte bzw. Wertäquivalente sowie die Wertobjekte bzw. Wertäquivalente der Partnerseite ebenfalls mit jeweils einem Wertattribut. Damit verbunden erfolgt auf der Käuferseite eine recht umfangreiche Bewertung des als Wertattribut mit dem Wertobjekt der Verkäuferseite verknüpften Anspruchs auf Wertobjekte. Umgekehrt erfolgt auf der Verkäuferseite nicht immer eine komplexe Bewertung des mit dem Wertattribut des Wertäquivalents verknüpften Anrechts auf Wertobjekte: In einem Kaufhaus ist der Verkäufer nur dafür zuständig, die ausgewiesene Geldsumme für den Verkauf des Wertobjektes entgegenzunehmen. Ob ihm die zu niedrig oder zu hoch erscheint, ist irrelevant. Auf dem Basar wird der Verkäufer jedoch eine solche Bewertung vornehmen.

Ansprüche und Anrechte auf Wertobjekte – nicht rein objektiv begründet

Dadurch, dass jedes Wertverhältnis nur vermittelt über das Bewusstsein zustande kommt, können die Ansprüche und Anrechte auf Existenzmittel bzw. Wertobjekte, die für ein Wertverhältnis grundlegend sind, keinen rein objektiv begründeten Charakter haben. Diese Ansprüche und Anrechte können nicht unabhängig vom Menschen existieren. Eine solche „Objektivität" ist auch nicht notwendig, denn Wert als gesellschaftliches Verhältnis muss aufgrund seiner Natur stets menschliche, also vom Bewusstsein abhängige Bestandteile beinhalten. Was wäre ein gesellschaftliches Verhältnis ohne das typisch menschliche Merkmal von Bewusstseinsaktivitäten? Es wäre kein gesellschaftliches, sondern ein von den Menschen und damit von der Gesellschaft unabhängiges Verhältnis.

Das gesellschaftliche Verhältnis Wert muss auch einen objektiven Anteil haben

Doch als gesellschaftliches Verhältnis zwischen Tauschpartnern muss der Wert auch auf etwas außerhalb des Bewusstseins bezogen werden. Als rein ideelle Größe bräuchte der Wert keine Basis von zwei Tauschpartnern! Der – nennen wir ihn – „Initiator der Wertbeziehung" könnte sich bei einem ideellen Wert diesen ganz allein für sich vorstellen. Eine rein ideelle Größe kann in nur einer Person funktionieren! Ein Tauschpartner ist aber eine objektive Erscheinung für die betrachtete Person und aufgrund seiner Ansprüche bzw. Anrechte wird diese „objektive Erscheinung" eine reale Leistung bzw. Gegenleistung anstreben. Wenn z. B. der potenzielle Tauschpartner mit den subjektiven Vorstellungen eines E-Bikes, das nur in den Vorstellungen seines Gegenübers als Wertobjekt existiert, nichts anfangen kann, dann könnte es nicht zu einem Wertverhältnis zwischen beiden kommen. In der Praxis müssen beide Tauschpartner zusammen agieren. Das ist existenziell wichtig für ein Wertverhältnis. Indem sie gemeinsam agieren, erarbeiten sie eine gemeinsame Wertgröße für den Tausch. Die ideellen Bewusstseinsprozesse der beiden Tauschpartner sind für diese gemeinsame Wertgröße die Ausgangspunkte. Aber diese Ausgangspunkte bestimmen das Ergebnis nicht allein. Einen wesentlichen Anteil an dem gemeinsamen, dem „öffentlichen" Wert hat das gesellschaftliche Umfeld. Doch dieses Umfeld bewirkt nicht allein die Wertbildung – die Bewusstseinsprozesse machen mit. Das Ergebnis ist der Wert, der im Wertverhältnis ausgehandelt wurde und der außerhalb der beiden Tauschpartner und ihres Wertverhältnisses von der Gesellschaft wahrgenommen wird. Über diesen gemeinsamen Wert erfolgt der Austausch von Wertobjekt gegen Wertäquivalent. Dieser Wert kann veranschaulicht werden über die Skalarbeträge von Wirkungsvektoren, mit denen die treibenden Kräfte für den Austausch abgebildet werden können. Genau dieser Wertbetrag stellt den objektiven Anteil am gesellschaftlichen Verhältnis Wert dar.

Zudem liegen in den meisten Fällen die Bezugspunkte der Wertverhältnisse außerhalb der Bewusstseinsprozesse beider Tauschpartner. Das trifft auf die Masse der technischen Geräte usw. zu. In einigen Fällen, z. B. bei Patenten, werden die Bezugspunkte auf Stellvertreter von ideellen Vorstellungen bezogen. Die ideellen Vorstellungen des Patents existieren im Bewusstsein eines Tauschpartners, werden aber auf der gesellschaftlichen Ebene in Form einer Patentschrift manifestiert. Das ist notwendig, da ein Bewusstseinsinhalt als solcher, sobald er bekannt wird, beliebig oft genutzt werden könnte, und das ohne Abgabe einer Gegenleistung. Ein angemeldetes Patent wird durch die Gesellschaft, in der die Anmeldung erfolgte, vor unbefugter Nutzung geschützt.

Das Papier, der Druck usw. stellen dabei nicht den wirklichen Wert der Patentschrift dar.

Die Gesellschaft bekommt die Kaufverträge zu Gesicht, erhält die Steuern, die beim Verkauf anfallen, sie hat das Eigentum an Patenten zu schützen und ebenso die vorgesehene, entgeltpflichtige Nutzung dieser Patente durch die Lizenznehmer.

All die gesellschaftlichen Bezüge, die zu dem realen Wertobjekt aufgebaut würden, wären bei dem oben angesprochenen nur ideell im Bewusstsein eines Tauschpartners existierenden E-Bike nicht gegeben.

Maschinell erzeugte Güter als Wertobjekte

Bei maschinell erzeugten oder verformten Produkten sieht es ähnlich aus. Je weniger Menschen und je mehr Maschinen und Roboter an der Produktion beteiligt sind, desto ähnlicher wird das Endprodukt einem Naturgut – selbstredend nur auf die Wertverhältnisse bezogen. Im Extremfall (der irgendwann kommen wird) würden durch Roboter geschaffene Roboter ohne menschliches Zutun Rohstoffe abbauen, verarbeiten und daraus Objekte für ihren eigenen Bestand und ihre eigene Weiterentwicklung, und – als Mehrprodukt – zusätzlich für die Menschen gestalten. Auch die auf solche Art geschöpften Produkte (die ebenfalls nicht alle stofflicher Art sein müssen – schon jetzt spielen Roboter Fußball) müssten unter den Menschen auf Wertäquivalenzbasis verteilt werden, wenn die Menschen bis dahin ihre Gesellschaft nicht auf einen anderen Verteilungsmechanismus umgestaltet haben sollten. Die Verteilungsproportionen bei solchen Produkten würden dann sicherlich, genau wie jetzt, an den Werten der menschlichen Arbeitskräfte und an den Eigentumsrechten ausgerichtet werden.

In die Wertberechnungen der auf diese Art geschaffenen Produkte würden ganz sicher ebenfalls die Aufwendungen einfließen, die bei der Aufrechterhaltung des Umfeldes der Roboter sowie bei möglichen notwendigen Eingriffen in den Produktionsmechanismus entstehen bzw. entstehen könnten. Dazu zählen ebenso die Aufwendungen für das Design, für die Tests, für die Zulassungen der Maschinen, für die Gestaltung des notwendigen Umfeldes für die Roboter, jedenfalls soweit noch Menschen in diese Prozesse involviert sein würden. In die Wertberechnungen der von den Robotern hergestellten Produkte würden – wie bei den auf andere Art hergestellten Produkten – ebenso die Wertgrößen einfließen, welche durch die Verknappung bestimmter notwendiger Rohstoffe auf den Gesamtprozess einwirken würden.

Die Ansprüche auf Wertäquivalente werden im Bewusstsein mit den Wertobjekten verknüpft, also über ideelle Prozesse. Trotzdem haben diese Verknüpfungen ihre Basis in der materiellen Welt. Eine objektive Basis von Wertverhältnissen im Sinne von Bezugspunkten können stoffliche Produkte, aber auch Aktivitäten, Ideen und Naturgüter sein. Die Werte der Arbeitskräfte, das Eigentum an Ideen, das Eigentum an Naturgütern, das Eigentum an durch Maschinen gefertigten Gütern usw. sind die Bezugspunkte für die mit den Wertobjekten und deren Stellvertretern verknüpften Anrechte bzw. Ansprüche auf Äquivalente.

Dabei sind weder Ansprüche direkt in die Wertobjekte eingebaut noch Anrechte in irgendwelche Geldmittel. Solche „Einbauten" könnten nicht funktionieren. Die Existenzform der Wertobjekte als solche ist weder an Stoffliches noch direkt an menschliche Arbeit gebunden. Bei der Verteilung von Wertobjekten bleibt die menschliche Arbeit für absehbare Zeiträume von grundlegender Bedeutung. Ohne Arbeit gäbe es weder Wertobjekte noch Eigentum[32]. Irgendwann werden Maschinen völlig selbständig potenzielle Wertobjekte schaffen. Wie diese verteilt werden, bestimmen die Menschen dann wahrscheinlich noch über die Werte der Arbeitskräfte und über bestimmte Eigentumsverhältnisse. Aber, wie schon heutzutage, muss ein Teil der von den Maschinen erarbeiteten Wertobjekte bzw. ein Teil der vom Verkauf dieser Wertobjekte generierten Einnahmen an die Maschinen selbst verteilt werden: Stromversorgung und weitere Betriebsmittel, Programmierung, Kommunikation, Wartung, Reparaturen, Erweiterungen, Reinigung, Ersatz u. Ä. Die Anteile, die in Richtung Maschinen fließen, könnten als Wertausdruck für deren Werte, die Werte der maschinellen Arbeitskräfte, gesehen werden. In die Verteilung der vollständig durch Maschinen geschaffenen Wertobjekte müssen die Kosten für die verbrauchten und dem ökonomischen Austausch unterliegenden Naturgüter genauso eingebracht werden, wie dies bei den heute produzierten Produkten der Fall ist. Auf absehbare Zeiträume bezogen werden alle Verteilungsmechanismen hauptsächlich die Werte der Arbeitskräfte, die Macht- und die Eigentumsverhältnisse als Basis haben.

Die Werte der Arbeitskräfte vom Typ Maschine gibt es schon so lange, wie es Maschinen gibt: Diese sind zu versorgen mit Existenzmitteln in Form von Verbrauchsmaterialien, Wartung, Reparatur und „Verewigung" in Form von Neukauf. In der heutigen Zeit kommen weitere Existenzmittel hinzu: Immer mehr Maschinen müssen hinzulernen mittels Software-Updates, mit immer komplexeren Sicherheitsimplementierungen und anderen Zusatzkomponenten müssen ihre Fähigkeiten erweitert werden, zum Teil müssen sie bereits trainiert werden in Verbindung mit dem Einsatz sogenannter „neuronaler Netze" usw.

Widerspiegelung von (potenziellen) Wertobjekten – ideell gegeben, objektiv begründet

Die objektiven Grundlagen dieser Widerspiegelungsprozesse bestehen zwar außerhalb des Bewusstseins. Wie aber diese objektiven Grundlagen in die gesellschaftlichen Prozesse einbezogen werden, das wird bestimmt durch die konkreten gesellschaftlichen Verhältnisse und durch die individuellen Widerspiegelungen der objektiven Gegebenheiten in den Bewusstseinsprozessen der Tauschpartner.

Die bewussten Widerspiegelungen von objektiv existierenden Gegenständen, Verhältnissen und Prozessen erfolgen immer im gegebenen gesellschaftlichen und natürlichen Kontext und sind immer an diesen jeweiligen Kontext gebunden. Damit tragen diese Widerspiegelungen historisch bedingten Charakter. Durch die Einbindung in

32 Eigentum im Unterschied zum Besitz
Hier halte ich mich an die Auffassung der Autoren Gunnar Heinson und Otto Steiger: Eigentum als Begriff wird auf Objekte bezogen, die nicht hauptsächlich für die eigene Verwendung, sondern vor allem für den ökonomischen Austausch gedacht sind. Besitz entspricht ebenfalls einer festen und durch die Gesellschaft mitgesicherten Zuordnung. Der ist aber vor allem für die eigene Nutzung gedacht.

Bewusstseinsprozesse werden die ideellen Widerspiegelungen stets von individuellen Bedingungen wie Erziehung und Erfahrungen überlagert. Damit werden solche Widerspiegelungen individuell geprägt. Aber solche Widerspiegelungen besitzen notwendigerweise objektive Ursachen, denn sie müssen im Bewusstsein zunächst herausgebildet werden. Dazu wiederum müssen die objektiven Elemente solcher Widerspiegelungen außerhalb der Bewusstseinsinhalte und -prozesse existieren. Allein aus ideellen Vorstellungen heraus werden die Menschen keine Wertbeziehungen hervorbringen können. Wertbeziehungen verlangen immer ein Gegenüber. Doch ein Gegenüber gibt es für rein ideelle Vorstellungen nicht. Diese letzte Aussage wird bezogen auf typische Wertobjekte wie TV-Geräte, Smartphones etc. Bezüglich virtueller Himmelsvorstellungen sieht das anders aus. Bei denen reicht oft der Glaube daran, um sie als real zu empfinden (Das ist zumindest die Auffassung des Autors).

Des Weiteren existieren die durch objektiv vorhandene Wertobjekte (die durch eine Gegenleistung anerkannten) – oder zumindest durch die vom Käufer als objektiv existierend gedachten Wertobjekte – generierten Bewusstseinsprozesse für die anderen Mitglieder der Gesellschaft ebenfalls objektiv. Das kann damit begründet werden, dass die Gesellschaft den Austausch stofflich erfasst, beim Kauf der Wertobjekte Steuern fließen, für die Kaufaktionen Kaufverträge abgeschlossen werden und dafür Rechtsnormen geltend gemacht werden können. Die dazugehörigen Bewusstseinsprozesse werden folglich auf der gesellschaftlichen Ebene stofflich manifestiert. Damit wäre eine weitere Art von objektiven Anteilen an Wertbeziehungen erfasst.

Auf jeden Fall wird in Wertbeziehungen das, was jeder der Tauschpartner ideell im Bewusstsein zu den Wertobjekten verarbeitet, auf der gesellschaftlichen Ebene als objektives Resultat der ideellen Bewusstseinsprozesse wirksam. Das geschieht in allen Fällen, also wenn Käufer Wertobjekte kaufen, wenn potenzielle Käufer Wertobjekte nicht kaufen und ebenfalls, wenn Käufer mit den Verkäufern zunächst über den Wert der Wertobjekte verhandeln und sie erst danach kaufen.

Generell kann formuliert werden, dass eine hinreichende Stabilität der Gesellschaft bezüglich der Erstellung und Verteilung von Erarbeitetem sowie von knappen Ressourcen nur herausgebildet werden kann, indem Wertbeziehungen entwickelt und genutzt werden. Mit dem Zwang zum wertäquivalenten Tausch werden die gerechte Verteilung von Wertobjekten und eine sparsame Ressourcennutzung gefördert.

Gegenständliche und nicht-gegenständliche Wertobjekte

Die Aufwendungen zur Erstellung von Wertobjekten müssen für gegenständliche und genauso für nicht-gegenständliche Wertobjekte in die Wertverhältnisse einfließen. Denn für nicht-gegenständliche Wertobjekte wie handlungsbasierte Dienstleistungen (z. B. Krankenbetreuung), Konzerte usw. müssen, in der gleichen Art wie für gegenständliche, Zeit und Geld in Ausbildung, Pflege, Weiterentwicklung und vor allem in den Lebensunterhalt der Akteure investiert werden.

Dass nicht-gegenständliche Wertobjekte in die ökonomischen Austauschprozesse einbezogen werden, ist absolut notwendig. Beide Arten von Wertobjekten, gegenständliche und nicht-gegenständliche, sind wesentliche Bestandteile des gesellschaftlichen Zusammenlebens. Für beide Arten von Wertobjekten hat der Wert eine wichtige und auf absehbare Zeit durch nichts anderes zu ersetzende Triebkraftfunktion.

Dass bestimmte „nicht-vergegenständlichende Arbeiten“ direkt in die Werte der Arbeitskräfte eingehen, kann auch in der Art erklärt werden, dass für diese Tätigkeiten eine Bezahlung erfolgt. Durch die Bezahlung werden Aufwendungen zur Bereitstellung solcher Aktivitäten als gerechtfertigt anerkannt. Die Anerkennung erfolgt wertgleich in der ausgehandelten oder akzeptierten Werthöhe durch Abgabe eines Wertäquivalents. Dadurch erfolgt eine Gleichstellung beider Arten von Tätigkeiten – der vergegenständlichenden und der nicht-vergegenständlichenden.

Das Geld, das Arbeitskräfte für den Verkauf ihrer Arbeitskraft erhalten, kann mit vergegenständlichender Arbeit, mit nicht-vergegenständlichender Arbeit oder mit beiden Arten von Arbeit erworben worden sein. Dem Geld sieht man das nicht an. Es ist einfach ein Wertäquivalent, für das in bestimmtem Maße die EZB oder andere Banken (jedenfalls in unseren Breiten und in den jetzigen Zeiten) Wertäquivalent-Versprechen geben. Umgekehrt widerspiegelt das Geld notwendigerweise Anrechte auf stoffliche Wertobjekte, die menschliche Arbeit beinhalten, aber auch Anrechte auf nicht-stoffliche Wertobjekte, die menschliche Arbeit beinhalten. Ebenso werden damit Anrechte auf bestimmte Naturgüter abgebildet, die keinerlei menschliche Arbeit enthalten – dazu mehr im nächsten Kapitel. All diese Anrechte auf verschiedene Arten von Wertobjekten basieren auf den Werten der Arbeitskräfte und den „Werten“ von Eigentümern / Pächtern. Diese Werte gehen als Ansprüche auf Wertobjekte ein in die Werte der von diesen Arbeitskräften geschaffenen oder / und bereitgestellten Produkte. Somit gelangen in den Wertumfang der Ansprüche auf Existenzmittel Ansprüche auf gegenständliche sowie auf nicht-gegenständliche Wertobjekte. So kann auch auf diesem Wege erklärt werden, dass Arbeiten für und an nicht-gegenständlichen Wertobjekten wertbildend sein können.

Anders formuliert: Wenn die Arbeitskräfte von ihren Löhnen nicht-gegenständliche Wertobjekte[33] kaufen (Eintrittskarten für ein Fußballspiel, Bücher, Versicherungsleistungen, Finanzdienstleistungen, Software usw.), dann gehören solche Produkte des Austauschs zu ihren Existenzmitteln. Damit fließen die Werte dieser nicht-gegenständlichen Produkte ein in die Wertbildungsprozesse der Produkte, die von diesen Arbeitskräften erarbeitet und bereitgestellt werden. Somit gelangen solche Werte als Ansprüche in die Wertattribute der von diesen Arbeitskräften bereitgestellten Produkte. Im Ergebnis wird wiederum der mögliche wertbildende Charakter nicht-vergegenständlichender Arbeiten gezeigt.

Werterhöhung auch durch nicht-gegenständliche Arbeit

Die Werte der Wertobjekte als Endprodukte auf dem Markt sind die Summen aller „Teilwerte“ der Teilwertobjekte: die Wertobjekte in der Entwurfsphase plus die designten, zusammengebauten, geschliffenen, lackierten, wieder auffindbar und versandfertig ins Lager gestellten, verpackten und beworbenen Wertobjekte.

33 Nicht-gegenständliche Wertobjekte
Ohne Frage enthalten Bücher sowie wohl fast alle anderen nicht-gegenständlichen Wertobjekte in der für die Menschen nutzbaren Form praktisch immer bestimmte Anteile an vergegenständlichter Arbeit. Aber die Hauptanteile solcher Wertobjekte, welche auch die Hauptanteile der ökonomischen Tauschbeziehungen ausmachen, sind in den hier betrachteten Fällen nicht-gegenständlicher Art. Bei Büchern sind das die geistigen Inhalte der Texte.

Werden diesen „zusammengesetzten" Wertobjekten in Wertverhältnissen ökonomische Äquivalente gegenübergestellt, so müssen diese die Äquivalenzen für alle Teilprozesse umfassen. Damit werden die Ansprüche der beteiligten Arbeitskräfte aller Teilprozesse auf Existenzmittel anerkannt und deren Ansprüche werden einbezogen in die Wertverhältnisse, die bezüglich dieser Wertobjekte aufgebaut werden. Die Wertgrößen dieser Wertverhältnisse entsprechen dem Umfang der Anerkennung der Ansprüche aller direkt und indirekt beteiligten Arbeitskräfte plus den erwarteten Mehrwerten aller Teilprozesse. Diese Ansprüche plus die erwarteten Mehrwerte werden üblicherweise als Erwartungswerte berechnet und als Preis bekanntgegeben. Abweichungen werden in den Wertverhältnissen ausgehandelt.

Arbeitsprozesse wie Design entwerfen, bewerben, reinigen, verpacken, versandfertig ins Lager stellen, erledigen der dazu notwendigen Büroarbeiten usw. werden damit als wertbildende Arbeitsprozesse anerkannt.

Produktive und sogenannte nicht-produktive Arbeit – schaffen oder nur verbrauchen

Folgende zwei Situationen sind vorstellbar: In der Montagehalle eines PKW-Werkes werden mittels menschlicher (und maschineller) Fähigkeiten und Fertigkeiten Einzelteile aus Zulieferbetrieben zu Baugruppen zusammengesetzt. Dort werden keine neuen Teile erstellt, umgeformt o. ä.

In einem Büro werden aus Ausgangsmaterialien (wie DIN-A4-Papier, Toner usw.) Vorlagen für Verträge, Einladungen, Anfragen usw. erstellt. Das sind prinzipiell in etwa vergleichbare Aktivitäten.

Unter anderem wird in Bezug auf Büro- oder Reinigungsarbeiten oft argumentiert, dort würde nichts produktiv gestaltet, sondern nur verbraucht werden – ein Fall der sogenannten „nicht-produktiven Arbeit".

Aber in jedem dieser Fälle wird etwas zusammengebracht, was Nutzen bringen soll. Unterschiedlich können Sinn und Zweck, die Qualitäten, die Preise, die Lebensdauer der Arbeitsergebnisse usw. sein.

Bezüglich des ökonomischen Austauschs der Ergebnisse gibt es keine prinzipiellen Unterschiede. In allen solchen Fällen wird produktiv gearbeitet und verbraucht: Energie, Hilfsmaterialien usw. Doch in allen Fällen ist der Verbrauch ein Nebenmerkmal und die produktive Arbeit ist jeweils das Hauptmerkmal.

Ein Wertverhältnis wirkt unabhängig von der konkreten Art des Wertobjekts

In allen Fällen, in der Montagehalle, im Büro usw., werden auf qualitativ prinzipiell gleichen Wegen prinzipiell gleiche Ziele verfolgt – gewichtete Bedürfnisse sollen über ökonomische Austauschprozesse befriedigt werden. Im ersten Fall wird der Verkauf eines Autos vorbereitet, im zweiten Fall erfolgt der Verkauf von Büro-Dienstleistungen und in einem weiteren Fall wird eine Reinigung verkauft. Wünsche werden meistens erfüllt mittels ökonomischen Austauschs von Wertobjekten gegen Wertäquivalente in Form von gesellschaftlich anerkannten Stellvertreter-Wertobjekten (Geld) mit gleichen Wertbeträgen.

Die Arbeitsergebnisse in der Montagehalle werden in den meisten Fällen nicht direkt den Endkunden beglücken (Aber in einigen Fällen ist es möglich, dass der Kunde die Montage seines Autos verfolgen kann, zumindest per Video).

Ziele des ökonomischen Austauschs und gewichtete Beziehungsstärken

In all den o.g. Fällen sind die eigentlichen Ziele des ökonomischen Austauschs nicht die Materialien oder Handlungen oder Vergegenständlichungen, sondern der Fakt, dass mit deren Hilfe bestimmte und hinreichend stark wirkende Wünsche erfüllt werden.

Mit anderen Worten: Zu den Produkten der sogenannten „nicht-produktiven Arbeit“ bilden die Menschen prinzipiell qualitativ und quantitativ gleiche gewichtete Beziehungsstärken wie zu den Produkten der sogenannten „produktiven Arbeit“ heraus.

Die Arten der Wertobjekte und die Wertverhältnisse

Damit ergeben sich für alle drei Fälle von Wertobjekten (gegenständliche, nicht-gegenständliche, keine menschliche Arbeit enthaltene) qualitativ gleiche gesellschaftliche Wertverhältnisse zwischen den Tauschpartnern.

Für das Bewusstsein ist es ohne Belang, ob die Bezugspunkte von Wertverhältnissen gegenständlicher oder nicht-gegenständlicher Art sind. Wichtig für gesellschaftliche Wertverhältnisse ist nur, dass die Bezugspunkte dem ökonomischen Austausch unterliegen.

Teilprozesse aller Art können zur Wertbildung führen

So hat beispielsweise ein gerade produziertes „reines“ Endverbraucherprodukt noch nicht die erforderliche Qualität, um einen darauf gerichteten Wunsch zu erfüllen – entsprechend dem gegebenen Entwicklungsstand der Wirtschaft, der Tradition, der Erfahrung usw.

Es fehlt der Teilprozess Handel. Dieser erhöht zwar nicht die Qualität des Produktes selbst, aber darauf allein bezieht sich das gesellschaftliche Verhältnis Wert eben nicht.

Durch den Teilprozess Handel wird eine höhere Qualität im Bedürfnisbefriedigungsprozess bezüglich des Endverbraucherproduktes erreicht. Diese höhere Qualität wiederum führt zu einer größeren gewichteten Beziehungsstärke zu dem Wertobjekt, was dadurch geäußert wird, dass ein entsprechend größeres Wertäquivalent dafür abgegeben wird.

Damit verbunden ist ein größerer Wertbetrag des gesellschaftlichen Verhältnisses Wert zwischen den Tauschpartnern als er ohne das Element Handel gebildet worden wäre.

Die Ursache der Werterhöhung wäre in diesem Beispiel eine „nicht-vergegenständlichende Tätigkeit“, d. h. eine Tätigkeit, durch die ein „nicht-gegenständliches“, aber ökonomisch tauschfähiges Produkt erstellt wird – eben die Bereitstellung des Produkts über den Handel.

Verdeutlichen kann man sich diesen Effekt bei der Betrachtung von Direktverkäufen beim Hersteller. Diese werden im Durchschnitt nicht die übliche Kaufoption für die Mehrheit der Bürger sein, denn normalerweise haben diese weder die Zeit noch die Mittel, wegen jedem Wertobjekt von Interesse durch die Gegend zu reisen. Direktkäufe von Wertobjekten wären für die Bürger günstiger als der Ladenkäufe. Bezogen auf den

Gesamtaufwand zum Erwerb würde das für die meisten Bürger anders aussehen. Für sie ist es effektiver, die Produkte über den Handel zu erwerben. Der Handel entspricht damit einer Qualitätserhöhung, die durch menschliche Arbeitskräfte bewerkstelligt wird. Für diese Qualitätserhöhung müssen, je nach den Anteilen der beteiligten Arbeitskräfte sowie der Hilfsmaterialien, der notwendigen Technik usw. und den für diese Teilprozesse erwarteten Mehrwerten (in den ausgehandelten Gesamtwerten der Produkte enthalten), Äquivalente beim Kauf der Wertobjekte abgegeben werden.

Werden Endprodukte über den Handel erworben, so werden in den dafür abgegebenen Wertäquivalenten notwendigerweise Wertanteile für den Bereich „Handel" enthalten sein. Damit wird die Teilaktivität „Handel", ebenso wie die Produktion, als gesellschaftlich nützlicher Vorgang und als Qualitätserhöhungsprozess anerkannt. Die Ergebnisse dieser Qualitätserhöhungsprozesse werden damit als ökonomisch tauschbar gekennzeichnet – als tauschbar gegen äquivalente gegenständliche, sowie nicht-gegenständliche Ergebnisse anderer Arbeitsprozesse und ebenso als tauschbar gegen Naturgüter, die dem ökonomischen Austausch unterliegen.

Ein zweites Beispiel – Vergleich Blumenvase und ärztliche Behandlung

Wodurch unterscheidet sich auf ökonomischem Gebiet das Glücksgefühl z. B. beim Kauf einer Blumenvase (über die sogenannte materielle Produktion entstanden) vom Glücksgefühl bei der Wiederherstellung des Gesundheitszustandes eines Menschen?

Von den ohne Frage existierenden ethischen Unterschieden soll hier abgesehen werden.

In beiden Fällen liegt zunächst ein Zustand vor, der das jeweilige menschliche Bedürfnis unerfüllt lässt.

Das ist aber nicht die einzige Gemeinsamkeit. Beide Bedürfnisse müssen im Vergleich zu anderen Bedürfnissen mit einer solchen relativen Stärke existieren, dass die Verbraucher bereit sind, von den eigenen Anrechten auf Wertobjekte bestimmte Teile als Äquivalente abzugeben, um die unbefriedigenden Zustände zu beenden. Mittels der so erworbenen Wunschprodukte, d. h. der Wertobjekte – einmal die Blumenvase, einmal die ärztliche Behandlung – würden in beiden Fällen, nach dem ökonomischen Tausch, die Wünsche, die dem jeweiligen gewichteten Bedürfnis entsprechen, erfüllt sein. (Das erhoffen sich zumindest die Konsumenten.)

Das Wertobjekt würde einmal direkt beim Einzelhändler und das andere Mal z. B. über die Krankenversicherung und die Arztpraxis durch die Behandlung bereitgestellt werden. Durch Abgabe des als Gegenleistung geforderten Äquivalents erfolgt die gesellschaftliche Anerkennung dieser Produkte (die Blumenvase bzw. die Wiederherstellung des Gesundheitszustandes) als Wertobjekte.

Das Äquivalent wird meist in Form von Geld zur Verfügung gestellt. Für die Blumenvase würde das Geld üblicherweise direkt aus dem Einkommen genommen werden, für die ärztliche Behandlung durch Einzahlung in die Krankenversicherung vorgeschossen werden. Im Anschluss würde die Versicherung die ärztliche Leistung teilweise oder vollständig bezahlen.

Im Fall der ärztlichen Behandlung haben wir es mit einem sekundären Wertverhältnis zu tun: Der Patient bezahlt primär die Leistungen der Krankenversicherung.

Die Krankenversicherung bezahlt sekundär die ärztliche Behandlung. Das sind ökonomisch zwei getrennt wirkende Wertverhältnisse, die trotzdem zu einer Einheit gehören. Die Einheit geht sogar über die die konkreten Beziehungen „Patient - Krankenkasse" und „Krankenkasse - Ärztin / Arzt" hinaus, denn wenn die Behandlungskosten extrem hoch sein sollten, wird die Versicherung notwendigerweise auf die Einzahlungen anderer Mitglieder zurückgreifen müssen.

Mit der Bezahlung würde in beiden Fällen die Anerkennung der relativen Nützlichkeit der Wertobjekte im ökonomischen Sinne erfolgen. Erst diese Anerkennung der relativen Nützlichkeit der Arbeitsergebnisse durch die Abgabe eines wertmäßigen Äquivalents würde den wertbildenden Charakter der für diese Wertobjekte aufgewandten Arbeit begründen.

In beiden Fällen würde sich der Käufer bzw. der Patient zunächst in einem Zustand Z1 wähnen, der nicht seinem gewünschten Zustand entspricht. Durch den Kauf des Wertobjektes Blumenvase bzw. ärztliche Behandlung möchte und würde der Kunde bzw. der Patient den Zustand Z1 in den Zustand Z2 überführen. Z2 würde, zumindest hinreichend stark für einen ökonomischen Tausch, dem gewünschten Zustand (zunächst in den Vorstellungen des Betroffenen) entsprechen. Im Fall der ärztlichen Versorgung könnte Z2 eine neue Hoffnung oder ein aus ethischen Gründen einzustellender Zustand sein, der weder Besserung noch Hoffnung bringt, dessen Finanzierung aber von der Gesellschaft als notwendig erachtet wird.

In beiden Fällen würde durch das jeweilige Wertobjekt eine ökonomisch relevante Qualitätserhöhung der gegebenen Situation im Umfeld bzw. bei der eigenen Person in Bezug auf das auslösende gewichtete Bedürfnis erfolgen.

Mit anderen Worten: In beiden Fällen würde der gegebene Zustand, der das jeweilige Bedürfnis unbefriedigt lässt, qualitativ verbessert. Diese zunächst nur vermutete, erhoffte oder erwartete Qualitätserhöhung würde es ermöglichen, ein gesellschaftliches Wertverhältnis zwischen den Tauschpartnern herauszubilden.

Mehr Wertschöpfungsbereiche

Doch nicht nur mit der Produktion von Waren, im Handel und im Gesundheitswesen können „Werte geschaffen" werden, genauer: können potenzielle Wertobjekte erstellt werden, die als Grundlagen für gesellschaftliche Wertverhältnisse dienen können.

Wertobjekte (zunächst potenzielle) können ebenso in den Bereichen Software, Know-how und Engineering, Kunst, Transportwesen, Militär, Service usw. geschaffen werden. Bedingung ist nur, dass die Ideen und Dienstleistungen dem ökonomischen Austausch unterliegen, d. h. dass für die jeweiligen Qualitätserhöhungsprozesse (und in einigen Fällen ebenso für die Qualitäts-Level-Aufrechterhaltungs-Prozesse[34]) Wertäquivalente im ökonomischen Sinne bereitgestellt werden.

34 Qualitäts-Level-Aufrechterhaltungsprozesse
Die Aufrechterhaltung eines bestimmten Zustandes kann auch ein Wertobjekt im ökonomischen Sinne repräsentieren, wenn dieser Zustand ständig neu geschaffen werden muss (z. B. eine bestimmte Sicherheit).
Vergleich: Informationsabgabe durch eine Signallampe, die mit ihrem grünen Leuchten den Zustand Z1 anzeigt und mit rotem Leuchten den Zustand Z2. Leuchtet die Lampe ständig grün, so bedeutet das nicht, dass keine neue Information von der Lampe kommt. Vielmehr wird durch das Leuchten ständig signalisiert, dass der aktuelle Zustand Z1 ist. Eine Dienstleistungsfirma könn-

Die Abgabe von ökonomischen Wertäquivalenten für solche Ideen und Serviceleistungen entspricht in allen Fällen den für ökonomische Austauschprozesse notwendigen gesellschaftlich relevanten Anerkennungen des Wertgehalts eben dieser Ideen und Serviceleistungen. Der Wertgehalt wird in den Preisen widergespiegelt, die im Rahmen der Wertverhältnisse ausgehandelt oder einfach von Käuferseite akzeptiert werden.

Preisausdruck und gewichtete Beziehungsstärke

Die Preisangaben widerspiegeln die Höhen der Wertbeträge der Wirkungsvektoren „gewichtete Beziehungsstärken" in den ökonomischen Austauschvorgängen. Die Preisausdrücke sorgen auch für die Nivellierung der Bereitstellungs-Unterschiede bei stofflichen, gedanklichen, aktivitätsbasierten u. a. Wertobjekten. Für das Prinzip des ökonomischen Austauschs in der Gesellschaft / zwischen den Gesellschaften sind solche Faktoren gleichwertig, wenn gleich große Wertäquivalente dafür bereitgestellt werden. Nicht gleichwertig sind sicherlich die unterschiedlichen Ausführungsmerkmale gleichartiger Wertobjekte (z. B. verschiedene Smartphones), insbesondere deren unterschiedliche Qualitäten, deren unterschiedliche Oberflächen usw., welche die Menschen in die gewichteten Beziehungsstärken der Wertbeziehungen in der Folge unterschiedlich einbeziehen, womit die Wertbeträge dieser Beziehungsstärken objektiv bedingt verändert werden.

Wertverhältnisse und nicht-vergegenständlichende Arbeiten

Mit der Einbeziehung von Ergebnissen nicht-vergegenständlichender Arbeiten in die Wertverhältnisse werden die Prozesse und Ideen dieser Arbeiten in die Existenzmittel der ausführenden Arbeitskräfte und damit auch in die Werte dieser Arbeitskräfte eingebracht. Dies geschah und geschieht immer – solange die Menschen Wertobjekte tauschen. Nur formuliert wurde dieser Sachverhalt zumindest in den Ausarbeitungen zur Arbeitswerttheorie nicht, jedenfalls ist dem Autor so etwas nicht bekannt.

Somit geht mit jeder „Neuaufnahme" eines solchen Wertobjektes in den Gesamt-Wertumfang der Gesellschaft eine Erweiterung des Nationalreichtums einher und damit eine Erhöhung des Bruttoinlandsprodukts, sofern dafür nichts anderes aus dem Gesamtumfang an Wertobjekten herausfällt.

Wertbildung durch nicht vergegenständlichende Arbeiten – mit anderen Worten dargestellt

In ökonomischen Austauschprozessen können nur Wertobjekte oder Stellvertreter Wertobjekte (z. B. Geld) gegen Wertobjekte oder Stellvertreter-Wertobjekte getauscht werden. Ein Austausch von Objekten zwischen Tauschpartnern ohne gegenseitige Anerkennung der jeweiligen ökonomischen Wertattribute der auszutauschenden Objekte würde keinem ökonomischen Austausch entsprechen. Denn das gesellschaftliche Verhältnis Wert setzt die Äquivalenz der Tauschobjekte im ökonomischen Sinne voraus. Alles, was davon abweichend übergeben bzw. übernommen wird, ist nicht Gegenstand des gesellschaftlichen Verhältnisses Wert, sondern vom Charakter her ein „Geschenk"

te dafür Geld bekommen, einen dazugehörigen Zustand so aufrechtzuerhalten, dass ständig die grüne Lampe leuchtet. So in etwa könnte man auch Polizei, Armee, Feuerwehr und andere gesellschaftliche Organisationen und Einrichtungen sehen.

oder ein Betrug. Es würde schließlich die für den Wert notwendige gesellschaftliche Anerkennung fehlen. Somit können „Nicht-Wertobjekte" keine ökonomischen Äquivalente für Wertobjekte sein. Solche Tauschvorgänge wären nicht auf ökonomischer Basis realisierbar. Denn Objekte, Abläufe, Ideen, die im Tausch ohne Abgabe von ökonomisch relevanten Äquivalenten entgegengenommen würden, wären weder Wertobjekte noch Wertäquivalente (höchstens potenzielle) und die entsprechenden Tauschvorgänge würden keine Wertverhältnisse repräsentieren. Das trifft gleichermaßen auf Teile von Wertobjekten zu – damit sind Aussagen wie „Nicht der gesamte Wert wurde bezahlt!" gemeint. Werden die Ergebnisse von Wertbeziehungen derartig beschrieben, dann würde das implizit bedeuten, dass die ökonomische Anerkennung der relativen Nützlichkeit von Teilen der Wertobjekte fehlt, nämlich die relative Nützlichkeit der Teile, die nicht bezahlt werden. In der Praxis wird die Verkäuferseite den nicht-bezahlten Anteil erst einmal nur auf das Gesamtprodukt beziehen können. Wenn z.B. statt der erwarteten € 100 nur € 90 für solch ein Produkt bezahlt würden, kann nicht daraus geschlossen werden, dass z.B. der Käufer zwei herausgearbeitete Schmuckecken an einem dazugehörigen Hebel nicht bezahlt hätte.

„Nicht der gesamte Wert wurde bezahlt!" kann nur für eine Wunschvorstellung stehen, denn es wird immer der gesamte Wert bezahlt, wenn im Rahmen eines Wertverhältnisses getauscht wird. Nur kann dieser reale Wert verschieden sein von der gewünschten Wertvorstellung.

Zusammenfassung

Für ökonomische Austauschprozesse ist es ohne Belang, welche konkrete Form die Austauschobjekte und demzufolge welchen konkreten Charakter die dazu aufgewandten Arbeitsaktivitäten haben bzw. hatten. Entscheidend ist, dass die Wertobjekte gesellschaftlich relevant als solche anerkannt werden. Das geschieht dadurch, dass für den Erwerb der Wertobjekte Wertäquivalente oder deren Stellvertreter (Geld etc.) abgegeben werden.

Erst mit dieser Art der Anerkennung der Wertobjekte im ökonomischen Sinne erfolgt die Wandlung von Objekten / Aktivitäten / Ideen zu Wertobjekten. Erst mit dieser Art der Anerkennung der Wertobjekte als solche erfolgt die Anerkennung der zur Bereitstellung der Wertobjekte aufgewandten Arbeiten als relativ nützlich. Erst damit wird der wertbildende Charakter dieser Arbeiten anerkannt.

Von der konkreten Form der Arbeitsausführung kann abstrahiert werden. Wichtig ist, dass die relative Nützlichkeit im ökonomischen Sinne erhalten bleibt, deren einziges Kriterium der Verkauf ist.

Zu These 10: Unter bestimmten gesellschaftlichen und natürlichen Bedingungen werden auch nicht durch Menschen geschaffene Objekte als Wertobjekte in die ökonomischen Prozesse einbezogen. Das geschieht über das Bewusstsein und in Verbindung mit dem gesamten gesellschaftlichen Arbeits- und Austauschprozess.

Zu diesem Themenkomplex wurden bereits mehrfach Ausführungen dargelegt. Hier soll noch einmal systematisch auf diese Thematik eingegangen werden.

Die Einbeziehung von Naturgütern als Wertobjekte in die gesellschaftlichen Arbeits- und Austauschprozesse erfolgt über das Bewusstsein.

In den Naturgütern ist keine menschliche Arbeit enthalten. Aber das ist nicht relevant für die Einbeziehung dieser in die ökonomischen Austauschprozesse.

Wert stellt, wie oben ausgeführt, ein auf gesellschaftlich determinierten, individuell beeinflussten, gewichteten Beziehungsstärken zu Tauschobjekten, den Wertobjekten, beruhendes gesellschaftliches Verhältnis dar. Durch den Austausch von Wertobjekten mit gleichem gesellschaftlichen Gehalt – oder besser: mit gleich großen Wertattributen – wird dieses Verhältnis ökonomisch relevant zum Ausdruck gebracht. In den meisten Fällen erfolgt der Austausch Wertobjekt gegen Geld (Geld hat die Rolle eines „Avatars" für Anrechte auf Wertobjekte).

Wertschöpfungsprozess durch menschliche Arbeit

Verrichtung menschlicher Arbeit ist der übliche Weg, um Wertobjekte bzw. Waren zu erstellen. Mit den Arbeitsergebnissen soll es ermöglicht werden, Zustände, die Unzufriedenheit verbreiten, so zu verändern, dass diese mit Zufriedenheit verknüpft werden: Ein Zustand Z1, der ein bestimmtes menschliches Bedürfnis unbefriedigt lässt, wird verändert hin zum Zustand Z2, der dieses Bedürfnis befriedigen soll.

Z1 könnte ein staubiger Fußboden sein, Z2 ein staubfreier. Für jemanden, dessen Staubsauger nicht mehr funktioniert, könnte Z2 durch einen funktionierenden Staubsauger repräsentiert werden.

Dieses Objekt Staubsauger kann die an Z2 interessierte Person oder Institution selbst schaffen oder gegen etwas, das sie selbst geschaffen hat, eintauschen. Im zweiten Fall würde es sich nicht nur um ein Objekt, sondern zusätzlich um ein Wertobjekt handeln.

Wenn eine Person oder Institution ein gewünschtes Wertobjekt nicht selbst erstellen kann, aber hinreichend stark am Besitz interessiert ist, wird sie versuchen, es mittels Tausch zu erlangen. Als Gegenleistung würde sie dafür etwas, was der Tauschpartner als ökonomisch gleichwertig sieht, aus ihrem Eigentum abgeben müssen.

Das Wertobjekt, das Z2 repräsentiert, wird durch die Abgabe eines wertmäßigen Äquivalents als ökonomisch relativ nützlich (in Werthöhe des Äquivalents – fast immer als Preisausdruck angegeben) anerkannt und über den Tausch in das Eigentum bzw. in die Verfügungsgewalt überführt. Der neue Eigentümer wird nicht strikt trennen zwischen dem gewünschten Zustand Z2 und dem Wertobjekt, das diesen repräsentiert. Für ihn steht das Wertobjekt für diesen gewünschten Zustand. Doch exakt wird durch den Tausch nicht der gewünschte Zustand Z2, sondern ein realer Zustand Z2‘ erzielt, der vom zunächst gedachten Zustand Z2 mehr oder weniger stark abweichen kann, je nachdem, wie genau und wie komplex der neue Besitzer sich den Zustand Z2 mit dem dazugehörigen Wertobjekt vorgestellt hat. Wenn z. B. auf dem Werbeblatt ein Super-Staubsauger präsentiert wurde, aber die Lautstärke des realen Staubsaugers unerträglich ist, dann wird der gewonnene Zustand Z2‘ sehr stark vom gewünschten Zustand Z2 abweichen. Dabei entspricht die Wandlung von Z1 nach Z2 – besser: nach Z2‘ – einem „Qualitätserhöhungsprozess mit Abstrichen“, je nachdem, wie stark Z2‘ von Z2 abweicht. Ökonomisch relevant wird eine solche Abweichung in den meisten Fällen nicht sein. Nur wenn der Käufer z.B. den Hersteller erfolgreich darauf verklagen kann, dass dieser die versprochenen technischen Daten des Produktes nicht einhält, wird die Abweichung für dieses praktisch noch nicht beendete Wertverhältnis bezüglich des Wertäquivalents wirksam: Der Kunde bekommt eine Preisermäßigung oder er kann das Gerät zurückgeben.

Anmerkung „repräsentieren“

Dass Objekte einen Zustand repräsentieren, kann in einigen Fällen bedeuten, dass diese Objekte als identisch mit den Zuständen gesehen werden. Z. B. bei Schmuckstücken am Körper wird der Zustand als „geschmückt“ angesehen.

Bei vielen solcher Objekte, die einen gewünschten Zustand repräsentieren, können (und müssen oft) die gewünschten Zustände Z2 wiederholt hergestellt werden: Z2 kann der geschmückte Körper sein, für den man den Schmuck immer wieder anlegen muss, Z2 können staubfreie Fußböden und Teppiche sein, die man immer wieder saugen muss. Bei einem elektrisch gesteuerten Grundstückstor, das sich ein Hauseigentümer bauen lässt, wird dagegen der gewünschte Zustand dauerhaft erhalten bleiben (von Reparaturen abgesehen).

Wertobjekte und notwendiges Umfeld

Sehr viele Wertobjekte, die einen bestimmten Zustand repräsentieren, z. B. staubsaugen zu können, TV-Dokumentationen ansehen zu können usw., sind allein nicht ausreichend für die vorgesehenen Aufgaben. Um einen Staubsauger nutzen zu können, ist ein bestimmtes gesellschaftliches Umfeld Voraussetzung. Das Umfeld muss den benötigten Strom sowie die Staubbeutel und Feinstaubfilter bereitstellen. Bei TV-Geräten werden umfangreichere Anforderungen an das notwendige Umfeld gestellt. Strom muss bereitgestellt werden, hinreichend viele TV-Sendern mit unterschiedlichen Angeboten, hinreichend störungsfreie Übertagungsmöglichkeiten von den Sendern zu den TV-Geräten müssen gegeben sein und die Sendungen mit ihren Uhrzeiten sollten bekannt sein. Bei aktuellen TV-Geräten kommen weitere Umfeldbedingungen hinzu.

Der Fakt, dass Wertobjekte allein nicht unbedingt ausreichend sind, um die damit verknüpften Ziele zu erreichen, zeigt auch, dass das Erwerben der Wertobjekte nicht das eigentliche Ziel ökonomischer Tauschvorgänge ist.

Das Ziel des ökonomischen Austauschs

Mit dem Tauschen der Wertobjekte wird genau genommen nicht das Ziel verfolgt, ein konkretes Wertobjekt zu erwerben. Vielmehr soll ein Zustand, der als verbesserungswürdig und verbesserungsfähig gesehen wird, verändert - qualitätserhöht - werden. Das Wertobjekt wird als Mittel gesehen, welches für den Qualitätserhöhungsprozess als geeignet erscheint.

Wertschöpfung durch Energieeintrag

Um eine Veränderung von Z1 in der gewünschten Art zu erreichen, so dass Z2 erzielt wird, muss ein Energieeintrag in bestimmter Art und in einem bestimmten Umfang aufgebracht werden.

Dieser Energieeintrag wird bei menschlichen Aktivitäten aus einer geistigen und einer körperlichen Komponente bestehen. Für die ökonomischen Prozesse bleibt es jedoch, im Hinblick auf die ökonomisch relevante Qualitätserhöhung gegenüber dem menschlichen Bewusstsein / Bedürfnis, vom Prinzip her gleich, um welche konkrete Form von Energie es sich dabei handelt. Denn das daraus resultierende Wertverhältnis ist nicht die direkte Folge des Energieeintrages, sondern ein Resultat der Einordnung des Ergebnisses dieses Qualitätserhöhungsprozesses in das ökonomisch relevante Denken und Zuordnen. Das ökonomisch relevante Denken und Zuordnen wiederum geschieht über die Widerspiegelung des Wertobjektes im Bewusstsein. Erst die gesellschaftliche Einordnung des objektiv als vollzogen geltenden Energieeintrages kann(!), wenn bestimmte Bedingungen erfüllt sind, zu einem Verhältnis „Wert“ führen[35].

Was mit dem Energieeintrag konkret bewirkt wurde oder wird, ist nur für den konkreten Käufer wichtig. Ob es um stoffliche oder nicht-stoffliche Ergebnisse geht, ist für ein darauf aufbauendes Wertverhältnis nicht wichtig. Relevant ist nur, dass für das Ergebnis des Energieeintrags ein Wertäquivalent abgegeben wird, um es in das Eigentum zu überführen.

Energieeintrag - zielgerichtet oder stochastisch

Für das Prinzip, dass durch Energieeinträge verschiedener Art Qualitätseigenschaften von (potenziellen) Wertobjekten so weit erhöht werden, dass von potenziellen Käufern in diesen neuen Qualitätseigenschaften Bezugspunkte für Wertattribute erkannt werden, ist es nicht wichtig, ob die Energie gezielt eingesetzt wird oder ob es sich nur um

35 Erst die gesellschaftliche Einordnung des objektiv als vollzogen geltenden Energieeintrages ... Das betrifft den Großteil der Wertverhältnisse. Bei Konzerten etc. wird der Energieeintrag nach dem ökonomischen Tauschakt vollzogen. Ob das Wertverhältnis mit dem Tausch beendet ist, wird von verschiedenen Faktoren bestimmt. Bei Erkrankung des Künstlers wird der Kunstliebhaber sein Geld zurückbekommen. Mit der Rückgabe des Geldes würde ein Wertverhältnis „auf Probe“ ohne Tausch beendet werden.

stochastische Prozesse handelt, bei denen zufällig einmal etwas „Gutes" herauskommt. Es ist sogar völlig egal, wer oder was die Energie zur Qualitätsverbesserung einsetzt – Menschen, Maschinen oder die Natur. Wichtig für den ökonomischen Austausch ist das Ergebnis. Wertverhältnisse werden von den Menschen primär auf Ergebnisse bezogen. Die Erstellungs- / Bereitstellungsmechanismen müssen dabei notwendigerweise einbezogen werden in die Wertbetrachtungen. Die Kosten der Prozesse, mit denen Wertobjekte bereitgestellt werden („bereitstellen" ist hier im umfassenden Sinne gemeint, d. h. inbegriffen ist das Erstellen) werden nicht 1:1 in den Werten der Wertverhältnisse abgebildet. Vielmehr wirken sie als Hilfsgrößen bei den Wertermittlungen, denn das Wichtigste für den Tausch sind nicht die Prozesse der Bereitstellung, sondern ist die Nützlichkeit der Ergebnisse.

Ohne Frage ist beim zielgerichteten Energieeinsatz die Wahrscheinlichkeit für die Herstellung eines Zustandes, für den ein Äquivalent als Gegenleistung abgegeben wird, unvergleichlich höher als bei einem planlosen. Oder, anders formuliert, einen Prozess bewusst in der Art auszuführen, dass etwas Sinnvolles herauskommt, hat eine höhere Effizienz als ein Herumwerkeln mit dem Ziel, am Ende zu sehen, ob der Bearbeitungsvorgang sinnvoll war. Demnach wird sich ein zielgerichteter Weg im Durchschnitt durchsetzen.

Wertverhältnisse können auf menschlicher Arbeit basieren, müssen es aber nicht

An dieser Stelle soll noch einmal die Bedeutung der Arbeit bezüglich der Wertverhältnisse betrachtet werden. An keiner Stelle wird für den Aufbau von Wertverhältnissen zwingend ausgeführte menschliche Arbeit als Grundlage solcher Verhältnisse benötigt.

Damit Menschen durch Arbeit geschaffene und andere Objekte tauschen, dass sie Abläufe und Ideen austauschen, kann nicht ohne menschliche Arbeit erklärt werden. Das gilt aber nur ganz allgemein, nicht für jeden ökonomischen Tauschvorgang.

Entscheidend für den Tausch ist die Nützlichkeit der Tauschobjekte in Verbindung mit ihrer nicht freien Verfügbarkeit.

Die notwendige Qualitätserhöhung, um nicht gut tauschbare Ausgangsstoffe und -produkte zu tauschbaren Wertobjekten zu formen, wird in sehr vielen Fällen durch menschliche Arbeit vorgenommen. Aber auch Maschinen erledigen die notwendige Qualitätserhöhung in vielen Teilschritten der Wertobjektbereitstellung. Ebenso kann das die Natur bewerkstelligen.

Wichtig für die Wertverhältnisse ist der Nutzen der Resultate in Verbindung mit ihrer Verknappung.

Die Verknappung kann darin begründet sein, dass bezahlte menschliche Arbeit für die Qualitätserhöhungsprozesse aufgewandt werden musste. Sie kann aber auch verursacht werden durch Eigentum an Grund und Boden und damit an Naturgütern.

Von dem Ablauf, wie die konkrete Nützlichkeit der Wertobjekte zustande kam, und davon, um welche konkrete Nützlichkeit es sich handelt, wird beim Tausch abstrahiert. Das ist für den Tausch nicht wichtig. Wenn menschliche oder maschinelle Arbeit beteiligt war, dann ist u. a. wichtig, wie hoch der Aufwand dafür war, die Reproduktion und Erweiterung dieser Arbeiten zu gewährleisten.

Wurde die Nützlichkeit durch die Natur generiert, dann kann das Ergebnis dieser natürlichen Prozesse in Verbindung mit gesellschaftlichen Regelungen und Prozessen dem Eigentum oder der Pacht von Individuen oder Unternehmen zugeordnet werden. In solchen Fällen kann nicht so sehr der Aufwand der Natur für die Generierung dieser Naturgüter das Kriterium für die Wertäquivalentforderungen sein. Vielmehr werden der Gewinnungsaufwand in Verbindung mit der Macht der Eigentümer sowie die Nachfrage nach diesen Naturgütern die Preisgestaltungen, und damit die Wertgrößen, regeln. Es fließen aber weitere Merkmale in die Wertgrößen solcher Naturgüter ein, wie die Gefährlichkeit der Gewinnung, die Qualität der Rohstoffe und gesellschaftliche Reglementierungen zum Umweltschutz (z. B. CO2-Zertifikate).

Der Ablauf beim Aufbau eines Wertverhältnisses – eine Möglichkeit

1 Ein Wertverhältnis wird initiiert
Eine Person oder eine Institution empfindet einen gegebenen Zustand Z1 im Umfeld oder im Inneren als unbefriedigend. Die Person oder die Institution sucht nach Möglichkeiten, diesen Zustand zu beenden und ihn in einen angenehmen Zustand Z2 zu überführen. Im Allgemeinen ist es notwendig, für solche Qualitätsänderungen von Zuständen Mittel zu erwerben oder selber zu erstellen. Wenn die Mittel, mit denen der gewünschte Zustandsübergang von Z1 nach Z2 vermutlich vollzogen werden kann, nicht selber erstellt werden können, dann müssen diese eingetauscht werden – wenn die Bedürfnisse nach Z2 hinreichend stark genug sind.

2 Ein Wertobjekt wird bereitgestellt
Durch Analysen des Umfeldes, durch direkte Kontaktaufnahme usw. erfahren Personen oder Institutionen von den Wünschen, die in ihrem (nahen oder fernen) Umfeld geäußert werden. Wenn diese Personen oder Institutionen Möglichkeiten dazu sehen, werden sie versuchen, solche Wertobjekte auf den Markt zu bringen.
Unter Einsatz von Energie in bestimmter Qualität und Quantität und unter Hinzufügen von Rohstoffen, Bauteilen, Accessoires usw. (je nach Sinnfälligkeit) wird ein potenzielles Wertobjekt WOZ2 (stoffliches Objekt, Performance, Idee, Dienstleistung, bestimmter gestalteter Zustand des Umfeldes) geschaffen. Dieses soll aus Sicht eines möglichen Käufers den angestrebten Zustand Z2 repräsentieren (darstellen oder ermöglichen).
Durch die Aufwendungen, die notwendig sind, um das potenzielle Wertobjekt WOZ2 zu erstellen, kann WOZ2 nicht frei verfügbar gemacht werden, sondern es wird an die Eigentumsrechte eines potenziellen Verkäufers gebunden sein.
Die „Schöpfung" des Wertobjektes kann bereits lange vor dem Aufbau eines Wertverhältnisses erfolgt sein. Doch in einigen Fällen wird die „Schöpfung" erst während der aktiven Tausch-Phase oder sogar erst nach deren Beendigung[36] erfolgen (Straßenmusiker bzw. Konzertmusiker).

36 Nach Beendigung der Tauschphase
Wenn z. B. ein Theater-Liebhaber eine Theaterkarte kauft, dann wird mit der Übergabe von Karte und Geld das Wertverhältnis als beendet betrachtet. Das ist aber nicht der Fall. Wenn das Theaterstück nicht gefällt, war die Geldausgabe eine Fehlinvestition. Wenn aber durch Krankheit eines Hauptdarstellers die Vorstellung abgesagt werden muss, wird dem Kunden das Geld zurückerstattet. Mit anderen Worten: In besonderen Fällen wird ein Wertverhältnis nicht mit dem Tausch beendet. Die Übergabe von Karte und Geld kann dann als „Abschluss des Wertverhältnisses auf

Der Energieeinsatz usw. kann von Menschen, von Maschinen oder durch die Natur bewerkstelligt worden sein – je nach Art des (zunächst potenziellen) Wertobjektes.

3 Die Vorstellungen über den ökonomischen Austausch werden präzisiert
Potenzielle Wertobjekte WOZ2a, WOZ2b usw. werden vom potenziellen Käufer als mögliche Wertobjekte erfasst. Der potenzielle Käufer baut zunächst gewichtete Bedürfnisse zu diesen auf und hebt dann eines davon hervor, indem er sein gewichtetes Bedürfnis nach diesem Wertobjekt zu einer gewichteten Beziehungsstärke anhebt. Er akzeptiert dabei im Großen und Ganzen den als Wertattribut mit dem möglichen Wertobjekt verknüpften Anspruch der Verkäuferseite auf Existenzmittel und Mehrwert. Das wiederum bedeutet, dass der mögliche Käufer ein derart starkes Interesse an dem wahrscheinlichen Wertobjekt zeigt, dass er für dessen Erwerb eine Gegenleistung erbringen würde.
Ein Käufer kann aber ohne Frage gewichtete Beziehungsstärken gleichzeitig zu mehreren Wertobjekten aufbauen.

4 Die Wertgröße des Wertattributes des Wertobjektes wird ausgehandelt
Käufer und Verkäufer handeln über das ökonomische Wertattribut, das mit dem möglichen Wertobjekt verknüpft ist. Ziel ist es, den Existenzmittelumfang, den die Verkäuferseite für ihr mögliches Wertobjekt reklamiert, zu präzisieren. Dieser Existenzmittelumfang plus der erwartete Mehrwert entsprechen der Wertgröße des Wertattributs, das die Verkäuferseite mit dem potenziellen Wertobjekt verknüpft. Es handelt sich dabei um einen Erwartungswert. Für die Abgabe des Wertobjekts würde die Verkäuferseite – forciert dadurch, dass sie mit der Käuferseite handelt – möglicherweise eine davon abweichende, geringere Gegenleistung akzeptieren.
Indem Käufer und Verkäufer eine gemeinsame Wertgröße anstreben, verlassen sie ihre ideellen Wertvorstellungsbereiche. Die „gemeinsame Wertgröße" geht über die ideellen und individuellen Wertvorstellungen von Käufer und Verkäufer hinaus, selbst wenn sich die Käuferseite einseitig anpasst (Warenhaus). Die gemeinsame, d. h. die ausgehandelte oder akzeptierte, Wertgröße wird auf der gesellschaftlichen Ebene erfasst. Belege dafür sind u. a. die Rechnung und die Mehrwertsteuer. Diese Wertgröße wird ebenfalls genutzt, wenn mit Dritten über den Tausch gesprochen wird oder Dritte über den Tausch / die Tauschmöglichkeit miteinander sprechen. Dieser gemeinsame Wert ist ein objektiver Anteil an dem Wertverhältnis.
Das Eigentumsrecht an WOZ2 könnte bei einer Institution (hierunter sollen alle Firmen, Institute, Genossenschaften, Gesellschaften usw. erfasst werden, die eigenverantwortlich Wertbeziehungen aufbauen können), bei einer einzelnen Person oder beim Staat liegen.

5 Wertobjekt und Wertäquivalent werden im Fall einer Einigung getauscht
Die ausgehandelte Wertgröße wirkt bei Käufer und Verkäufer jeweils als gewichtete Beziehungsstärke zum Wertobjekt bzw. Wertäquivalent. Das Wertobjekt befindet sich im Eigentum des Verkäufers, das Wertäquivalent im Eigentum des Käufers. Ein Tausch im ökonomischen Sinn muss auf der gesellschaftlichen Ebene erfolgen, denn dort wird Eigentum gegen Eigentum getauscht, und Eigentum ist eine gesellschaftliche Erscheinung, die es nur auf der gesellschaftlichen Ebene gibt. Folglich

Probe" gesehen werden. Dieser „Fast-Abschluss" kann in besonderen Fällen auf der gesellschaftlichen Ebene als unwirksam gelten.

müssen Käufer und Verkäufer ihre ideellen gewichteten Beziehungsstärken umlenken auf die gesellschaftliche Ebene: Eigentum in Werthöhe der ausgehandelten Wertgröße wird getauscht gegen Eigentum in Werthöhe der ausgehandelten, also gleichgroßen, Wertgröße. Das ist ein gesellschaftlicher Vorgang. Aus den gewichteten Beziehungsstärken, welche auf die Tauschobjekte gerichtet sind, werden über Bewusstseinsprozesse Kräfte abgeleitet, die wiederum auf die Tauschobjekte in der abstrakten Form als Eigentum gerichtet werden. Diese Kräfte bewirken auf der gesellschaftlichen Ebene den Tausch Eigentum gegen Eigentum. Sie werden in diesem Buch als Wirkungsvektoren dargestellt. Auf der gesellschaftlichen Ebene wird von der konkreten Form von zuvor ausgeführten Arbeiten usw. abstrahiert. Es bleibt nur das „Residuum Wert" im ökonomischen Sinne. Doch diese Abstraktion wurde nicht in der Art ausgeführt, dass die relative Nützlichkeit der Tauschobjekte verschwand. Sie bleibt erhalten – das ist sichtbar am Preis: Der Preis wirkt, wenn der Käufer eine ideelle gewichtete Beziehungsstärke zum Wertobjekt herausbildet und der gleiche Preis wirkt auf der gesellschaftlichen Ebene, wenn das Wertobjekt als Eigentum verkauft wird. Nur die konkreten Formen etc., die zur relativen Nützlichkeit von Wertobjekt und Wertäquivalent führen, sind nicht wichtig auf der gesellschaftlichen Ebene.

Über die Wirkungsvektoren tauschen Käufer und Verkäufer Wertobjekt gegen Wertäquivalent. Treibend bleiben dabei die gewichteten Beziehungsstärken auf die Tauschobjekte. Für die Gesellschaft spürbar sind aber nur deren Reflexionen als Wirkungsvektoren auf der gesellschaftlichen Ebene. Denn die individuellen Vorstellungen von Käufer und Verkäufer können nicht direkt auf der gesellschaftlichen Ebene erfasst werden, sondern nur deren Auswirkungen als Tausch von Eigentum gegen Eigentum.

Der ökonomische Austausch führt beim Käufer zum Zustand Z2'.

Z2' kann mit dem zuvor gedachten Zustand Z2 übereinstimmen oder mehr oder weniger davon abweichen, da der Käufer nicht unbedingt alles Relevante im Zusammenhang mit dem Wertobjekt WOZ2 vor dem Kauf erfasst hat.

Der potenzielle Käufer wird mit dem Tausch zum Käufer und Tauschpartner. Der potenzielle Verkäufer wird zum Verkäufer und Tauschpartner. Das potenzielle Wertobjekt, das für den Käufer Z2 repräsentiert, wird zum ökonomisch relevanten Wertobjekt, mit dem ein bestimmter Wertbetrag als Wertattribut verknüpft wird. Der Wertbetrag des mit dem Wertobjekt verknüpften Wertattributs ist gleich hoch dem Wertbetrag des Wertattributes, das verknüpft ist mit dem für das Wertobjekt gebotenen Äquivalent.

6 Das Wertverhältnis wird aufgehoben

Nach dem erfolgten Tausch ist das gesellschaftliche Verhältnis Wert aufgehoben. Die Wertobjekte sind ausgetauscht und verbleiben als einfache Objekte, Abläufe oder Ideen beim Gegenüber.

Würden diese Objekte usw. für andere Menschen wieder sichtbar gemacht werden als ökonomisch eintauschbar, dann würden sie wieder zu potenziellen Wertobjekten gewandelt werden – wie sie es vor dem Tausch waren. Üblicherweise geschieht das mit einem anderen „Wertgehalt", oder besser, mit einer anderen Höhe des damit verknüpften Anspruchs auf Existenzmittel.

Energiequellen, Steuerungs- sowie Lenkungsmechanismen[37] für Zustandsveränderungen

Die Herkunft der Energie zur Qualitätserhöhung eines Zustandes von Z1 (der Veränderung sucht) nach Z2 (der als erstrebenswert angesehen wird und für dessen Erlangung eine Gegenleistung erbracht werden würde) und die Mechanismen, mit denen die verschiedenen Energieeinträge gesteuert oder beeinflusst werden, spielen nach der obigen Darstellung für die zum Aufbau eines Wertverhältnisses notwendigen Prozesse keine Rolle. Deswegen können auch natürliche Vorgänge die Qualität von z. B. Stoffen so erhöhen oder chemische Elemente derartig verändern, dass die Ergebnisse solcher Veränderungen dem ökonomischen Austausch unterworfen werden. Ohne Frage unterliegen Objekte, für die die Natur die notwendigen Energieeinträge zu derartigen Umgestaltungen liefert, dass die Ergebnisse menschlichen Bedürfnissen genügen, nicht notwendig dem ökonomischen Austausch.

Der Grund dafür liegt aber weder in der Art und Form der aufgewandten Energie noch allein in der Art und Form der Ergebnisse selbst (Vergleiche das klassische Wertparadoxon: „Das lebensnotwendige und somit ‚wertvolle' Gut Wasser hat meist einen geringen Preis, während ein Diamant mit einem geringeren Nutzen einen sehr hohen Preis hat." (erstmals von John Law erwähnt).

Naturgüter und ökonomischer Austausch

Objekte, insbesondere Naturprodukte, die menschliche Bedürfnisse befriedigen können, werden nicht notwendig dem ökonomischen Austausch unterworfen. Für die Einbeziehung solcher Objekte in die ökonomischen Austauschprozesse muss eine Triebkraft wirken. Diese fehlt aber in vielen Fällen, denn insbesondere viele Naturprodukte können in einem Wirtschaftsraum im gleichen oder größeren Umfang vorhanden sein als die darauf gerichteten Bedürfnisse (z. B. Sauerstoff, Wasser und Sonnenlicht, die meisten chemischen Elemente usw.). Niemand würde auf die Idee kommen, zumindest nicht in der heutigen Zeit, für das Atmen von Sauerstoff zu bezahlen.

Der Vergleich mit den Bedürfnissen muss dabei aber umfassend erfolgen[38].

Ein weiterer Grund dafür, warum ein Naturgut nicht in den ökonomischen Austausch einbezogen wird: Das angestrebte Naturgut kann zwar in geringerem Umfang vorliegen als die darauf gerichteten Bedürfnisse. Aber in vielen Fällen lässt sich diese „Mangelware" nicht in Eigentum umwandeln. Das wird z. B. in Peking oder in Mexico City bei sauberer Luft der Fall sein und das gilt heutzutage insbesondere für Bodenschätze, die noch nicht profitabel gefördert werden können. In der heutigen Zeit wird aber bereits die Luft indirekt über Steuern, Zertifikate o. ä. als Wertobjekt gehandelt.

---

37 Lenkungsmechanismus
Lenkung bzw. Steuerung im hier gemeinten Sinne wird vor allem als bewusste Beeinflussung durch die Menschen gesehen. Lenken bzw. Steuern im hier gemeinten Sinne wird aber auch darauf bezogen, dass Naturkräfte die Bewegungen und Änderungen beeinflussen.

38 Umfassend erfolgen
Wird hier bezogen auf den Vergleich von Bedürfnissen und Bedürfnisbefriedigungsobjekten: Wenn z. B. in einem Gebiet mehr Pflaumen wachsen, als Interesse daran besteht, so bedeutet das nicht, dass die Pflaumen nicht dem ökonomischen Austausch unterworfen werden. Denn etliche Pflaumen gedeihen auf privaten Grundstücken und die Eigentümer werden die Pflaumen nicht ohne eine Gegenleistung abgeben wollen. Schließlich wächst diese Menge dort nur, weil permanent Voraussetzungen dafür geschaffen werden, was wiederum mit Kosten verbunden ist.

Sonnenlicht wird zumindest in der heutigen Zeit nicht als Eigentum gehandelt. Wenn das Sonnenlicht aber zur Energiegewinnung genutzt wird, sind die Nutzungsmöglichkeiten dieser Energiequelle eingeschränkt durch die technischen Konstrukte, die zur Energiewandlung benötigt werden. Damit würde eine Verfügungsgewalt über die Naturgüter zum Tragen kommen, die in die Wertverhältnisse einbezogen wird.

Naturgüter in die ökonomischen Austauschprozesse einzubeziehen wird erst dann ermöglicht, wenn der verfügbare Umfang dieser Objekte geringer ist als die darauf gerichteten Bedürfnisse und wenn zusätzlich die Möglichkeit gegeben ist, eine Verfügungsgewalt über diese Objekte zu sichern. Viele Naturgüter (z. B. bei Kupfer, Gold, Kohle, Erdöl, Wasser, Boden, Diamanten usw.) werden schon seit langer Zeit in den ökonomischen Bereich der Gesellschaft aufgenommen, weil diese Bedingungen bei ihnen gegeben sind. Die Verfügungsgewalt wird über Eigentums- oder Pachtregelungen realisiert. Die Firmen und Menschen, die diese Naturgüter benötigen, müssen das akzeptieren, denn sie werden die Bedürfnisse nicht ohne ökonomischen Austausch stillen können. Zwangsläufig müssen damit die Bedürfnisse nach solchen Naturgütern im ökonomischen Sinne gewichtet werden.

Die Vereinnahmung von Naturgütern geschieht vom Wesen her nicht unbedingt aus einer Gier heraus. Was in diesem Bereich gerecht ist oder ungerecht gegenüber der Gesellschaft, kann sicherlich in Verbindung mit den herrschenden Auffassungen in der Gesellschaft über Eigentum und ebenso mit den realisierbaren Anteilen der Gesellschaft an den Naturschätzen herausgearbeitet werden. Aus meiner Sicht – das ist eine These – sollte es keinen Privatbesitz an Grund und Boden sowie an Naturschätzen geben. Die Länder sollten solche Naturgüter verpachten und einen angemessenen Anteil für das Allgemeinwohl von den Einnahmen, die damit erzielt werden, einbehalten. Es sollte aus Sicht des Autors auch niemand die Autorität haben, ein Stück der Erde zu verkaufen. Die Erde sollte niemandem gehören. Demzufolge sollte niemand das Recht dazu haben, davon Teile zu verkaufen. Die Länder, zu denen diese Gebiete gehören, sollten sie nur verpachten dürfen. Auch solch eine Vorgehensweise würde genügend Spielraum für unternehmerische Aktivitäten bieten – bei leicht gedrosselter Raffgier (Anm.: Das ist die Ansicht des Autors).

Dass bestimmte Naturgüter dem ökonomischen Austausch unterworfen werden, ist ein Schutzmechanismus, um ineffizientes Verhalten (oder gar gesellschaftliche Destabilisierungen) zu vermeiden. Denn ein Bedürfnis kann Aktivitäten veranlassen, mit denen es gestillt wird. Für knappe Güter müssen deswegen gesellschaftliche Reglementierungen installiert werden, die für einen sorgsamen Umgang mit solchen Ressourcen sorgen sollen. Der ökonomische Austausch ist eine wichtige und sehr wirksame Reglementierung bei der Nutzung von Naturgütern.

Wie die Verteilung knapper Naturgüter reglementiert wird, ob davon nur wenige oder die gesamte Gesellschaft profitieren, ist aber ein politisches Problem und keines der Ökonomie.

Das Leistungsprinzip und Naturgüter

Das wohl wichtigste Prinzip gesellschaftlicher Reglementierung im ökonomischen Sinne ist das Leistungsprinzip. Um das Leistungsprinzip auch bei der Verteilung der oben genannten Naturgüter wirksam werden zu lassen, ist es notwendig, diese Naturgüter in die ökonomischen Austauschprozesse einzubeziehen. In der Praxis geschieht das.

Indem solche Naturgüter in die ökonomischen Austauschprozesse einbezogen werden, gelangen sie in den „Existenzmittelumfang" der Mitglieder der Gesellschaft. Damit gehen sie ein in die Werte der Arbeitskräfte und in der Folge notwendigerweise auch in die Werte der von diesen Arbeitskräften geschaffenen Wertobjekte. Die möglichen Anteile der Bürger an den zur Verfügung stehenden Naturgütern werden ausgerichtet an den Werten ihrer Arbeitskräfte und an politisch begründeten Anrechten auf Wertobjekte. Letzteres gilt z.B. für Bürger, die nicht selbst in der Lage sind, ihren Lebensunterhalt zu finanzieren. Das sind vom Grundsatz her gerechte und humane Verteilungskriterien.

Verknappung von und Mangel an Naturgütern

Einige von der Natur geschaffene Objekte können folglich zu Wertobjekten gemacht werden und etliche sind es bereits. Welche das betrifft und welche Wertgrößen deren Wertattribute haben, wird sowohl durch die Gesellschaft als auch durch die Natur bestimmt.

Dass von der Natur geschaffene Objekte durch die Menschen in die ökonomischen Prozesse als Wertobjekte einbezogen werden, liegt vor allem daran, dass die Natur diese Güter so gestaltet hat, dass sie vom Menschen als wertvoll und erstrebenswert wahrgenommen werden. Weiterhin müssen die zur Verfügung stehenden Technologien es den Menschen ermöglichen, diese Naturgüter für den Austausch handhabbar zu machen.

Das gesellschaftliche Umfeld muss zusätzlich in der Art wirken, dass diese Naturgüter als Wertobjekte eingestuft und damit dem ökonomischen Austausch unterworfen werden. In der DDR z. B. hatten die Naturgüter als solche „keinen Wert". Das wurde damit begründet, dass keine menschliche Arbeit darin enthalten ist. Es gab kein Privateigentum an Naturgütern wie Kohle, Erzen usw. Das bedeutet, wenn Naturgüter als solche in die ökonomischen Austauschprozesse einbezogen werden, dann liegt das nicht an den Eigenschaften der Naturgüter, sondern es sind politische Festlegungen, die das bewirken.

Wenn die Menschen z. B. Wasser aus Brunnen schöpfen und dafür keine Abgaben leisten müssen, dann führen die gesellschaftlichen Bedingungen nicht zur Notwendigkeit des ökonomischen Austauschs dieses Wassers. Die Kosten für die Instandhaltung der Brunnen können in diesem Beispiel vernachlässigt werden, weil die Mitglieder der Gemeinschaft im Bedarfsfall selbst den Brunnen reinigen und reparieren, ohne dafür Gegenleistungen zu erwarten.

Wenn aber ein Investor veranlasst, dass eine starke Pumpe das gleiche Wasser durch Wasserleitungen presst und der Brunnen dadurch versiegt, dann wird das Wasser automatisch verknappt. Für den kostenfreien Bezug von Wasser wären die Voraussetzungen nicht mehr gegeben. Denn durch den Einsatz von Arbeitskraft, Energie, Material, Pflegeaufwand usw., um das Wasser bereitzustellen und damit Gewinn zu erzielen, wird dieses Wasser aus der freien Verfügbarkeit herausgenommen. Das gilt sogar für den Fall, dass keinerlei Qualitätserhöhung an dem Wasser vorgenommen werden würde, und ebenso, wenn weiterhin alle Bedürfnisse nach diesem Wasser befriedigt werden könnten. Durch die Leitungen würde dann zwar eine genügende Wassermenge für einen üblichen Bedarf fließen. Aber dieses Wasser wäre u. a. aus den eben genannten

Gründen nicht mehr frei verfügbar: Die knappe Ressource „bezahlte Arbeitskraft" würde in die Aktivitäten-Kette, mit der das Wasser bereitgestellt wird, einbezogen.

Beim Gold ist dieser Effekt noch deutlicher sichtbar. Gold wird in vielen gesellschaftlichen Bereichen benötigt (für technische Produkte und Produktionseinrichtungen, die Schmuckindustrie und den Finanzbereich usw.). Mit den Gewinnungskosten allein kann der Goldpreis nicht erklärt werden. Es kommen verteilungs- und nutzungsspezifische sowie spekulative Anteile hinzu.

Generell genutzt wurden und werden die Naturstoffe in allen stofflichen Wertobjekten und damit in fast allen ökonomischen Austauschprozessen. Selbst ein sogenannter „Kunststoff" ist kein durch Menschen aus dem Nichts geschaffener Stoff, sondern ein bearbeitetes und verändertes Naturprodukt. Wertanteile, die sich auf Naturgüter beziehen, sind folglich überall enthalten.

Wertbildung erfolgt immer durch die und in der Gesellschaft

Die Wertbildung erfolgt immer durch die menschliche Gesellschaft und in dieser, denn der Wert im ökonomischen Sinne ist an das menschliche Bewusstsein gekoppelt. Das betrifft aber nur die Wertverhältnisse zwischen den Menschen und nicht die Bezugspunkte für die Verhältnisse.

Die Ursachen für Wertverhältnisse sind Zustände mit Qualitäten, die als nicht hinreichend eingeschätzt werden. Ob die dazu gewünschten Qualitätsveränderungen mittels menschlicher oder maschineller Arbeit oder durch die „Arbeit" der Natur erreicht werden, ist vom Prinzip her nicht wichtig für die darauf gerichteten gesellschaftlichen Verhältnisse.

Die Voraussetzungen für den Aufbau von Wertbeziehungen können demzufolge die Menschen schaffen, ebenso die Natur oder Maschinen. Wichtig für die Menschen wird sein, ob die Ergebnisse der Qualitätserhöhungsprozesse dem ökonomischen Austausch unterliegen. Bei Qualitätserhöhungsprozessen mittels menschlicher oder maschineller Arbeit wird das immer der Fall sein. Denn selbst wenn, absolut gesehen, genügend Endprodukte einer Art für alle Menschen produziert werden sollten, so müssen doch die Arbeitskräfte sowie Wartung / Reparatur / Updates / Ersatz der Maschinen bezahlt werden. D. h. auch wenn genügend Endprodukte hergestellt würden, kann solch eine Situation nur damit herbeigeführt werden, dass knappe Ressourcen, die dem ökonomischen Austausch unterliegen, dafür eingesetzt werden. Hinzu kommen die angestrebten Mehrwerte der Bereitstellungsseite solcher Objekte. So gelangen solche Wertobjekte in für uns vorstellbaren Zeiträumen immer in den ökonomischen Austausch.

Bei Naturprodukten ist die Situation etwas anders. Wenn die „Endergebnisse der natürlichen Arbeit" im Ereignisfeld in einem als hinreichend erkannten Maß von allen Interessierten ohne Tausch gewonnen und genutzt werden können, dann werden diese Naturprodukte nicht in den ökonomischen Austausch einbezogen. Das ist überall bei der Luft der Fall und in einigen Fällen beim Wasser. Lokal begrenzt und in kleinerem Umfang könnte das auch für Beeren, Pilze und Kräuter gelten.

Mit einer Verknappung aufgrund von Eigentumsrechten an solchen Naturgütern würden diese aber sozusagen zwangsweise in die ökonomischen Prozesse einbezogen. Dass Naturgüter in die ökonomischen Austauschprozesse einbezogen werden, ist keine

„natürliche" Folgereaktion aus einer Nützlichkeit oder aus Bedürfnissen heraus, sondern ist gesellschaftlich bedingt.

Ein weiterer Grund für die Einbeziehung von bestimmten Naturgütern in die Austauschprozesse ist die praktische Verfügungsgewalt über diese. Das trifft z. B. auf die Pilz- und Blaubeersammler zu, die am Straßenrand ihre Produkte anbieten. Zwar könnten die Käufer dieser Produkte selbst in den Wald gehen und sammeln. Aber in hinreichend vielen Fällen wollen sie das nicht tun – aus Zeitgründen, weil sie sich nicht gut mit den Naturprodukten auskennen oder einfach aus Bequemlichkeit. So entsteht Bedarf nach dem ökonomischen Tausch solcher Güter. Dass es bei solchen Tauschvorgängen nicht nur um vergegenständlichte Arbeit(sleistung) geht, kann u. a. anhand der unterschiedlichen Preise bei unterschiedlichen Qualitäten der Roh-Produkte und anhand der unterschiedlichen Preise zu unterschiedlichen Zeiten verdeutlicht werden. Mit solchen Naturgütern verknüpfen die Verkäufer Wertattribute, die „notwendigerweise" unterschiedlich ausfallen müssen für verschiedene Umweltbedingungen, Klimazonen, Jahreszeiten usw.

Die Natur schafft notwendige Voraussetzung für Wertbeziehungen mit

Die Natur kann zwar kein Wertverhältnis etablieren, aber die Voraussetzungen für Wertverhältnisse kann sie sehr wohl schaffen, indem sie natürliche (zunächst potenzielle) Wertobjekte hervorbringt („Zuliefererzeugnisse" oder sogar „Endprodukte").

Letztendlich gilt das ebenso für jede Ware nach der Marx'schen Arbeitswerttheorie, denn die Nützlichkeit einer Ware ist bei Marx an Vergegenständlichung gebunden. Diese Vergegenständlichung wiederum ist an Naturstoffe gebunden. Ohne die Vorleistung der Natur könnte auch bei Marx nichts vergegenständlicht werden. Selbst die sogenannten Kunststoffe (die Marx wohl noch nicht kannte) werden aus Naturgütern gewonnen. So kann mit einem Produkt, das aus hochwertigen Naturgütern hergestellt wurde, z. B. aus besonders hochwertigem Quarzglas, ein höherer Gewinn erzielt werden als mit einem, das aus einem minderwertigen Naturmaterial produziert wurde. Die in diesen vergleichbaren Produkten vergegenständlichte Arbeit könnte völlig gleich sein. Die zu den Endprodukten herausgebildeten Wertattribute werden mit hoher Wahrscheinlichkeit unterschiedlich sein, nur bedingt durch die unterschiedliche „Verarbeitung" durch die Natur. Bei Früchten sieht das ganz genauso aus.

Wertbeziehungen – bezogen auf Naturgüter wegen praktischer Verknappung

Einige Naturstoffe können ohne weitere Bearbeitung vom Menschen genutzt werden. Das ist z. B. in einigen Fällen beim Wasser der Fall. Doch selbst wenn die Nutzung von Naturstoffen ohne weitere menschliche Arbeit möglich ist, können diese guten Eigenschaften der Stoffe nicht immer praktisch in großem Umfang genutzt werden. Beim Sauerstoff ist das noch machbar, doch ist z. B. ein Großteil der guten Wasserquellen zu klein, um für viele Menschen ausreichend Wasser zu bieten. Selbst wenn das Wasser in riesigen Mengen sprudeln würde – wenn alle Menschen einer Großstadt sich das an der hypothetischen Quelle frei verfügbare Wasser holen wollten, wäre das praktisch nicht durchführbar. Letztendlich ist in unseren Breiten ohnehin genug Wasser für alle Menschen vorhanden, trotzdem können die Menschen in praktisch allen Ortschaften in diesem Land ihr Wasser nur aus nicht frei verfügbaren Quellen gewinnen. Die schlechte

Erreichbarkeit für Menschenmassen ist aber auch bei anderen Naturstoffen und Naturprodukten, wie z. B. bei vielen Früchten, gegeben. Daraus folgt „automatisch" die Einbeziehung solcher Ressourcen in die ökonomischen Prozesse durch die praktisch existierende Verknappung.

Beim Wasser kann sicherlich in den Fällen, wenn Wasserbetriebe Großstädte versorgen, der Eindruck erweckt werden, dass der Preis dafür nur gezahlt wird, weil die Unternehmen das Wasser aufbereiten und bereitstellen, aber nicht für das Wasser selbst. Das stimmt vielleicht in einigen Fällen, trifft aber mit Sicherheit nicht auf alle Wasserverkäufe zu. An bestimmten Heilquellen wird von den Wasseranbietern deutlicher zum Ausdruck gebracht, dass das Wasser selbst als Wertobjekt gehandelt wird, sobald die Bezugsmöglichkeiten durch Verknappung eingeschränkt sind.

In vielen anderen Fällen, beim Gold und anderen Edelmetallen, bei seltenen Erden, bei Früchten usw. wird der Wertobjektcharakter dieser Naturgüter noch deutlicher gezeigt. In solchen Fällen sind Naturgüter nur sehr selten frei verfügbar. Damit wirken Eigentums- oder zumindest Verfügungsrechte in Verbindung mit der Nützlichkeit dieser Objekte.

Naturgüter und Eigentum

Die Grundlage für ihren Beitrag zum Wert im ökonomischen Sinne legt die Natur mit ihrer eigenen Aufbereitung von Naturstoffen. Die Natur bereitet einige Naturgüter in der Art auf, dass die Menschen die Resultate dieser Naturkräfte bewusst nutzen wollen, und das in dem Maße, dass sich einige Menschen solche Naturgüter aneignen, um sie ökonomisch auszutauschen. Dass bestimmte Naturgüter dem ökonomischen Austausch unterworfen werden, hat gesellschaftliche Ursachen, die im Eigentum oder in der Verfügungsgewalt über Naturgüter und in gesellschaftspolitischen Anschauungen liegen. Ohne Eigentum bzw. ohne Verfügungsgewalt oder auch unter gesellschaftspolitischen Anschauungen, nach denen Naturgüter als solche nicht als Waren gehandelt werden können, könnte niemand eine Gegenleistung im ökonomischen Sinne für die Abgabe von Naturgütern als solche fordern.

Das eben Gesagte hat jedoch nichts mit den Gewinnungskosten zu tun. Die fallen auf jeden Fall an, wenn Naturgüter genutzt werden.

Ein Eigentümer, z. B. an Boden, kann ein Äquivalent im ökonomischen Sinne für die Abgabe von Naturgütern von seinem Boden verlangen. Das kann, je nach Vertrag und Gesetz, auch für Pächter gelten.

Ob diese gesellschaftliche Situation mit dem Eigentum an oder der Pacht von Naturressourcen durch Arbeitsleistung, Macht, Machtmissbrauch, Betrug usw. zustande kam, spielt keine Rolle. Das Verfügungsrecht über nachgefragte begrenzte Ressourcen ist entscheidend.

In Fällen, in denen ein Eigentümer imstande ist, für die Abgabe von Naturgütern Äquivalente zu fordern, kann jedoch nicht davon gesprochen werden, dass der damit verknüpfte Anspruch auf Existenzmittel auf dem Wert seiner Arbeitskraft beruht. Vielmehr wirkt hier eher ein „Wert der Eigentümerkraft" im Sinne einer „Verknappungskraft".

Eigentum ist geknüpft an und verbunden mit Verknappung. Ist der Staat der Eigentümer von Grund und Bodens, dann kann er Äquivalente für bestimmte, mit diesem Grund und Boden verbundenen Naturschätzen fordern. Sind Privatpersonen die Eigentümer, dann können sie sicherlich jeweils für sich selbst Äquivalente fordern. Der Staat wiederum sollte dann aber von den Privatpersonen Steuern oder Ähnliches bekommen – je nach „Wertgehalt" der im jeweiligen Eigentum befindlichen Naturgüter.

Sowohl Güter, die durch Arbeitsleistung, als auch Güter, die durch Eigentum an Ressourcen dem ökonomischen Austausch unterworfen werden, haben mit Verknappung zu tun. Denn ohne Verknappung der Wertobjekte würden keine Wertverhältnisse bezüglich solcher Güter aufgebaut werden.

Veranschaulichen lässt sich das mit einer fiktiven sehr fleißigen Person, die unter großem Einsatz Trinkwasser in einen Vorratsbehälter füllt. Aus diesem Behälter soll das Trinkwasser von interessierten Bürgern gegen Entgelt entnommen werden. Doch wenn dieser Vorratsbehälter neben einer Quelle aufgestellt würde, aus der immer reichlich gutes Trinkwasser sprudeln würde und von der jeder Interessierte unentgeltlich Wasser abfüllen könnte, wäre all die Müh' der wassertragenden Person ökonomisch sinnlos, denn es läge keine Verknappung vor. Praktisch probiert wurde so etwas von einem „pfiffigen" Unternehmer, der in Deutschland mit kostenpflichtigen Fahrradparkplätzen Geld machen wollte, als die Zeit dafür noch nicht reif war (Leider hat sich der Autor Ort und Zeit dieser Aktion nicht gemerkt).

Naturgüter – Eigentumsrechte und Verfügungsgewalt

Naturgüter können, wie bereits erwähnt, auch ohne Eigentumsrechte in ökonomische Austauschprozesse einbezogen werden. Das geschieht dann sicherlich in kleinen Handlungsrahmen wie dem Suchen und Finden seltener Naturgüter. Bei den bereits erwähnten Pilz- und Blaubeersammlern erfolgt die Wertbildung nicht eigentumsbasiert, sondern die hervorgehobene Verfügungsgewalt über die ausgewählten Naturgüter ist ausschlaggebend für ihre Einbeziehung in ökonomische Austauschprozesse und damit in die Werte von Arbeitskräften. Praktisch jeder könnte eine solche Verfügungsgewalt „erwerben". Aber nicht jeder an diesen Naturprodukten Interessierte wird dies tun. Dadurch werden die Ansprüche der zahlreichen Pilz- und Blaubeerverkäufer in hinreichendem Maße erfüllt, so dass sie immer wieder „ihre" Naturprodukte anbieten können.

Beim Verkauf von Naturprodukten wird aber nicht nur die Arbeitsleistung bezahlt, sondern es werden, wie bei den anderen Wertobjekten, bei diesen die Endergebnisse in den Bereitstellungsketten von entscheidender Bedeutung für darauf aufzubauende Wertverhältnisse sein. Erwähnt wurde das oben bereits im Zusammenhang mit Quarzglas. Hier zwei weitere vorstellbare Situationen: Ein Pilzsammler sammelt fleißig giftige Pilze. Seine Arbeitsleistung soll gleich sein der Arbeitsleistung eines anderen Pilzsammlers, der leckere und für den Verzehr geeignete Pilze sammelt und verkauft. Mit hoher Sicherheit wird der Sammler, der die essbaren Pilze verkauft, einen höheren Preis für die Pilze verlangen können.

Oder an einer besonderen Stelle wachsen Früchte, wie z. B. Erdbeeren, zu einer unüblichen Zeit. Dann kann derjenige, der diese Früchte erntet und verkauft, einen

Aufschlag auf den durchschnittlichen Preis dafür verlangen, obwohl sich seine Arbeitsleistung nicht von der eines zu üblichen Zeiten Sammelnden unterscheidet.

Die Wertbildung durch die Natur – an den gesellschaftlichen Kontext gebunden

Die Wertbildung durch die Natur ist keine mystische, außergesellschaftliche Erscheinung. Auch diese Art der Wertbildung ist voll und ganz durch den gesellschaftlichen Kontext determiniert, sie ist gebunden an die Gesamtheit der gesellschaftlichen Arbeits- und Austauschprozesse. Das betrifft sowohl deren „Eintritt" in die gesellschaftlichen Verhältnisse über Macht, Eigentum bzw. Verfügungsgewalt und Verknappung (teilweise gesellschaftlich, teilweise technologisch bedingt) als auch deren Verteilung.

Die Bewertung der Ergebnisse der Arbeit der Natur und deren Einbeziehung in die ökonomischen Prozesse ist – genau wie die Bewertung der Ergebnisse der menschlichen Arbeit und deren Einbeziehung in die ökonomischen Prozesse – ebenfalls an die gesellschaftlichen Verhältnisse und Prozesse geknüpft. Sie ist nicht denkbar oder ableitbar ohne die menschliche Arbeit im Allgemeinen und ohne den gesellschaftlichen Kontext.

Naturgüter, Wertobjekte und Wertgrößen

Bestimmend für die Bezugsanteile der Menschen an den durch „natürliche Arbeit" entstandenen Produkten ist nicht und kann nicht sein die darin angehäufte „Arbeit der Natur". Die „Arbeit" der Natur schafft nur die Bezugspunkte für eine mögliche Wertbildung, und zwar im Sinne einer relativen Wertgröße im Vergleich zu anderen Wertobjekten. Die Verteilungskriterien kommen nicht aus der Natur, sondern werden durch die Gesellschaft bestimmt. Die Kriterien für die Verteilung der durch die Natur geschaffenen Wertobjekte sollten sein

1. die geleistete gesellschaftlich nützliche Arbeit (und die anderen gesellschaftlich akzeptierten Grundlagen für Ansprüche auf Wertobjekte) – als durchschnittliche Größen kristallisiert in den Werten der Arbeitskräfte. Die Werte der Arbeitskräfte stellen dabei nicht deren Ansprüche auf vergegenständlichte gesellschaftlich nützliche Arbeit dar, sondern deren Ansprüche auf Wertobjekte.
   Die Werte der Arbeitskräfte sollten die prozentualen Anteile der Arbeitskräfte an den ökonomisch zu verteilenden Gütern und, darin eingeschlossen, an ökonomisch zu verteilenden Naturgütern bestimmen.
2. die spezifischen Eigenschaften der Naturgüter, insbesondere ihre Nützlichkeit für die Menschen, ihre Erreichbarkeit, der Aufwand zu ihrer Gewinnung, die jeweilige Reinheit dieser Naturgüter, die Gefährlichkeit dieser Güter und die der Arbeitsbedingungen bei der Gewinnung, die Effizienz der Gewinnungsmethoden bei den verschiedenen Naturgütern usw.

Diese Kriterien für die Verteilung von Naturgütern sollten deren Wertproportionen im Vergleich untereinander fassbar machen.

Die Verteilung von Naturgütern, die dem ökonomischen Austausch unterliegen, ist völlig äquivalent zu den durch Menschen geschaffenen Produkten. Bei den durch Menschen geschaffenen und bereitgestellten Produkten sind es die Herstellungskosten, die zu Ansprüchen auf Gegenleistungen führen. Was aber letztendlich beim Verkauf realisiert wird, basiert eben nur auf diesen Ansprüchen auf Gegenleistungen, muss diesen aber nicht 1:1 entsprechen. Wichtig für den Verkauf sind vor allem die Arbeitsergebnisse und deren Widerspiegelung in den Bewusstseinsprozessen der Käufer sowie weitere gesellschaftliche Größen. Der Wert ist bereitstellungs- und verteilungsbasiert. Er muss im Durchschnitt die Aufwendungen zur Bereitstellung der Wertobjekte (Entwicklung, Design, Produktion, Vertrieb usw.) notwendigerweise umfassen und zusätzlich für verschiedene Zwecke einen hinreichend großen Mehrwert einbeziehen.

Naturgüter als Wertobjekte im gesamten Wertobjektumfang der Gesellschaft

Würden zusätzlich zu den bereits vorhandenen Wertobjekten Naturgüter als solche dem ökonomischen Austausch unterworfen, würde damit der Umfang aller Wertobjekte erhöht werden. Die Werte der Arbeitskräfte würden weiterhin den prozentualen Anteil dieser am Gesamtumfang aller ökonomisch zu verteilenden Wertobjekte bestimmen. Nur der Umfang aller ökonomisch zu verteilenden Objekte, Handlungen und Ideen würde vergrößert werden.

Andererseits werden immer einige Wertobjekte „ausrangiert", weil sie nicht mehr zeitgemäß sind.

Ob der Wertbetrag aller angebotenen Wertobjekte damit erhöht werden würde, hinge von weiteren Faktoren ab, insbesondere von den Geldemissionen durch die Banken und durch die EZB, allerdings nur, wenn diese sich auf die Löhne auswirken würden, d.h. wenn diese zusätzlichen Geldmittel in den Konsum-Geldkreislauf gelangen würden.

Neben den Werten der Arbeitskräfte gibt es weitere, ebenfalls gesellschaftlich basierte Kriterien für Anrechte auf Wertobjekte. Von besonderer Bedeutung in diesem Zusammenhang ist das gesellschaftlich gesicherte Eigentum an Grund und Boden.

Für die Einbeziehung von bestimmten Naturgütern in die ökonomischen Wertbeziehungen sind vor allem der Stand der technologischen Entwicklung, politische Auffassungen, Eigentum, Macht, die Wirtschaftspolitik und, daraus abgeleitet, die gesetzlichen Bestimmungen entscheidend.

Die Werte der Arbeitskräfte

Die Werte der Arbeitskräfte oder deren Anrechte auf Wertobjekte stellen vom Wesen her kein fixiertes Anrecht auf bestimmte Waren, Dienstleistungen und Naturgüter dar. Vielmehr handelt es sich um Anrechte auf prozentuale Anteile am Gesamtumfang aller zu verteilenden Wertobjekte (Bild 8). Würde man die herkömmliche Interpretation der Arbeitswerttheorie etwas erweitern, könnte formuliert werden, dass genau diese Anrechte in den von diesen Arbeitskräften hervorgebrachten (meist zunächst potenziellen) Waren – je nach Art – „vergegenständlicht", „vergeistigt" oder, z. B. bei künstlerischen Darbietungen, „vertätigt" werden. Exakter gesagt: Diese Anrechte werden mit den Wertobjekten verknüpft. Damit kann die Einbeziehung von bestimmten Naturgütern als Wertobjekte in die ökonomischen Austauschprozesse deutlicher zum Ausdruck gebracht werden, denn bei Naturgütern wird eine solche Verknüpfung nicht direkt durch vergegenständlichende menschliche Arbeit geschaffen.

Beim ökonomischen Tausch von Naturgütern über gesellschaftliche Wertverhältnisse gehen Anrechte auf solche Naturgüter „automatisch" in die Werte der Arbeitskräfte ein, denn sie werden damit zu „Existenzmitteln".

Die Werte der Arbeitskräfte können nicht bezogen werden auf „Werte" im herkömmlich interpretierten Sinn der Arbeitswerttheorie. Denn welche dieser Werte zu dem Zeitpunkt zur Verfügung stehen, an dem die Arbeitskräfte ihre Geldmittel ausgeben, ist zum Zeitpunkt ihrer Entlohnung überhaupt nicht festgelegt.

Naturgüter und Wertumfang in der Gesellschaft

Was in der Gesamtmenge aller zu verteilenden Waren, Dienstleistungen und bestimmten Naturgütern konkret enthalten ist und wie hoch der Wertausdruck all dessen ist, das hängt von vielfältigen gesellschaftlichen und natürlichen Faktoren ab (Bild 8).

Erfolgt der ökonomische Austausch bestimmter weiterer durch die Natur geschaffener Objekte zusätzlich zu den bereits vorhandenen Wertobjekten, so müsste dafür zusätzliches Geld im relevanten Marktbereich emittiert werden oder das Wertattribut des dort emittierten Geldes müsste erhöht werden. Unter „Relevanter Marktbereich" soll hier der Wirkungsbereich des zusätzlich in Umlauf gebrachten Geldes gesehen werden. Würde dieses zusätzliche Geld im Finanzmarktbereich generiert werden, dann würde dieses Geld nicht für die Konsumtion bei Verbrauchern und Unternehmen zur Verfügung stehen. Außerdem hat der Finanzmarktbereich schon jetzt ein Vielfaches an Umfang gegenüber der Realwirtschaft. Da unter diesen Bedingungen eine direkte Verbindung zur Realwirtschaft nicht gegeben wäre, müssten folglich einigen potenziellen Wertobjekten die Wandlungsmöglichkeiten zu Wertobjekten genommen werden, obwohl sie sonst ihre Käufer gefunden hätten. Oder mit einigen Wertobjekten könnte der Eigentümerwechsel nur auf niedrigerem Niveau vollzogen werden, d.h. einige Wertobjekte würden mit geringerer Werthöhe gehandelt werden. Das, was alternativ ebenfalls möglich wäre, nämlich die reale Höhe der Wertattribute der im Umlauf befindlichen Geldmittel anzuheben, erscheint eher unwahrscheinlich.

Würden aber einige Wertobjekte ihre Nützlichkeit verlieren oder zu niedrigeren Preisen gehandelt werden, nur weil zusätzlich Naturgüter in den Wirtschaftskreislauf aufgenommen werden, dann würden sicherlich unnötig falsche Signale an die Hersteller der betroffenen Produkte gesendet werden. Ziel müsste sein, mehr Geld in Umlauf zu bringen. Doch dazu ist es notwendig, die Situation erst einmal eindeutig zu erfassen.

Weitere Wertschöpfungsmöglichkeiten

Genau wie durch die Natur können Qualitätserhöhungen, die zu Wertbeziehungen führen (sollen), durch Maschinen geschaffen werden.

Das Prinzip der „Wertschöpfung" bei Wertobjekten, die durch Maschinen hergestellt werden, und der Verteilung solcher Wertobjekte wird mit der Zeit immer mehr dem Prinzip der „Wertschöpfung" durch die Natur und der Verteilung marktgehandelter Naturgüter angenähert. Übereinstimmen werden beide Verfahren zur „Wertschöpfung", wenn die Maschinen völlig autark arbeiten werden, d.h. wenn diese sich selbst entwerfen, konstruieren, erstellen, reparieren und reproduzieren. Bis dahin gibt es aber bereits viele Ähnlichkeit bei den Vorgängen zur (potenziellen) Wertobjektbildung. Zurzeit betrifft die Ähnlichkeit nur den Teil der direkten Qualitätserhöhung durch die

Maschinen und auch diese Vorgänge sind noch stark an menschliche Arbeit geknüpft. Im Unterschied zur Natur müssen Menschen für die Maschinen in der jetzigen und in absehbarer Zeit ganz sicher viele Zuarbeiten leisten. Das trifft übrigens auf die Menschen als Arbeitskräfte auch voll zu: Kinder müssen großgezogen und erzogen werden, Arbeitskräfte müssen gebildet und für das Zusammenleben mit anderen Menschen trainiert werden.

Die produktiv Tätigen erarbeiten sich mit dem Verkauf ihrer Arbeitskraft ein Anrecht auf einen bestimmten prozentualen Anteil am Gesamtumfang aller Wertobjekte. Der Gesamtumfang aller Wertobjekte wird durch die Arbeit der Maschinen erhöht. Das geschieht ohne direkte Einwirkung menschlicher Arbeitskräfte. Bei einer Grenzwertbetrachtung, die in einer fernen Zeit möglicherweise zutreffen könnte, würden die Maschinen sich selber entwerfen, herstellen, warten, erweitern usw. Dann hätten die Menschen gar keine Anteile mehr an dem, was die Maschinen an (zunächst nur potenziellen) Wertobjekten bearbeiten. Ohne Frage würde aber mit dem, was die Maschinen völlig autonom und nicht für den Eigenbedarf erarbeiten, der Gesamtumfang an allen ökonomisch zu verteilenden Gütern erhöht werden. Damit würde auch das, was die Arbeitskräfte mit ihren prozentualen Anrechten auf Wertobjekte kaufen könnten, erhöht werden (soweit die Maschinen das dann nicht anders entscheiden…).

Auf absehbare Zeit werden menschliche Arbeitskräfte für die Maschinen weiterhin notwendige Zuarbeiten verrichten müssen: Maschinen müssen gewartet werden, müssen repariert, erweitert, mit Software-Korrekturen und -Updates versehen werden. Der Wertumfang plus Mehrwert der für diese Aufwendungen zuständigen Arbeitskräfte muss vom Gesamtwertumfang plus Mehrwert, der von den Maschinen generiert wird, subtrahiert werden, wenn ermittelt werden soll, welchen Wertanteil die Maschinen bewirken. Dazu kommen die „Maschinenkräftewerte", d. h. die Existenzmittelumfänge der Maschinen. Zu diesen zählt alles, was zu deren Entwicklung, Inbetriebnahme, zum Betrieb, zur „Lebensverlängerung", zu Korrekturen / Updates und zum Ersatz der Maschinen notwendig ist. Im Unterschied zu menschlichen Arbeitskräften muss für die Maschinen (zunächst?) nur das wirklich „absolut Überlebensnotwendige" bezahlt werden, da sich Maschinen noch nicht vergnügen. Doch sogar deren „Beerdigung" kostet Geld, und das jetzt schon – wie bei den Menschen.

Für die Wertgrößen der nur von Maschinen hergestellten Wertobjekte würden aber nicht nur die Werte der „Maschinenkräfte" relevant sein, äquivalent zu den Produkten, die hauptsächlich von Menschen bereitgestellt werden – bei ihnen bestimmen auch nicht nur die Werte der beteiligten Arbeitskräfte die Wertgrößen.

Austausch auf Äquivalenzbasis in der Tierwelt

Auch bei Tieren (bei Affen, Pinguinen, Krabben u. a.) ist ein Austausch ähnlich einem ökonomischen Austausch festgestellt worden. Bei ihnen wird hauptsächlich Freundschaft und Sex gegen diverse Objekte eingetauscht [23], [24]. Wenn man solche Fachtexte liest, kann die Vermutung aufkommen, dass die Menschen den ökonomischen Tausch Sex gegen andere Wertobjekte aus dem Tierreich beibehalten haben. Bei Tieren kann der Terminus „Eigentum" ganz sicher gegen „Verfügungsgewalt über" getauscht werden, da es in der Tierwelt keine gemeinschaftliche Schutzeinrichtung zur Sicherung der Zugehörigkeit von Objekten gibt, die für das Eigentum als gesellschaftliche Kategorie eine der Voraussetzungen ist. Ansätze für den „Wert einer Arbeitskraft" sind in der Tierwelt ebenfalls nicht gegeben. Aber eine bestimmte Arbeitsleistung zur Bereitstellung von Tauschobjekten wird in der Tierwelt ebenso notwendig sein. Ob Tiere, um bestimmte Objekte erlangen zu können, die dafür notwendigen Aufwendungen vergleichen können, wäre eine Frage an die Verhaltensforscher. Ein weiteres Merkmal des Tauschs auf Äquivalenzbasis unter Tieren dürfte sein, dass der „Markt" aus individuellen Tauschhandlungen besteht, für die es keine Hintergrundverbindungen gibt. Zu diesen fehlenden Hintergrundverbindungen könnten zählen, dass es keinen Arbeitskräftemarkt in Verbindung mit dem Verkauf von Arbeitskraft gibt, keinen gemeinsamen Wertmaßstab, keinen Rohstoffhandel, keine gesetzlichen Bestimmungen usw. Aber für den Tausch auf Äquivalenzbasis müsste es bereits gewichtete Beziehungsstärken zu den Tauschobjekten geben. Damit wäre verbunden, dass mit den Tauschobjekten Wertattribute verknüpft werden.

Wichtige Vorstufen zu wirklichen Wertbeziehungen sind somit bereits in der Tierwelt entwickelt. Doch erst in der menschlichen Gesellschaft wird ein Austausch auf Äquivalenzbasis über Einzelbeziehungen hinaus wirksam. Erst hier werden die Tauschpartner ganz bewusst die Tauschobjekte im jeweiligen gesellschaftlichen Umfeld erfassen. Der Tausch wird erst in der menschlichen Gesellschaft durch eben diese abgesichert, während in der Tierwelt sicherlich nur das Recht des „Bosses" und des Stärkeren gilt. Außerdem geschieht der ökonomische Austausch in der menschlichen Gesellschaft in völlig anderen Größenordnungen. Von wirklichen Wertbeziehungen ist das Tierreich weit entfernt. Das kann gar nicht anders sein.

Wertattribute bei Naturgütern

Der ökonomische Austausch von Naturgütern ist bei den Menschen an bereits bestehende produktionsbasierte ökonomische Austauschvorgänge geknüpft und stellt praktisch eine Ergänzung dieser dar.

Bei Wertobjekten, die durch Maschinen geschaffen werden, zählen die notwendigen Aufwendungen für die maschinelle Produktfertigung als wichtige Kriterien für den Preis, d. h. die Aufwendungen bestimmen wesentlich die Wertattribute, die den mit den Maschinen geschaffenen Wertobjekten zugeordnet werden.

Generierung der Wertattribute von Naturgütern – ein sehr komplexer Vorgang

Bei Naturgütern erfolgt die Herausbildung von Wertattributen auf kompliziertere Art. So zählt der „Aufwand", den die Natur zur Bereitstellung betreiben muss, bei den ökonomisch relevanten Naturgütern nur bedingt als Verteilungskriterium. Zwar kann ein langer Zeitraum, den die Natur benötigt, um ein bestimmtes Naturgut „fertigzustellen", ein Kriterium für den verfügbaren Umfang dieses Naturgutes sein. Aber das ist eben nur ein „Kann". Wichtiger dürften in solchen Fällen Gewinnungskriterien sein, d. h. wie günstig die Natur solche Güter für den Menschen „platziert". Dennoch: Einen Zusammenhang zwischen dem von der Natur „betriebenen Aufwand" und dem Preis kann es schon geben. Z. B. dürfte für die Natur der Aufwand, um Gold „herzustellen", größer sein als der für die Generierung von Kohle. Verbunden ist dieser „Aufwand" mit bestimmten Umfeldbedingungen, damit die Prozesse zur „Erstellung" von Gold und Kohle wirken können. Durch das seltenere Auftreten solcher Bedingungen im notwendigen Zusammenspiel für die Generierung von Gold ist es in geringerem Umfang zu finden als Kohle. Generell kann solch ein Zusammenhang aber nicht postuliert werden, denn wenn die Ausgangsstoffe für das Einfachere fehlen oder zu stark verunreinigt sein sollten, könnte das Kompliziertere in größerem Umfang „produziert" werden. Doch an welche Ressourcen die Menschen wie günstig herankommen, ist damit noch längst nicht festgelegt. Bei Naturstoffen sind die Bedingungen für die Festlegung von Wertattributen sehr komplex. Wie die einzelnen Einflussgrößen wirken, kann nicht in der Art erfasst werden, wie das bei menschlichen und maschinellen Arbeitsergebnissen bewerkstelligt wird. Hinzu kommt, dass die Bedeutung der verschiedenen Naturgüter für die Menschen völlig unterschiedlich ist. Das betrifft den Mengenbedarf an solchen Stoffen, deren Reinheit, wie viel Arbeit und Material in die Nachbehandlung gesteckt werden muss, welche schädlichen Nebenwirkungen mit der Gewinnung, der Verarbeitung und dem Gebrauch von solchen Naturgütern auftreten können, welche Substitutionsmöglichkeiten bestehen u. v. a. m. Praktisch wirkt ein Gemisch von sehr vielen Faktoren.

Verteilungskriterium für zu verteilende Naturgüter – Werte der Arbeitskräfte

Für die Verteilung von Wertobjekten, die von Maschinen oder von der Natur erstellt wurden, sind die Werte der Arbeitskräfte entscheidend. Denn die Werte der Arbeitskräfte bestimmen deren prozentuale Anrechte an allen ökonomisch zu verteilenden Wertobjekten. In den Gesamtumfang aller ökonomisch zu verteilenden Wertobjekte bringen die Menschen die durch ihre eigene menschliche Arbeit, die durch Maschinen sowie die durch die Natur erstellten bzw. hervorgebrachten Wertobjekte ein.

Bezüglich der Masse der Naturgüter werden üblicherweise nicht die individuellen Arbeitskräfte die Bezieher sein. Es sind die Unternehmen, die als Tauschpartner im Sinne „großer" und „zusammengesetzter" Arbeitskräfte-Gemeinschaften auftreten.

Wertumfang aller Wertobjekte, einschließlich der Naturgüter

Der Umfang an auf Äquivalenzbasis zu verteilenden Wertobjekten wird erhöht, wenn der Umfang der maschinell und der durch die Natur erstellten Wertobjekte vergrößert wird. Damit wird folglich der Umfang der Wertobjekte erhöht, den die Arbeitenden (als Individuen und als Firmen) als Werte ihrer Arbeitskräfte mit ihrem prozentualen Anrecht an allen zu verteilenden Wertobjekten beziehen könnten.

Die Wertproportionen der maschinell erstellten Wertobjekte werden vom Aufwand zur Herstellung, Wartung usw. der Maschinen mitbestimmt. Doch in der ferneren Zukunft, wenn die Maschinen sich selbst entwerfen, allein die Rohstoffe gewinnen, sich allein zusammenbauen, warten, pflegen, erweitern, aktualisieren usw., wenn also keine menschlichen Arbeitskräfte mehr in diese Prozesse involviert sein werden, dann entfallen viele dieser Kriterien. Eigentum an Grund und Boden dürfte aber auch dann noch eine Rolle bei der Verteilung von Wertobjekten spielen. Aus Sicht der Menschen mit ihren Wertverhältnissen dürften die maschinell erstellten (besser: bearbeiteten) Produkte dann wie Naturprodukte gehandelt werden.

Bei den Naturgütern – wie gerade dargestellt – kann der Aufwand, den die Natur treiben musste, um solche Güter zu „produzieren", nicht als dominierende Größe für die Gestaltung der Wertproportionen herangezogen werden. Dessen Einfluss ist zwar vorhanden, er wird aber sehr stark von weiteren natürlichen und gesellschaftlichen Faktoren überlagert. Ganz wichtige Rollen spielen in diesem Zusammenhang die Nützlichkeiten der verschiedenen Naturgüter sowie deren Gewinnungs- und Verarbeitungstechnologien, die den Menschen im Ereignisfeld zur Verfügung stehen.

Da ein bedeutender Anteil der Naturgüter auch in der Zukunft nicht frei verfügbar sein wird, müssen wohl in der zukünftigen Welt, wie heute, Naturprodukte ökonomisch getauscht werden. Folglich werden auch in der Zukunft bestimmte Naturprodukte ihren Preis haben, der nicht allein von den Gewinnungskosten bestimmt wird.

Weitere Verteilungskriterien für Wertobjekte

Kriterien zur Verteilung von Wertobjekten sind hauptsächlich die Werte der Arbeitskräfte, die durch weitere ergänzt werden. Andere wichtige Verteilungskriterien sind das Eigentum und Ansprüche aufgrund in der Vergangenheit geleisteter Arbeit. Die ehemaligen Arbeitskräfte haben einst von ihrem Einkommen in ihre eigene Zukunft investiert und Beiträge in die Rentenversicherung eingezahlt. Die aktuell ausgezahlten Rentenbezüge stellen ebenfalls Anrechte auf zu verteilende Wertobjekte dar.

Politisch begründete Anrechte auf Wertobjekte gehören zu den Anrechten, die nicht auf Arbeitsleistungen basieren. Sie sind vorrangig sozial basiert und werden vor allem an den vorherrschenden sozialen Ansichten in der Gesellschaft orientiert. Dazu zählen Zuwendungen für Kinder, Lehrlings- und Praktikantenentgelte, Zuwendungen für Asylsuchende sowie Leistungen für Behinderte und für Langzeitarbeitslose. Der Umfang dieses Anrechtsbereiches kann als Kriterium für den sozialen Charakter einer Gesellschaft gesehen werden.

Zu These 11: Eine Wertbeziehung im ökonomischen Sinne basiert nicht direkt auf den gewichteten Bedürfnissen nach den Wertobjekten, sondern auf den gewichteten Bedürfnissen nach den umfassender zu sehenden Bedürfnisbefriedigungskomplexen

Wert im ökonomischen Sinne ist ein gesellschaftliches Verhältnis, das, bei genauer Betrachtung, nicht in Bezug auf ein Wertobjekt als solches existiert, sondern in Bezug auf einen bestimmten Bedürfnisbefriedigungskomplex (Bild 9).

Bedürfnisbefriedigungskomplex – kristallisiert in einem Hauptobjekt

Ein solcher Bedürfnisbefriedigungskomplex beinhaltet im Allgemeinen ein bestimmtes Wertobjekt als Hauptobjekt. In der auf dieses Hauptobjekt gerichteten Beziehungsstärke kristallisiert sich die im Grunde viel umfassender zu sehende Beziehungsstärke zum eigentlichen Bezugspunkt heraus, dem Bedürfnisbefriedigungskomplex. Exakt gesehen stehen die gewichteten Bedürfnisse diesem gegenüber.

Als Beispiel, wie in den praktischen Austauschprozessen die gesellschaftlichen Elemente eines Wertverhältnisses auf das Hauptobjekt konzentriert werden und dabei trotzdem auf den Bedürfnisbefriedigungskomplex bezogen bleiben, soll hier wieder das Radio dienen.

Im Handel erwirbt man konkret das Radio und nicht, auch nicht anteilmäßig, die dazugehörigen Sender, die Empfangsbedingungen, die Stromversorgung usw.

Aber all diese Faktoren nehmen direkt Einfluss auf die Herausbildung der gewichteten Beziehungsstärke Wert. D. h. die Anerkennung des Radios als Wertobjekt ist an den gesellschaftlichen Kontext des relevanten Umfeldes des Radios gebunden. Dies tritt nicht immer deutlich in Erscheinung.

So kann die Ware Radio erst dann zu einem Wertobjekt im ökonomischen Sinne werden, wenn die erreichbaren Rundfunksender ein zumindest als ausreichend eingeschätztes Programmangebot ausstrahlen, die Empfangsfeldstärke hinreichend, der Äther im notwendigen Maße störungsfrei, die Stromversorgung gesichert ist usw.

Sind solche Bedingungen nicht gegeben, wird ein Radio nur ein potenzielles Wertobjekt bleiben. Ein gewichtetes Bedürfnis, das ein Radio als Bezugspunkt hat, ist eben doch nicht nur auf das Zielobjekt allein ausgerichtet.

Die relative Nützlichkeit wird nicht nur auf das Hauptobjekt bezogen

Die notwendigen „Randbedingungen" sind u. a. grundlegend für die Anerkennung der relativen Nützlichkeit des „Hauptwertobjektes" Radio und somit auch für die Anerkennung der für die Bereitstellung des Wertobjektes aufgewandten gesellschaftlichen Arbeiten als gesellschaftlich relativ nützliche, d. h. wertbildende Arbeiten.

Damit werden diese Umfeldbedingungen nicht vermittelt, sondern direkt Bestandteil des ökonomisch relevanten Bedürfnisbefriedigungsprozesses. Die Umfeld-Gegebenheiten bilden folglich mit dem jeweiligen Hauptobjekt – dem Wertobjekt im ökonomischen Sinne – eine untrennbare Einheit, den jeweiligen Bedürfnisbefriedigungskomplex.

Zu These 12: Der Markt ist nicht Realisierungspunkt von angebotenen Werten, sondern der eigentliche Ort der Wertbildung. Das Was und das Wie aller Angebote auf dem Markt muss durch Menschen im jeweiligen gesellschaftlichen (und natürlichen) Kontext geplant werden. Der Markt denkt nicht und der Markt lenkt nicht.

Mit der Wertbildung im hier gemeinten Sinne ist nicht die Schaffung der Grundlagen / Voraussetzungen für die Wertbeziehungen gemeint.

An dieser Stelle kann noch einmal Marx angeführt werden: „Ein Arbeitsprodukt, für sich isoliert betrachtet, ist also nicht Wert, so wenig wie es Ware ist. Es wird nur Wert, in seiner Einheit mit andrem Arbeitsprodukt, oder in dem Verhältniß, worin die verschiedenen Arbeitsprodukte, als Krystalle derselben Einheit, der menschlichen Arbeit, einander gleichgesetzt sind." [7]

Mit diesen beiden Sätzen formuliert Marx, aus Sicht des Autors dieses Buches, dass der Wert auf dem Markt gebildet wird.

Werte von Arbeitsprodukten

Die Arbeitsprodukte sind Ergebnisse verschiedener menschlicher und maschineller Arbeitsprozesse. Die Werte dieser Arbeitsprodukte werden über das Bewusstsein der Menschen als Wertattribute mit den Arbeitsprodukten verknüpft. Was als Werte mit den Arbeitsprodukten verknüpft wird, sind Ansprüche auf Existenzmittel aller an der Bereitstellung dieser Arbeitsprodukte beteiligten Arbeitskräfte plus der anteilige Wert der Produktionsmittel (Der Wert der Produktionsmittel widerspiegelt letztendlich auch die Werte der an ihrer Bereitstellung beteiligten Arbeitskräfte, die Werte von dafür genutzten Produktionsmitteln sowie von Mehrwerten aus vorangegangenen Arbeitsleistungen) plus die angestrebten Mehrwerte.

Um ihren Lebensunterhalt zu verdienen, verkaufen die Arbeitskräfte ihre Arbeitskraft. Üblicherweise ist die Entlohnung der Arbeitskräfte nicht direkt abhängig vom Verkaufserfolg der von ihnen hergestellten und bearbeiteten Produkte sowie von all ihren weiteren Aktivitäten zur Produktionsunterstützung. Sie bekommen einen relativ konstanten Lohn, üblicherweise in Form von Geld, wofür sie Wertobjekte erwerben können. Basierend auf dem Fakt, dass in einem üblichen gesellschaftlichen Umfeld das Wertversprechen, das vom Herausgeber des Geldes mit dem Geld verbunden wird, sowie die Löhne und die Preise der Wertobjekte relativ konstant sind, wird in dieser

Schrift vom Lohn als ein Anrecht auf Wertobjekte gesprochen. Diese Anrechte auf Wertobjekte erwerben die Arbeitskräfte durch den Verkauf ihrer Arbeitskraft.

Mit den Produkten, die sie erstellen, können sie aber keine Anrechte auf Wertobjekte verknüpfen, denn das würde bedeuten, dass diese Produkte auf jeden Fall zu den vorgesehenen Preisen verkauft werden würden. So können die Unternehmen statt Anrechte nur Ansprüche der Arbeitskräfte auf Existenzmittel sowie ihre eigenen Mehrwerterwartungen mit ihren bereitgestellten (und zunächst nur potenziellen) Wertobjekten verknüpfen. Die Werte der Arbeitskräfte gehen anteilig ein in die als Ansprüche wirkenden Wertattribute der von ihnen mitproduzierten Arbeitsprodukte.

Marx sah nur stoffliche Arbeitsprodukte als (den Wertobjekten ähnliche) Waren. Nach den hier dargelegten Auffassungen gehen aber Wertobjekte über den Umfang von stofflichen Arbeitsprodukten hinaus.

Wertäquivalenz

In Wertverhältnissen stellen sich Käufer und Verkäufer einander gegenüber. Die Käufer haben das Ziel, Wertobjekte zu erwerben, und die Verkäufer sind an den Wertäquivalenten interessiert. Die Wertäquivalente werden von den Käufern als Gegenleistungen zu den erworbenen Wertobjekten abgegeben. Damit stellen Verkäufer und Käufer zunächst Wertobjekte und Wertäquivalente gegenüber.

Zu ökonomischen Austauschvorgängen kommt es, wenn die Triebkräfte zum Tausch bei den Tauschpartnern hinreichend groß sind und beide Tauschpartner die Wertäquivalenz der gegeneinander auszutauschenden Wertobjekte und Wertäquivalente bzw. deren Stellvertreter anerkennen. Wertäquivalenz bedeutet, dass die mit den Wertobjekten und deren Wertäquivalenten verknüpften Ansprüche bzw. Anrechte auf Wertobjekte als gleich groß angesehen werden. Die Äquivalenz ist auch für Marx ein entscheidendes Kriterium für den Wert: „... worin die verschiedenen Arbeitsprodukte, als Krystalle derselben Einheit, der menschlichen Arbeit, einander gleichgesetzt sind." [7] Diese Äquivalenz wurde und konnte noch nie exakt berechnet werden. Zu viele Einflussgrößen, und vor allem das menschliche Bewusstsein, wirken auf diese Äquivalenzbestimmung ein. Eine Wertäquivalenz im ökonomischen Sinne kann nur auf dem Markt ausgehandelt oder für den Markt festgelegt werden.

Wertäquivalenz bedeutet u. a., dass die ideellen und damit ebenso die individuellen Bereiche des Wertverhältnisses in den Bewusstseinsprozessen der Tauschpartner aus der Isolation herausgehoben werden durch eine wie auch immer geartete Einigung auf einen „öffentlichen" Wert. Diesen öffentlichen Anteil können auch Dritte erfassen. Es ist ein objektive Anteil am gesellschaftlichen Verhältnis Wert.

Tausch Wertobjekt gegen Geld oder Anspruch gegen Anrecht – typisch, aber nicht zwingend

Ohne Frage gibt es Situationen, in denen Wertobjekte gegen Wertobjekte getauscht werden. Auf solche Tauschvorgänge trifft das Schema „Anspruch" gegen „Anrecht" nicht zu. Die Gegenüberstellung von Anspruch und Anrecht wird hier insbesondere verwendet, weil solch eine Kombination wohl bei den meisten Wertbeziehungen vorherrscht. Doch es gibt auch Wertbeziehungen, in denen Ansprüche gegen Ansprüche getauscht werden (Formen des „Naturalienhandels", bei denen z. B. elektronische Wertobjekte gegen Arbeitsleistungen ausgetauscht werden) oder Anrechte gegen Anrechte (Wechselstube). Auf solche Wertbeziehungen treffen aber alle wirklich relevanten Kriterien für die Wertbildung und Werthandhabung selbstverständlich ebenfalls zu. Bei den Gegenüberstellungen von „Ansprüchen" und „Anrechten" in Wertbeziehungen geht es nur um die übliche Situation beim ökonomischen Tausch. Alle möglichen Kombinationen von Ansprüchen und Anrechten sind völlig gleichwertig in Bezug auf die wesentlichen Merkmale des gesellschaftlichen Verhältnisses Wert. All diese möglichen Kombinationen werden letztendlich bezogen auf Wertattribute, die mit Wertobjekten und den „dazugehörigen" Wertäquivalenten verknüpft sind.

Wert und Wertäquivalent – beide sind notwendig im Wertverhältnis

Zurück zu den gleichen Wertbeträgen von Wertobjekten und Wertäquivalenten. Eine derartige Gegenüberstellung gleich großer Wertbeträge macht nur Sinn in einer Wertbeziehung. Denn eine solche Gegenüberstellung von z. B. Ansprüchen und Anrechten auf Wertobjekte ist nur für einen ökonomischen Tauschvorgang direkt relevant. Für sich genommen, ohne Gegenstücke, wären solche Ansprüche nur ideelle Ansprüche, ohne direkte wirksame gesellschaftliche Relevanz. Die Ansprüche auf Gegenleistungen, welche die Anbieter von Wertobjekten erheben, werden mit den Preisen widergespiegelt, welche sie mit ihren angebotenen (zunächst potenziellen) Wertobjekten verbinden. Ganz ohne Frage werden die Preise diverser angebotener Waren, Dienstleistungen usw. intensiv genutzt, um Vergleiche anzustellen. Diese Vergleiche sollen helfen, die Aufwendungen für Gegenleistungen beim Erwerb von Wertobjekten möglichst gering zu halten. Die Vergleiche werden nicht nur bezüglich gleichartiger Güter angestellt, die von verschiedenen Anbietern auf den Markt gebracht werden. Sogar potenzielle Wertobjekte, die nicht sofort oder gar nicht gekauft werden, haben folglich auch eine Funktion für Wertbeziehungen. Doch eben nicht direkt.

Bei vergegenständlichten, also „eingebauten" Werten würde die Anbieterseite solcher Produkte theoretisch die wertäquivalente Bezahlung dieser Produkte einklagen können, wenn sie niemand kaufen würde, denn in solchen Produkten wäre gesellschaftlich nützliche Arbeit enthalten, die eine auf der gesellschaftlichen Ebene relevante Anerkennung verlangt.

Ansprüche auf Wertobjekte einzufordern, ohne dass die relative Nützlichkeit dieser Wertobjekte durch Gegenleistungen (Tauschvorgänge) anerkannt wird, wäre jedoch ökonomisch nicht sinnvoll. Das würde z. B. eine Bezahlung bedeuten, ohne dass etwas verkauft würde. So könnte eine Firma, die eine Luxusjacht baut, die niemand in Auftrag gab und die niemand kauft, kein Geld für diese Jacht von wem auch immer einklagen, nur weil sehr viel Arbeit und Material in dieses Schiff gesteckt wurden. Leistungen zu bezahlen, nur weil Arbeit und Material aufgewendet wurden, würde u. a. dem Wert die Triebkraftfunktion für die wirtschaftliche Entwicklung nehmen, ja sogar zur massiven Vergeudung von Ressourcen führen.

Mit dem Verkauf eines Wertobjektes wird dem Anspruch auf Gegenleistung, welchen die Verkäuferseite mit dem Wertobjekt verknüpft, von der Käuferseite entsprochen, meist in Form von Geld. Das empfangene Geld wiederum wird von der Verkäuferseite in Gestalt von Existenzmitteln plus Mehrwert „verbraucht".

Das Wertattribut eines Wertobjektes, das Ansprüche auf Existenzmittel repräsentiert, hat dabei primär für den Tausch Bedeutung. Die Aufwendungen für die Herstellung bzw. Bereitstellung oder die Gewinnung des Wertobjektes müssen zwar genutzt werden, um die Höhe der Gegenleistung zu ermitteln. Das ist insbesondere notwendig, um Wertobjekte dieser Art weiterhin anbieten zu können. Doch kann aus den Aufwendungen und anderen Ansprüchen (insbesondere bei Naturgütern) nicht direkt der beim Verkauf realisierte Preis, und damit der Wert, eines Produktes abgeleitet werden. Die Aufwendungen können nur zu einer Art angestrebter Basisgröße des Wertes führen. Durch weitere Einflüsse auf die Wertgröße (Originalität, Design, Funktionsumfang, Markenname u. a.) wird die öffentlich gemachte sogenannte „unverbindliche Preisempfehlung" von dieser aufwandsbasierten Basisgröße mehr oder weniger nach oben oder unten abweichen.

Wenn Menschen auf ökonomischer Basis tauschen, dann ist es wichtig, dass für Leistungen gleich große Gegenleistungen eingefordert werden können. Die notwendigen Gegenleistungen sind wichtig, um die wirtschaftsrelevanten Aktionen ressourcenschonend zu stimulieren.

In vielen Situationen ist der Wert auch nach dem Tausch noch von Bedeutung. Das betrifft z. B. Abschreibungen von Geräten und Einrichtungen in Betrieben, das betrifft den Weiterverkauf von Wertobjekten sowie Situationen, in denen später Versicherungsleistungen bezüglich der Wertobjekte erbracht werden müssen.

Ganz sicher können solche Fälle als sekundäre Wertbeziehungen angesehen werden, denn diese Situationen bilden mit den primären Wertbeziehungen nicht zwingend eine feste Einheit. Es sind entweder neue Wertbeziehungen oder gesellschaftliche Konstrukte, die von den Menschen um die Wertbeziehungen herum gebaut werden, damit mehr steuerliche Gerechtigkeit, mehr wirtschaftliche Sicherheit u. a. erreicht wird.

Zum Verhältnis von Markt und Plan

In der DDR-Wirtschaftstheorie wurden Planwirtschaft und Marktwirtschaft wie Gegensätze dargestellt. Doch das können diese vom Wesen her gar nicht sein. Denn was soll mit dem Begriff „Marktwirtschaft" eigentlich ausgesagt werden? Es wird damit suggeriert, dass der Markt die Wirtschaft lenkt.

So etwas ist jedoch schon vom Prinzip her unmöglich. Der Markt ist der zusammenfassende Begriff für alle Orte des Waren- und Dienstleistungsaustausches in einer Gesellschaft und zwischen den Gesellschaften. Dabei übt der Markt keine aktiven Funktionen aus und kann diese auch nicht ausüben, da er als solcher weder über Bewertungs- noch legislative oder exekutive Organe verfügt. Mit anderen Worten: Der Markt denkt nicht, handelt nicht und lenkt auch nicht! Sämtliche aktiven Marktprozesse werden praktisch ausschließlich(!) von Menschen geplant und veranlasst. Das gilt für alle Gesellschaften mit ökonomischem Austausch (In einigen wenigen Fällen steuern schon Maschinen, vor allem im Finanzbereich [9], [10]). Nur wurde in einigen Ländern (in den „sozialistischen") der Markt nicht hinreichend beachtet.

Der Finanzmarkt wird extra gesehen. In der Sendung „Die Welt auf Pump" wurden aufgezählt: die Bruttoinlandsprodukte weltweit: vor 20 Jahren 15 Billionen, heute 50 Billionen; Spekulatives Geld: vor 20 Jahren 1,5 Billionen, heute > 500 Billionen" [25].

Der Markt kann widerspiegeln

Der Markt ist der Ort, an dem (zunächst potenzielle) Wertobjekte angeboten werden.

Eine weitere Aufgabe des Marktes ist es, die für den Austausch relevanten Wertgrößen der Wertattribute aufzuzeigen. Das kann für den Markt nur über Bewusstseinsoperationen von Marktteilnehmern bewerkstelligt werden.

Mit den Wertgrößen der Wertattribute widerspiegelt der Markt die mit den Wertobjekten verknüpften Ansprüche auf Existenzmittel und Mehrwerte. Wertobjekte werden nur im Tausch gegen äquivalente Gegenleistungen abgegeben. Die Wertgrößen der Wertattribute der Wertobjekte und die Wertgrößen der Gegenleistungen werden im Rahmen des Wertverhältnisses für den Tausch auf gleiche Wertbeträge gebracht.

Durch die Widerspiegelung von Ansprüchen auf Gegenleistungen, denen bei der Abgabe von Wertobjekten Rechnung getragen werden muss, trägt der Markt dazu bei, eine wichtige Rolle des Wertes im ökonomischen Sinne umzusetzen, nämlich die schonende Nutzung von Ressourcen.

Die angestrebten Mehrwerte müssen ebenfalls in die mit den Wertobjekten verknüpften Ansprüche einbezogen werden. Denn die Mehrwerte widerspiegeln letztendlich ebenfalls Ansprüche auf Existenzmittel. Technisch gesehen könnten die Mehrwerte in den Begriff „Existenzmittel der Bereitsteller der Wertobjekte" einbezogen werden. Doch aufgrund ihrer speziellen Aufgabe und ihrer speziellen Bedeutung für die Menschen und für die separat agierenden Wirtschaftseinheiten ist es sicherlich besser, die Mehrwertansprüche von den „Basis-Ansprüchen" zu trennen. Die Basisansprüche umfassen genau das, was für die Bereitstellung (im umfassenden Sinne) der Wertobjekte verausgabt wurde. Der Mehrwert ist ein Aufschlag, mit welchem die Arbeits- und Lebensbedingungen der an der Bereitstellung der Wertobjekte Beteiligten verbessert, der Umfang der Wertobjektbereitstellung erweitert und Investoren bedacht werden sollen.

Bei Marx nutzt der Unternehmer den Mehrwert, um sich selbst zu bereichern. Damit beutet er „automatisch" die Arbeiterklasse aus.

Aus Sicht des Autors würden im Idealfall die Bezüge der Unternehmer nur aus dem Bereich der Basisansprüche gedeckt werden, denn ihre Tätigkeiten sind untrennbarer Bestandteil der Wertobjektbereitstellung der Unternehmen. In der Praxis aber fließen den Unternehmern mehr oder weniger große Anteile aus den Mehrwerten zu, da sich mit relativ hoher Sicherheit viele Unternehmer ungerechtfertigt große Anteile an den Unternehmensgewinnen zuordnen. Doch die Bestimmung der „gerechtfertigten Größen" dürfte ein sehr kompliziertes Problem sein.

Zurück zur Widerspiegelungsfunktion. All diese Ansprüche, die mit den Wertobjekten verknüpft werden, sind nicht nur Ansprüche derjenigen, die irgendetwas in diesen Wertobjekten „vergegenständlichen" und die damit nach der klassischen Werttheorie in den Wertobjekten, dort „Waren", Werte vergegenständlichen. Inbegriffen sind sämtliche wirtschaftlich relevanten Aktivitäten der an der Bereitstellung der Wertobjekte Beteiligten – direkt, vorgelagert oder im Umfeld (über die Steuern): Firmenstrategie, Planung, Produktionsvorbereitung, Rohstoffgewinnung, Zulieferungen, Produktion, Wartung, Reinigung, Marketing, Verpackung, Infrastruktur für Transport und Versand, Sicherheit gegen Feuer u. a., Rechtswesen usw. Sie alle wirken wertbildend. All diese auf verschiedene Arten erarbeiteten Teil-Wertgrößen werden nicht als solche in den Wertobjekten vergegenständlicht, sondern mit diesen über Wertattribute als Gesamtheit zu einem Wertausdruck verknüpft.

Der Markt widerspiegelt auch die Ansprüche von Eigentümern, die diese geltend machen, wenn sie aus ihrem Eigentum Boden, Bodenschätze usw. zur Verfügung stellen. Diese Ansprüche basieren im Normalfall weniger auf Arbeitsleistungen, als dass sie vielmehr politisch begründet sind.

Auf welchen Wegen die Wertattribute zustande kommen, ist aus den Attributen selbst nicht ersichtlich. Wichtig ist nur, dass die für die Tauschvorgänge relevanten Marktteilnehmer diese Wertattribute akzeptieren.

In Verbindung mit der Widerspiegelung von Wertattributen kann der Markt zudem die Effizienz der verschiedenen Arbeiten vergleichbar machen, ebenso die Effizienz der Rohstoffgewinnung, der Energiegewinnung, die Sinnfälligkeit der Proportionen zwischen den einzelnen wirtschaftlich relevanten Bereichen der Gesellschaft usw.

Das Wort „kann" sollte betont gelesen werden. Denn ob der Markt all diese Gegebenheiten hinreichend real widerspiegelt oder stark verfälscht, das liegt in den Händen der Menschen. Das Thema, wie der Markt in seiner Funktionalität beeinträchtigt werden kann, wurde weiter oben bereits angesprochen. In den meisten Ländern werden Regeln für den Markt aufgestellt. Doch nicht überall werden diese in gleicher Art durchgesetzt. Außerdem sind sie in verschiedenen Ländern unterschiedlich. Daraus kann geschlussfolgert werden, dass der Markt nicht überall in gleicher Art zu wirklich optimalen Kaufverträgen führt. Aber in keinem Fall bestimmt der Markt, welche Regeln gelten sollen, welche voll durchgesetzt und bei welchen offiziell abgelehnten Handlungsweisen besser nicht hingeschaut wird.

Die Realisierung der vollständigen Widerspiegelungsfunktion des Marktes ist gegeben, wenn nur so viel Einflussparameter festgelegt – d. h. geplant und politisch gesteuert – werden, dass über die verbleibenden Parameter ein umfassender Ausgleich von Angebot und Nachfrage erfolgen kann. Denn nur unter derartigen Bedingungen kann die Widerspiegelungsfunktion des Marktes alle Folgen aller Einflussnahmen ungebremst aufzeigen. An keiner Stelle würde die Abbildung der Gesamtrealität durch zu viele politische Festlegungen verfälscht werden. Begründet ist diese Situation damit, dass keine Parameter ohne adäquate Ausgleichsmöglichkeiten eingefroren würden. In der DDR wurden z. B. die Preise für Lebensmittel, technische Erzeugnisse, Mieten, Reisen usw. – kurz: sehr viele Preise – fixiert, obwohl die Geldemission anderes verlangt hätte. So widerspiegelte der Markt in der DDR scheinbar niedrige Preise für relativ viele Waren. Aber kaufen konnten die meisten Bürger viele dieser Waren nicht für die angegebenen Preise. Dieser Mangel wurde jedoch in Gegenüberstellungen von Löhnen und Waren nicht gezeigt. Die Widerspiegelung der Realität in der Wirtschaft war damit stark gestört. Die Ursache waren zu viele aus politischen Gründen zu starr festgelegte Parameter, wodurch kein wirklicher Markt herausgebildet werden konnte. Ein Markt wäre aber auch für stark ideologiegetriebene Wirtschaften wichtig. Denn ohne Markt können die wirklichen ökonomischen Auswirkungen der ideologischen Steuerung nicht genau genug erfasst werden. Das Ergebnis wird wohl in solchen Fällen immer wirtschaftlicher Niedergang sein. Das ist zwar eine Vermutung, aber die Praxis zeigt das offensichtlich so.

Was der Markt widerspiegelt – direkt und indirekt

Zu den ökonomisch relevanten Auswirkungen und Einflussgrößen, die der Markt widerspiegelt, gehören:

1) Was im ökonomischen Sinne nützlich ist
Dazu gehören sowohl die durch Menschen und Maschinen sowie die von der Natur geschaffenen gegenständlichen Wertobjekte. Hinzu kommen angebotene Dienstleistungen (Handwerkerarbeiten, Reparaturen, der Bereich der Sicherheit, Brandschutz usw.), Theateraufführungen, Musik-Veranstaltungen, Kunstwerke, bestimmte Ideen (insbesondere Patente, Bücher) u. a.
2) Die Werte der Arbeitskräfte
Durch die Marktpreise der Wertobjekte wird aufgezeigt, was an Ansprüchen der Produzenten und der anderen Bereitstellenden in der Gesellschaft im Durchschnitt so weit akzeptiert wird, dass dafür Äquivalente im ökonomischen Sinne abgegeben werden.
Ebenso wird gezeigt, welche Arbeitskräfte in Verbindung mit ihren Interessenvertretern in der Lage sind, ihre Ansprüche auf Anteile am in der Gesellschaft vorhandenen Wertobjekteumfang zu erhöhen.
3) Die realisierbaren Mehrwerte
Werden zu hohe Mehrwerte angestrebt, könnten die Verkaufserfolge der Produkte zurückgehen. Werden die erwarteten Mehrwerte zu niedrig angesetzt, würden die Güter einen niedrigeren Gewinn als möglich abwerfen. Modernisierung und Erweiterung der Firmen, Weiterbildung, zusätzlicher Gewinn für die an der Bereitstellung der Produkte Beteiligten usw. würden unnötig eingeschränkt werden.
4) Die Ansprüche, die Eigentümer von Grund und Boden und von Naturgütern gegenüber Nichteigentümern geltend machen können
Das betrifft die Bodenrenten, welche die Eigentümer beziehen können, ebenso deren Äquivalenzforderungen für die Abgabe von Rohstoffen.
5) Proportionen zwischen verschiedenen ökonomisch relevanten Bedürfnissen in Abhängigkeit von den Preisen
So wird u.a. gezeigt, in welchen Proportionen die Bürger verschiedene Lebensmittel wie Käse oder Fleisch in unterschiedlichen Preisklassen konsumieren.
6) Informationen darüber, was in der Gesellschaft an Aufwendungen als notwendig angesehen wird, um Wertobjekte (Waren, Dienstleistungen usw.) bereitzustellen
Z. B. könnten Möbel ohne Lackierung angeboten werden. Wenn zu wenige Konsumenten daran interessiert wären, würde der Markt das zeigen.
7) Die Sinnfälligkeit der Produktionskapazitätsproportionen bzw. die Notwendigkeit ihrer Veränderungen
Z. B. könnte von Planungsstrategen vermutet werden, dass 4 Millionen Käufer einen bestimmten Typ von Tablet-PC kaufen würden. Die Planungen würden danach ausgerichtet. Wenn aber nur eine Million Käufer diesen Gerätetyp kaufen, würde der Markt den Planungen widersprechen und zeigen, dass der Produktionsumfang überproportioniert gestaltet wurde.
8) An welchen Stellen Arbeitskräftemangel und an welchen Arbeitskräfteüberschuss auftritt

Daraus können Bildungsstrategien, Umschulungsmaßnahmen und weitere Aktivitäten zur Fachkräftegewinnung unter Beachtung der Nachhaltigkeit abgeleitet werden.

9) Die Werte der Rohstoffe, d. h. ob Rohstoffe in den notwendigen Mengen und den richtigen Proportionen zueinander gewonnen werden
   Die Kriterien wären die Größe des Gewinns und die Stabilität der Nachfrage.
   Der Einsatz bestimmter Rohstoffe ist in vielen Fällen nicht alternativlos.
10) Relevante Einflüsse aus anderen Ländern
   Das betrifft stoffliche Wertobjekte, Dienstleistungen, Patente, künstlerische Aktivitäten, Rohstoffe u. a. Die Interaktionen mit Wirtschaftsbereichen anderer Länder können Preisdruck, aber gleichwohl Exportchancen bedeuten.
11) Die Wechselwirkung zwischen all diesen Faktoren und den Elementen des gesamten Wirtschaftsorganismus der Gesellschaft des betrachteten Marktgeschehens

Was der Markt nicht zeigt

Zum Beispiel wird nicht auf dem Markt sichtbar, ob ein Hersteller (oft ein Zusammenschluss mehrerer scheinbar selbständiger Unternehmen) aufgrund unlauterer Mittel einen anderen Hersteller vom Markt drängt. Der Markt kann nicht zeigen, ob Produkte die versprochene Zusammensetzung oder die versprochene Herkunft haben. Ebenso wenig lässt der Markt erkennen, ob Investitionsgelder aus kriminellen Einnahmequellen stammen. Um solche Erscheinungen aufzudecken, braucht die Gesellschaft weitere Mechanismen.

Künftige Entwicklungen des Marktgeschehens können nur mit einer geringen Sicherheit vorhergesagt werden. Der Markt liefert Anhaltspunkte, die für Vorhersagen sinnvoll nutzbar sind. Doch technologische Durchbrüche werden nicht immer im Voraus erkannt, aber sie können das Marktgeschehen wesentlich verändern.

Illegale Operationen an Produkten, die auf dem Markt angeboten werden, können helfen, Marktchancen für die Betrüger zu verbessern – dadurch werden jedoch gleichzeitig korrekt arbeitende Unternehmen benachteiligt, weil mehr Geld zu den Betrügern umgeleitet wird.

Es gibt sicherlich weitere Dinge oder Aktionen, die der Markt nicht zeigt, die aber wesentlichen Einfluss auf das Marktgeschehen haben.

Der Markt fällt keine Entscheidungen

Bei wirtschaftlichen Entscheidungen kann der Markt – je nach dem gesellschaftlichen Umfeld – mehr oder minder stark genutzt werden.

Was aber von den Informationen, die der Markt hergibt, in welcher Art genutzt wird und vor allem, wie die Bewertung dieser Informationen erfolgt, entscheidet nicht der Markt selbst.

Ebenso entscheidet nicht der Markt, an welchen Stellen der Wirtschaft Produkte und Produktionsvolumina zentral geplant und gesteuert werden sollen (z. B. das Milchangebot), und an welchen Stellen dezentral – etwa in Abhängigkeit von der Kompetenz[39].

39 Kompetenz
Hier ist die Einschätzung der Beherrschbarkeit der zu planenden Prozesse in Verbindung mit der Verantwortungsübernahme für die absehbaren Resultate auf dem Markt gemeint.

Zudem übt der Markt keine juristische Funktion aus, d. h. er kann nicht bestimmen, dass gewisse Produkte nicht gehandelt werden dürfen, z. B. Rauschgifte, Medieninhalte u. ä. Solche Entscheidungen werden in Abhängigkeit von den politischen Macht- und Besitzverhältnissen wieder von den Menschen getroffen. Insbesondere entscheidet der Markt nicht, in wessen Interesse geplant wird. All das bleibt den Menschen überlassen und wird abhängig von der gegebenen gesellschaftlichen Situation geregelt.

Markt – der Mensch trifft die marktrelevanten Entscheidungen

Die von den Menschen für den Markt getroffenen Entscheidungen sind letztendlich Planungsentscheidungen. Auch die anderen für den Markt relevanten Aktivitäten und Einflussnahmen, wie Wichtungen, werden von den Menschen im gegebenen gesellschaftlichen und natürlichen Kontext vorgenommen – sind also vom Menschen abhängig. Herausragende Bedeutung besitzen in diesem Zusammenhang der Entwicklungsstand der Wirtschaft, die konkreten Macht- und Besitzverhältnisse, weltliche und religiöse Traditionen, Einflüsse anderer Länder und das natürliche Umfeld.

Politische Steuerung des Marktes

Insbesondere aus den beiden letzten Textabschnitten folgt, dass eine wesentliche politische Steuerung in Verbindung mit dem Markt nicht mit der sogenannten Planwirtschaft gleichgesetzt werden darf. In der sogenannten Planwirtschaft wurde versucht, die ökonomischen Werte planmäßig in der Art zu erzeugen, dass sie als solche „Werte“ auf den Markt gelangten. Auf dieser Basis wurde das Geld in Umlauf gebracht. Das konnte nicht gut gehen und das ging bekanntermaßen nicht gut. Politische Einflussnahme auf den Markt muss anders erfolgen.

Eine sehr wichtige politische Einflussnahme auf den Markt ist das Kindergeld. Die Kindergeldempfänger bekommen auf diesem Weg ein politisch begründetes höheres Anrecht auf Wertobjekte.

Allein über den Markt könnte solch einen Bonus nicht herausgebildet werden. So aber greift die Politik in das Marktgeschehen ein und gibt den kinderreichen Erziehungsberechtigten einen höheren Anteil am Gesamtumfang aller ökonomisch zu verteilenden Güter. Die Kindergeldzahlungen sind keine zusätzlich erwirtschafteten Mittel. Das Geld wird „automatisch“ von anderen Finanzierungsbereichen abgezogen. Würde die Politik nicht ins Marktgeschehen eingreifen, würde es nicht zu dieser Umlagerung kommen. Solche Eingriffe ins Marktgeschehen werden meist in harten Auseinandersetzungen durchgeboxt. Das geschieht nicht überall und nirgends im Selbstlauf.

Alternativ könnte die Politik entscheiden, dass z.B. Kinderbekleidung subventioniert wird. Eine solche Entscheidung wurde in der DDR getroffen: „Anteil der staatlichen Subventionen für den Grundbedarf der DDR-Bevölkerung (Grundnahrungsmittel, Kinderkleidung, Tarife für Energie und Verkehr, Wohnungsmieten):

1970 11,4 Mrd. M, 18,6 %
1988 61,6 Mrd. M, 24,6 %

der um die Einnahmen der Sozialversicherung bereinigten Staatshaushaltsausgaben.“ [26]

Theoretisch ist das eine gute Unterstützung für Familien mit vielen Kindern und optisch sieht diese Entscheidung auf der politischen Weltbühne besser aus: Familien mit vielen Kindern hätten durch diese Subvention mehr Geld für andere Wertobjekte zur Verfügung, z.B. für kulturelle Veranstaltungen.

Das Beispiel mit der Kinderbekleidung wurde ganz bewusst gewählt, weil es deutlich zeigt, dass politische Einflussnahmen auf den Markt unerwünschte Nebenwirkungen haben können. So zeigte die Situation in der DDR, dass auch Erwachsene mit Körpermaßen, die den Normgrößen für größere Kinder gleichen, von dieser Subvention profitierten. Folglich subventionierten die kinderreichen Familien eine beachtliche Anzahl von Erwachsenen mit, insbesondere, wenn keines der Kinder mehr diese Kleidung nutzen konnte. Damit schrumpfte der Subventionsgewinn und wurde zu einem beachtlichen Teil ein Scheingewinn.

Weitere wichtige Bereiche, in denen die politische Einflussnahme auf den Markt sicherlich von den meisten Bürgern als sinnvoll erachtet wird, sind die Förderung von Kunst und Kultur, die Ausstattung von Armee, Polizei, Feuerwehr, die Eingliederung von Kriegsflüchtlingen, die Renaturierung von Gewässern usw. Über den Markt können sinnvolle Verteilungsproportionen für die eben genannten Bereiche überhaupt nicht, und falls doch, dann zumindest nicht in vorstellbaren Zeiträumen herausgebildet werden. Für solche Bereiche müssen Entscheidungen, welche die Marktanteile dieser Bereiche betreffen, von der Politik getroffen werden.

Eingriffe politischer Art in das Marktgeschehen sollen und können positiv auf die gesamte Gesellschaft wirken. Wichtig ist hierbei, dass genügend andere marktrelevante Faktoren unbeeinflusst bleiben, sodass ein Ausgleich zwischen Angebot und Nachfrage erfolgen kann. Wichtig ist auch, dass die Folgen der Entscheidungen so umfassend wie möglich abgeschätzt werden, was wiederum am besten funktioniert, wenn der Markt in seiner Funktionsfähigkeit nicht beeinträchtigt wird.

Eine sinnvolle Steuerung unter Nutzung des Marktes muss sehr vielschichtig angegangen werden, denn im Marktgeschehen werden sehr komplexe Vorgänge zusammengeführt. Es ist praktisch immer nur aus dem Zusammenwirken aller agierenden Wirtschaftseinheiten des Inlandes und der mit diesen verwobenen Wirtschaftseinheiten anderer Länder und Länder-Zusammenschlüsse heraus erklärbar.

Planung und Steuerung des Marktgeschehens sind notwendig

Doch nicht nur für die gerade genannten Bereiche müssen Entscheidungen gefällt werden, die den Markt betreffen. Dass in jedem Fall das Marktgeschehen gesteuert werden muss, liegt auf der Hand: Die Gestaltungsmöglichkeiten der Produkte sind nicht zählbar, die Nutzung bestimmter Rohstoffe ist nicht absolut zwingend vorgegeben, die in die Produkte einzubauenden Funktionalitäten sind weder durch ein göttliches Wesen noch durch die Natur eindeutig vorgegeben.

Produktgestaltung

Selbst bei relativ einfachen Erzeugnissen wie einem Messer gibt es unzählige Möglichkeiten, den Griff zu gestalten: Form, Material, Farbe, Oberflächengestaltung und zusätzliche Schmuckelemente sind Faktoren, die geplant werden müssen, um auf dem Markt erfolgreich bestehen zu können. Bei der Schneide wiederum geht es um das Material, die Oberflächenbeschaffenheit, die Form, Dicke, Biegsamkeit und Schärfe, sollte ein Sägeeffekt eingebracht werden, wie sollen die Sägezähne gestaltet werden usw. Bei komplexeren Produkten sind um Größenordnungen mehr Entscheidungsmöglichkeiten und -notwendigkeiten gegeben. Folglich kann nicht alles ausprobiert werden, zumal die Menschen keine unbegrenzte Lebenszeit haben. Dabei würde sogar das Ausprobieren aller möglichen Kombinationen von Gestaltungsformen und Materialien für die diversen stofflichen Wertobjekte sehr komplexe Planungen erfordern, da nicht alles auf einmal ausprobiert werden könnte.

Bei nicht-stofflichen Wertobjekten, wie Theateraufführungen, gibt es ebenfalls unzählige Gestaltungsmöglichkeiten, die für konkrete Vorhaben geplant werden müssen. Oft geschieht das sehr kontrovers.

So kann formuliert werden, dass alles, was dazu genutzt wird, um festzulegen, wann, wie und in welchem Umfang Wertobjekte bereitgestellt werden sollen, was genutzt wird, um festzulegen, wie diese Wertobjekte beschaffen sein sollen, wie sie verpackt werden sollen usw., umfangreiche Planungen erfordert. Das alles sind marktbezogene Planungen.

Die Gesellschaft betreffende Planungsvorgaben

Ebenso erfordert der weniger individuelle, mehr gesellschaftliche Bereich der Wirtschaft umfangreiche Planungen. Was für die Bürger akzeptabel ist an Firmenzusammenschlüssen, an Marktdominanz, was Käufern von Produkten darzulegen ist, was an Inhaltsstoffen von Produkten zu deklarieren ist, was an Medikamenten wie getestet werden darf und muss, all das kann nicht vom Markt bestimmt werden. Dass solche Vorgaben allein durch Widerspiegelungen vom Marktgeschehen und mittels Ausprobieren durchgesetzt würden, könnte bestenfalls funktionieren, wenn die Menschen um Größenordnungen länger leben würden. Doch das tun sie (noch) nicht… Außerdem würden etliche solcher „Tests“ sicherlich nur auf sehr inhumane Art funktionieren.

Auf dem Markt werden des Weiteren Aufwendungen für Mietwohnungen, Lebensmittel, Maßnahmen zur Gesundheitsvorsorge, zur Heilung von Krankheiten usw. widergespiegelt. Auch in diesen Bereichen wird nichts aus dem Himmel und nichts von der Natur fest vorgegeben. Das erkennt man u. a. deutlich daran, wie unterschiedlich diese Bereiche in verschiedenen Ländern gehandhabt werden.

Wenn zu all diesen stärker gesellschaftlich bezogenen Bereichen der Wirtschaft gesagt wird, dass man so etwas dem Markt bzw. dem Selbstlauf überlassen soll, dann wird Entscheidendes verschleiert. Denn nichts in diesen Bereichen stellt sich automatisch sinnvoll ein. Für jeden dieser Bereiche gibt es Planungen, die im Interesse von einflussreichen Einzelpersonen, von Interessenverbänden, Unternehmen, Handelsketten, von nicht korrupten und von korrupten Politikern gelenkt bzw. direkt von ihnen durchgeführt werden. Wenn von „Nicht-Planen“ die Rede ist, dann dürfte wohl in den meisten Fällen gemeint sein, dass die nur eigene Ziele verfolgenden Interessenvertreter der Wirtschaft und der Finanzwirtschaft ihre Ziele ungestört planen wollen. So könnten u. a. Vermieter recht willkürlich mit den Mietern umspringen, einflussreiche Handelsketten könnten überhöhte Preise für ihre Produkte festsetzen, Anbieter von Finanzprodukten völlig undurchsichtige Verträge gestalten, Hersteller von z. B. chemischen Produkten könnten beliebige Stoffe für die Produktion ihrer Güter und beliebige Hilfsstoffe für die Produktion selbst verwenden. Hersteller von Nahrungsmitteln könnten Produkte mit beliebigen Bestandteilen auf den Markt werfen. Krankenversicherungen würden sich nur eingeschränkt oder gar nicht um „nicht wettbewerbsfähige Patienten" kümmern usw.

Solch eine Gesellschaft würde von der übergroßen Mehrheit der Bürger zumindest in Europa abgelehnt werden. Aber im „Selbstlauf" würde es ganz sicher dazu kommen. Solches Chaos (aus Sicht der meisten Bürger) würde nicht der Markt steuern, sondern die fehlende politische Einflussnahme würde eigensüchtigen Wirtschaftsvertretern die Möglichkeit geben, die Bedingungen auf dem Markt an die eigenen Vorstellungen anzupassen. D. h. bürgerfeindliche Zustände dieser Art, bedingt durch mangelnde Einflussnahme der Politik, würden von Menschen gesteuert werden, direkt und indirekt. Letzteres, indem die Passivität derjenigen, die eigentlich dagegen agieren könnten, ausgenutzt würde. Nur in den Beschreibungen würde von den Lenkern einer solchen Wirtschaft mit Begriffen wie „marktgesteuert" und „freie Marktwirtschaft" versucht werden, ein anderes Bild der gesellschaftlichen Situation zu vermitteln.

Markt und Planung

Wenn aber politisch Einfluss genommen wird auf die Wirtschaft, müssen diese Einflüsse auf dem Markt richtig widergespiegelt werden. Dazu darf der Markt in seiner Widerspiegelungsfunktion der ökonomischen Verhältnisse und Prozesse nicht behindert werden.

Doch was ist die Voraussetzung dafür, dass der Markt seine Widerspiegelungsfunktion voll erfüllen kann? Darf dazu nur möglichst wenig geplant werden?

Nein, im Gegenteil! Es muss sehr viel und sehr genau geplant werden. Aber

1. es darf nur im überschaubaren Kompetenzbereich geplant werden.
   Was den Kompetenzbereich umfasst, kann nur im Einzelfall diskutiert werden. Sicher ist, dass in der DDR seitens der wirtschaftslenkenden Organe zu viele Parameter festgelegt wurden. Für einige davon fehlte den Planern ganz offensichtlich die Kompetenz: Die Preise von vielen Gütern, u. a. die Mietpreise für Wohnungen und gleichzeitig die notwendigen Ausgaben für Mietshauseigentümer, die Preise für fast alle Waren auf dem Markt, die Löhne und Gehälter, die Zuordnung der Arbeitskräfte, die Verteilung der Rohstoffe und Edelmetalle usw. wurden festgelegt. Der Markt konnte nicht annähernd richtig die wirtschaftliche Situation des Landes widerspiegeln. Die Planer all dieser Vorgaben sprachen zwar von ihrer Verantwortung, doch sie hatten keinen Überblick, was sie überhaupt taten. Einen solchen Überblick konnten sie gar nicht gewinnen, da der Markt die Realität nicht zeigen konnte.

und

2. es dürfen im gegebenen gesellschaftlichen (und natürlichen) Kontext nur so viele Parameter geplant werden, dass für den Wirtschaftsorganismus die verbleibenden freien Parameter einen Regelausgleich bewirken können. D. h. es muss immer eine Übereinstimmung von Angebot und Nachfrage eingestellt werden durch die Regulierung des Marktgeschehens. Diese Regulierung erfolgt über die Marktteilnehmer. Sollten Angebot und Nachfrage über einen längeren Zeitraum nicht übereinstimmen, kann nicht mehr genau abgelesen werden, wo die Probleme liegen. Die

Wirtschaft würde ineffizient werden und der Markt würde nicht mehr die wirkliche wirtschaftliche Situation widerspiegeln können. Nur bei Übereinstimmung von Angebot und Nachfrage ist es möglich – egal, ob diese Übereinstimmung mittels schwacher oder starker politischer Einflussnahmen gesteuert wird –, die Entscheidungen anhand der entstehenden Folgen, die über den Markt erfasst werden können, zu überprüfen. Die Ergebnisse der Überprüfungen wiederum können verarbeitet und bewertet werden. Entscheidungen können im Anschluss zurückgenommen oder angepasst werden.

In der DDR wurde nicht dafür gesorgt, dass auf dem Markt Angebot und Nachfrage übereinstimmten. Durch die Festlegung zu vieler Parameter wurde ein umfassender Kaufkraftüberschuss – Inflationsgeld – generiert. Gleichzeitig wurden die Bedingungen der Wirtschaft so gestaltet, dass in einem riesigen Umfang Waren zu Mangelwaren wurden. Der Markt konnte durch das Festlegen der Geldemission, zu vieler Preise, der Gehälter usw. seine Widerspiegelungsfunktion nicht mehr erfüllen. Es gab keine freien Parameter mehr, über die der Markt auf all diese Vorgaben hätte ungestört reagieren können. Der Markt wurde durch politisch-wirtschaftliche Festlegungen zu stark störend überlagert.

In der heutigen Zeit wäre das in der Art nicht mehr möglich. Aber das heißt nicht, dass der Markt damit automatisch ungestört funktionieren würde. Heute kann die Widerspiegelungsfunktion des Marktes durch Aktivitäten wie Preisabsprachen, Korruption, Herausdrängen von Wettbewerbern aus dem Markt (durch Marktstärke und nicht durch Leistung) gestört werden. Dazu kommt, dass ein Großteil des scheinbaren Wettbewerbs von nur wenigen Firmen betrieben wird, die ein großes Firmengeflecht aufbauen, das man nur durch genauere Wirtschaftsanalyse erkennen kann. Den Konsumenten werden unzählige Firmennamen wie völlig eigenständige Unternehmen vorgegaukelt (Focus online [27]). Durch solche Einflussnahmen auf das Marktgeschehen werden wahrscheinlich zu viele Parameter ungerechtfertigt fixiert.

Was könnten Kriterien für „Übersteuerungen" der Marktparameter sein? Eine Art von Übersteuerung könnte die Gestaltung von Zugangsregeln zum Markt sein (wenn z. B. die Lizenzen für Taxifahrer in Griechenland für enorme Summen auf dem Schwarzmarkt gehandelt wurden – jedenfalls bis zur Reform in Griechenland, die diesen Auswuchs am Marktgeschehen beenden sollte. [28]) Bei den o.g. Firmenzusammenschlüssen (Focus online) muss man schon mehr Aufwand treiben, um eine ungerechtfertigte Geldabschöpfung erkennen zu können, denn auch in solcher Art zusammengeschlossene Firmen stehen, zumindest in bestimmtem Maße, im Wettbewerb.

Markt und Parameter

Nur wenn der Markt in seiner Widerspiegelungsfunktion nicht beeinträchtigt wird, kann anhand von Marktanalysen optimal geplant werden. Wenn aber relevante Parameter des Marktes (Preise, Warenmengen usw.) durch Verfälschungen nicht die wirkliche ökonomische Situation in der Gesellschaft widerspiegeln, können die Planungen nicht optimal angesetzt werden. Wenn z. B. durch Preisabsprachen Preise für Kraftstoffe erhöht würden, dann beträfe dies Warenmengen in großem Umfang. Damit würden große Geldmengen umgeleitet werden. Notwendigerweise würden damit andere Produkte ungerechtfertigt im Wert gemindert oder gar wertlos. Bei realer Widerspiegelung der Marktverhältnisse wäre die Situation bezüglich der Kraftstoffe – und damit für die Transportbranche und die privaten Autofahrer – eine andere. Das gilt ebenso für die Anbieter und Käufer von weiteren Produkten, welche durch Preisabsprachen benachteiligt würden. Ohne Preisabsprachen würden die betroffenen Produkte anders in das Marktgeschehen einbezogen werden, sozusagen unter unverfälschten Bedingungen.

Die Realität der wirtschaftlichen Bedingungen wird wohl immer auf dem Markt adäquat widergespiegelt, einschließlich gegebener Preisabsprachen und politischer Einflussnahmen, sofern nicht zu viele und zu starke Einflussgrößen einen wirklichen Ausgleich der Marktparameter verhindern.

Zu starke Einflussgrößen wirkten in der DDR: Die Preise für Lebensmittel, Mieten usw. wurden festgehalten, ebenso die Löhne usw. So konnte kein Ausgleich der Marktparameter „Angebotsmengen von bestimmten Waren und Dienstleistungen" und „Preise" erfolgen. Das führte zu einer umfassenden Mangelwirtschaft.

Markt und politische Einflussnahme

Die Realitätswiderspiegelung des Marktes betrifft vor allem die sich ergebenden Preise und Angebotsmengen. Wenn die Wirtschaft von den Entscheidungsträgern bewusst gesteuert wird, d. h. mit „offiziellem politischem Willen", und keine Störeinflüsse wie Preisabsprachen wirken, dann dürfte die erzielte wirtschaftliche Konstellation auch die gewünschte optimale sein, zumindest die „von oben gewünschte" (von Fehlentscheidungen abgesehen). Mit anderen Worten: Die Wirtschaft würde ohne die politischen Einflussnahmen zwar „automatisch" Proportionen zwischen den verschiedenen Bereichen der Gesellschaft herausbilden, aber aus politischer Sicht würden diese Proportionen von den politischen Entscheidungsträgern als zu ungünstig angesehen, um bestimmte politische Ziele erreichen zu können. So könnten z. B. ohne Einflussnahme durch die Politik Lebensmittel beliebig gekennzeichnet und mit einer Vielzahl auch ungesunder Zutaten angereichert werden. Unter solchen Bedingungen könnte recht preiswert produziert werden.

Aus politischer Sicht können auch bestimmte hygienische Produktionsbedingungen als wichtig eingestuft werden, um Schädigungen der Käufer der Produkte zu vermeiden. Ebenso kann festgelegt werden, dass schädliche Zusatzstoffe, die den menschlichen Organismus schwächen, nicht verwendet werden dürfen. Angaben zur Haltbarkeit von Produktenkönnen als wichtig eingestuft werden. Aus solchen politischen Vorgaben folgen höhere Aufwendungen für Analysen, Tests, Überprüfungen der Produktionsbedingungen und für Deklarationen. Damit werden die Produktionskosten erhöht, was sich auf dem Markt in höheren Preisen niederschlägt. Der Markt wird beeinflusst, widerspiegelt aber trotzdem das Optimum des Wirtschaftskreislaufs unter den gegebenen gesellschaftlichen und politischen Bedingungen. Unter einer anderen Politik würde der Markt andere Konstellationen als optimal widerspiegeln. Doch sollte man davon ausgehen, dass in einer wirklichen Demokratie die Mehrheit der Bürger die bewusst veränderten Bedingungen will, denn sonst wären die Wahlentscheidungen anders getroffen worden.

Markt – negative Einflüsse wie Produktdiktate und Preisabsprachen

Ob die sich einstellenden wirtschaftlichen Proportionen in der Gesellschaft innerhalb des produzierenden Bereiches, innerhalb des konsumierenden Bereiches sowie zwischen beiden Bereichen von wirtschaftlichen Diktaten wie machtgesteuerten Produktbereinigungen, Preisabsprachen oder ähnlichen negativen Einwirkungen beeinflusst werden, kann anhand der realisierten Marktparameter wahrscheinlich nicht sicher erfasst werden. Somit wird es wohl schwierig sein, den wirtschaftlichen Effizienzrückgang durch solche Einflüsse am Markt zu erkennen.

Die von unlauteren Produktaussonderungen, Preisabsprachen o. ä. betroffenen Unternehmen könnten zwar versuchen, mit Hilfe des Marktes zu prüfen, ob die Produktionsplanungen sauber durchgeführt wurden. Sie würden aber verfälschte Aussagen erhalten, weil die diesbezüglichen zurückgehenden Nachfragen nichts mit ihren Produkten und nichts mit bewusst gewolltem verändertem Kaufverhalten der Kunden zu tun hätten. Auf dem Markt wären nur die Auswirkungen solcher Einflussnahmen erkennbar – die Firmen und Händler, die auf solche illegalen Praktiken eingehen, werden das mit hoher Wahrscheinlichkeit nicht freiwillig publizieren.

Wert als gesellschaftliches Verhältnis ist gesamtgesellschaftlich determiniert – die Orientierung der Planung am Markt ist ein Ausdruck dafür. Die Gesellschaft sollte deswegen destruktive Einflussnahmen auf den Markt verhindern. Allein durch die „Marktkräfte" kann das nicht geschehen. Denn diese „Marktkräfte" sind keine Kräfte, die „aus dem Himmel" auf den Markt einwirken. Es sind vor allem die marktbeherrschenden Unternehmen, die sich um solche Möglichkeiten kümmern, und die werden ganz bestimmt nicht auf solche Potenziale verzichten.

Durch illegale Marktpraktiken gibt es mit ziemlicher Sicherheit weitere Auswirkungen neben denen, dass bestimmten potenziellen Wertobjekten die Wertäquivalente „entwendet" würden. Die Widerspiegelung der ökonomischen Verhältnisse und Prozesse auf dem Markt umfasst durch ungerechtfertigt verschobene Anteile in den Wertgrößen von Wertobjekten notwendigerweise nicht optimale Anteile in den Werten der Arbeitskräfte. Denn die Werte der Arbeitskräfte basieren schließlich auf den Werten der Existenzmittel, das heißt auf den Werten von Wertobjekten. Wenn diese Werte teilweise nicht mehr der optimalen Situation entsprechen, dann sind auch die Werte der Arbeitskräfte davon betroffen. Das trat besonders deutlich in einigen Ländern während der letzten großen Immobilienblase und während der letzten Bankenkrise hervor. Realer Wert und scheinbarer Wert sehr vieler Immobilien stimmten nicht mehr überein. Das, was viele Arbeitskräfte für ihr Anrecht auf Wertobjekte kauften, hatte nicht den Wert, der für diese Produkte ausgewiesen wurde. Der Realwert war deutlich geringer als der ausgepreiste Wert. So wurde der Markt spürbar von störenden Einflussgrößen überlagert. Für viele Hauseigentümer bedeutete diese „störende Überlagerung" eine kräftige Enteignung.

Einflussnahme auf den Markt ist notwendig – auch ohne alle Folgen auszudiskutieren

Die menschliche Gesellschaft sollte den Menschen ein humanes Leben ermöglichen und nicht nur das Überleben.

Die Gestaltungsmöglichkeiten der Gesellschaft für ein humanes Leben ihrer Mitglieder sind praktisch nicht zählbar. Wobei jegliche Einflussnahme auf das Marktgeschehen mit dem Ziel, die Gesellschaft humaner zu gestalten, schwer überschaubare Folgen haben kann. Das zeigt sich u. a. an den Diskussionen zur Einführung eines Mindestlohnes.

Gestaltung ist mit dem Risiko von Fehlentscheidungen verbunden.

Doch solche Risiken, die enorme Komplexität des Aktionsfeldes und die unzählige Zahl der Gestaltungsmöglichkeiten dürfen nicht dazu führen, nichts zu unternehmen oder alles in kleinen Schritten auszutesten – in der Art der natürlichen Auslese. Denn die Menschen haben nur einen begrenzten Lebenszeitraum und praktisch jede Gesellschaft steht im harten Wettbewerb mit anderen. Folglich müssen Entscheidungen getroffen werden, auch wenn nicht alle Auswirkungen vollständig ausdiskutiert wurden. Ein vollständiges Erfassen der Realität in ihrer Komplexität ist den Menschen nicht einmal theoretisch möglich und die Zukunft vorherzusagen ist mit noch viel mehr Unsicherheit verbunden. Alle Planungsentscheidungen vollständig und zweifelsfrei zu Ende zu diskutieren wäre ein Ding der Unmöglichkeit. Politik muss auch zeitnah greifen. Umso wichtiger ist es, bei Entscheidungen in diesen Bereichen möglichst viele unterschiedliche Auffassungen zu den relevanten Sachgebieten einzubeziehen und zu verarbeiten.

Es sollte dabei auch die wirkliche Situation der Arbeitskräfte auf dem Markt unverfälscht widergespiegelt werden. Denn wenn das nicht passiert, wird die Motivation der Politiker, notwendige Änderungen herbeizuführen, nicht hinreichend stark ausgeprägt werden.

Wichtig für den ökonomischen Bereich der Gesellschaft ist, dass bei allen Planungen der Markt nicht überparametrisiert wird. Die Widerspiegelungsfunktion sollte ungestört wirken können, unabhängig von den politischen Prämissen. Es muss dafür gesorgt werden, dass alles, was für den Markt relevant ist, und alles, was der Markt bewirkt, sichtbar bleibt.

Der Markt greift nicht in die Planung ein

Der Markt kann, aufgrund seiner „Natur", nicht selbst in die Planung der Geschäftsprozesse eingreifen. So kann z. B. der Markt nicht unrentable Betriebe schließen oder umprofilieren lassen, der Markt kann nicht festlegen, dass bestimmte Produkte in größerer oder kleinerer Zahl weiter produziert werden sollten. Der Markt kann nur Situationen widerspiegeln. Die Bewertung der erkannten Situationen müssen die Menschen übernehmen.

Welche Maßnahmen in welchen Situationen ergriffen werden, bestimmen ausschließlich Menschen. In Extremfällen haben die Menschen jedoch nur wenige Entscheidungsmöglichkeiten, wenn sie das Marktgeschehen nicht rechtzeitig und nicht hinreichend genau beachtet und ausgewertet haben. Dann könnten zum Zeitpunkt notwendiger Entscheidungen keine Ressourcen mehr für Entscheidungen zur Verfügung stehen, die ein Unternehmen wieder nach vorn bringen würden. Doch sollte es zu solchen Situationen kommen, wäre das nicht vom Markt diktiert, da der Markt weder denkt noch plant.

Auch entlässt der Markt keine Arbeitskräfte. Er widerspiegelt höchstens, wie effizient bzw. ineffizient diese arbeiten. Wie die Unternehmen und die Gesellschaft auf solche

Marktsituationen reagieren, ob z. B. Führungskräfte in einer Insolvenz-Situation das Unternehmen schließen oder ob sie nach Wegen suchen es weiterzuführen, ob die Mitarbeiter für weniger Geld weiter arbeiten, ob ihnen eine andere Arbeit verschafft wird oder sie sich in Auffanggesellschaften auf neue Jobs vorbereiten, ob sie entlassen werden ... – all diese Entscheidungsfindungen kann man nicht dem Markt zuschanzen. Auch für solche Situationen gilt: Wurde der Markt über einen zu langen Zeitraum nicht richtig ausgewertet, so stehen möglicherweise keine ausreichenden Mittel mehr für humane Entscheidungen zur Verfügung. Doch das hätten ebenfalls Menschen zu verantworten. Der Markt zeigt nur die Situation und umreißt die Handlungsspielräume für Wirtschaft und Politik. Was von den Möglichkeiten wie genutzt wird, bestimmen immer Menschen im gesellschaftlichen Kontext.

Der Markt sollte die Wirklichkeit verzerrungsfrei widerspiegeln

Unabhängig davon, wie aufgrund der vom Markt gewonnenen Informationen entschieden wird, d. h. insbesondere in wessen Interesse entschieden wird, sollten doch stets die Auswirkungen dieser Entscheidungen über den Markt wirklichkeitsgetreu widergespiegelt werden.

Das war in der DDR nicht wirklich gegeben. Geld wurde deutlich über der Wertsumme aller realen potenziellen Wertobjekte hinaus emittiert. Die Geldsummen der Einkommen der Bevölkerung und die Preise der Waren wurden festgelegt.

Das Geldsystem in der DDR war kein kreditbasiertes. Das Geld der DDR war ein sogenanntes „Vollgeld“ (Vollgeld – ein Ansatz, mit dem sich Professor B. Senf, Berlin, und andere auseinandersetzen). Vollgeld war es, weil es, zumindest vom Grundgedanken her, entsprechend den produzierten Waren und Dienstleistungen in Umlauf gebracht wurde. Die Gesamt-Werthöhe der emittierten Geldmenge sollte gleich groß dem Wertumfang der produzierten Waren und Dienstleistungen gewesen sein. Die Bezeichnung „Vollgeld mit starken Hohlgeldanteilen“ hätte die damalige Situation in der DDR deutlich besser beschrieben (aber den Begriff „Vollgeld“ gab es damals wahrscheinlich noch nicht).

Ein Vollgeldsystem kann durchaus sinnvoll und vorteilhaft funktionieren (vermutet der Autor). Doch in der DDR wurden durch zu viele Festlegungen die Preis- und Lohnveränderungen auf dem Markt nicht adäquat widergespiegelt. So können weder ein Vollgeldsystem noch ein kreditbasiertes Geldsystem funktionieren.

Die Ursache für das überzogene planmäßige Herangehen an die Wirtschaft in der DDR, die sogenannte Planwirtschaft, lag in der Annahme begründet, dass die Werte der Waren direkt planbar seien und dass ein Markt dafür nicht benötigt würde. Als Basis für diese Wirtschaftspolitik wurde die Marx'sche Arbeitswerttheorie herangezogen und passend interpretiert.

Doch dabei wurde nur ein Teil der Arbeitswerttheorie betrachtet, nämlich der Teil, der den Wert als „Vergegenständlichung der gesellschaftlich nützlichen Arbeit“ beschreibt, wobei das „nützlich“ nicht weiter hinterfragt wurde. In der Wirtschaftspraxis wurde das als „nützlich“ gesehen, was prinzipiell nützlich schien, unabhängig von einer Anerkennung der Nützlichkeit durch Abgabe eines Wertäquivalents über den ökonomischen Tausch auf dem Markt. Für die Fälle, in denen Waren nicht gekauft wurden, wurde formuliert, dass der „Wert nicht erkannt“ würde. Bei Marx selbst ist jedoch ein weiterer Teil zur Arbeitswerttheorie zu finden, nämlich der, dass der Wert erst im Austausch der Waren konstituiert wird [6], [7].

Der Markt in der DDR konnte durch die oben angesprochene Überparametrisierung u. a. die wirklich optimalen Proportionen zwischen den einzelnen Produkten und den Ressourcenzuteilungen zu ihrer Produktion nicht hinreichend genau widerspiegeln. Für die gesamte Wirtschaft wurde so ungewollt eine Art „Zwangsineffizienz“ festgelegt. Das betraf die Produktionskapazitätsproportionen, die Proportionen bei der Nutzung der Rohstoff- und Energieträger, die Arbeitskräfteverteilung, die Tariflohngestaltung, die Aufwendungen für Forschung und Entwicklung in den verschiedenen Bereichen, die Aufwendungen für Kultur und Sport u. a. Denn eine wirkliche Bedarfsermittlung über den Markt wurde nicht praktiziert. Der Markt bewirkt weitaus mehr als nur die Widerspiegelung von wirtschaftlichen Situationen und Verhältnissen.

Markt – der Ort der Wertbildung

Vor allem ist der Markt der Ort der Wertbildung. Dieser Aspekt des Marktes besteht in der Einheit mit seiner Funktion zur Widerspiegelung der ökonomischen Situation in der Gesellschaft.

Die hier gemeinte Wertbildung ist nicht damit gleichzusetzen, dass die Grundlagen von Wertbeziehungen geschaffen werden. In der klassischen Interpretation der Arbeitswerttheorie wird die „Vergegenständlichung der gesellschaftlich nützlichen Arbeit“ als Wertbildung interpretiert. Doch indem die Menschen für den Markt Rohstoffe, Halbprodukte oder Produkte veredeln oder herstellen, schaffen sie nur die Bezugspunkte für Wertbeziehungen. Sie können damit nicht die gesellschaftlichen Verhältnisse in die Gegenstände „einbauen“.

Erst auf dem Markt werden die gesellschaftlichen Wertverhältnisse zwischen den Tauschpartnern herausgebildet und so die wirksamen Werte realisiert. Damit ist der Markt der „Ort der Wertbildung“. Für die Wertbildung werden die zuvor oder gleichzeitig geschaffenen bzw. später zu schaffenden Bezugspunkte genutzt. Solche Bezugspunkte können durchaus in Gegenstände eingebaut werden – an anderen Orten und zu anderen Zeiten als bei der Wertfestlegung gegeben. Die Bezugspunkte können aber auch, z. B. bei Musikveranstaltungen, „praktiziert“ oder ausgedacht werden – Letzteres vor allem bei Patenten und der Literatur. Die Bezugspunkte für die Werte werden von den Bereitstellern solcher Objekte, Aktivitäten und Ideen, kurz: der Wertobjekte, als Wertattribute diesen beigefügt. Die Wertattribute widerspiegeln dabei die Ansprüche der Bereitsteller der Wertobjekte auf Existenzmittel, d. h. sie widerspiegeln ebenfalls Ansprüche auf Wertobjekte.

Auf dem Markt werden die für die Gesellschaft ökonomisch wirksam werdenden Wertgrößen all der Wertattribute der Wertobjekte ausgehandelt oder die zuvor festgelegten Wertgrößen der Wertattribute werden dort mit dem Austausch akzeptiert (insbesondere bei festgelegten Preisen von Produkten in Supermärkten und Kaufhäusern). Oder aber die Wertattribute der Wertobjekte bleiben fiktive oder „Wunsch-“Größen, falls kein einziger der potenziellen Tauschpartner sich dazu entschließen kann, diese einzutauschen. Damit würden aber keine Wertverhältnisse und folglich keine Werte bezüglich solcher „Wertobjekte“ geschaffen werden.

Wertbeziehungen sind eingebunden in das Umfeld

All die Wertbeziehungen zwischen Tauschpartnern funktionieren nicht für sich allein. Der Ablauf jeder Wertbeziehung und insbesondere die konkrete Gestaltung der „Tauschparameter" durch die Tauschpartner kann nur im Kontext aller Wertbeziehungen der Gesellschaft und zwischen den Gesellschaften erklärt werden. Die Gestaltung der Wertparameter wird hierbei nicht unabhängig von den Menschen vorgenommen, sie werden ihnen nicht vom Himmel herab diktiert. Die Wertgrößen ermitteln die Menschen über die Widerspiegelung der Wertobjekte und des wirtschaftlichen Umfeldes. Das geschieht bei allen Tauschpartnern (wenn auch bei jedem Einzelnen die Widerspiegelung der Realität so stark vereinfacht wird, dass Kaufentscheidungen hinreichend schnell getroffen werden können). Über Dialoge zwischen den Tauschpartnern werden die Wertgrößen im Anschluss ausgeformt und am Ende durch einen Kaufvertrag gesellschaftlich wirksam zum Ausdruck gebracht.

Eine wirkliche Wertbestimmung unabhängig vom Markt könnte nur bei Wertobjekten / Waren gelingen, die völlig unabhängig vom menschlichen Bewusstsein als Wertobjekte / Waren (und nicht nur als Objekte, Ideen usw.) existieren würden. Aktive gesellschaftliche Wertverhältnisse wären für solche „objektiven Werte" nicht notwendig, da der Wert in definierter Höhe ohnehin eingebaut wäre. Damit könnten zwar „Ladenhüter" als Objekte mit „Wertgehalt" erklärt werden – gemeint sind hiermit z. B. Geräte, die nicht verkauft werden können, weil kein Kunde sie haben will. Doch wenn diese Ladenhüter wirklich „Wert haben" sollten, wäre u. a. die Triebkraftfunktion des Wertes nicht mehr sinnvoll erklärbar. Es könnte zudem nicht erklärt werden, warum Menschen solche Werte herausbilden würden, da sie zu nichts nützlich wären.

Für den Markt lässt sich zusammenfassend festhalten:

- Ein gut funktionierender Markt ist Grundvoraussetzung dafür, dass die Wirtschaft optimal funktioniert.
- Im Marktgeschehen werden sämtliche ökonomischen Verhältnisse und Prozesse einer Gesellschaft in ihrer Vielfalt und Komplexität erfasst und verarbeitet. Das liegt darin begründet, dass der Markt auch der Begriff für die Zusammenfassung aller Einzel-Wert- und damit aller Einzel-Tauschverhältnisse ist.
- Die Bedeutung des Marktes geht über die Summe aller einzelnen Wertbeziehungen hinaus. Der Markt kann die ökonomischen Situationen für die wirtschaftlich relevanten Bereiche der Gesellschaft (Werte der Wertobjekte, Werte der Arbeitskräfte usw.) zeigen. Denn all die einzelnen Wertbeziehungen, die ihn darstellen, wirken immer im gesellschaftlichen Gesamtzusammenhang und nicht für sich allein. Sie sind an den wirtschaftlichen Kontext der Gesellschaft und darüber hinaus an die wirtschaftlichen Bereiche aller interagierenden Wirtschaftssysteme (Staaten, staatenübergreifende Wirtschafts-Vereinigungen, weltumspannende Konzerne usw.) gebunden.
- Wie die Werte in einzelnen Wertverhältnissen herausgebildet werden, kann nur im Kontext der anderen Wertverhältnisse erfasst werden.

- Eine aktive Einflussnahme auf die Gestaltung der ökonomischen Verhältnisse und Prozesse, auf die Angebotspalette des Marktes usw. kann der Markt nicht selbst realisieren – das bleibt den Menschen überlassen.
- Wirtschaftsrelevante Entscheidungen können optimal nur anhand eines nicht gestörten Marktes getroffen werden.
- Die Ergebnisse wirtschaftsrelevanter Entscheidungen können nur anhand eines funktionierenden Marktes richtig erfasst und bewertet werden.
- Die Bedingungen, unter denen der Markt die wirtschaftlichen Verhältnisse und Prozesse einer Gesellschaft umfassend und ungestört widerspiegelt, stellen sich nicht automatisch ein – sie müssen ständig bewusst herbeigeführt werden. Zu stark sind die Kräfte, die aus verschiedenen Gründen permanent versuchen, die ökonomischen Grundsätze der Gesellschaft wettbewerbswidrig zu überlagern und so den Markt ungerechtfertigt zu beeinflussen.
- Wie auf dem Markt mit welchen Produkten agiert werden soll, muss geplant werden. Der Grund dafür liegt u. a. darin, dass der Markt passiv ist. Weiterhin reichen die Gestaltungsmöglichkeiten der auf dem Markt gehandelten Wertobjekte (im für die Käufer sowohl positiven als auch negativen Sinn), die Gestaltungsmöglichkeiten der gesetzlichen Bestimmungen für Marktaktivitäten oder die Gestaltungsmöglichkeiten der Eigentums- und Machtverhältnisse usw. von umfangreich über sehr umfangreich bis zu unübersichtlich oder sogar nahezu unendlich. Wenn gesellschaftliche Autoritäten, sprich die Politik, nicht in das Marktgeschehen eingreifen würden, dann würde das Marktgeschehen mit sehr hoher Wahrscheinlichkeit noch stärker von Kräften gesteuert werden, denen die Interessen der Mehrheit der Bürger nicht wichtig erscheinen. Die Vermutung basiert u. a. auf der Lektüre diverser Publikationen zu wirtschaftlichen Entwicklungen in verschiedenen Ländern, dem Bekanntwerden diverser Skandale, vor allem im Lebensmittelbereich, aber auch bei Versicherungen, bei Geldanlagen, Immobilien, sogenannten Briefkastenfirmen und anderen Formen der Steuervermeidung, bei Reiseangeboten und vielem anderen mehr.
- Mit hoher Wahrscheinlichkeit ist eine politische Steuerung des Marktes in Demokratien von den Bürgern gefordert.
- Eine zusätzliche Steuerung des Marktgeschehens durch Wirtschaftseinheiten an der Politik vorbei bedeutet Machtmissbrauch: Wettbewerber werden nicht wettbewerbsbasiert aus dem Markt gedrängt, Handelspartnern werden Preise diktiert, Projektaufträge werden mittels Korruption ergattert, Preise für Baumaßnahmen und andere Dienstleistungen werden mittels Korruption regelwidrig gestaltet usw. Mit hoher Sicherheit werden solche Praktiken von der Mehrheit der Bürger aller Länder abgelehnt.
- Bei Nichtübereinstimmung zwischen Angebot und Nachfrage – bei Inflation (Geldentwertung durch Geldüberhang gegenüber dem Angebot an Waren und Dienstleistungen) – werden die wirtschaftlichen Verhältnisse und Prozesse der Gesellschaft fehlerbehaftet widergespiegelt. Dieser Fakt ist hauptsächlich darin begründet, dass die realen Werte der Arbeitskräfte durch den Geldüberschuss niedriger sind, als es durch die Geldbeträge der Löhne ausgedrückt wird.

- Wenn der Markt unzureichend beachtet oder unter Bedingungen genutzt wird, dass wesentliche Elemente von ihm falsch widergespiegelt werden, dann werden in den meisten Fällen fast alle Bürger unnötig belastet, in anderen Fällen ganze Firmen. So wird die Gesellschaft geschädigt und in ihrer Entwicklung behindert.
- Verantwortungsbewusste Menschen, insbesondere die Entscheider, werden die Informationen, die der ungestörte Markt liefert, permanent aufnehmen, bewerten und sinnvolle Schlussfolgerungen ableiten.
- Eine bewusste politische Steuerung des Marktes ist möglich und sinnvoll. Da der Markt selbst nicht steuern kann, würde es sonst bei der ohnehin stattfindenden Steuerung durch interessierte Kräfte, die nicht von den Bürgern dazu autorisiert wären, bleiben. Durch politische Einflussnahmen können negative Auswirkungen des Wirtschaftens für die Mehrheit der Bürger und insbesondere für die sozial Schwachen in Grenzen gehalten werden.
- Wesentliche Kriterien für einen ungestört funktionierenden Markt sind (Thesen):
  1. Die Übereinstimmung zwischen Kaufkraft und Wertobjekteangeboten muss gegeben sein.
  2. Nur durch sichtbar gemachte Kooperation und über die öffentliche staatliche Politik soll der Markt firmenübergreifend beeinflusst werden können. Der Staat muss gegen rechtswidriges Marktverhalten vorgehen.
  3. Die marktbezogenen Situationen der Bürger werden nicht verschleiert[40].

Fazit

Gesellschaftliche Wertverhältnisse werden zwischen Menschen herausgebildet. Die Grundlage für Wertverhältnisse bilden die potenziellen Wertobjekte, die hauptsächlich außerhalb des Bewusstseins, in einigen Fällen aber darin zu finden sind. In allen produzierten Wertobjekten sind notwendigerweise immer ideelle Anteile enthalten. Die potenziellen Wertobjekte werden mit dem ökonomischen Austausch in Wertobjekte umgewandelt. Die Wertobjekte können physische Objekte, Ideen, diverse Aufführungen, Dienstleistungen, bestimmte Naturgüter usw. sein. Wertobjekte können folglich sowohl physische Objekte als auch nicht-physische Objekte sein; sie können von den Menschen, von Maschinen oder von der Natur geschaffen und / oder bearbeitet werden[41].

Das menschliche Bewusstsein muss die potenziellen Wertobjekte erfassen, damit es diese, wenn sie entsprechenden Ansprüchen genügen, als Wertobjekte in gesellschaftliche Wertbeziehungen einbeziehen kann.

Die Wertgrößen der Wertverhältnisse werden ebenfalls über das Bewusstsein herausgebildet. Basis sind die Werte der Arbeitskräfte, die an der Bereitstellung (umfasst u. a. die Erstellung) der Wertobjekte beteiligt sind. Weitere Einflussgrößen auf die Wertverhältnisse und Wertgrößen basieren auf Eigentum und sind damit politisch begrün-

40 Marktbezogene Situationen der Menschen
Z.B. dürfte es nicht hilfreich für die Gestaltung der Gesellschaft sein, wenn ältere Arbeitslose, die noch fast 10 Jahre zu arbeiten hätten, in den Statistiken versteckt werden. Durch Ausblenden werden Probleme nicht gelöst.

41 Wertobjekte können folglich ... von den Menschen, von Maschinen ... geschaffen ... werden
Das ist umgangssprachlich formuliert. Bisher erschafft der Mensch keine Materie, auch wenn Formulierungen wie „Kunststoff“ so etwas suggerieren. Alles, was er mit der Materie macht, ist, diese umzuwandeln oder zu bearbeiten.

det. Über das Eigentum an Grund und Boden können Ansprüche auf Wertobjekte geltend gemacht werden, wenn Naturgüter aus solch einem Eigentum abgegeben werden.

Wertgrößen basieren auf gewichteten Beziehungsstärken zu Wertobjekten und Stellvertreter-Wertobjekten. Diese gewichteten Beziehungsstärken können als Vektoren mit Betrag und Richtung dargestellt werden. Der Betrag einer Wertgröße ergibt sich aus den angeglichenen gleichgroßen Beträgen der gewichteten Beziehungsstärken der in einem Wertverhältnis gegenüberstehenden Käufer- und Verkäuferseite. Die Wirkungsrichtungen der Vektoren verlaufen bei den beiden Partnern eines gesellschaftlichen Wertverhältnisses entgegengesetzt. Der Betrag des Wertes wird im Preis widergespiegelt. Für den Austausch von Wertobjekt und Wertäquivalent werden die Beziehungsstärkevektoren des Wertverhältnisses von der ideellen Ebene auf die gesellschaftliche Ebene gehoben und diese bewirken dort als Wirkungsvektoren den Tausch von Wertobjekt gegen Wertäquivalent in Form des Tausches von Eigentum gegen Eigentum.

Der Wert wird auf dem Markt herausgebildet – direkt durch Aushandeln der Wertgrößen oder indirekt durch Akzeptanz der festgelegten Preise der in Kaufhäusern, Supermärkten oder an Theaterkassen angebotenen Wertobjekte. Bei der zweiten Variante (in Kaufhäusern usw.) besteht im Allgemeinen nicht die Möglichkeit, den Wert auszuhandeln. Die gewichteten Beziehungsstärken zu Wertobjekten mit festgelegten Preisen werden durch die Käufer einseitig angepasst, indem diese die Preise einfach akzeptieren. Oder potenzielle Käufer entscheiden, dass bestimmte Wertobjekte für sie selbst nicht nützlich sind, so dass sie diese nicht kaufen.

Der Wert im ökonomischen Sinne ist für die Bereitstellung[42] von Wertobjekten und ebenso für den Austausch von großer Bedeutung. Für beide Bereiche hat der Wert eine wichtige Triebkraftfunktion. Nach dem Tausch ist das Wertverhältnis beendet.

In bestimmten Situationen wird nach dem Tausch, im Zusammenhang mit den vormaligen Werten der ehemaligen Wertobjekte, auf den ursprünglichen Wertbetrag Bezug genommen. Eine solche Fortführung eines Wertverhältnisses kann als sekundäres Wertverhältnis bezeichnet werden.

42 Bereitstellung von Wertobjekten
Hier werden alle Bereiche umfasst, die notwendig sind, um Wertobjekte bereitzustellen, u. a. Entwicklung, Produktionsvorbereitung, Produktion, Werbung, Vertrieb

Anhang – Abbildungen

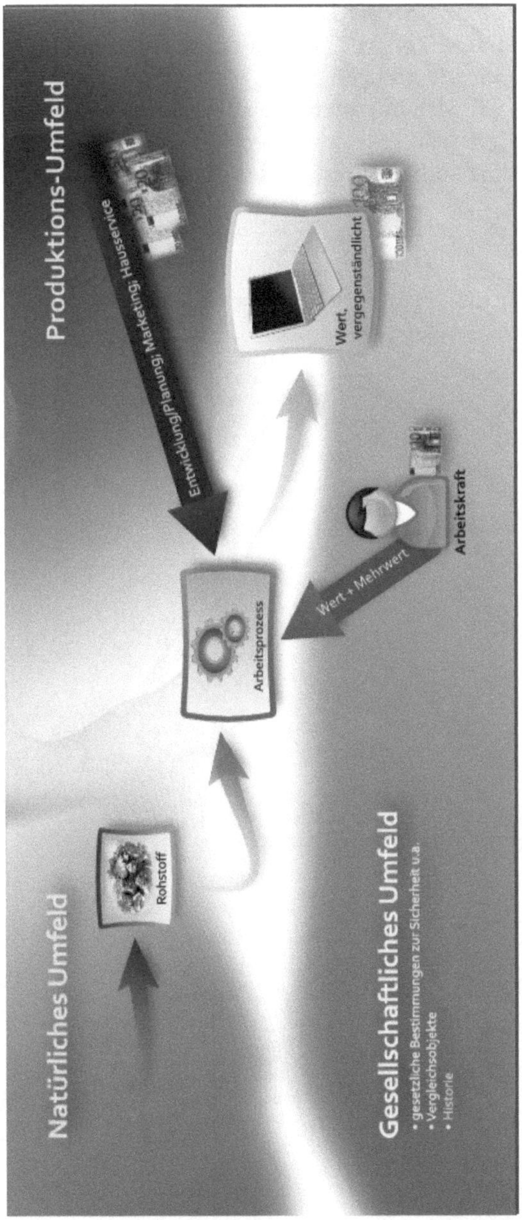

Bild 1: Die übliche Interpretation der Arbeitswerttheorie

Bild 1: Die übliche Interpretation der Arbeitswerttheorie

Im Arbeitsprozess werden Ausgangsstoffe mit Hilfe menschlicher Arbeitskraft angereichert, verformt, umgewandelt usw.

Mit der Einwirkung menschlicher Arbeitskraft auf die Roh- und Ausgangsmaterialien sollen durch den Arbeitsprozess die Ansprüche der Arbeitskräfte auf Existenzmittel als Wert in die entstehenden Produkte eingebracht werden. Wertbildend soll nur der materielle Arbeitsprozess sein. Auf diesen wirkt das Produktionsumfeld ein: Forschung/Entwicklung, Planung, Hausservice-Leistungen …

Der stoffliche Wertschöpfungsprozess wird interpretiert als Vergegenständlichung menschlicher, gesellschaftlich nützlicher Arbeit.

Nach erfolgter Vergegenständlichung soll der Wert in den Produkten enthalten sein.

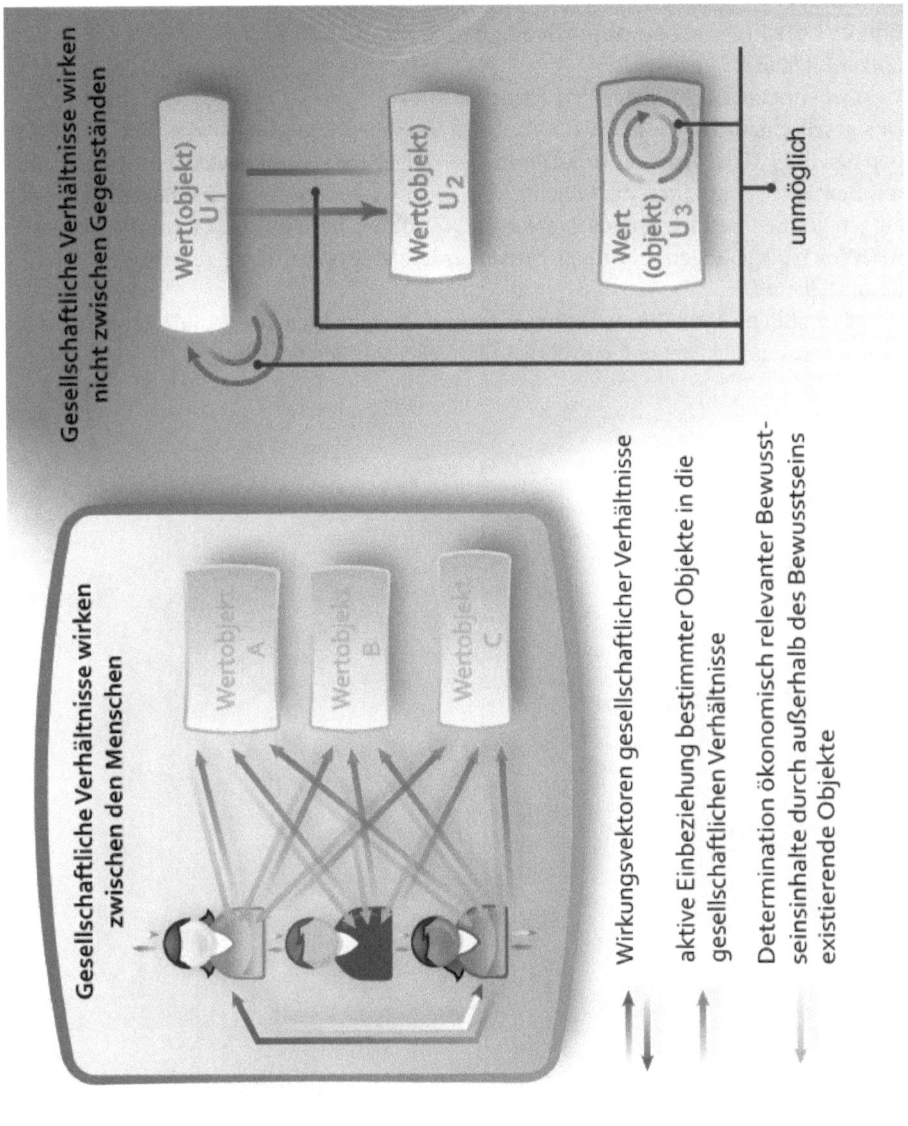

Bild 2: Wert – ist dessen objektive Existenz möglich?

Bild 2: Wert – ist dessen objektive Existenz möglich?
Linker Bildteil:
Wert ist ein gesellschaftliches Verhältnis.
Das gesellschaftliche Verhältnis Wert wirkt zwischen Tauschpartnern. Die (zunächst potenziellen) Tauschpartner erfassen die sie umgebende Umwelt. Dabei werden in ihren Bewusstseinsinhalten die Objekte von Interesse widergespiegelt. Die Widerspiegelungen können Bedürfnisse nach solchen Objekten generieren. Auf Grundlage solcher Art Widerspiegelungen und Bedürfnisse werden Wertverhältnisse aufgebaut.
Rechter Bildteil:
Gesellschaftliche Verhältnisse können nicht zwischen Menschen und Gegenständen, nicht zwischen Gegenständen und nicht in Gegenständen wirken.

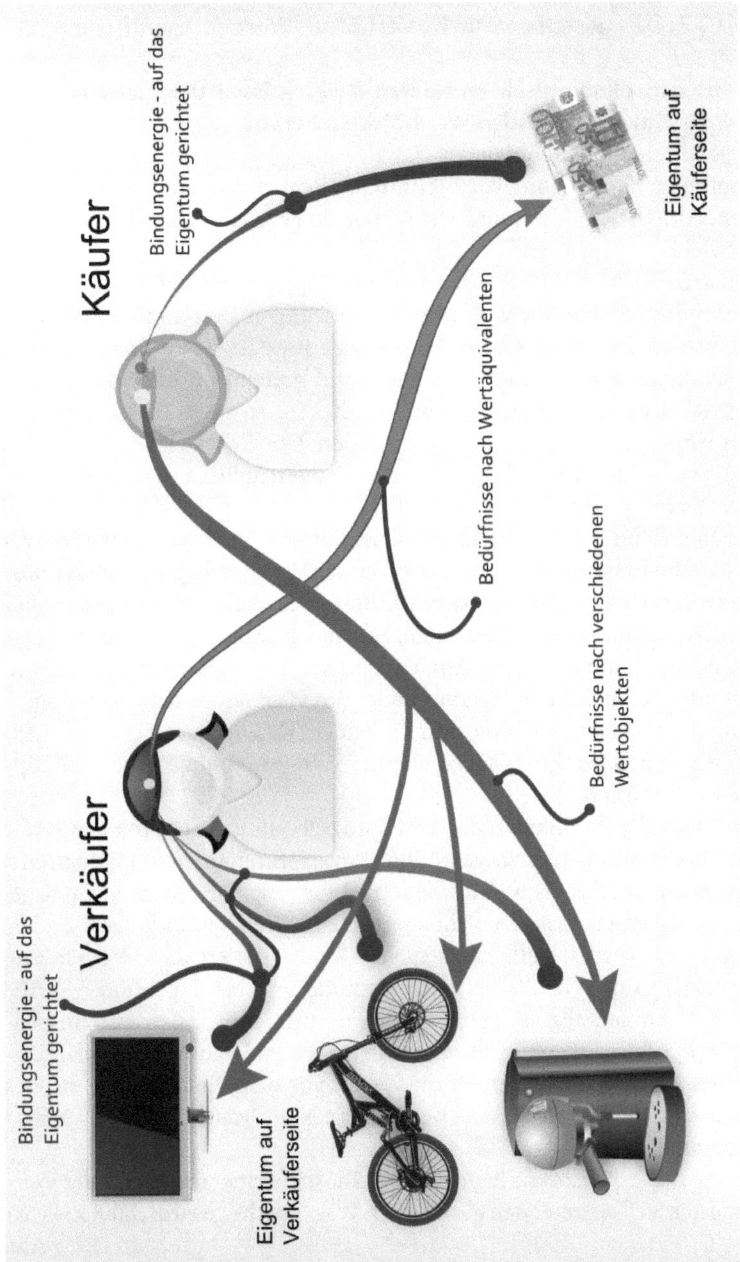

Bildfolge 3.1 bis 3.3: Das gesellschaftliche Verhältnis Wert – wesentliche Merkmale

3.1 Wert geht aus den ökonomisch relevanten Bedürfnissen der Tauschpartner nach den jeweils einzutauschenden Wertobjekten hervor

Bildfolge 3.1 bis 3.3: Das gesellschaftliche Verhältnis Wert – wesentliche Merkmale

3.1 Wert geht aus den ökonomisch relevanten Bedürfnissen der Tauschpartner nach den jeweils einzutauschenden Wertobjekten hervor

- Wert ist ein gesellschaftliches Verhältnis.
- Ziel ist die optimale Befriedigung von bestimmten Bedürfnissen durch den Tausch von Objekten, Aktivitäten, Ideen und Stellvertretern gegen äquivalente Tauschobjekte – meist Geld.

  Ausgetauscht werden Wertobjekte. Wertobjekte können stofflicher Art sein, aber auch bestimmte Aktivitäten, wie z. B. Musikaufführungen, bestimmte Ideen, z. B. Patente. Ein wesentliches Merkmal der Wertobjekte ist, dass sie im Ereignisfeld in geringerem Umfang vorhanden sind als die darauf gerichteten Bedürfnisse. Der Vergleich ist dabei umfassend anzusetzen. Damit können Wertobjekte praktisch nur auf Basis von Gegenleistungen bezogen werden. Um Gegenleistungen für den Erwerb von Wertobjekten abgeben zu können, verkaufen üblicherweise die Interessenten an den Wertobjekten ihre Arbeitskraft.
- Im Bild sind Käufer und Verkäufer als zunächst potenzielle Tauschpartner dargestellt. Jeder von ihnen hat im Eigentum oder in der Verfügungsgewalt etwas, woran der andere Tauschpartner interessiert ist. Beim Verkäufer zählen dazu in diesem Beispiel diverse Objekte wie TV-Geräte, Fahrräder, Espressomaschinen… Der Käufer hat Geld als Entlohnung für den Verkauf seiner Arbeitskraft bekommen. Das Geld befindet sich in seinem Eigentum oder unter seiner Verfügungsgewalt.
- Die Kopplung der Objekte an Käufer und Verkäufer, als jeweiliges Eigentum bzw. als Verfügungsgewalt, wird durch die bläulichen Verbindungslinien mit Verknüpfungspunkten symbolisiert.
- Das Eigentum bzw. die Produkte in der Verfügungsgewalt ist / sind mit der jeweiligen Person über das Bewusstsein verknüpft. Eine Verknüpfung von Eigentum / Verfügungsgewalt im rechtlichen Sinne benötigt eine gesellschaftliche Grundlage. Verknüpfungen dieser Art basieren nicht auf mechanischen Verbindungen. Sie basieren vor allem auf gesellschaftlichen Regeln. Damit existiert diese Verbindung als Element nur(!) in der Gesellschaft. Die Verknüpfung von Eigentum / Verfügungsgewalt mit dem jeweiligen Eigentümer wird nur(!) in den Bewusstseinsprozessen aller für den Tauschvorgang relevanten Personen widergespiegelt und in Dokumenten physisch fixiert. Das betrifft die Zeiten vor dem Tausch, während des Tauschs und nach dem Tausch. Für die umgebende Natur wäre solch eine Verbindung nicht existent.
- Über ihre Bewusstseinsprozesse erkennen beide Tauschpartner im Tausch der Wertobjekte bzw. ihrer Stellvertreter den günstigsten Weg, um die gewünschten Ziele zu erreichen.
- Im Bild sucht der Käufer bei diversen Anbietern nach Wertobjekten, mit denen er seine Bedürfnisse befriedigen kann. Bei einem Anbieter entdeckt er ein Fahrrad, ein TV-Gerät und eine Espressomaschine, alles Dinge, die ihm gefallen.

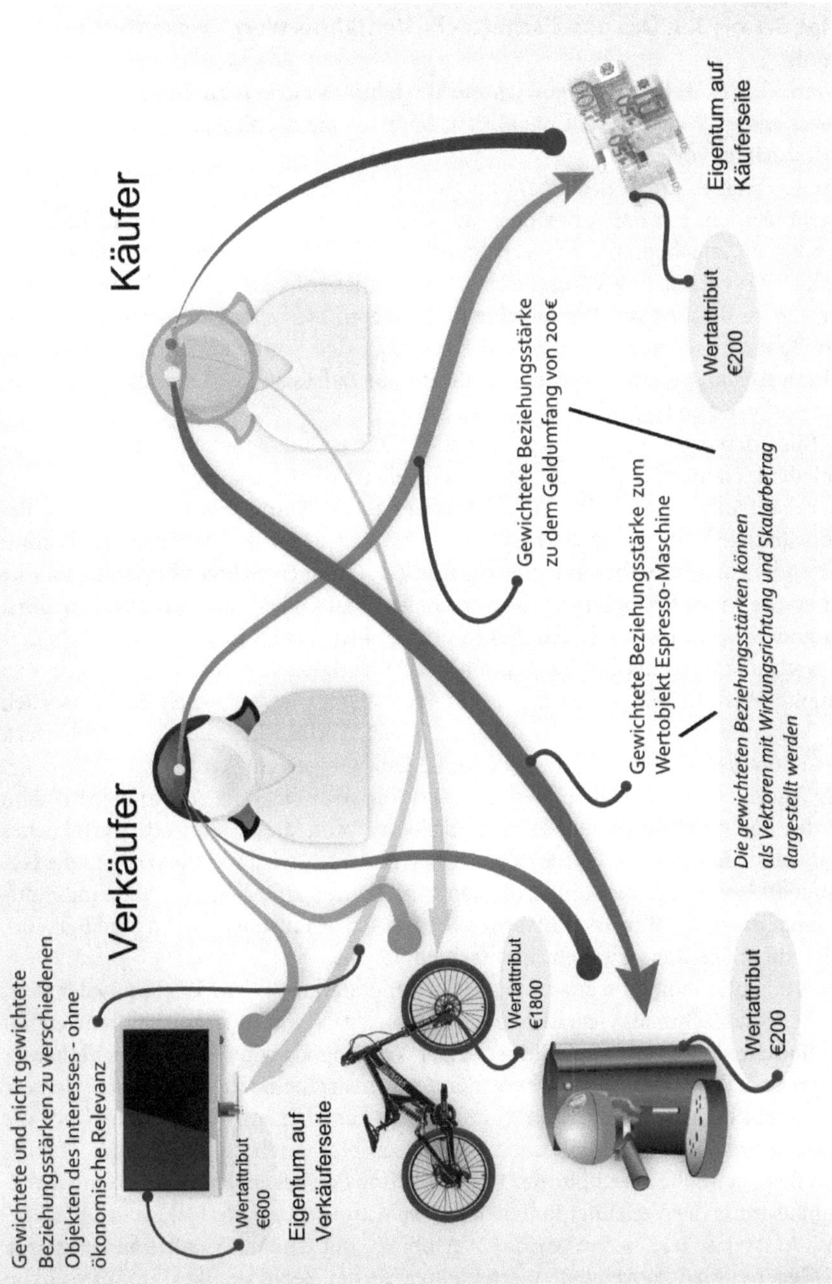

Bildfolge 3.1 bis 3.3: Das gesellschaftliche Verhältnis Wert – wesentliche Merkmale

3.2 Indem die Tauschpartner gewichtete Beziehungsstärken zu den jeweils einzutauschenden Wertobjekten ausbilden, bereiten sie die Etablierung eines Wertverhältnisses vor

Bildfolge 3.1 bis 3.3: Das gesellschaftliche Verhältnis Wert – wesentliche Merkmale

3.2 Indem die Tauschpartner gewichtete Beziehungsstärken zu den jeweils einzutauschenden Wertobjekten ausbilden, bereiten sie die Etablierung eines Wertverhältnisses vor

- Um ein Wertobjekt in das Eigentum zu überführen, muss eine Gegenleistung erbracht werden. Für das Aufbringen der Gegenleistung sind Energie und Zeit notwendig, die nur begrenzt zur Verfügung stehen, d. h. die Menschen können sich praktisch nicht alle ihre Wünsche erfüllen. Folglich müssen potenzielle Tauschpartner, die an bestimmten Wertobjekten oder deren Stellvertretern interessiert sind, ihre Bedürfnisse wichten. Entscheidungen über den Kauf bzw. Tausch werden üblicherweise so getroffen, dass ein Optimum an Zufriedenheit bei möglichst geringem Aufwand an Gegenleistung erzielt wird.
- Im Bild wichtet der (zunächst potenzielle) Käufer seine Bedürfnisse nach den verschiedenen (zunächst ebenfalls nur potenziellen) Wertobjekten.
- Espresso trinken ist für den Käufer enorm wichtig. Somit würde er gern eine Espressomaschine in seinen Besitz überführen. Er wichtet das Bedürfnis nach einer passenden Maschine besonders stark und baut eine gewichtete Beziehungsstärke auf zu dem ihm besonders wichtig erscheinenden Objekt, zur Espressomaschine. Dargestellt wird das durch den dicken grünen Pfeil vom Käufer ausgehend. In diese Wichtung muss der Käufer das mit dem Wertobjekt von der Verkäuferseite verknüpfte Wertattribut einbeziehen. Das Wertattribut widerspiegelt den Anspruch der Verkäuferseite auf Existenzmittel, d. h. auf Wertobjekte plus einen Mehrwert. Des Käufers Gegenleistung muss diesem Anspruch gerecht werden.
- Der Käufer signalisiert dem Verkäufer seinen Wunsch. Der Verkäufer wird dem Käufer das gewünschte Objekt nur abgeben, wenn dieser ihm ein wertgleiches Äquivalent dafür bietet. Was Wertgleichheit bedeutet, wird vor allem durch die Gesellschaft bestimmt, aber durch die konkrete Käufer- und Verkäuferseite individuell mitgeprägt. Da Bewusstseinsprozesse an solchen Entscheidungen beteiligt sind, fallen diese üblicherweise sehr unterschiedlich aus.
- Der Verkäufer baut eine gewichtete Beziehungsstärke zu dem Wertäquivalent auf, das der Käufer ihm als Gegenleistung für die Abgabe der Espressomaschine anbietet, üblicherweise Geld. Im Bild ist dieser Vorgang als roter Pfeil, vom Verkäufer ausgehend, dargestellt. Auch der Verkäufer muss seine Beziehungsstärke wichten, da er nicht beliebige „Gegenwerte“ annehmen kann. Er muss im Durchschnitt die Werte seiner Existenzmittel ersetzt bekommen plus einen Mehrwert dazu. Auf einem Basar wird die Werthöhe der Gegenleistung flexibel gehandhabt, in einem Warenhaus muss der Verkäufer lediglich die Geldsumme und das Geld selbst prüfen. Im Bild ist das Geld, genau wie das Wertobjekt, mit einem Wertattribut verknüpft. Im Gegensatz zu „normalen“ Wertobjekten ist der Bezugspunkt des Wertes beim Geld im Allgemeinen nicht im Wertobjekt selbst zu finden, da das Geld als solches üblicherweise keinen „Wert hat“. Der eigentliche Wert wird über gesellschaftliche Konventionen mit dem Geld verknüpft. Die Zusage über einen bestimmten Geldwert des Geldes kommt von der EZB (Papiergeld, Münzgeld) bzw. dem Staat (Nicht-Euro-Raum) oder von den Banken (Kreditgeld).

- Mit dem Aufbau beider gewichteter Beziehungsstärken zu den Tauschobjekten von Interesse wird die Etablierung des Wertverhältnisses vorbereitet.
- Die gewichteten Beziehungsstärken können als Vektoren mit Richtung und Wertbetrag dargestellt werden.

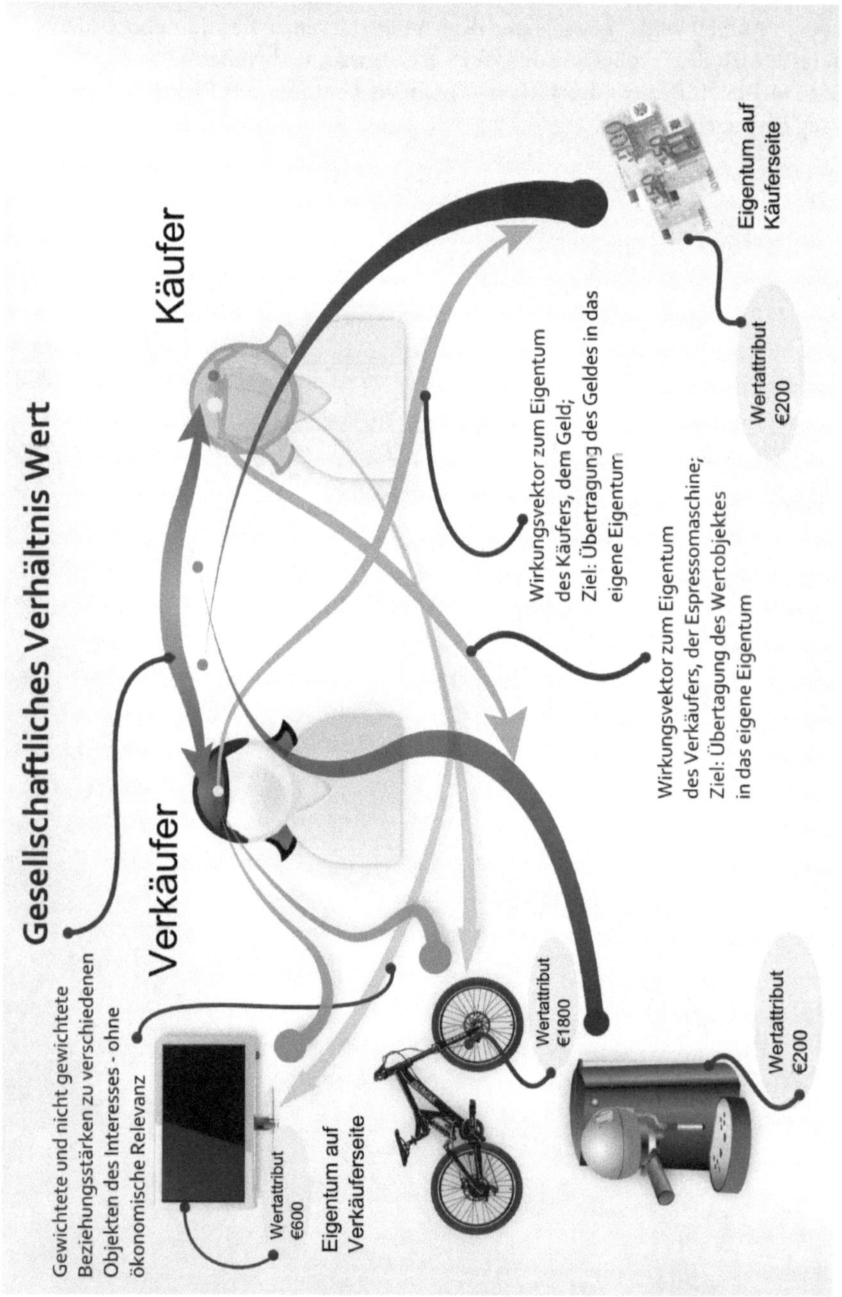

Bildfolge 3.1 bis 3.3: Das gesellschaftliche Verhältnis Wert – wesentliche Merkmale

3.3 Das gesellschaftliche Verhältnis Wert wird aufgebaut und die Wertobjekte werden getauscht

Bildfolge 3.1 bis 3.3: Das gesellschaftliche Verhältnis Wert – wesentliche Merkmale

3.3 Das gesellschaftliche Verhältnis Wert wird aufgebaut und die Wertobjekte werden getauscht

- Das gesellschaftliche Verhältnis Wert wurde hinreichend vorbereitet, indem Käufer und Verkäufer Beziehungen in Form von gewichteten Beziehungsstärken zu den relevanten Wertobjekten bzw. deren Stellvertretern aufbauten und die Wertgrößen dieser Beziehungsstärken aneinander anglichen.
- Nach der Vorbereitung wird das gesellschaftliche Verhältnis Wert zwischen Käufer und Verkäufer vollständig etabliert. Im Bild wird das als blauer Doppelpfeil zwischen Käufer und Verkäufer dargestellt, der in beide Richtungen verläuft.
- Über dieses gesellschaftliche Verhältnis Wert tauschen Käufer- und Verkäuferseite die Wertobjekte bzw. deren Stellvertreter. Der Austausch erfolgt wertgleich, da auf keiner der beiden Seiten eine Forderung offenbleibt, die auf der gesellschaftlichen Ebene wirksam wäre. Ideelle Vorstellungen, die etwas anderes aussagen, sind auf der gesellschaftlichen Ebene nicht relevant.
- Die Triebkräfte für den Tausch können als Wirkungsvektoren dargestellt werden, die aus den gewichteten Beziehungsstärken von Käufer und Verkäufer abgeleitet werden.
- Die Beziehungsstärken wirken zu den konkreten Nützlichkeiten von Wertobjekt und Wertäquivalent. Die Wirkungsvektoren werden aus den Beziehungsstärkevektoren abgeleitet, bewirken aber, auf Basis der konkreten Nützlichkeit, den Tausch von Eigentum gegen Eigentum auf der gesellschaftlichen Ebene. Beim Tausch von Eigentum gegen Eigentum in bestimmter Werthöhe abstrahieren die Tauschpartner von den konkreten Nützlichkeiten von Wertobjekt und Wertäquivalent. Die konkrete Nützlichkeit bleibt aber in abstrakter Form erhalten, denn sonst würden Käufer und Verkäufer ihr Eigentum nicht tauschen. Ausdrucksform für die Nützlichkeit ist der Tausch und für die relative Nützlichkeit im gegebenen Umfeld ist es die Werthöhe.
- Mit dem Tausch der Wertobjekte wird das gesellschaftliche Verhältnis Wert beendet. Die Eigentümer (bzw. die rechtmäßigen Nutzer, z. B. bei Musikveranstaltungen) haben ihre Wertobjekte und / oder Stellvertreter-Wertobjekte ausgetauscht.

Der Abbau des gesellschaftlichen Verhältnisses Wert und die Situation nach dem Abbau sind im Bild nicht mehr dargestellt.

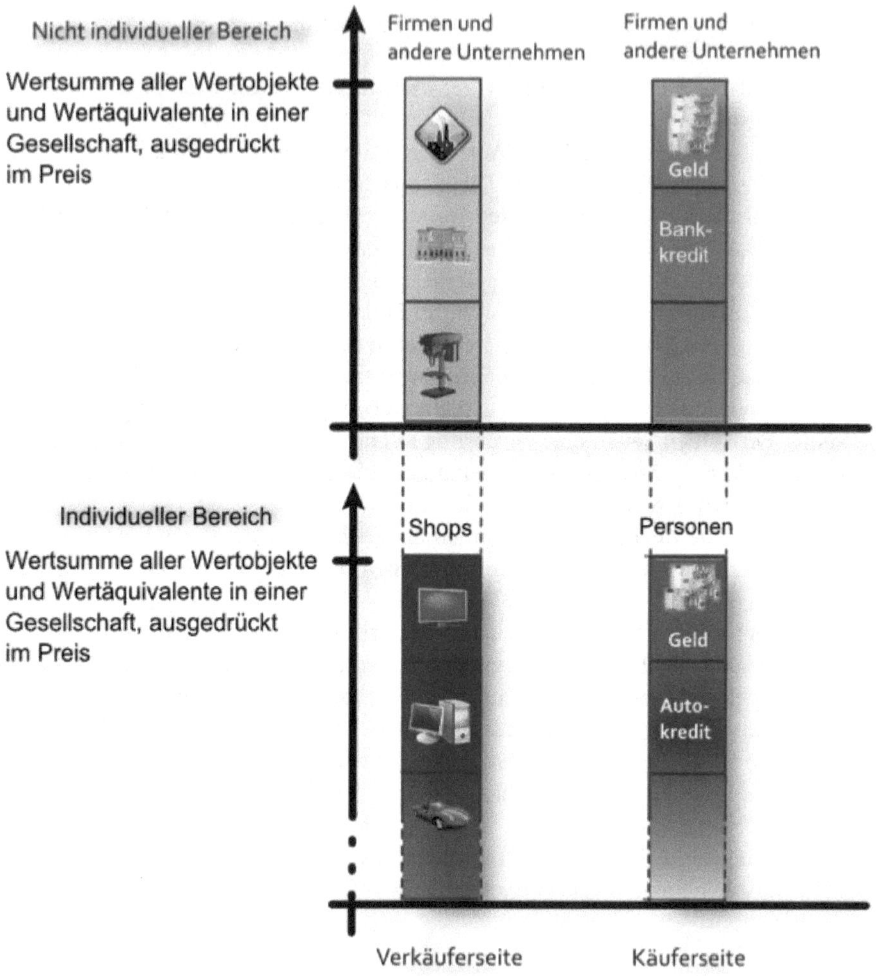

Bild 4: Der Geldumlauf in der Wirtschaft ist unterteilt in einen individuellen und einen nicht-individuellen Bereich

Bild 4: Der Geldumlauf in der Wirtschaft ist unterteilt in einen individuellen und einen nicht-individuellen Bereich

- Dargestellt sind mit dem individuellen und nicht-individuellen Bereich die Summe aller in einer Gesellschaft vorhandenen Wertobjekte, ausgedrückt in ihren Preisen, sowie die Summe aller bereitgestellten Wertäquivalente (vorwiegend in Form von Geld).
- Im nicht-individuellen Bereich wird die Summe aller Waren und Dienstleistungen dargestellt, die für individuelle Konsumenten nicht konsumierbar oder nicht bzw. nicht sinnvoll anwendbar sind. Dazu zählen z. B. bestimmte Industriegebäude, große Firmensitze und bestimmte Werkzeugmaschinen. Ergänzend zu den symbolisch dargestellten Objekten könnte das Gros der Weltraumtechnik genannt werden, jedenfalls in der heutigen Zeit, u. v. a. m.

  Diesen werden die Firmen gegenübergestellt, die im Beispiel als Kunden auftreten und aus ihren eigenen Geldmitteln oder auf Kreditbasis diese Industriegüter und Dienstleistungen kaufen.
- Im individuellen Bereich werden typische und im Einzelhandel verfügbare Endverbraucherprodukte den Geldmitteln und individuellen Krediten der Konsumenten gegenübergestellt.
- Ein Zahlenwert für die Preissumme ist nicht angegeben, denn die im Bild dargestellten Wertverhältnissituationen gelten exakt betrachtet nur für einen Zeitmoment, d.h. für alle zu einem Zeitpunkt aktiven Kaufvorgänge. Damit unterscheiden sie sich schon deutlich voneinander, wenn man sie während der Tag- und Nachtzeit miteinander vergleicht. Sinnvoll wäre die Abbildung aller Kaufvorgänge bezogen auf einen aussagekräftigen Zeitraum, z.B. bezogen auf einen Monat oder ein Jahr – je nach Ziel der Aussage.
- Wichtig ist, dass der Preisumfang aller Wertobjekte und der gesamte Umfang an Wertäquivalenten (meist in Geldform) von den Wertgrößen her prinzipiell immer übereinstimmen.
- In der Praxis gibt es ohne Frage viele Mischformen zwischen dem individuellen und dem nicht-individuellen Bereich.

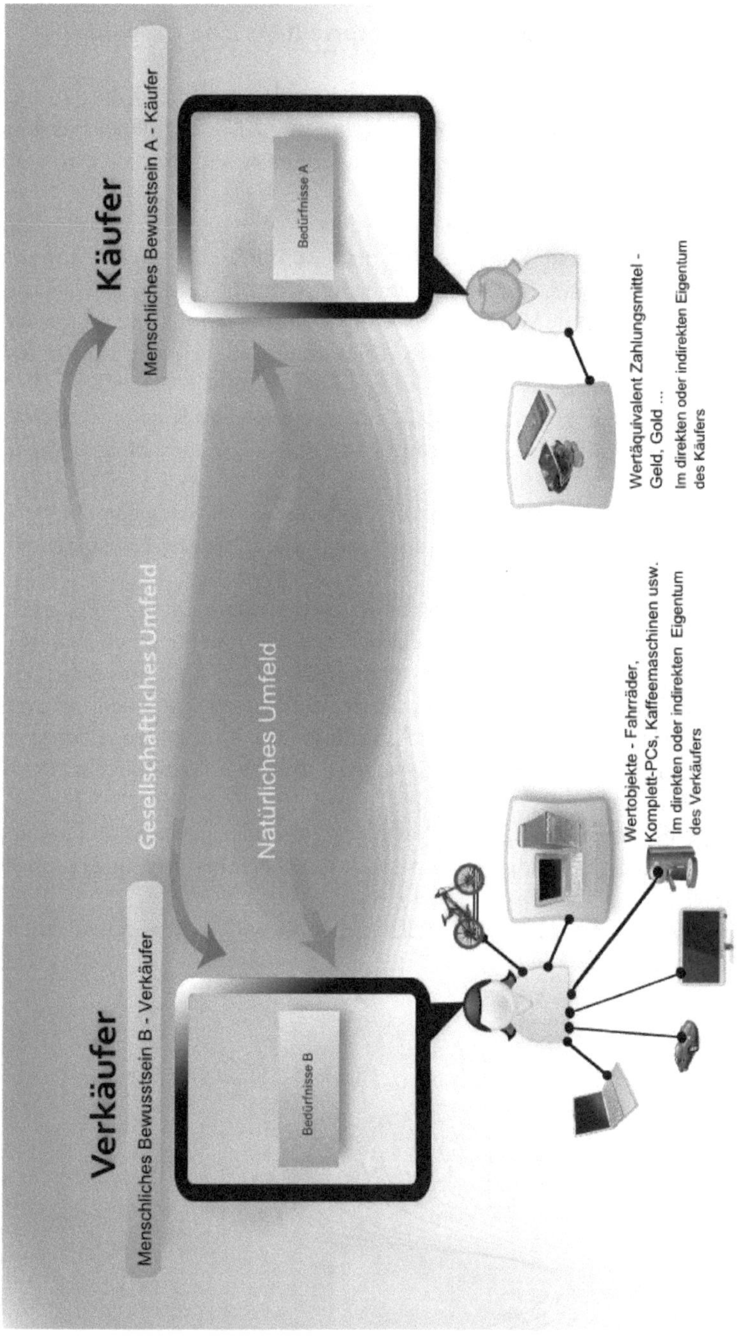

Bildfolge Bild 5.1 bis 5.6: Lebenszyklus des Wertverhältnisses

5.1 Ausgangssituation – potenzieller Käufer und potenzieller Verkäufer

In den folgenden Abbildungen 5.1 bis 5.6 werden die Phasen im „Lebenszyklus" eines gesellschaftlichen Wertverhältnisses dargestellt – von der Vorbereitung über Aufbau und Aktion bis zum Abbau.

Bildfolge Bild 5.1 bis 5.6: Lebenszyklus des Wertverhältnisses

5.1 Ausgangssituation – potenzieller Käufer und potenzieller Verkäufer

Betrachtet werden die sich gegenüberstehenden potenziellen Käufer und Verkäufer.

- Ein zunächst potenzieller Käufer hat Lohn bzw. Gehalt in bestimmter Höhe dafür bekommen, dass er seine Arbeitskraft verkauft hat.
    - Diese Geldmittel sind sein Eigentum (je nach Rechtslage im Land wird derjenige, der das Geld rechtmäßig erwirbt, Eigentümer des Geldes oder er bekommt nur die Verfügungsgewalt über das Geld – für dessen zweckentsprechende Nutzung).
    - Diese Geldmittel werden ihm als Wertäquivalente dienen, wenn er die ihm wichtig erscheinenden Güter erwerben möchte.
    - Der potenzielle Käufer ist mit seiner Situation nicht völlig zufrieden. Er sucht etwas, womit er sein Wohlbefinden verbessern kann.
    - In den meisten Fällen wird er die Dinge, mit denen er sein Wohlfühlen zu bessern hofft, nur in sein Eigentum überführen oder nutzen können, wenn er als Gegenleistung ein Wertäquivalent dafür abgibt. Solch ein Tausch wird als Tausch im ökonomischen Sinne gesehen.
    - Bei einem ökonomischen Tausch wird Wertobjekt gegen Wertäquivalent oder Wertobjekt gegen Wertobjekt oder Wertäquivalent gegen Wertäquivalent getauscht.
    - Das, was der Käufer als Gegenleistung für den Erwerb eines Wertobjektes abgibt, wird auf den Bildern der Bildfolge als Wertäquivalent bezeichnet.
- Ein potenzieller Verkäufer besitzt im Eigentum / hat die Verfügungsgewalt über potenzielle Wertobjekte, die er sich erarbeitet, angeeignet oder zugeordnet hat oder die ihm zugeordnet wurden. Diese potenziellen Wertobjekte hat der Verkäufer nicht für den eigenen Bedarf im Eigentum / in seiner Verfügungsgewalt, sondern nur, weil er sie gegen ihm Wichtigeres tauschen möchte.
    - In dem Bild zählen zu den potenziellen Wertobjekten im Eigentum / unter der Verfügungsgewalt des Verkäufers Fahrräder, PCs und Notebooks, Kaffeemaschinen, TV-Geräte, Autos.
- Auf Käufer und Verkäufer wirken das natürliche und das gesellschaftliche Umfeld ein – im Bild durch die roten und grünen Pfeile dargestellt.
    - Beide Umfeldeinflüsse prägen die Ansichten von Käufer und Verkäufer über die zu tauschenden Wertobjekte und Wertäquivalente, bestimmen diese Ansichten aber nicht vollständig.

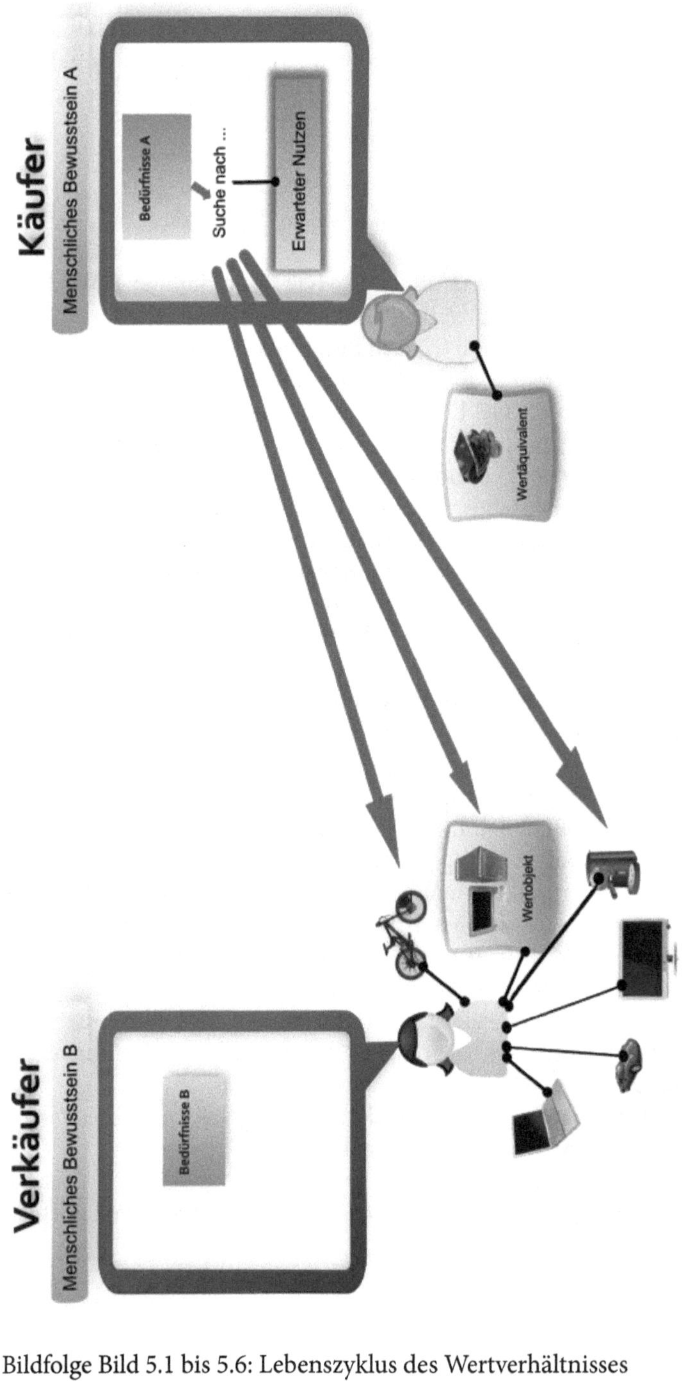

Bildfolge Bild 5.1 bis 5.6: Lebenszyklus des Wertverhältnisses

5.2 Der potenzielle Käufer erfasst viele potenzielle Wertobjekte; aufgrund vielfältiger Begrenzungen muss er die Beziehungen zu diesen für einen möglichen Tausch wichten

Bildfolge Bild 5.1 bis 5.6: Lebenszyklus des Wertverhältnisses

5.2 Der potenzielle Käufer erfasst viele potenzielle Wertobjekte; aufgrund vielfältiger Begrenzungen muss er die Beziehungen zu diesen für einen möglichen Tausch wichten

- Der potenzielle Käufer erfasst ihm interessant erscheinende Objekte (und Aktivitäten) aus seinem Umfeld. Er sucht dabei nach möglichen Wertobjekten, mit denen er seine aktuellen Wünsche erfüllen kann.
  - Das natürliche und das gesellschaftliche Umfeld haben im Zusammenwirken mit seiner konkreten aktuellen Lebenssituation in ihm Wünsche entstehen lassen, von denen er sich gern einige erfüllen möchte.
  - In diesem Beispiel fällt seine engere Auswahl auf ein Fahrrad, auf einen Komplett-PC und auf eine Espressomaschine.
  - Er vergleicht seine Wünsche mit dem jeweils zu erwartenden Nutzen, der mit den verschiedenen Wertobjekten voraussichtlich erzielt werden kann.
  - Während der (mögliche) Käufer vergleicht, wird er seine Bedürfnisse bereits wichten, um sich später eine leichtere Entscheidung zu ermöglichen.

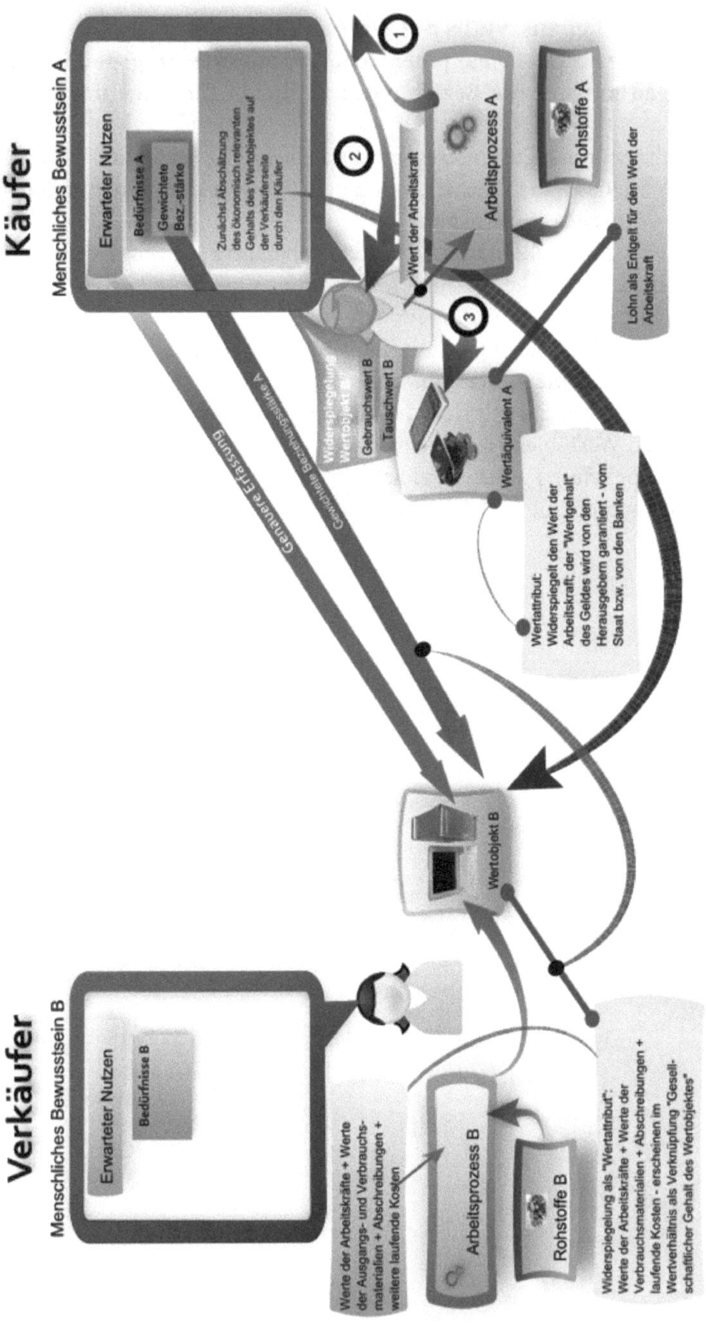

Bildfolge Bild 5.1 bis 5.6: Lebenszyklus des Wertverhältnisses

5.3 Zu einem Objekt, das ihm sehr wichtig erscheint, baut der potenzielle Käufer eine gewichtete Beziehungsstärke auf

Bildfolge Bild 5.1 bis 5.6: Lebenszyklus des Wertverhältnisses

5.3 Zu einem Objekt, das ihm sehr wichtig erscheint, baut der potenzielle Käufer eine gewichtete Beziehungsstärke auf

- Aufgrund von Begrenzungen (stoffliche Ressourcen stehen nur begrenzt zur Verfügung; begrenzter Energievorrat; begrenzte Lebenszeit; begrenzte Arbeitszeit...) muss der Käufer seine Bedürfnisse wichten, um sein Ziel "optimales Wohlgefühl" zu erlangen.
- In diesem Beispiel wählte der Käufer den Komplett-PC aus der Sammlung der möglichen Wertobjekte aus.
- Da der PC mittels begrenzt vorliegender Ressourcen gebaut wurde, ist er nur über einen ökonomischen Austausch erhältlich.
- Zu diesem PC baut der Käufer ein gewichtetes Bedürfnis auf. Inbegriffen sind in dieser Wichtung die Bedeutung des angestrebten Wertobjektes sowie die dazu aufzubringende Gegenleistung.
- Kriterium für die Gegenleistung wird das Wertattribut sein, das der potenzielle Verkäufer mit seinem Wertobjekt "B" als Anspruch auf Gegenleistung verknüpft.
- In dieses Wertattribut gehen die Ansprüche aller an der Produktion und Bereitstellung des Wertobjektes „Komplett-PC" Beteiligten anteilig ein: Manager, Strategen, Entwickler, Ingenieure, Produktionsarbeiter, Logistiker, Händler, Reinigungskräfte, Kommunikationsfirmen, Bergarbeiter, Chemiker, Reisedienstleister usw. Zusätzlich wird ein erwarteter Mehrwert addiert.
- Erfasst werden diese Abläufe im Bild mittels „Arbeitsprozess B", dem Bereitstellungsprozess für den PC, der hier u. a. die vorgelagerten Prozesse, die Produktion und den Vertrieb umfasst.
  - Alle Beteiligten werden abhängig von den Werten ihrer Arbeitskräfte und Arbeitszeiten anteilmäßig entlohnt.
  - Ein realisierbar erscheinender Mehrwert wird auf diese Geldsumme aufgeschlagen.
- Als Gegenleistung für den Erwerb des PCs muss der Käufer eine Geldsumme in gleicher Werthöhe als Wertäquivalent abgeben.
  - Dieses Geld wird er aus dem Fonds nehmen, den er als Entgelt für den Verkauf seiner Arbeitskraft erhalten hat – im Bild als „(Stellvertreter-)Wertobjekt A" gekennzeichnet, das mit einem Wertattribut verknüpft ist, welches mit dem Zahlenwert der Geldmenge korrespondiert. Die Werthöhe der Gesamtgeldmenge des Käufers ist vor allem abhängig vom Wert seiner Arbeitskraft und von der geleisteten Arbeitszeit. Im Bild ist der Prozess in 3 Schritten dargestellt:
    1) Arbeitsprozess; der Käufer ist durch diesen an der Produktion / Bereitstellung von Wertobjekten für diverse Kunden beteiligt; die Produkte werden verkauft
    2) Durch den Verkauf bekommt das Unternehmen Geld, mit dem u. a. die Arbeitskräfte bezahlt werden
    3) Aus solch einer Geldmenge kann der Käufer seine Wünsche nach Wertobjekten erfüllen
  - Die Wertattribute, die mit Geldmitteln verbunden werden, akzeptieren im Allgemeinen alle Mitglieder der Gesellschaft als Wertäquivalent.

- Die vom potenziellen Verkäufer für das potenzielle Wertobjekt geforderte Geldsumme wird der Käufer nur dafür abgeben, wenn sein gewichtetes Bedürfnis stark genug gegenüber konkurrierenden Bedürfnissen ist und er außerdem die Forderungen des Verkäufers nach Äquivalenz als annehmbar einstuft.
- Auf dem Basar könnte seine Einschätzung lauten: „Die Forderung erscheint mir angemessen. Aber vielleicht kann ich sie trotzdem reduzieren."

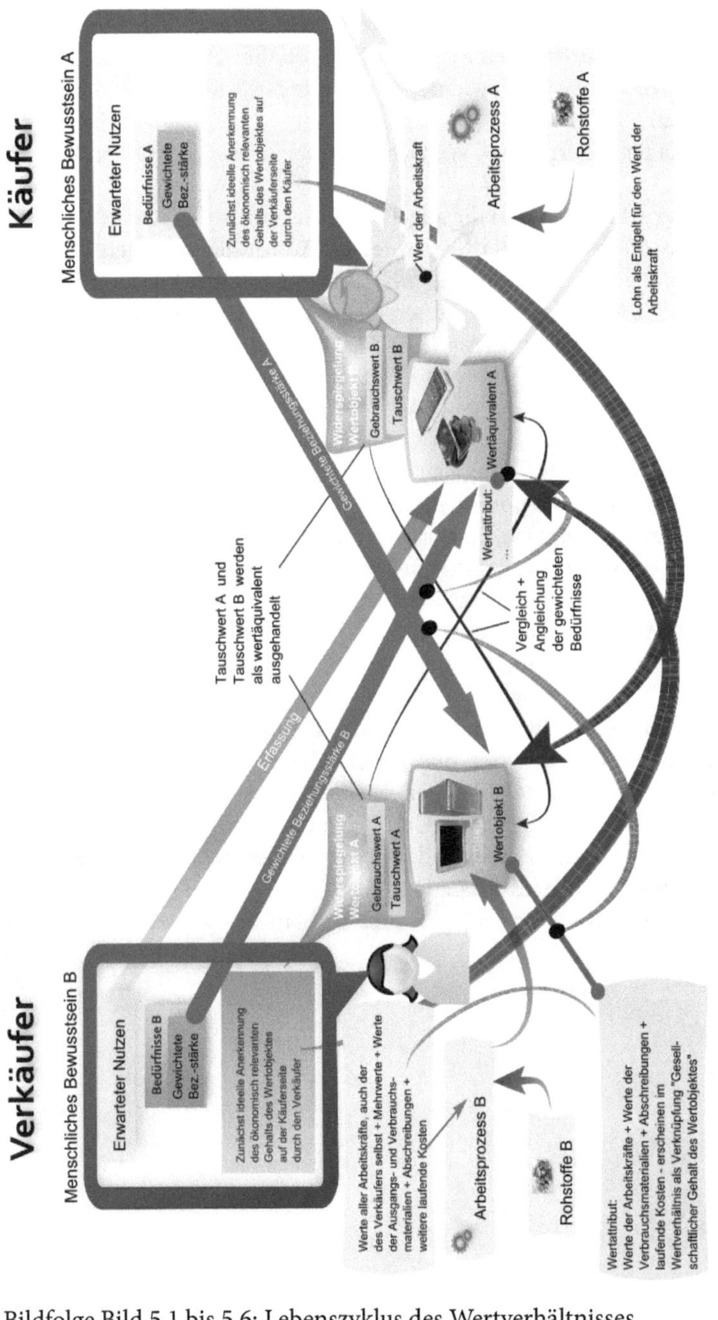

Bildfolge Bild 5.1 bis 5.6: Lebenszyklus des Wertverhältnisses

5.4 Der potenzielle Käufer äußert seinen Wunsch gegenüber einem Anbieter. Daraufhin baut der Anbieter eine gewichtete Beziehungsstärke zum angebotenen Wertäquivalent auf

Bildfolge Bild 5.1 bis 5.6: Lebenszyklus des Wertverhältnisses

5.4 Der potenzielle Käufer äußert seinen Wunsch gegenüber einem Anbieter. Daraufhin baut der Anbieter eine gewichtete Beziehungsstärke zum angebotenen Wertäquivalent auf

- Der potenzielle Käufer äußert seinen Wunsch gegenüber dem potenziellen Verkäufer.
- Ein Marktverkäufer wird daraufhin die angebotene Gegenleistung wichten.
- Die gewichteten Bedürfnisse beider Seiten des im Aufbau befindlichen Wertverhältnisses erfassen die Wertattribute, die mit dem angebotenen Wertobjekt sowie mit der dafür als Wertäquivalent offerierten Gegenleistung verknüpft sind. Diese Verknüpfungen existieren nicht physisch, sondern nur als Widerspiegelungen in den Bewusstseinsprozessen von Käufer und Verkäufer.
- Käufer und Verkäufer werden die gewonnenen Informationen verarbeiten und prüfen.
- Auf dem Basar wird der (zunächst potenzielle) Käufer versuchen, den Preis des gewünschten (zunächst ebenfalls potenziellen) Wertobjektes herunterzuhandeln. In einem Kaufhaus wird er überlegen, ob er den Preis für das gewünschte Produkt akzeptiert oder ob er eventuell etwas anderes erwerben will.

  Der (zunächst potenzielle) Verkäufer wird versuchen, sich von seinem veranschlagten Preis nicht herunterhandeln zu lassen. Unter Umständen wird er vom gewünschten Preis Abstriche machen müssen, um überhaupt einen Verkaufserfolg zu erzielen.
- Auf dem Basar werden sich Käufer und Verkäufer auf einen Preis einigen oder auseinandergehen, ohne ein Wertverhältnis miteinander aufzubauen. Im Kaufhaus muss der Käufer den Preis akzeptieren oder er kann das gewünschte Produkt nicht kaufen. Der Verkäufer wird lediglich das Geld zählen und prüfen müssen.
- In diesem Beispiel einigen sich Käufer und Verkäufer auf einen Preis oder der Käufer akzeptiert den vom Verkäufer verlangten Preis.
- Der Käufer wird die Ware so gut wie möglich prüfen, der Verkäufer die Geldscheine.

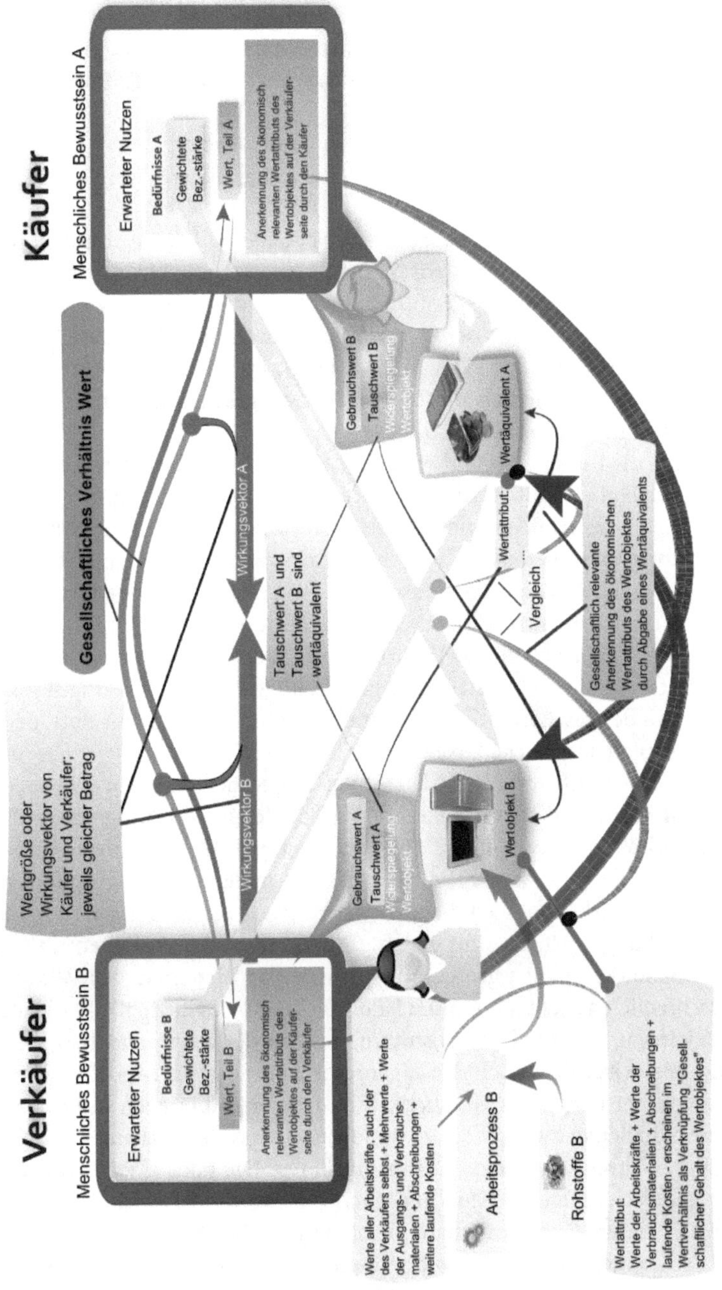

Bildfolge Bild 5.1 bis 5.6: Lebenszyklus des Wertverhältnisses

5.5 Das gesellschaftliche Verhältnis Wert wird von Käufer und Verkäufer gesellschaftlich relevant zum Ausdruck gebracht – der wertäquivalente Tausch wird vollzogen

Bildfolge Bild 5.1 bis 5.6: Lebenszyklus des Wertverhältnisses

5.5 Das gesellschaftliche Verhältnis Wert wird von Käufer und Verkäufer gesellschaftlich relevant zum Ausdruck gebracht – der wertäquivalente Tausch wird vollzogen

- Beide, Käufer und Verkäufer, haben sich über den Tausch geeinigt.
- Sie haben damit zwischen sich das gesellschaftliche Verhältnis Wert für den Tausch vorbereitet.
- Die gewichteten Beziehungsstärkevektoren, die der Käufer auf das Wertobjekt und die der Verkäufer auf das Wertäquivalent richtet, können aber nicht auf der gesellschaftlichen Ebene einen Tausch Eigentum gegen Eigentum bewirken. Die ideell wirkenden Beziehungsstärken müssen demzufolge äquivalent auf die gesellschaftliche Ebene gehoben werden. Im Bild wird das durch die Wirkungsvektoren dargestellt. Wirkungsvektoren heißen diese, weil sie den gesellschaftlich relevanten Tausch Eigentum gegen Eigentum bewirken.
    - Zunächst waren die Beziehungsstärkevektoren auf das Wertobjekt bzw. das Wertäquivalent gerichtet. Damit werden die Kräfte veranschaulicht, durch welche das Wertverhältnis zustande kommt. Diese Kräfte wirken ideell und individuell aus den Tauschpartnern heraus zu Wertobjekt bzw. Wertäquivalent hin.
    - Für den Tausch, auf den sich beide Tauschpartner u. a. mittels der gemeinsamen Wertgröße geeinigt haben, müssen aber Kräfte auf die gesellschaftliche Ebene gebracht werden. Denn sowohl das Wertobjekt als auch das Wertäquivalent sind Bestandteile von Eigentum / Verfügungsgewalt. Eigentum und Verfügungsgewalt sind nur auf der gesellschaftlichen Ebene fassbar und wirken nur dort, denn beide sind rein gesellschaftliche Größen.
    - Die für den Tausch auf der gesellschaftlichen Ebene notwendigen Kräfte leiten die Tauschpartner aus den initiierenden gewichteten Beziehungsstärken zu Wertobjekt und Wertäquivalent ab. Die Skalarbeträge der Wirkungsvektoren sind gleich denen der gewichteten Beziehungsstärken, denn es sind die gleichen Tauschobjekte. Es wirken folglich die gleichen Wertbeträge der Kräfte. Die Stärken beider Wirkungsvektoren sind gleich groß, da auch die Skalarbeträge beider Beziehungsstärken gleich groß sind. Nur die Angriffspunkte der Vektoren sind unterschiedlich gerichtet – einmal ist es die konkrete Nützlichkeit, die ideell gesehen wird, und einmal das Eigentum, das mit der ausgehandelten Wertgröße verknüpft wird. Bezüglich des Eigentums mit der ausgehandelten Wertgröße wird von der konkreten Nützlichkeit abstrahiert. Aber eben nicht in der Art, dass die Nützlichkeit verschwindet, sondern so, dass sie erhalten bleibt, aber unabhängig von ihrer konkreten Ausführungsform. Die konkrete Nützlichkeit ist auf der gesellschaftlichen Ebene bezüglich der Eigentumsverhältnisse nicht wichtig und in diesem Zusammenhang nicht fassbar. Die abstrakte Nützlichkeit entspricht der konkreten und wird widergespiegelt in dem ausgehandelten Preis und der dafür abgegebenen Gegenleistung, meist in Form von Geld. Spürbar wird die konkrete Nützlichkeit auf der gesellschaftlichen Ebene notwendigerweise über die abstrakte: Ohne konkrete Nützlichkeit würde keine Gegenleistung für ein Wertobjekt erbracht werden.

- Der Übergang von den gewichteten Beziehungsstärken zu den Wirkungsvektoren entspricht einer qualitativen Änderung: Die gewichteten Beziehungsstärken, die auf die konkreten Nützlichkeiten von Wertobjekt bzw. Wertäquivalent gerichtet sind (eingeschlossen die Wertattribute), werden umgelenkt zu Wertobjekt bzw. Wertäquivalent in Form von Eigentum mit jeweils nur abstrakter Nützlichkeit, aber den gleichen Wertattributen – plus der Initiierung der Kräfte zum Tausch von Wertobjekt gegen Wertäquivalent.
- Für einen ökonomischen Tausch muss der Käufer die Bindungsenergie, mit der das gewünschte Wertobjekt vom Verkäufer „festgehalten" wird, mit seinem Wertäquivalent überwinden.
  Der Verkäufer wiederum muss mit seinem Wertobjekt die Bindungsenergie überwinden, mit welcher der Käufer sein Wertäquivalent „festhält". Beide, Käufer und Verkäufer, bewirken diese gesellschaftlich relevante Aktion mit den Wirkungsvektoren.
- Wertäquivalenz und Eigentum sind Größen, die nur auf der gesellschaftlichen Ebene, nur zwischen Menschen, existieren.

- Käufer und Verkäufer tauschen Wertobjekt gegen Wertäquivalent in der ausgehandelten Höhe.
- Die Wirkungsvektoren und die gewichteten Beziehungsstärken von Käufer und Verkäufer werden mit dem Tausch gegenseitig aufgehoben.

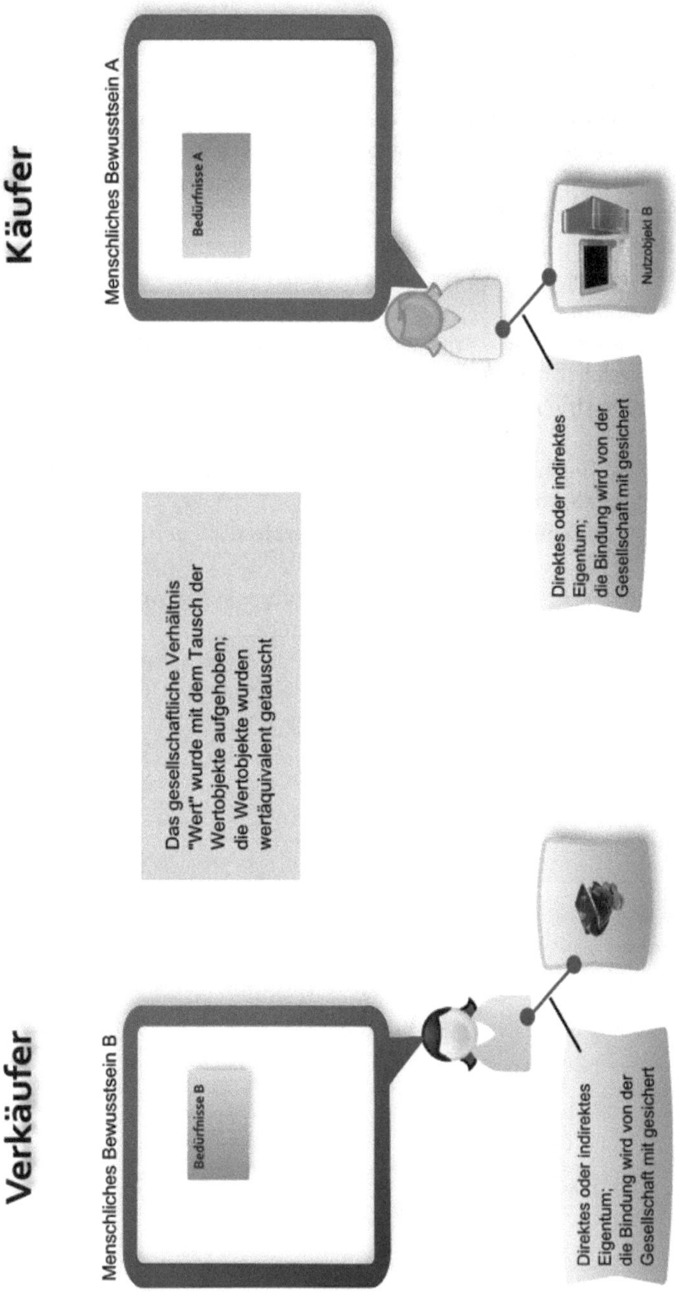

Bildfolge Bild 5.1 bis 5.6: Lebenszyklus des Wertverhältnisses

5.6 Der ökonomische Tausch wurde vollbracht. Das gesellschaftliche Verhältnis Wert wurde beendet

Bildfolge Bild 5.1 bis 5.6: Lebenszyklus des Wertverhältnisses

5.6 Der ökonomische Austausch wurde vollbracht. Das gesellschaftliche Verhältnis Wert wurde beendet

- Das gesellschaftliche Verhältnis Wert zwischen Käufer und Verkäufer wurde beendet und damit abgebaut.
- Die gewichteten Beziehungsstärken und die Wirkungsvektoren sind verschwunden. Sie wurden mit dem Tausch gegenseitig aufgehoben
- Käufer und Verkäufer haben Wertobjekt gegen Wertäquivalent als wertgleich ausgetauscht.
- Das ehemalige Wertobjekt ist nach dem Tausch ein normales Objekt im Eigentum (direkt oder indirekt) des Käufers.
- Wenn der ehemalige Käufer dieses Objekt erneut zum Kauf anbieten sollte, würde er es damit wieder zu einem potenziellen Wertobjekt wandeln.
- Das ehemalige Wertäquivalent (Geld) gelangte durch den Tausch in das Eigentum (in einigen Ländern in die Verfügungsgewalt) des ehemaligen Verkäufers.
- In normalen Zeiten wird das Wertattribut des Wertäquivalents, wenn es sich um Geld handelt, durch den Tausch nicht an „Wert" verlieren. Es bleibt durch die Mitglieder der Gesellschaft in gleicher Höhe wie zu Zeiten des Tausches anerkannt. Diese Aussage gilt jedenfalls für einen hinreichend kurzen Zeitraum. Damit kann Geld unmittelbar nach dem Tausch wieder als Wertäquivalent genutzt werden. Durch permanente Geldentwertung wird es mit der Zeit eine messbare Abweichung vom „alten" Wertbetrag geben. Aus diesem Wertverlust kann aber nicht abgeleitet werden, ob es sinnvoll wäre, dafür sofort etwas anderes zu kaufen.
  In Krisenzeiten können die Abweichungen allerdings bereits in kurzen Zeiträumen enorme Größen erreichen.

Ergänzung:
Mit dem Tausch endet das gesellschaftliche Verhältnis in sehr vielen Fällen noch nicht vollständig. Denn für viele Wertobjekte gibt es eine Garantie und sogar Rückgaberechte – mit und ohne Mängelbegründung. Diese drei gängigen Formen eines Wertverhältnisses in Verbindung mit dessen möglicher Weiterführung werden in diesem Buch als „Wertverhältnisse auf Probe" bezeichnet. Die gesellschaftlichen Wertverhältnisse werden in solchen Fällen mit dem Tausch noch nicht beendet.

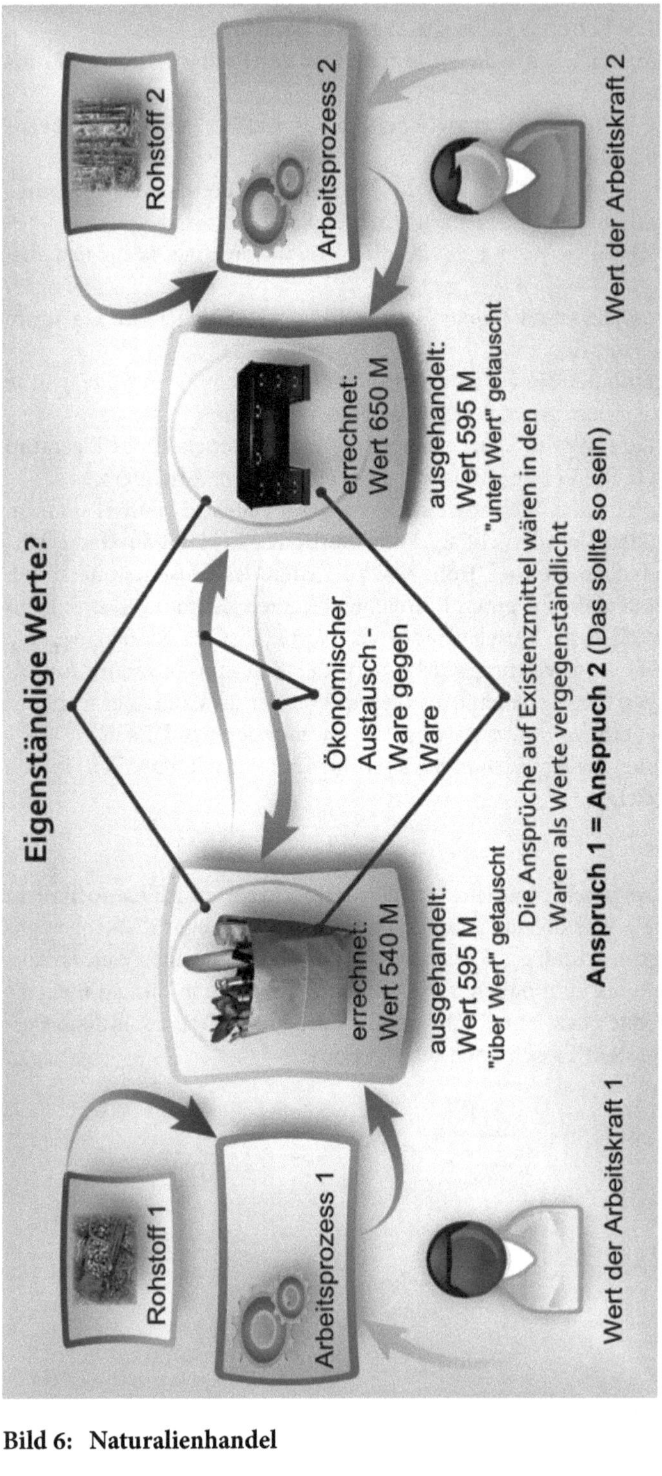

Bild 6: Naturalienhandel

Bild 6: Naturalienhandel

- Naturalienhandel war nicht unüblich in der DDR.
- So konnte z. B. ein kunstvoll gefertigtes Produkt gegen seltene Naturalien wie Spargel oder Bananen getauscht werden.
- Der Preis, der auf Basis der Herstellungs- und Bereitstellungskosten berechnet wurde, soll in diesem Beispiel auf der Naturalienseite 540 Mark betragen.
- Beim kunstvoll gestalteten Produkt, dem Schreibtisch, soll der Preis 650 Mark betragen.
- Bei den als Beispiel angegebenen Naturalien soll es sich um Mangelwaren handeln. So konnten solche Naturalien im Wert von 540 Mark gegen sogenannte Konsumgüter im Wert von 650 Mark getauscht werden.
- In diesem Beispiel ist der Eigentümer der Naturalien beim Verhandeln geschickt. Er bringt den Anbieter des Konsumgutes dazu, sein Objekt nur noch mit 595 Mark zu bewerten.
- Dem Naturalienanbieter gelingt es auch, den Kunstwerkanbieter dazu zu bewegen, ebenfalls 595 Mark als Wertgröße des Wertobjektes „Naturalien" anzuerkennen.
- Die resultierende Wertgröße für den Tausch beträgt damit 595 Mark.
- Somit kann der Tausch ohne Zahlungsausgleich abgewickelt werden.
- Die Wertgröße von 595 Mark entspricht nun den Ansprüchen beider Tauschpartner auf Gegenleistung, d.h. auf Wertobjekte.
- Wird der Tausch mit einem rechtsverbindlichen Kaufvertrag besiegelt, dann hat der Preis eine gesellschaftlich relevante Bedeutung: für die Zahlung von Steuern, im Versicherungsfall u. Ä.

Formuliert wurde in der DDR in solchen Tauschsituationen, dass die Ware „über" oder „unter Wert" verkauft werden würde, weil nach dem damaligen Verständnis der Arbeitswerttheorie es sich um einen vergegenständlichten Wert gehandelt hat und der hätte im Nachhinein nicht mehr geändert werden können. Lag also der Preis, zu dem die Ware letztendlich getauscht wurde, unter dem ursprünglich veranschlagten Preis, konnte das nur bedeuten, dass die Ware „unter ihrem Wert" verkauft wurde.

In den folgenden 3 Abbildungen 7.1 bis 7.4 geht es um die Gegenüberstellung des Umfangs aller Wertobjekte und der Wertgrößen aller Wertäquivalente, die genutzt werden, um sie gegen Wertobjekte einzutauschen.

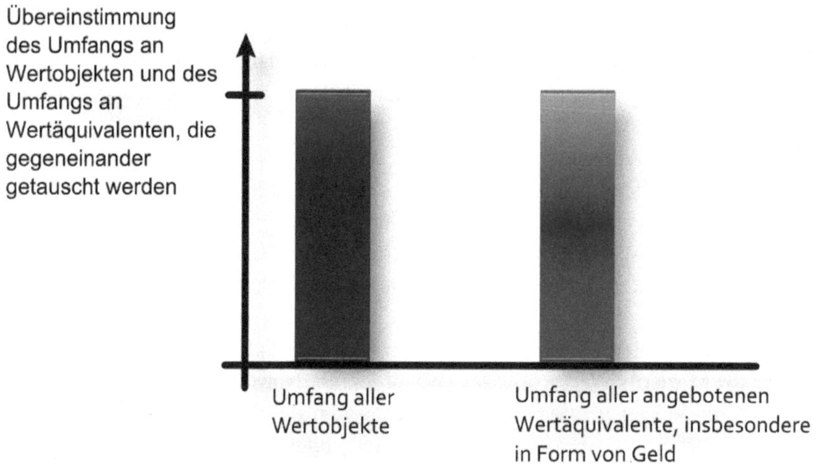

Bildfolge Bild 7.1 bis 7.4: Wertobjekte und Wertäquivalente in einem Währungsgebiet

7.1 Das Verhältnis von Umfang an Wertobjekten und Umfang an Wertäquivalenten in einem Währungsgebiet

Linker Balken: Summe aller in einer Gesellschaft vorhandenen Wertobjekte, ausgedrückt als Summe der Preise aller Wertobjekte
Rechter Balken: Summe aller Wertäquivalente für die Wertobjekte, ausgedrückt als Preissumme

- Der Umfang an realen Wertobjekten ist „automatisch" gleich groß dem realen Umfang an Wertäquivalenten (meistens in Form von Geld angeboten).
- Diese Darstellung gilt für jeden Zeitpunkt, bezogen auf alle zu diesem Zeitpunkt stattfindenden ökonomischen Austauschprozesse.
- Alle „Wertobjekte", die nicht zu diesem Zeitpunkt in einem aktiven Wertverhältnis gegen Wertäquivalente getauscht werden, sind nur potenzielle Wertobjekte.
- Alle „Wertäquivalente", die nicht zu diesem Zeitpunkt in einem aktiven Wertverhältnis gegen Wertobjekte getauscht werden, sind nur potenzielle Wertäquivalente. Sicherlich werden im Normalfall alle Wertäquivalente in dem Zeitraum, bis sie nach einem ökonomischen Tausch erneut in den Umlauf gelangen, ihren Wert (exakter: ihr Wertattribut in bestimmter Werthöhe) praktisch behalten. In Krisenzeiten und in Kriegen wird aber deutlich, dass sie nur potenzielle Wertäquivalente sind, zumindest was die Größe der zugeordneten Wertattribute betrifft.

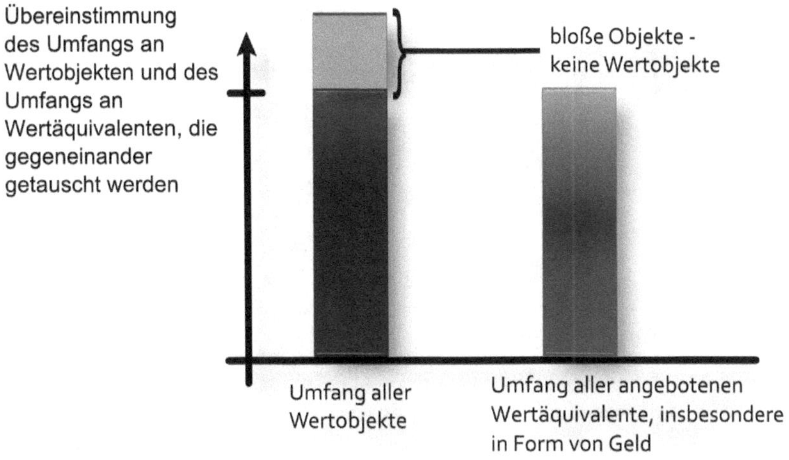

Bildfolge Bild 7.1 bis 7.4: Wertobjekte und Wertäquivalente in einem Währungsgebiet

7.2 „Wertobjekte", die über den Umfang an Wertäquivalenten hinaus angeboten werden, bleiben bloße Objekte, Angebote von Veranstaltungen usw.

- Wertobjekte, d.h. stoffliche und nicht-stoffliche Güter, die praktisch auf Dauer über die Summe der Wertgrößen aller Wertäquivalente hinaus angeboten werden, bleiben bloße Objekte. Sie werden nicht zu Wertobjekten gewandelt, da niemand sie in ökonomische Austauschprozesse einbezieht.
- Diesen Objekten und anderen Gütern fehlt die belastbare Anerkennung der Nützlichkeit im ökonomischen Sinn.
- Bezeichnet werden solche Objekte als Ladenhüter, wenn sie stofflicher Art sind. Es kann sich aber auch um uninteressante oder zu oft wiederholte Veranstaltungen handeln etc.

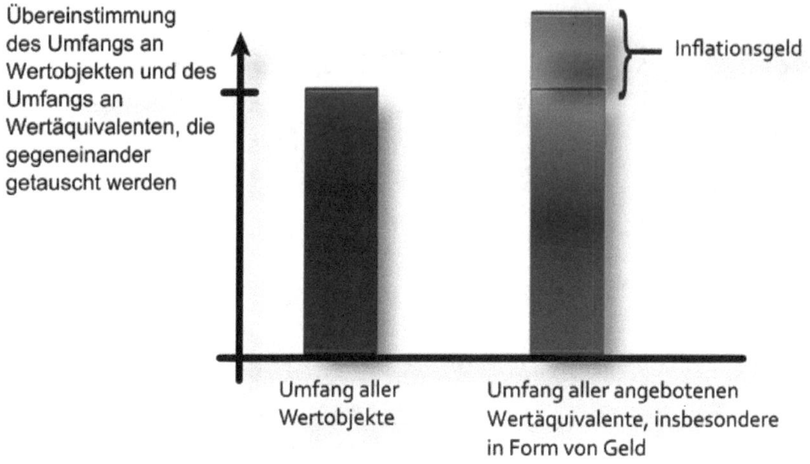

Bildfolge Bild 7.1 bis 7.4: Wertobjekte und Wertäquivalente in einem Währungsgebiet

7.3 Wertäquivalente in Form von Geld, die über den Umfang an Waren und Dienstleistungen hinaus zum Bezug von Waren und Dienstleistungen bereitgestellt werden

- Geld, das über den Umfang an realen Wertobjekten hinaus bereitgestellt wird, ist durch seinen Überschuss entwertet – es ist Inflationsgeld.
- In der DDR gab es ganz offensichtlich reichlich davon, sowohl im Bereich des individuellen Konsums als auch im nicht-individuellen Bereich der Industrie, Landwirtschaft usw.
- Die Erscheinung von dauerhaft im Umlauf befindlichen Inflationsgeld kann praktisch nur in Ländern auftreten, in denen die Preise von „Waren und Dienstleistungen" (das war die übliche Formulierung in der DDR) von zentraler Stelle festgelegt werden, den Menschen aber, da es ihnen immer besser gehen soll, immer zu viel Geld ausgezahlt wird. In den Ländern ohne Preisdiktatur wird das Inflationsgeld, das in die Hände der Bürger gelangt, mit der Zeit durch höhere Preise abgeschöpft. Das Inflationsgeld, das nicht in die Hände der Bürger gelangt, wird den Finanzsektor weiter aufblähen.

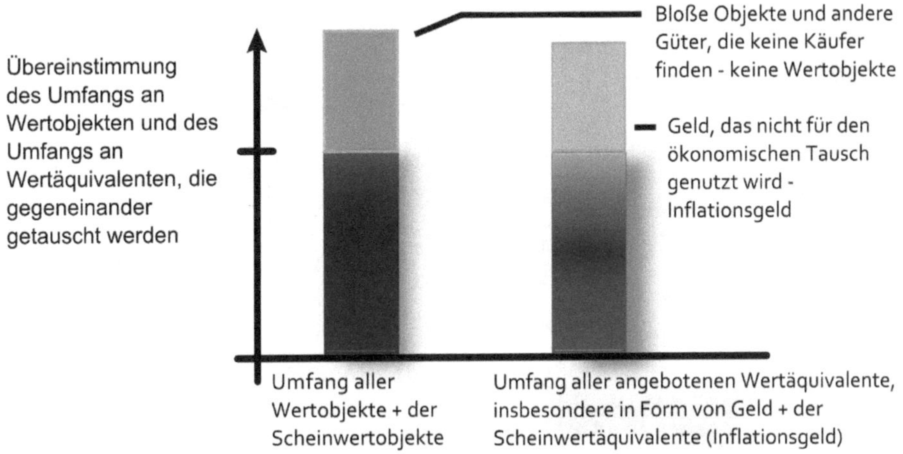

Bildfolge Bild 7.1 bis 7.4: Wertobjekte und Wertäquivalente in einem Währungsgebiet

7.4 Objekte und andere Angebote, für die keine Wertäquivalente bereitgestellt werden, sowie Geldmittel, die nicht gegen Wertobjekte getauscht werden

- Die typische Wirtschaftssituation in der DDR
- Es existierten sehr viele Objekte aller Art, die für den Verkauf bestimmt waren, die aber keine Käufer fanden. Parallel dazu war sehr viel Geld in Umlauf, für das die Geldinhaber keine für sie nützlichen Wertobjekte fanden, das sogenannte Inflationsgeld.
- Beides, „überschüssige Wertobjekte“ und „überschüssiges Geld“, existierte in deutlich spürbarem Umfang nebeneinander.
- Die Größenverhältnisse des Umfangs an Ladenhütern und des Umfangs an Inflationsgeld zueinander sowie zu den Größen der wirklichen Wertobjekte und Wertäquivalente auf dem Bild entsprechen nicht der damaligen Realität. Exakte Angaben dazu wurden nicht veröffentlicht und waren wahrscheinlich gar nicht bekannt.

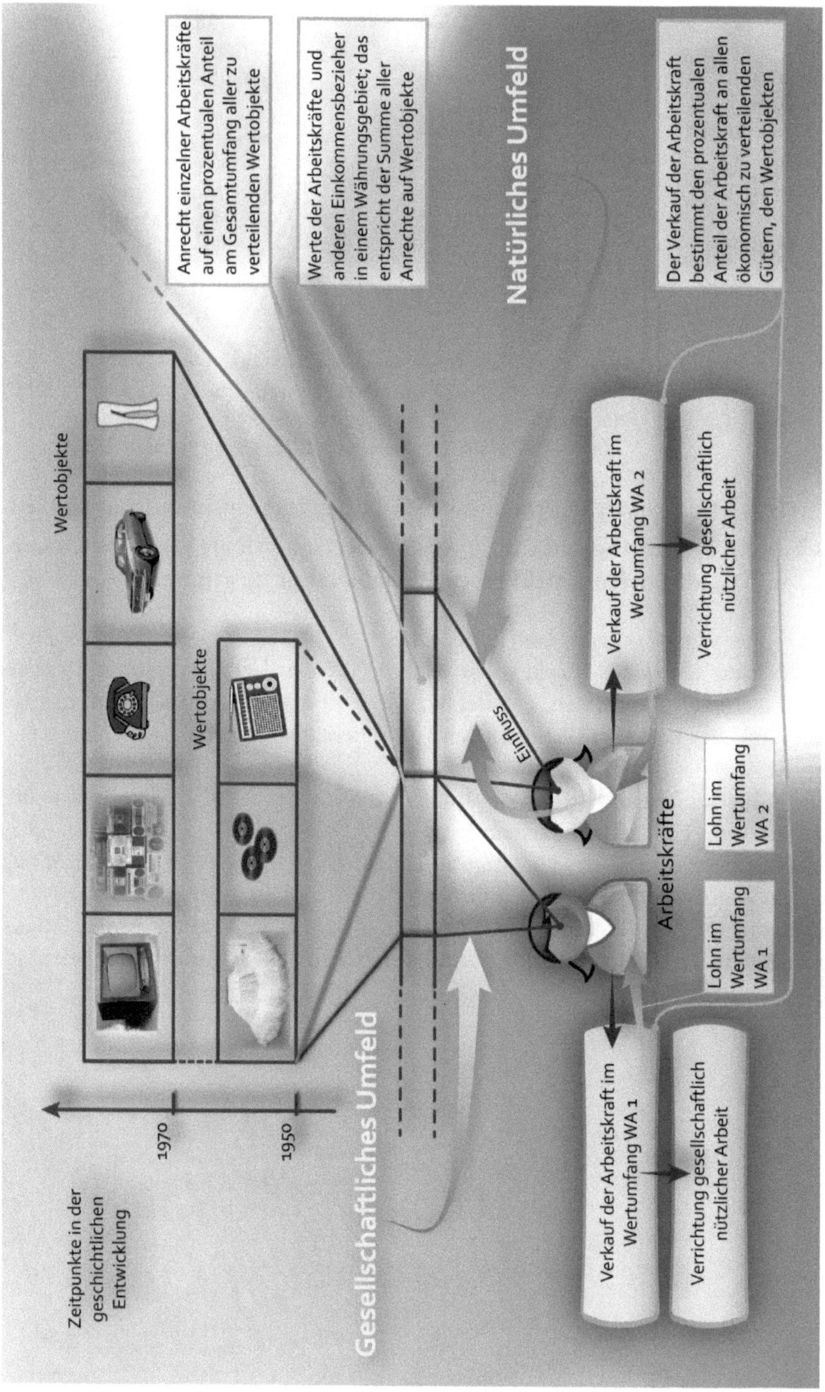

Bild 8: Der Wert der Arbeitskraft entspricht ihrem Anrecht auf einen prozentualen Anteil am Gesamtumfang aller ökonomisch zu verteilenden Wertobjekte

Zu Bild 8: Der Wert der Arbeitskraft entspricht ihrem Anrecht auf einen prozentualen Anteil am Gesamtumfang aller ökonomisch zu verteilenden Wertobjekte

- Im Bild sind die Arbeitskräfte einer Gesellschaft dargestellt. Zwei von ihnen werden hervorgehoben.
- Die Arbeitskräfte verkaufen ihre Arbeitskraft und verrichten dazu gesellschaftlich nützliche Arbeit. Im Bild symbolisieren Pfeile diese Aktivitäten. Sie gehen von den Arbeitskräften aus, weisen auf den Verkauf der Arbeitskraft hin und enden an den Schriftfeldern „Verrichtung gesellschaftlich nützlicher Arbeit", die für das Arbeitsumfeld stehen.
- Als Gegenleistung für den Verkauf ihrer Arbeitskraft erhalten sie einen Arbeitslohn (Zwischen Lohn und Gehalt soll hier nicht unterschieden werden). Der Lohn widerspiegelt den Wert der Arbeitskraft und gleichzeitig das Anrecht jeder Arbeitskraft auf einen prozentualen Anteil an allen im Währungsgebiet ökonomisch zu verteilenden Wertobjekten. Im Bild sind die Anrechte der Arbeitenden und der anderen Einkommensbezieher auf Anteile an allen zu verteilenden Wertobjekten in dem waagerechten Balken über den Arbeitskräften zusammengefasst. Die Anrechte der beiden abgebildeten Personen auf prozentuale Anteile am Gesamtumfang aller Wertobjekte sind durch die rechteckigen Abschnitte in dem waagerechten Balken hervorgehoben.
- Der prozentuale Anteil einer Arbeitskraft an allen zu verteilenden Wertobjekten korrespondiert mit dem jeweiligen Wert der Arbeitskraft.
  Der Wert der Arbeitskraft der rechts dargestellten Person ist etwas höher als der Wert der links dargestellten. Als optische Entsprechung ist das dieser Person zugehörige Rechteck im waagerechten Balken größer.
- Die Höhen der prozentualen Anteile der Arbeitskräfte an allen verfügbaren Wertobjekten werden nicht nur durch die Fähigkeiten der Arbeitskräfte usw. bestimmt, sondern auch durch das gesellschaftliche sowie natürliche Umfeld.
- Auf der senkrechten Zeitachse sind die Jahre 1950 und 1970 gekennzeichnet. Für die links dargestellte Arbeitskraft werden die durchschnittlichen Wertvolumina der Anrechte auf Wertobjekte für diese Jahre dargestellt. Bei einem für diese Arbeitskraft angenommenen gleichbleibenden prozentualen Anspruch auf Wertobjekte wird veranschaulicht, dass der Umfang der Wertobjekte, der diesem prozentualen Anspruch entspricht, vergrößert wurde.
- Dass die Entwicklung des Umfangs der Anrechte auf Wertobjekte für die beiden Arbeitskräfte nicht proportional erfolgte, könnte damit zusammenhängen, dass die Werte dieser Arbeitskräfte unterschiedliche Entwicklungen nahmen.

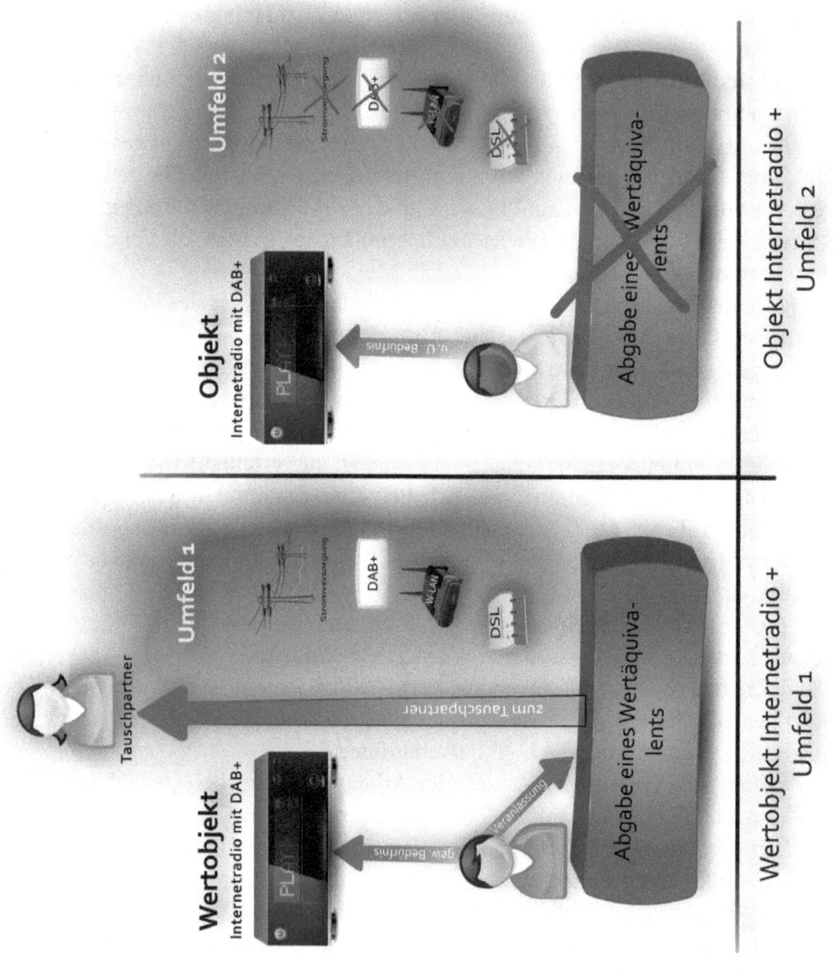

Bild 9: Exakt betrachtet wird das gesellschaftliche Verhältnis auf einen Bedürfnisbefriedigungskomplex bezogen. Kristallisiert erscheint dieser im Wertobjekt

Zu Bild 9: Exakt betrachtet wird das gesellschaftliche Verhältnis auf einen Bedürfnisbefriedigungskomplex bezogen. Kristallisiert erscheint dieser im Wertobjekt

- Exakt betrachtet wird das gesellschaftliche Verhältnis auf einen Bedürfnisbefriedigungskomplex bezogen. Den Bedürfnisbefriedigungskomplex kristallisiert das Bewusstsein im Wertobjekt.
- Ein Wertobjekt kann nur in einem entsprechenden gesellschaftlichen und natürlichen Umfeld als solches fungieren. Das notwendige Umfeld wird in vielen Fällen von den Menschen nicht bewusst erfasst.
- Im Bild sind zwei unterschiedliche Situationen dargestellt. Den unterschiedlichen Bedingungen des gesellschaftlichen Umfeldes gemeinsam ist, dass der Handel ein Radio anbietet, mit dem Internet- und DAB+-Sender empfangen werden können.
- Wenn alle Empfangsmöglichkeiten des Radios genutzt werden sollen, muss eine Stromversorgung verfügbar sein, im Bild durch die Strommasten repräsentiert. Ebenso würde ein Internetzugang benötigt. Im Bild wird das dargestellt mit dem DSL Router.
- In dem Umfeld, das auf der linken Bildseite dargestellt wird, sind Stromversorgung und Internet über DSL und über WLAN verfügbar. Auch DAB+ wird in dem Umfeld über den Äther ausgestrahlt – verdeutlicht durch „DAB+“ im kleinen blauen Feld im unteren Teil des Bildes. Das Radio kann zu einem realen Wertobjekt werden, weil ein Käufer es in diesem Umfeld voll nutzen könnte.
- In dem Umfeld, das auf der rechten Seite dargestellt wird, ist keine Stromversorgung gegeben, ebenso kann das Internet nicht genutzt werden und es senden keine DAB+ Sender in diesem Umfeld. Somit wird das Radio dort wahrscheinlich keinen Käufer finden und folglich in diesem Umfeld nicht zum Wertobjekt gewandelt werden.

Danksagung

Ohne die Mitwirkung meiner lieben Frau wäre ich mit dem Buch nicht fertig geworden. Über all die Jahre, seit den ersten Versionen dieser Schrift, hat sie sich immer wieder mit extrem viel Zeitaufwand und unendlicher Geduld durch die nicht leicht verständlichen Texte hindurchgearbeitet. Mit Neuformulierungen und anderen Korrekturen brachte sie diese Arbeit immer wieder auf den richtigen Weg. Ohne Ihre wunderbare Mitwirkung hätte kein Verlag dieses Buch abgenommen.

Ein extra großes Dankeschön geht auch an Nico Trettin (mit seiner Firma NicPhoton Productions), der mit viel Kreativität und künstlerischem Geschick die Grafiken gestaltete (die ich leider, durch ständig neue Gedanken, an etlichen Stellen demoliert habe).

Großartiges leistete der Verlag Tectum – ein herzliches Dankeschön an Mareike Gill, die das Projekt managte und professionell bis zur Druckreife koordinierte; an den Lektor Swen Wagner, denn unzählige äußerst sachgerechte und hilfreiche Korrekturvorschläge konnten nur mit einer sehr tiefen Einarbeitung gelingen; und an Ulrich Borstelmann, der mein Manuskript gesetzt und in eine ansprechende Druckvorlage verwandelt hat. Ein riesengroßes Dankeschön an den Verlag!

Die erste Fassung schrieb ich mit der Schreibmaschine. Als Personalcomputer verfügbar wurden, tippte mir Bettina Reiter den gesamten Text als elektronische Version ab, so dass ich den Text endlich am Computer bearbeiten konnte. Ein riesiges Dankeschön, Bettina!

Index

A

B

D

E

F

G

I

K

Z

Quellen

[1] Karl Marx: Einleitung zur Kritik der politischen Ökonomie. In: Werke, Bd. 13, S. 622 / 623:
[2] Friedrich Engels: Karl Marx, „Zur Kritik der politischen Ökonomie", Zweites Heft, S. 476
[3] Philosophisches Wörterbuch, Bd. 1, Berlin 1978, Stichwort: Gesellschaftliche Verhältnisse
[4] Friedrich Engels: Brief an Joseph Bloch in Königsberg, London, 21.(22.) septbr. 1890:
[5] Karl Marx: Das Kapital, Bd. 1, S. 55:
[6] Wikipedia, Werttheorie, Arbeitswerttheorie, Karl Marx; Karl Marx MEGA II / 6, 31
[7] Wikipedia, Werttheorie, Arbeitswerttheorie, Abschnitt Karl Marx
[8] Mikeschina, L.A.: Die Wertorientierungen des Subjekts und ihre Widerspiegelung in der Wissenschaft. In: Gesellschaftswissenschaftliche Beiträge, 36(1983)4, S. 553
[9] Neue Zürcher Zeitung Online, 16.01.2012 Seite 2 / 3
[10] Berliner Zeitung, 2. / 3. Mai 2015, Stephan Kaufmann
[11] Marx / Engels: Werke, Bd. 3, S. 66. Thesen über Feuerbach
[12] Gunnar Heinson, Otto Steiger: Eigentum, Zins und Geld. Ungelöste Rätsel der Wirtschaftswissenschaft. Metropolis-Verlag 2010, S. 40
[13] Wikipedia, Werttheorie, Subjektive Werttheorie, Grenznutzenschule, Gossensche Gesetze
[14] D. Smoldyrew: Ein neuer Typ der Warenproduktion, In: Gesellschaftswissenschaftliche Beiträge, 41(1988)3, S. 241
[15] Dr. Schilar, Hans: Das Wert-, Preis- und Bewertungsproblem im Blickpunkt der Erfordernisse der ökonomischen Strategie des X. Parteitages der SED. In: Wirtschaftswissenschaftliche Beiträge, 30(1982)10, S. 1522
[16] Karl Marx: Das Kapital, Bd. I, S. 358, Mehrwert und Ausbeutung
[17] Ljowschin, F. M.: Kapitalistische Warenmärkte – Analyse und Prognose. Verlag die Wirtschaft, Berlin, 1982, S. 86
[18] Gabler Wirtschaftslexikon, *http://wirtschaftslexikon.gabler.de/Stichwort-Ergebnisseite.jsp*; Monetäre Inflationstheorie; Definition Inflation
[19] Autorenkollektiv: Mehrwert heute. Berlin, 1981, S. 21
[20] Karl Marx, Das Kapital, Bd. I, S. 52
[21] Karl Marx, „Lohn Preis und Profit" - Vortrag 1865
[22] Karl Marx, „Lohn Preis und Profit" - Vortrag 1865
[23] Die Welt online; Schimpansen-tauschen-Fleisch-gegen-Sex.html; *http://www.welt.de/wissenschaft/tierwelt/article3519403/*
[24] Die Welt online; Ein weiteres Beispiel für einen Tausch auf Äquivalenzbasis aus der Welt der Pinguine. *http://www.welt.de/wissenschaft/umwelt/article106604087/Die-Wissenschaft-vom-abartigen-Sex-der-Pinguine.html*
[25] TV Sender „Das Erste", Dokumentation „Die Welt auf Pump", 12.03.2012

[26] Bundeszentrale für politische Bildung / Geschichte / DDR-Wirtschaft, 30.03.2010: *http://www.bpb.de/geschichte/deutsche-einheit/lange-wege-der-deutschen-einheit/47076/ddr-wirtschaft?p=all*
[27] Focus online: Diese zehn Konzerne lenken Ihren Einkaufswagen: http://www.focus.de/finanzen/news/mars-coca-cola-unilever-nestle-diese-zehn-konzerne-lenken-ihren-einkaufswagen_id_3906710.html
[28] Süddeutsche Zeitung: *http://www.sueddeutsche.de/wirtschaft/geschichten-aus-griechenland-ausgebremst-1.1374974*

Der Zusammenbruch der UdSSR um 1990 markierte nach allgemeiner Auffassung auch den Triumph der freiheitlichen Wirtschaftsordnung über das sozialistische Planwirtschaftsmodell. Die genauen Gründe hierfür sind nicht leicht auszumachen. Allein die Fülle an unterschiedlichen Theorien zur Erklärung des sowjetischen Zerfalls legt den Schluss nahe, dass es ein komplexes Zusammenspiel mannigfaltiger Faktoren war, das den kommunistischen Gedanken als eine praktische Wirklichkeit nicht überdauern ließ.

Rainer Lippert fügt der wissenschaftlichen Diskussion einen weiteren, wertvollen Ansatz hinzu. Seine neue und zeitgemäße Überarbeitung der weltberühmten Theorie erweitert Marx' klassischen Arbeitswertbegriff und beweist, dass dieser nur ein Spezialfall eines viel allgemeineren Wertbegriffes ist. Durch Lipperts Erweiterung der Marx'schen Arbeitswerttheorie lässt sich nicht nur der entscheidende Konstruktionsfehler planwirtschaftlicher Modelle benennen: Aus dem Überführen der Marx'schen Grundprämisse in eine allgemein lebenswirklichere Form gelingt ihm auch in schlüssiger Weise die zentrale Argumentation für die freie Marktwirtschaft.

Kolibri 360 GmbH
Ferdinand-Jühlke-Straße 7
99095 Erfurt, Deutschland
produktsicherheit@kolibri360.de